BRUNO RICARDO BIONI

REGULAÇÃO E PROTEÇÃO DE DADOS PESSOAIS
o princípio da *accountability*

O GEN | Grupo Editorial Nacional – maior plataforma editorial brasileira no segmento científico, técnico e profissional – publica conteúdos nas áreas de concursos, ciências jurídicas, humanas, exatas, da saúde e sociais aplicadas, além de prover serviços direcionados à educação continuada.

As editoras que integram o GEN, das mais respeitadas no mercado editorial, construíram catálogos inigualáveis, com obras decisivas para a formação acadêmica e o aperfeiçoamento de várias gerações de profissionais e estudantes, tendo se tornado sinônimo de qualidade e seriedade.

A missão do GEN e dos núcleos de conteúdo que o compõem é prover a melhor informação científica e distribuí-la de maneira flexível e conveniente, a preços justos, gerando benefícios e servindo a autores, docentes, livreiros, funcionários, colaboradores e acionistas.

Nosso comportamento ético incondicional e nossa responsabilidade social e ambiental são reforçados pela natureza educacional de nossa atividade e dão sustentabilidade ao crescimento contínuo e à rentabilidade do grupo.

BRUNO RICARDO BIONI

REGULAÇÃO E PROTEÇÃO DE DADOS PESSOAIS
o princípio da *accountability*

- O autor deste livro e a editora empenharam seus melhores esforços para assegurar que as informações e os procedimentos apresentados no texto estejam em acordo com os padrões aceitos à época da publicação, e todos os dados foram atualizados pelo autor até a data de fechamento do livro. Entretanto, tendo em conta a evolução das ciências, as atualizações legislativas, as mudanças regulamentares governamentais e o constante fluxo de novas informações sobre os temas que constam do livro, recomendamos enfaticamente que os leitores consultem sempre outras fontes fidedignas, de modo a se certificarem de que as informações contidas no texto estão corretas e de que não houve alterações nas recomendações ou na legislação regulamentadora.

- Fechamento desta edição: 27.06.2022

- O Autor e a editora se empenharam para citar adequadamente e dar o devido crédito a todos os detentores de direitos autorais de qualquer material utilizado neste livro, dispondo-se a possíveis acertos posteriores caso, inadvertida e involuntariamente, a identificação de algum deles tenha sido omitida.

- **Atendimento ao cliente: (11) 5080-0751 | faleconosco@grupogen.com.br**

- Direitos exclusivos para a língua portuguesa
  Copyright © 2022 by
  Editora Forense Ltda.
  Uma editora integrante do GEN | Grupo Editorial Nacional
  Travessa do Ouvidor, 11 – Térreo e 6º andar
  Rio de Janeiro – RJ – 20040-040
  www.grupogen.com.br

- Reservados todos os direitos. É proibida a duplicação ou reprodução deste volume, no todo ou em parte, em quaisquer formas ou por quaisquer meios (eletrônico, mecânico, gravação, fotocópia, distribuição pela Internet ou outros), sem permissão, por escrito, da Editora Forense Ltda.

- Capa: Fabricio Vale

- **CIP – BRASIL. CATALOGAÇÃO NA FONTE.
  SINDICATO NACIONAL DOS EDITORES DE LIVROS, RJ.**

  Bioni, Bruno Ricardo

  Regulação e proteção de dados pessoais: o princípio da accountability / Bruno Ricardo Bioni. – 1. ed. – [2. Reimp.] – Rio de Janeiro: Forense, 2022.

  Inclui bibliografia e índice
  ISBN 978-65-5964-592-3

  1. Proteção de dados – Legislação – Brasil. 2. Internet – Medidas de segurança. 3. Brasil. [Lei geral de proteção de dados pessoais (2018)]. I. Título.

  22-78182   CDU: 342.721:004(81)

  Gabriela Faray Ferreira Lopes – Bibliotecária – CRB-7/6643

Às minhas três mães (Maria, *in memoriam*, Élida e Edila), ao meu pai, Mauricio, e ao meu irmão, Vinicius, sem vocês nada teria sido possível.

À Maria Cecília, minha companheira de vida.

A Deus, por abençoar nossa caminhada até aqui.

AGRADECIMENTOS

Eu sou daqueles leitores que adoram os agradecimentos de uma obra, porque são neles que se encontra quem influenciou, apoiou e, por que não, quem a cocriou. Conhecimento é algo necessariamente coletivo, que é objeto de reflexões com os mais diversos tipos de sabedorias que atravessam a jornada de pesquisa e a experiência de vida do(a) investigador(a). As próximas linhas tentam descrever esse enredo, já me desculpando por não nomear todo(a)s que estiverem ao meu lado e, por certamente, não encontrar as melhores palavras para externar o tamanho da minha gratidão.

À Maria Aragão, a pessoa mais sábia e amorosa que conheço na minha vida. A conclusão deste trabalho, quando me faltavam forças, só foi possível porque você ainda me dá aquele "cheiro" gostoso e a sua presença é e será sempre muito forte. Vó, eu te amo muito!

À minha família, vocês são a luz que ilumina a minha caminhada. Às minhas duas mães encarnadas, Élida e Edila. Aos meus melhores amigos, meu pai, Mauricio, e meu irmão, Vinicius. À minha companheira de alma, Cecília.

Aos professores da Faculdade de Direito da Universidade de São Paulo/FADUSP. Em especial, ao meu orientador, Prof. Titular Newton De Lucca, e à Prof. Cíntia Rosa Pereira de Lima, que continuará sempre me orientando e foi quem me abriu as portas do Largo São Francisco. Também aos Profs. Renata Mota Maciel e Roberto Pfeiffer que fizeram contribuições valiosas na banca de qualificação. E, por fim, aos Profs. Diogo Coutinho, Eduardo Jordão, Clara Keller, Danielle Rached e Rafael Mafei. O diálogo com vocês acabou por ser praticamente uma segunda rodada de qualificação.

Ao *European Data Protection Board*, que me aceitou como *study visitor* e onde pude olhar o "chão da fábrica" do *enforcement* da proteção de dados da União Europeia. As conversas com o *staff* me deram ainda mais segurança sobre o recorte desta pesquisa. Em especial, com João Silva, Isabelle Vereecken, Joelle Jouret. Também, aos colegas do European Data Protection Supervisor, como Thomaz Zerdick e Christopher Docksey.

A toda a comunidade vibrante em proteção de dados que construiu, aprovou e vai implementar a lei geral de proteção de dados no Brasil. Em especial, a todas as organizações que fazem parte da Coalizão Direitos na Rede/CDR, que cotidianamente estão na linha de frente para a materialização dos nossos "direitos digitais".

Ao Data Privacy Brasil/DPBR, que foi o espaço no qual eu certamente mais aprendi e aprendo desde 2018 quando ingressei no doutorado. Na escola, com uma rede extremamente potente de aluno(a)s, professore(a)s e, principalmente, com seus colaboradore(a)s, eu sou muito mais aluno do que professor. Na associação de pesquisa, com um time incrível de investigadore(a)s, em que cada reflexão reconfigura meu imaginário sobre o tema.

Certamente, este trabalho é influenciado por esse espaço de interseção que é o DPBR em que duas organizações produzem saberes diferentes, porém sinérgicos na direção de uma cultura de proteção de dados. É esse propósito que me faz levantar a cada dia mais energizado e que me conduziu para a conclusão deste trabalho. E, também, ao timaço da Bioni Consultoria, em especial a Renata Matinelli, onde temos tido a oportunidade de mobilizar a proteção de dados como pilar da responsabilidade social corporativa no setor privado e no setor público.

Ao conjunto de pessoas que pacientemente dedicaram parte do seu tempo para debater e me auxiliar nesta pesquisa em diferentes momentos. Em especial, à Gabriela Vergili, Maria Luciano, Humberto Fazano, Gabriel Maran, Jessica Leite e Isabela Araújo.

E a todos os familiares e amigos(as) que estiveram comigo nesta caminhada. Aos Aragão, em especial aos meus tios Tino (*in memoriam*) e Zé Alves; aos Bioni, em especial à nossa princesa Vitória; aos Morello, em especial à Patrícia. Ao Vitor Theodoro, Rafael Lorente e Antonio Carlos Malheiros (*in memoriam*) e a todos aqueles que me fogem os nomes, mas que não largaram a minha mão até aqui.

APRESENTAÇÃO

A despeito de ter prefaciado e apresentado diversos livros, coube-me a honrosa, gratificante e, sobretudo, prazerosa tarefa de "apresentar" ao público o Doutor Bruno Bioni, autor deste exímio e singular livro intitulado *Regulação e proteção de dados pessoais: o princípio da accountability*. Coloquei a palavra entre aspas, pois me parece que não se trata, propriamente, de uma apresentação, tal como consta do título acima. Bruno Bioni não precisa, evidentemente, de nenhum tipo de apresentação de quem quer que seja, visto ser um dos maiores estudiosos do campo da privacidade e da proteção de dados do País. Um acadêmico-ativista que se envolveu bastante no processo de articulação e aprovação da Lei Geral de Proteção de Dados (LGDP) e, também, da Emenda Constitucional 115/2022 que eleva a proteção de dados à condição de um direito autônomo fundamental.

A presente obra é fruto de cuidadosa pesquisa acadêmica da tese de doutorado do autor, tratando de tema inédito, atual e axiologicamente muito relevante. A douta banca examinadora, composta pelos professores Eduardo Tomasevicius, Guilherme Magalhães Martins e Roberto Augusto Castellanos Pfeiffer, bem como pelas professoras Cíntia Rosa Pereira de Lima e Laura Schertel Mendes, aprovou unanimemente sua tese, então intitulada *Accountability no desenho (design) da regulação de dados pessoais: virtudes e vicissitudes*. Não posso deixar de confessar – e o faço sem nenhuma falsa modéstia –, que muito terei aprendido durante todo o período da referida orientação...

O autor deste trabalho, sempre demonstrando acendrado amor à pesquisa jurídica durante todo o período de seu doutorado, culmina por oferecer à comunidade jurídica pátria obra de fôlego que trata da *accountability* e da governança em rede no campo da proteção de dados pessoais. Com enorme profundidade e especificidade, desponta como obra fundamental para pesquisadores, autoridades públicas, advogados, consultores, enfim, agentes decisórios que implementarão a LGPD.

Devo dizer que fiquei muito impressionado com os ambiciosos objetivos da obra. Ela não foi escrita, efetivamente, para que fosse obtido mais um título acadêmico, como tantas que surgem nos dias de hoje. Meus idosos olhos já estão cansados de se deparar com trabalhos escritos apenas para a satisfação egoística da carreira acadêmica de muitos jovens. Não terá sido este o caso de Bioni, muito mais preocupado em fazer Ciência propriamente dita, do que ascender aos degraus acadêmicos. Prova disso é que sua pesquisa combina aportes teóricos e empíricos com sólida metodologia.

Era escusado salientar, por certo, que a Ciência Jurídica, como um fato eminentemente social, deve se adequar – ou, ao menos, repensar suas grandes categorias – para encarar os novos desafios regulatórios emergentes desse novo quadro, sendo uma verdadeira tese de doutorado, a meu ver, aquela que abre "o portão de acesso para um vigoroso trabalho criativo"[1], na afortunada expressão de Norbert Wiener.

Nesse sentido, creio que esta obra – *Regulação e proteção de dados pessoais: o princípio da accountability* – esmiúça detalhadamente o princípio da prestação de contas e responsabilidade como nunca antes visto. A impecabilidade de detalhes e de definição de conceitos, típicas da escrita de Bruno, são marcantes no livro, bem como a profundidade dos temas abordados, de modo a se tornarem acessíveis aos leitores, contribuem para o fato de a leitura ser aprazível e necessária para todos aqueles que se interessam pelo campo da proteção de dados pessoais.

O autor, no primeiro capítulo, faz uma introdução do que seria o termo *accountability*, por meio de um aparato histórico, dividido em três eixos: o primeiro, trata dos primórdios de como o termo auxiliou na "fertilização do que é considerada a semente das leis de proteção de dados pessoais", nos termos do próprio autor; o segundo, dos 12 anos de articulação e aprovação das diretrizes de privacidade da Organização para a Cooperação e Desenvolvimento Econômico (OCDE); e o terceiro, da década de trabalhos preparatórios da LGPD.

O segundo capítulo, por sua vez, enxerga a *accountability* especificamente como um "fenômeno de poder" e a imerge no mundo jurídico propriamente dito, estabelecendo para que e para quem servem as leis de proteção de dados pessoais, bem como qual o perfil de metarregulação dessas normas em vista do seu aspecto procedimental quando analisadas sob o ponto de vista da discricionariedade dos agentes econômicos.

Em seguida, em seu terceiro capítulo, o autor explora o componente objetivo e o subjetivo passivo – no caso, o devedor – da *accountability*, isto é, quem e sobre o que se deve prestar contas, em uma tentativa de preencher lacunas presentes na LGPD brasileira, que causa dubiedade e estranheza quando nos deparamos somente com o termo "agente" em diversos trechos da lei, em especial no seu art. 6º.

Já no quarto capítulo, é feita a análise do componente subjetivo ativo – no caso, o credor – e os resultados do cumprimento ou não da obrigação de prestar contas, a partir da teoria da regulação responsiva. O quinto capítulo se debruça no estudo

---

[1] WIENER, Norbert. **Cibernética e Sociedade:** o uso humano de seres humanos. Trad. José Paulo Paes. São Paulo: Cultrix, 1968.

do caso brasileiro de combate ao *spam*, que conjuga as hipóteses mencionadas nos capítulos anteriores e as coloca em ponderação e em constante dinamismo.

No sexto e derradeiro capítulo, volve o autor ao "enquadramento obrigacional da *accountability* na qualidade de processo de alocação dinâmica de direitos e deveres", como ele mesmo menciona no decorrer do livro. A conclusão a que chega Bruno Bioni é excepcionalmente singular no que tange à chamada codeliberação informacional e o reconhecimento de que a *accountability* é um conceito relacional, que exige esforços coletivos e não apenas individuais para que não haja o que chama de "dominação informacional".

Ficam aqui, portanto, brevemente listados, os principais aspectos da obra redigida pelo Doutor Bruno Bioni, fruto de uma pesquisa ampla e exaustiva, com verdadeiramente ímpares e inovadoras ideias. Resta-nos esperar que os resultados de tão importante pesquisa jurídica possam florescer admiravelmente entre nós...

Por derradeiro, não posso deixar de fazer minha mais sincera recomendação do presente livro, pois me parece indispensável e essencial para o dia a dia dos operadores do direito, profissionais e pesquisadores da área de privacidade e proteção de dados, gerentes e demais membros da estrutura funcional das empresas e entidades públicas, bem como estudantes que aspiram a se aprofundar em um mundo hodiernamente tão instigante.

Boa leitura a todos.

Newton De Lucca

Mestre, Doutor, Livre-Docente, Adjunto e Titular pela Faculdade de Direito da Universidade de São Paulo. Professor Permanente do Programa de Pós-Graduação *Stricto Sensu* da UNINOVE. Desembargador Federal do TRF da 3ª Região. Membro da Academia Paulista dos Magistrados. Membro da Academia Paulista de Direito. Membro da Academia Paulista de Letras Jurídicas. Vice-Presidente do Instituto Avançado de Proteção de Dados – IAPD.

PREFÁCIO

O livro de Bruno Bioni traça um rico panorama da evolução do conceito de *accountability* ao longo das últimas décadas. Sua leitura suscita a pergunta: em que direção caminhará a discussão nos próximos anos?

Trata-se de uma questão relevante, reconhecendo-se a natureza elusiva e camaleônica[1] do conceito, e considerando também o importantíssimo papel que tal princípio pode desempenhar em iluminar, correlacionar e conferir densidade a inúmeros dispositivos da Lei Geral de Proteção de Dados Pessoais – LGPD.

Como o autor demonstra na obra, a ideia de *accountability*, presente nas discussões internacionais há décadas, foi introduzida no debate público brasileiro acompanhada, de um lado, de um texto legal menos prescritivo, conducente à ampliação do espaço decisório dos agentes de tratamento (por meio, por exemplo, de um rol amplo e flexível de bases legais a legitimar as operações de tratamento de dados); e, de outro, do estabelecimento de um "maquinário precaucionário" composto por elementos como relatórios de impacto, *privacy by design*, códigos de conduta e regras de boas práticas, que viabiliza que os agentes de tratamento dimensionem os riscos associados ao tratamento de dados e adotem as devidas salvaguardas e mecanismos de mitigação.

É certo que o debate sobre as potencialidades do princípio da *accountability* não pode prescindir de uma certa dose de cautela: é justamente essa natureza camaleônica que viabiliza sua instrumentalização para atender aos mais diversos interesses, eventualmente até mesmo incompatíveis entre si. Embora dificilmente alguém possa, em tese, ser contra a ideia de estímulo a práticas responsáveis e à prestação de contas pelos agentes que tratam dados pessoais, há um sem-número de maneiras de interpretar e operacionalizar essas ideias extremamente elásticas.

Fica evidente, portanto, a necessidade de busca de parâmetros para tornar mais concreto esse importante princípio, de modo que, a partir dos fundamentos que motivaram a edição da LGPD, seja possível interpretar o que *accountability* pode significar na prática em um país como o Brasil, no qual a cultura de proteção de dados pessoais começa apenas agora a se firmar.

---

[1] Expressões empregadas também pelo autor.

Nesse sentido, o ponto de partida de tal esforço interpretativo deve necessariamente ser a compreensão de que a LGPD busca, a partir da ponderação de variados fundamentos constitucionais – que incluem tanto a proteção do livre desenvolvimento da personalidade como também o desenvolvimento econômico, tecnológico e a inovação – promover a *concretização do direito fundamental à proteção de dados pessoais,* já reconhecido pelo Supremo Tribunal Federal e explicitado no texto constitucional por força da promulgação da Emenda Constitucional 115/2022.

É também verdade, por outro lado, que as complexidades dos fluxos informacionais na sociedade contemporânea conduzem a um cenário em que múltiplos atores públicos e privados se encontram em posição de exercer poder e de tomar decisões quanto ao tratamento de dados pessoais de terceiros.

Assim, o conceito de *accountability* anda de braços dados com uma visão mais moderna de estratégias regulatórias, não mais pautadas apenas na centralidade de um ente estatal como único ator legitimado a expedir regras e exigir seu cumprimento. Passa-se a observar e admitir também o papel de outros agentes na conformação do ambiente jurídico-regulatório no qual os titulares de dados estão inseridos, por meio de seu engajamento nos múltiplos circuitos decisórios referentes aos fluxos informacionais.

Desse modo, um primeiro ponto de discussão suscitado pela obra de Bruno Bioni refere-se ao arranjo institucional de proteção de dados pessoais. A esse respeito, é importante a ênfase dada pelo autor à ideia de que muito embora o Estado seja um ator central que, em última instância, detém o poder de estabelecer regras vinculantes, promover sua observância através de variados mecanismos[2] e aplicar sanções[3] em caso de descumprimento, a noção moderna de regulação já não comporta apenas mecanismos de comando e controle centrados no Estado, mas deve reconhecer o importante papel desempenhado também por organizações privadas, associações e indivíduos em definir regras do jogo e em viabilizar a proteção e o exercício dos direitos do titular.

É nesse contexto que o livro explora a ideia de que o conceito de *accountability* se densifica não apenas na relação entre Estado, indivíduo e agentes de tratamento, mas deve considerar também um "macrofórum público de proteção de dados" do qual também participem outros indivíduos e entidades representativas dos direitos dos titulares.

A ideia de regulação policêntrica e governança em rede vem sendo teoricamente desenvolvida já há alguns anos, e o caso da proteção de dados é possivel-

---

[2]   Inclusive por meio de incentivos e mecanismos sancionadores menos tradicionais, como sanções reputacionais.

[3]   Trata-se, em outras palavras, da "espada" metafórica citada por diversos entrevistados mencionados no Capítulo 5 do livro.

PREFÁCIO | **XV**

mente um dos mais interessantes exemplos a ser explorado à luz dessa literatura. Como é sabido, a LGPD caracteriza-se como uma lei geral, que incide de maneira transversal sobre todos os setores da economia e sobre quase todas as atividades desempenhadas pelo poder público, relacionando-se, portanto, com outras normas gerais e setoriais. Dessa forma, cingindo-se a análise apenas à esfera do poder público, já é possível vislumbrar de imediato a coexistência de diferentes atores institucionais dotados de competências que de alguma maneira tocam na proteção de dados, para além da própria Autoridade Nacional de Proteção de Dados, dotada de um papel central nessa temática. Em adição à pluralidade de órgãos reguladores no âmbito do Estado, é preciso observar que a sistemática da LGPD pressupõe a permeabilidade a outras instâncias de produção regulatória[4], como regras de boas práticas e códigos de conduta pactuados pelos próprios agentes de tratamento. A Lei cria, ainda, uma sistemática favorável à tutela coletiva da proteção de dados, abrindo espaço para que entidades representativas atuem em defesa dos direitos do titular de dados.

Não se pode, por outro lado, subestimar a dificuldade de manter em bom funcionamento um sistema policêntrico de proteção de dados formado por uma complexa teia de atores públicos e privados, repleto de tensões, antagonismos e interesses contrapostos. Ao mesmo tempo, é preciso estar atento ao fato de que ainda que o Poder Público possa, em muitos casos, optar por uma estratégia regulatória em que venha a desempenhar um papel indireto, como metarregulador ou orquestrador de um ecossistema público-privado de proteção, o reconhecimento de um direito fundamental à proteção de dados gera, para o Estado, um dever de proteção, cabendo-lhe zelar pela sua observância, inclusive de maneira preventiva. É justamente o reconhecimento da existência e necessidade de proteção de um direito fundamental que estabelece limites à completa "privatização da regulação"[5].

Um segundo ponto de análise que decorre da identificação das complexidades dos fluxos informacionais na sociedade contemporânea diz respeito ao papel do indivíduo e à ideia de autodeterminação informativa. Com efeito, o conceito tradicional de autodeterminação informativa, compreendido como sinônimo de *controle* do indivíduo sobre seus dados pessoais, tem, por vezes, sido criticado, chamando-se atenção para a importância de incorporação de uma perspectiva supraindividual e multidimensional[6].

---

[4] Adota-se aqui um conceito amplo de produção regulatória, amparado na ideia de regulação descentrada apresentada por Julia Black. V. BLACK, Julia. Decentring regulation: understanding the role of regulation and self-regulation in a 'post-regulatory' world. 54 **Current Legal Problemas**, 2001, p. 103-147.

[5] O conceito é utilizado por Bruno Bioni a partir das ideias de Julie Cohen. V. COHEN, Julie. **Between truth and power: the legal constructions of informational capitalis**m, New York: Oxford University Press, 2019.

[6] As expressões são empregadas pelo autor, em diálogo com Marion Albers. Cfr. ALBERS, Marion, Realizing the Complexity of Data Protection, in: GUTWIRTH, Serge; LEENES, Ronald; DE HERT, Paul (Orgs.), **Reloading Data Protection: Multidisciplinary Insights and Contemporary Challenges**, Dordrecht: Springer Netherlands, 2014.

Por outro lado, ainda que sejam válidas as críticas a uma visão simplista da proteção de dados, que coloque sobre os ombros do indivíduo todo o peso de gerir os fluxos informacionais que lhe dizem respeito, é importante manter em vista que o indivíduo é o principal destinatário de todo o arcabouço protetivo estabelecido pela Constituição e pela LGPD. O desafio que se coloca, portanto, é de explorar as importantes potencialidades do princípio da *accountability*, inclusive no que tange à sua dimensão de modernização regulatória, sem deixar de afirmar a centralidade do titular de dados nas operações de tratamento de dados pessoais.

Nesse contexto, a ideia de codeliberação por integrantes de um macrofórum, em que interesses antagônicos possam ser representados e as "contas prestadas" possam ser aprovadas ou rejeitadas, deve ser compreendida como uma importante dimensão *adicional* de proteção ao titular de dados. Assim, a codeliberação informacional se soma à ideia de autodeterminação informativa, compreendida não mais apenas como a faculdade do titular de exercer controle sobre os dados por meio do consentimento, mas como a possibilidade de que este tenha a capacidade de exercer *influência* sobre as formas como seus dados serão utilizados, por meio de um arcabouço protetivo que estabelece direitos e deveres para todos os participantes do fluxo informacional.

Afinal, adotando-se a lente habermasiana, é possível compreender que entre direitos individuais e processos de participação política há uma relação de cooriginariedade, visto que autonomia privada e autonomia pública se pressupõem reciprocamente[7]. Dito de outro modo, existe uma indissociabilidade entre direitos subjetivos individuais e direitos de participação política, de modo que autodeterminação informacional e codeliberação informacional devem ser compreendidos como conceitos profundamente interligados e interdependentes.

É a partir do reconhecimento da centralidade do indivíduo que se pode melhor compreender as possibilidades e limites de uma base legal como o legítimo interesse, que atribui ao controlador de dados um alto grau de discricionariedade: em determinadas circunstâncias, o dado pessoal pode ser tratado sem que haja uma manifestação livre, informada e inequívoca do titular justamente porque o conceito de autodeterminação informativa, definido pela LGPD como um dos fundamentos da disciplina da proteção de dados pessoais, não se reduz ou se esgota no consentimento (cujas limitações já são bem conhecidas), mas se consubstancia em um plexo de princípios, direitos e deveres, tendo em vista a necessidade de assegurar um fluxo apropriado de dados pessoais em uma sociedade cada vez mais digitalizada. É por essa razão que a noção de *accountability* se desdobra em instrumentos concretos da maior importância, como relatórios de impacto, testes de legítimo interesse, códigos de conduta e boas práticas privadas, elementos integrantes de

---

7   HABERMAS, J. **Direito e Democracia**: entre facticidade e validade (vol. 1). Tempo Brasileiro, 2003.

um sistema de proteção de dados pessoais composto por organizações públicas e privadas e voltado, sobretudo, para a proteção de um direito fundamental.

Em suma, a obra de Bruno Bioni traz uma contribuição significativa e inovadora à discussão brasileira sobre *accountability*, abrindo o caminho para novos debates e trazendo parâmetros relevantes para a discussão das potencialidades, limites e desdobramentos desse princípio que, se bem compreendido, pode viabilizar a conformação de fluxos informacionais justos e equilibrados, possibilitando tanto o engajamento de múltiplos atores em processos (co)deliberativos que ocorrem na esfera pública como também o protagonismo individual no exercício da autonomia privada.

Brasília, junho de 2022.

Miriam Wimmer

Doutora em Comunicação pela Universidade de Brasília, com mestrado e graduação em Direito pela Universidade do Estado do Rio de Janeiro. Professora do IDP Brasília.

SUMÁRIO

Lista de Abreviatura e Siglas XXIII
Lista de Ilustrações XXV
Lista de Tabelas XXVII
Lista de Infográficos XXIX
Introdução e Visão Geral da Obra 1

CAPÍTULO 1
DESAFIOS REGULATÓRIOS DA PROTEÇÃO DE DADOS PESSOAIS:
ACCOUNTABILITY COMO FIO CONDUTOR

1.1. Gênese: a criação das *Fair Information Practice Principles*/FIPPs no departamento de bem-estar social dos Estados Unidos 5

    1.1.1. Personificando a discussão mediante os atores mais contingentes 7

    1.1.2. Devido processo legal: para além de justeza (*fairness*), um sistema para semear práticas responsáveis (*accountable*) 11

    1.1.3. Obrigação de adoção de salvaguardas: um problema organizacional e não puramente tecnológico 15

    1.1.4. Um primeiro significado da *accountability*: a virtude de práticas mais responsáveis 17

1.2. Capilaridade transnacional e espinha dorsal: as diretrizes da Organização para Cooperação e Desenvolvimento Econômico 18

    1.2.1. Preparando o terreno das *guidelines* por intermédio de uma elite intelectual: maturação do tema em torno do objetivo regulatório principal 20

    1.2.2. *Accountability* no processo de redação das *guidelines*: um elemento na busca de harmonização entre abordagens regulatórias distintas 23

        1.2.2.1. A quem deveria ser direcionado o princípio: uma primeira disputa conceitual em torno do princípio da *accountability* 23

    1.2.3. *Accountability*: um conceito enxuto e camaleão 25

    1.2.4. A insuficiência da *accountability* enquanto um princípio tímido para contornar a fricção no nível de implementação das *guidelines* e no livre fluxo de dados 28

    1.2.5. A guinada da *accountability* como um instrumento de interoperabilidade e não de harmonização entre abordagens regulatórias distintas 31

    1.2.6. Um segundo significado de *accountability*: a virtude da interoperabilidade entre abordagens regulatórias distintas para o livre fluxo informacional 35

1.3. Lei Geral brasileira de Proteção de Dados/LGPD: análise comparativa entre as diferentes redações do texto legal.. 35

    1.3.1. Do princípio da responsabilidade ao da responsabilização e prestação de contas: um giro de 180 graus na racionalidade do regime de responsabilidade civil... 41

    1.3.2. A emergência do princípio da *accountability* amarrada à progressiva delegação de competências decisórias aos agentes de tratamento de dados..... 52

    1.3.3. A lógica de incentivos de *accountability* traduzida pelo alargamento dos mecanismos de transferência internacional e calibração de penalidades..... 58

    1.3.4. A tensão na criação de um órgão estatal "com dentes" e com menos discricionariedade.. 61

    1.3.5. Um terceiro significado de *accountability*: metamorfose da LGPD e a virtude da discricionariedade e de auto-organização...................................... 70

1.4. *Accountability* como parte de uma filosofia regulatória que aposta em parcerias público-privadas... 71

CAPÍTULO 2
ACCOUNTABILITY COMO MECANISMO DE MODULAÇÃO DE PODER NO CAMPO DA PROTEÇÃO DE DADOS PESSOAIS: PERSPECTIVA OBRIGACIONAL E A SUA TRAJETÓRIA DIANTE DO OBJETO REGULADO

2.1. *Accountability* na qualidade de um conceito relacional e de modulação do poder: um processo de codeliberação na linha do *nomen iuris* do princípio adotado pela LGPD... 75

    2.1.1. Proteção de dados na qualidade de um regime jurídico eminentemente procedimental: um primeiro passo para entender qual é a dinâmica de poder em jogo... 78

2.2. Assimetria informacional: nunca houve muito espaço para comando e controle e sempre houve uma alta discricionariedade aos agentes de tratamento de dados....... 81

    2.2.1. Leis de proteção de dados como tecnologia de metarregulação e do direito reflexivo e proceduralizado: um segundo passo para entender a dinâmica de poder em jogo 85

    2.2.2. Dos princípios de proteção de dados pessoais com foco no da finalidade à privatização da transferência internacional: retomando os ensinamentos das FIPPs, da OCDE e da (in)evolução da LGPD................................ 91

2.3. Conclusão: *accountability* como vacina da patologia da metarregulação, mas como aplicá-la e qual a sua dose?... 94

CAPÍTULO 3
QUEM E SOBRE O QUE SE DEVE PRESTAR CONTAS

3.1. A flexão do termo "agente" no singular na LGPD com foco no controlador.......... 99

    3.1.1. Legítimo interesse: o teste de proporcionalidade contido no art. 10 como um exercício de prestação de contas sobre um poder discricionário............ 101

    3.1.2. Relatórios de impacto à proteção de dados pessoais: uma prestação de contas (em aberto) sobre a discricionariedade do que é risco no tratamento de dados.. 104

SUMÁRIO | **XXI**

3.2. Problematização em torno de uma perspectiva estanque de quem é controlador e operador 109

    3.2.1. A lógica interna da LGPD (*versus* GDPR) como um todo em que o operador também presta contas: em especial a flexão do termo "agentes" no plural diante do conceito de *privacy by design* 113

3.3. Outros atores imbuídos de competências decisórias no fluxo informacional 115

    3.3.1. Agentes certificadores: válvula de escape para o livre fluxo informacional 115

    3.3.2. Associações de classe e outros agentes de formulação de códigos de boas condutas 118

    3.3.3. Prestação de contas da ANPD ao longo da metamorfose do texto da LGPD: conexão com o processo de modernização regulatória no Brasil 123

3.4. Conclusão: presta contas quem tem poder de tomada de decisão sobre o fluxo dados e quanto maior for a sua discricionariedade (de volta às considerações sobre (meta)regulação policêntrica) 128

CAPÍTULO 4
A QUEM SE DEVE PRESTAR CONTAS E SOB QUAIS CONSEQUÊNCIAS: QUAL É O CONCEITO DE FÓRUM PÚBLICO NO CAMPO DA PROTEÇÃO DE DADOS E O SEU RESPECTIVO PODER DE DELIBERAÇÃO?

4.1. Microfórum público: dimensão individual e da burocracia da proteção de dados   133

    4.1.1. O poder do cidadão em influenciar o tratamento dos seus dados: o julgamento de contas como um processo dialógico e não como um ponto de chegada 133

    4.1.2. A "burocracia" da proteção de dados 137

        4.1.2.1. Autoridades supervisoras de proteção de dados 137

        4.1.2.2. Regulação responsiva como atalho para entender o papel do Estado na qualidade de sujeito ativo do processo dialógico da prestação de contas: heurística e superabilidade da regra contida no art. 52, § 6.º, da LGPD 143

        4.1.2.3. Alargando a burocracia da proteção de dados: a flexão do termo regulador no plural e a necessidade de cooperação institucional diante da complexidade do objeto regulado 150

4.2. Macrofórum público: dimensão difusa e o mercado de dados 152

    4.2.1. *Privacy advocates* e as técnicas de *naming and shaming* 152

    4.2.2. A disputa travada na GDPR e LGPD sobre a tutela coletiva da proteção de dados e o papel do conselho nacional de proteção de dados: pistas sobre um sistema nacional de proteção de dados 154

    4.2.3. O mercado 164

        4.2.3.1. Regulação (as)simétrica no desenho e no *enforcement* das leis de proteção de dados: recuperando livre-iniciativa e concorrência como um dos fundamentos da LGPD 164

        4.2.3.2. Proteção de dados como um elemento reputacional: a quem serve o direito de portabilidade? 167

4.3. Conclusão: multiplicidade de interesses e os "nodos" do micro e o macrofórum público da proteção de dados 169

CAPÍTULO 5
O CASO DO COMBATE AO *SPAM*: DA FORMAÇÃO DO FÓRUM PÚBLICO AO PROCESSO DE DELIBERAÇÃO DAS CONTAS PRESTADAS

5.1. O estudo de caso do combate ao *Spam*: governança de dados 177

    5.1.1. Contexto, caso e unidades de análise: entrevistas semiestruturadas, levantamento documental e os novos aportes pretendidos para continuidade do estudo de caso *Spam* 180

5.2. O CGI.br como fórum público a partir de breves notas sobre o modelo de governança da internet no Brasil: legitimidade, representatividade e interesse público 184

5.3. Consenso técnico 191

    5.3.1. Diferenciando CGI.br e NIC.br: o papel fundamental desempenhado pelo CERT.br 191

    5.3.2. Produção de evidências sobre os efeitos colaterais do *Spam*: o "xeque-mate" nas operadoras de telefonia 196

5.4. Consenso político-regulatório 199

    5.4.1. Saem os técnicos e entram o alto escalão e o jurídico 199

    5.4.2. A entrada da Anatel: entre o conforto jurídico e a "espada" e o primeiro caso da agência de "autorregulação conjunta" mediante um AIR voluntário.......... 202

    5.4.3. A entrada do DPDC como reforço dos interesses do consumidor: o custo-benefício regulatório e um "*habeas corpus* preventivo" 208

5.5. Conclusão: do consenso técnico ao político, do mandato regulatório geral ao setorial, dos nodos aos supernodos – lições exportáveis de *accountability* 210

CAPÍTULO 6
DA AUTODETERMINAÇÃO À CODELIBERAÇÃO INFORMACIONAL: APORTES TEÓRICOS E PRÁTICOS DA OBRIGAÇÃO DE PRESTAÇÃO DE CONTAS

6.1. A complexidade obrigacional da *accountability*: "colibrando", e não calibrando, o dever de cooperação para a materialização da cláusula do devido processo informacional 217

6.2. Racionalidade *ex ante* e precaucionária do princípio da *accountability*: na direção de um uso ótimo e secundário da responsabilidade *ex post* 222

6.3. (Re)procedimentalização: *accountability* como ponto ótimo da regulação e da reviravolta semântica e institucional da proteção de dados...................... 230

6.4. Normas premiais: funcionalizando uma rede de governança e um sistema nacional de proteção de dados 234

6.5. Da autodeterminação à codeliberação informacional: o adimplemento da obrigação de prestação de contas.. 237

Conclusão 241

Bibliografia 247

Sites Recomendados.. 281

LISTA DE ABREVIATURAS E SIGLAS

AA	*Accountability Agent*
AIR	Avaliação de Impacto Regulatório.
APEC	*Asia-Pacific Economic Cooperation*
FIPPs	*Fair Information Practice Principles*
FTC	*Federal Trade Commission*
GDPR	*General Data Protection Regulation*
HEW	*Department of Health, Education and Welfare*
IBGE	Instituto Brasileiro de Geografia e Estatística
LAR	Lei das Agências Reguladoras
LGPD	Lei Geral de Proteção de Dados
LIA	*Legitimate Interests Assessment*
LINDB	Lei de Introdução às Normas do Direito Brasileiro
LLE	Lei da Liberdade Econômica
OCDE	Organização para a Cooperação e Desenvolvimento Econômico
PR	Princípio da Responsabilidade
PRPC	Princípio da responsabilização e prestação de contas
RIPDP	Relatório de Impacto à Proteção de Dados Pessoais
SciELO	*Scientific Electronic Library Online*

LISTA DE ILUSTRAÇÕES

Figura 1 – Divisão temática da LGPD com ênfase no princípio e elementos de *accountability* 37

Figura 2 – Linha do Tempo da LGPD 40

Figura 3 – Competências Informacionais da LGPD 130

Figura 4 – Visão obrigacional dos direitos e deveres na proteção de dados pessoais 136

Figura 5 – Pirâmide de suporte ao diálogo da LGPD inspirada em Braithwaite (2011) 146

Figura 6 – Pirâmide de sanções da LGPD inspirada em Braithwaite (2011) e Miriam Wimmer (2020) 148

Figura 7 – Micro e macrofórum público de Proteção de Dados 175

Figura 8 – Governança Nodal no Caso Antispam 215

Figura 9 – Quadro esquemático de prestação de contas e dosimetria de sanções 229

Figura 10 – Tabela comparativa ponto ótimo da regulação e *accountability* 233

LISTA DE TABELAS

Tabela 1 – Disputa conceitual do princípio da *accountability* nas diretrizes da OCDE.. 26

Tabela 2 – Definição do princípio de *accountability* – Item 4 (Fases 1 e 4) da Tabela comparativa LGPD 41

Tabela 3 – Tabela Comparativa de Dois Possíveis Modelos de ANPD 64

Tabela 4 – Definições do princípio da *accountability* 77

Tabela 5 – Quadro comparativo entre as Leis 13.655/2018, 13.848/2019 e 13.709/2018.... 126

Tabela 6 – Comparação da Composição do Setor Empresarial no CGI.br 187

LISTA DE INFOGRÁFICOS

Infográfico 1 – Boas práticas ao longo da linha cronológica da LGPD 43

Infográfico 2 – Registro das atividades de tratamento de dados pessoais 45

Infográfico 3 – *Privacy by design* 47

Infográfico 4 – Encarregado de dados pessoais... 49

Infográfico 5 – Relatório de impacto à proteção de dados pessoais................................. 51

Infográfico 6 – Alargamento do rol de bases legais 54

Infográfico 7 – Regime jurídico relativo a incidentes de segurança................................. 57

Infográfico 8 – Transferência internacional de dados pessoais... 60

Infográfico 9 – Atribuições, poderes-deveres e estrutura da ANPD.................................. 69

INTRODUÇÃO E VISÃO GERAL DA OBRA

Um conceito guarda-chuva, de ouro, multiforme ou camaleão. É dessa forma que a literatura, principalmente do campo das ciências sociais, refere-se à *accountability*, por ser um termo bastante elusivo ao qual se pode atribuir os mais diferentes significados. Responsabilidade, equidade, integridade, eficiência, eficácia, transparência e, até mesmo, democracia são apenas alguns deles. Essa polissemia, além de dificultar o trabalho dos tradutores que optam frequentemente por utilizar o termo em inglês em vez de versá-lo em outra língua, não passa ou não deveria passar despercebida também pelos juristas. Afinal qual é o sentido jurídico dessa palavra?

Essa é uma reflexão extremamente importante especialmente na área da proteção de dados pessoais. As últimas gerações de leis, entre elas a brasileira, de países asiáticos e a europeia, têm reservado o seu espaço mais nobre para *accountability*. Em ambas, o termo dá nome a um novo princípio que seria responsável pelo que já foi chamado de virada copernicana[1] no campo. A partir desse pano desse fundo, em que a *accountability* exerce um papel de protagonismo, este trabalho faz uma incursão descritiva, avaliativa e prescritiva, que correspondem às três vértebras do corpo da pesquisa. Seu principal objetivo é pavimentar possíveis rotas hermenêuticas e, com isso, empregar um sentido jurídico e não meramente retórico da palavra.

O capítulo inaugural – de cunho preponderantemente descritivo – faz uma espécie de arqueologia da *accountability* que está subdividido em três partes. A primeira identifica vestígios de como o termo ajudou na fertilização do que é considerada a semente das leis de proteção de dados pessoais, isto é, nas discussões travadas no grupo de trabalho do HEW que criou as chamadas *Fair Information Practice Principles*/FIPPs. A segunda escava os microfilmes e monta um dossiê com ênfase nos 12 anos de articulação e aprovação do que é tido como o principal documento transnacional, sem eficácia vinculante, que são as diretrizes de privacidade da OCDE. A terceira analisa os trabalhos preparatórios da LGPD ao longo de quase uma década, entabulando as diferentes versões do texto do que viria a ser a Lei 13.709/2018. A formação dessa espécie de sítio arqueológico

---

[1] KUNER, Christopher. The European Commission's Proposed Data Protection Regulation: A Copernican Revolution in European Data Protection Law. **Bloomberg BNA Privacy and Security Law Report**, v. 6, n. 11, p. 1-15, 2012.

mostra que *accountability* é um termo historicamente e intimamente ligado, para utilizar as palavras de Alan Westin,[2] à filosofia regulatória estadunidense senão de menor, ao menos de reenquadramento de qual deve ser a intervenção estatal. Além de forjar a sua significação desde o nascimento das leis de proteção de dados, foi a delegação norte-americana que venceu a disputa conceitual em torno da *accountability* como um princípio nas diretrizes da OCDE. Além disso, é essa mesma norma que ilustra a verdadeira metamorfose normativa pelo qual o texto do (ante)projeto da LGPD passou até a sua aprovação, que é caracterizada por franquear maior margem de discricionariedade aos agentes econômicos, bem como articular instrumentos e arranjos regulatórios de parceria público-privada.

Seguindo os alertas metodológicos de Mark Bovens[3] e Danielle Rached,[4] o segundo capítulo descreve de forma mais estreita *accountability* como um fenômeno de poder e a conecta diretamente à natureza do direito em questão. Leis de proteção de dados não servem apenas aos cidadãos, mas, também, a quem quer processar suas informações. Isso porque o perfil normativo destas leis é o de estabelecer padrões de condutas, bastante indeterminados e recheados de conceitos vagos, que se observados geram o direito de as informações serem manufaturadas e, frequentemente, sem a oitiva do seu titular *a priori*. Essa postura procedimental faz com que leis de proteção de dados sejam uma tecnologia de metarregulação, cuja principal característica é a alta carga de discricionariedade alocada aos agentes econômicos e de redefinição de qual deve ser o papel do Estado para governança de seus comportamentos. É intuitivo o questionamento: quem mais titulariza os dados e quem detém mais poder para destravar o fluxo informacional?

A partir dessa reflexão chega-se ao recorte de investigação sobre quais são os elementos constitutivos da obrigação de prestação de contas e, por conseguinte, a função do princípio da *accountability* na correlação de forças entre quem vigia e é vigiado. Para além do método de levantamento documental e de análise quantitativa e qualitativa do primeiro capítulo, a originalidade deste trabalho se desdobra nos próximos quatro capítulos que são o seu núcleo duro. Não se contentou em apenas prescrever o nome da vacina para o que já foi chamado de patologia da metarregulação e de tutela meramente simbólica do direito à proteção de dados. Buscou-se prescrever a dose e, nesse sentido, "sujar as mãos" no texto normativo – em especial da LGPD – que distribui uma série de compe-

---

[2]   WESTIN, Alan F. Entering the Era of Databank Regulation and How We Got There. *In*: ORGANISATION FOR ECONOMIC CO-OPERATION AND DEVELOPMENT – OECD (ed.). **Policy Issues in Data Protection and Privacy**. Paris: OECD, 1976. p. 95.

[3]   BOVENS, Mark. Two Concepts of Accountability: Accountability as a Virtue and as a Mechanism. **West European Politics**, v. 33, n. 5, p. 946-967, 2010.

[4]   RACHED, Danielle Hanna. The Concept(s) of Accountability: Form in Search of Substance. **Leiden Journal of International Law**, v. 29, n. 2, p. 317-342, 2016.

tências decisórias informacionais – para usar a expressão de Claudia Quelle[5] – e sobre as quais se deve prestar contas. Isto é, identificar no que consiste o vínculo obrigacional entre o detentor deste poder – *power-holder* – e quem por ele pode ser impactado – *account-holder.*

Assim, dando início à segunda parte deste trabalho de cunho mais avaliativo, o terceiro capítulo diagnostica quem – elemento subjetivo passivo, a figura do devedor – e sobre o que se deve prestar contas – elemento objetivo. De forma exploratória e não exaustiva, percorre-se a moldura normativa das leis de proteção de dados, que distribui competências decisórias em muitas mãos que não apenas a dos controladores. Operadores, entidades certificadoras, associações de classe e, obviamente, órgãos reguladores detêm prerrogativas para destravar o fluxo informacional. É um achado útil para superar a dubiedade da LGPD que não precisa quem é o devedor da obrigação em questão, bem como que se rivaliza com interpretações literais-restritivas do termo "agente" enunciado de forma lacônica no art. 6.º da LGPD. No entanto, a conclusão mais importante deste capítulo é a cartografia do grau de discricionariedade das prerrogativas informacionais de cada um dos atores citados anteriormente. Essa variação faz com que a intensidade obrigacional também assim o seja quanto maior for a latitude do poder informativo, mais intensa deve ser a prestação de contas. Ou seja, procura-se depurar a seguinte reflexão: qual a calibragem do que é juridicamente exigível do sujeito passivo desta relação jurídico-obrigacional?

O quarto capítulo avalia a quem – elemento subjetivo ativo, a figura do credor – e sobre quais consequências se deve prestar contas – o resultado da (in)adimplência da obrigação em questão. A partir da teoria da regulação responsiva e, mais especificamente por meio do ideal de justiça restaurativa, que é a sua raiz intelectual, diagnostica-se como a lógica normativa das leis de proteção de dados objetivam nutrir um diálogo entre múltiplas partes para a solução de um conflito. Seu objetivo primário é que diferentes atores, com interesses antagônicos e cujas missões institucionais se chocam, cheguem coletivamente a um acordo. O quadro de credores é tão elástico quanto o de devedores da obrigação de prestação de contas. Deve-se constituir um *(macro) fórum público* para fins de deliberação. É, por excelência, o que os juristas civilistas chamam de uma obrigação complexa.

Iniciando a terceira e última parte da pesquisa de cunho mais prescritivo, o quinto capítulo traz aportes empíricos que colocam toda a teorização acima em movimento. Afinal, como se constitui um fórum público, como se julga as contas prestadas e no que consiste uma responsabilidade demonstrável? Foi escolhido um caso brasileiro que é referência internacional no campo da governança da internet, a experiência do Comitê do Gestor da Internet/CGI.br de combate ao *spam* no

---

[5] QUELLE, Claudia. Privacy, Proceduralism and Self-Regulation in Data Protection Law. **Teoria Crítica della Regolazione Sociale**, 2018, p. 101-102.

Brasil. As novas entrevistas realizadas e sistematização dos dados consistiu em um novo enredo e de intenção compreensiva – para utilizar as palavras de Maíra Machado[6] – anteriormente conduzido pelo Instituto de Tecnologia e Sociedade do Rio de Janeiro/ITS-Rio. Desta vez, testou-se e se contrastou a tríade teórica: *accountability*, regulação responsiva (justiça restaurativa) e governança nodal. Com isso, sistematizou-se qual é o *iter* obrigacional da prestação de contas com especial ênfase de que um fórum público não assume uma posição meramente passiva. É essencial que seus membros instruam os casos sob julgamento – o que chamamos de saber coletivo (informacional). Via de regra, é por meio de embates – dissensos – que se unifica tecnicamente, regulatoriamente e politicamente o assunto para, então, haver deliberação das contas prestadas.

Chega-se, então, ao sexto e último capítulo que é a derradeira camada teórica da jornada de pesquisa. Rearticulam-se as reflexões anteriores com especial ênfase ao enquadramento obrigacional da *accountability* na qualidade de processo – a multicitada concepção de Clóvis Couto e Silva – de alocação dinâmica de direitos e deveres. Conclui-se que deve haver uma correlação de forças com perfil normativo precaucionário e *ex ante*, o que rivaliza diretamente com seu enquadramento como um mecanismo prioritariamente de prevenção e, também, de regulação *ex post*. Trata-se de uma armadilha teórica da qual, se prevalecer, só serão extraídas as vicissitudes e não as virtudes deste novo princípio no campo da proteção de dados. Com isso, ao analisar a estrutura e função da obrigação de prestação, este trabalho explora e alerta para a ambivalência da obrigação de prestação de contas como um trunfo ou um cavalo de Troia que pode, a depender de como for (in)adimplida, mobilizada e interpretada, proteger ou infectar o sistema de proteção de dados.

Alerta-se, por fim, ao(às) leitores(as) que o conceito teórico-normativo, novo e talhado neste trabalho, de codeliberação informacional não é um substituto e nem rivaliza com o de autodeterminação informativa. Tendo como pressuposto que leis de proteção de dados têm como ponto primário de atenção o cidadão, propõe-se uma camada complementar destacando como outros atores são vitais na correlação de forças para, de forma ambivalente, empoderá-lo ou enfraquecê-lo. Continua-se, assim, uma reflexão crítica-construtiva em torno das possibilidades, mas, também, dos limites da autonomia privada do titular dos dados para, de forma menos solitária e mais coletiva, esculpir um fluxo informacional justo e íntegro e que não seja de dominação e recheado de abusos.

---

[6]   MACHADO, Maíra Rocha. O estudo de caso na pesquisa em direito. *In*: MACHADO, Maíra Rocha (org.). **Pesquisar empiricamente o direito**. São Paulo: Rede de Estudos Empíricos em Direito, 2017. p. 357-389. Disponível em: https://reedpesquisa.org/publicacoes/volume-2-no- 1-2014/. Acesso em: 11 maio 2021.

Capítulo 1
DESAFIOS REGULATÓRIOS DA PROTEÇÃO DE DADOS PESSOAIS: *ACCOUNTABILITY* COMO FIO CONDUTOR

Neste primeiro capítulo, será feita uma escavação sobre como *accountability* foi historicamente significada e articulada no campo de proteção de dados. De partida, remontar-se-á às discussões travadas no grupo de aconselhamento do Departamento de bem-estar social/HEW sobre decisões automatizadas que são tidas como a semente das normas de proteção de dados. Em seguida, passar-se-á à análise do processo de redação e aprovação das diretrizes sobre privacidade da OCDE nas quais *accountability* é enunciada como princípio pela primeira vez. Por fim, mergulhar-se-á na história dos trabalhos preparatórios e de aprovação da LGPD para situar o contexto no qual o "princípio da responsabilidade e prestação de contas" foi talhado apenas na fase final da discussão da lei no Congresso Nacional. A reunião e organização desses vestígios da jornada é revelador sobre a alta carga retórica e a dificuldade de empregar um sentido normativo a tal norma. Ao mesmo tempo, é bastante reveladora sobre como o termo foi mobilizado, quais foram as disputas travadas para lhe prescrever um conceito legal e, por conseguinte, qual é a sua função semântica dentro do campo da proteção de dados. E, eventualmente, exportável e comparável perante outras áreas de conhecimento.

1.1. GÊNESE: A CRIAÇÃO DAS *FAIR INFORMATION PRACTICE PRINCIPLES*/FIPPS NO DEPARTAMENTO DE BEM-ESTAR SOCIAL DOS ESTADOS UNIDOS

Publicado em 1973, o relatório do grupo de trabalho de aconselhamento sobre sistemas de processamento automatizado de informações[1] do HEW é tido como o germe[2] das normas de proteção de dados pessoais. Por ter uma composição

---

[1] **Records, Computers, and Rights of Citizens:** Report of the Secretary's Advisory Committee on Automated Personal Data Systems. Disponível em: https://www.justice.gov/opcl/docs/rec-com-rights.pdf.

[2] GELLMAN, Robert. **Fair Information Practices**: A Basic History, 2014, p. 2; HOOFNAGLE, Chris Jay. The Origin of Fair Information Practices: Archive of the Meetings of the Secretary's Advisory Committee on Automated Personal Data Systems (SACAPDS), 2014; BENNETT, Colin. **Regulating Privacy**: Data

multissetorial, bem como um mandato amplo e geral para analisar o fenômeno da adoção de tecnologias de informação e comunicação/TICs,[3] o grupo conseguiu, após analisar as práticas de processamento de dados nos setores de proteção ao crédito, saúde, educação e em políticas públicas, extrair os problemas e possíveis soluções comuns em torno da pauta.

Após nove encontros,[4] o mérito do documento consistiu em propor cinco princípios básicos (vide subcapítulo 1.1.3 *infra*), de aplicação transversal, para governar todas as situações nas quais os dados dos cidadãos estariam sendo manipulados. A esse conjunto de normas foi dado o nome de "práticas informacionais justas",[5] o qual levou à aprovação do *Privacy Act*[6] em 1974 (dois anos após a publicação do relatório). Além disso, tais princípios orientaram as demais leis setoriais norte-americanas de proteção de dados[7] e o que se convencionou a chamar da "common law of privacy" nos EUA,[8] bem como as demais produções legislativas acerca da matéria no mundo.[9]

Em razão da importância histórica desse documento, nosso objetivo é verificar como o tema *accountability* perpassou os trabalhos do grupo para reconstruir qual lhe foi o sentido empregado. Para tanto, nossa estratégia será de identificar

---

Protection and Public Policy in Europe and the United States. Ithaca, NY: Cornell University Press, 1992; ROTENBERG, Marc. Fair information practices and the architecture of privacy (What Larry doesn't get). **Stanford Technology Law Review**, v. 44, 2001.

[3] Conforme verificado por meio da análise das sete transcrições dos nove encontros, o *Social Security Number* ("SSN") tomou grande parte da discussão nos encontros do Departamento de bem-estar social, educação e saúde dos automatizados dos Estados Unidos da América. Apesar dessa ênfase, ainda assim o grupo de trabalho e as suas respectivas recomendações extrapolam tal tema em específico.

[4] Os trabalhos se desenvolviam por meio de apresentações de palestrantes convidados que ocorriam de forma intercambiada com rodadas de perguntas ao expositor. Assim, permitia-se que todos pudessem trazer contribuições para o desenvolvimento da discussão. Durante os encontros, os membros do comitê possuiriam, de modo geral, participação fixa, e eventualmente teriam espaço para uma apresentação, como é o caso de Arthur Miller e Joseph Weizenbaum. Ainda, a cada encontro, eram chamados novos especialistas.

[5] As recomendações estabelecidas para as normas de práticas informacionais justas encontram-se na p. xxiii do relatório.

[6] UNITED STATES, TITLE 5. Government Organization and Employees. Freedom of Information Act (Privacy Act). Disponível em: https://www.govinfo.gov/content/pkg/USCODE-2012-title5/pdf/USCODE-2012-title5-partI-chap5-subchapII- sec552a.pdf; e *Overview* do governo sobre o *Privacy Act*: UNITED STATES DEPARTMENT OF JUSTICE. Overview of the Privacy Act of 1974, 2015. Disponível em: https://www.justice.gov/opcl/overview- privacy-act-1974-2015-edition.

[7] Por exemplo: i) o *Health Insurance Portability and Accountability Act* – HIPAA, direcionado à saúde; b) o *Children's Online Privacy Protection Act* – COPPA, direcionado para proteção de crianças e adolescentes. Disponível em: https://www.ecfr.gov/cgi-bin/text-idx?SID= 4939e77c77a1a1a08c1cbf905fc4b409&node=16%3A1.0.1.3.36&rgn=div5; c) além das leis estaduais de *data breach*.

[8] SOLOVE, Daniel J.; HARTZOG, Woodrow. The FTC and the New Common Law of Privacy. **Columbia Law Review**, v. 114, n. 583, 2014.

[9] Diversos estudiosos se debruçaram sobre o tema, por todos: BENNETT, Colin. **Regulating Privacy**: Data Protection and Public Policy in Europe and the United States. Ithaca, NY: Cornell University Press, 1992. p. 98-99.

Capítulo 1 · DESAFIOS REGULATÓRIOS DA PROTEÇÃO DE DADOS PESSOAIS | 7

os momentos nos quais tal termo foi expressamente referenciado ao longo das discussões e, com isso, sua etimologia no HEW.

1.1.1. Personificando a discussão mediante os atores mais contingentes

Em vez de reconstruir o debate de forma cronológica e o segmentá-lo por meio de cada um dos sete dos nove encontros transcritos,[10] procurou-se nesta nova análise adotar uma abordagem distinta que privilegia a contingência de dois participantes no debate. Somente após a leitura, de toda a documentação, ficou claro que essa seria a técnica de investigação mais correta. Na medida em que a abordagem do tema tem caráter normativo e procura responder uma pergunta do presente,[11] seria contraproducente apresentar de forma sequencial cada uma das variáveis das mais de duas mil páginas transcritas de discussão do grupo. Pelo contrário, seria mais efetivo apontar quais parcelas do debate agregam em uma valorativa que remonta ao étimo do objeto de investigação naquele tempo e espaço. Isto porque este não é um trabalho descritivo de um evento passado. O que se busca nesta análise não é o aspecto histórico, mas a demonstração de como um mesmo debate se estende no tempo, e como resoluções trazidas anteriormente podem ser reaplicadas no contexto atual ou reelaboradas para que se adéquem às necessidades mais recentes da sociedade. Logo, trata-se de uma pesquisa que, entre seus focos de análises, possui um viés de observação de acontecimentos prévios, do passado, relevantes ao estudo, para melhor compreender a discussão sobre o tema e reforçar seus argumentos. A esse respeito, duas ideias se destacaram.

A primeira é compreender proteção de dados pessoais como uma atualiza-ção, uma releitura e, em última análise, um desdobramento da cláusula do **devido processo legal**. O objetivo principal é assegurar o direito da(o) cidadã(o) em saber e, potencialmente, questionar como se dá o processamento de suas informações. O fim último seria colocá-la(o) no circuito decisório constitutivo da sua própria identidade, a partir do qual uma série de decisões são tomadas a seu respeito.

A segunda é semear a obrigação de adoção de procedimentos para evitar danos colaterais de atividades de tratamento de dados em toda a sua cadeia de agentes. Tal conjunto de salvaguardas seria, dessa forma, **medidas precaucionárias** para maximizar os benefícios e minimizar os riscos de uma atividade de tratamento de dados.

---

[10] Por exemplo, já havia feito: HOOFNAGLE. The Origin of Fair Information Practices: Archive of the Meetings of the Secretary's Advisory Committee on Automated Personal Data Systems (SACAPDS).

[11] ACCA, Thiago dos Santos. Como sei se o meu trabalho precisa de uma parte histórica? Quando posso usá-la para auxiliar na construção do meu trabalho? *In*: QUEIROZ, Rafael Mafei Rabelo; FEFERBAUM, Mariana (org.). **Metodologia jurídica**: um roteiro prático para trabalhos de conclusão de curso. São Paulo: Saraiva, 2013. p. 107: "Algumas possibilidades são: a) compreensão mais adequada do problema de pesquisa; b) circunstâncias históricas que vão ilustrar ou reforçar a argumentação; e c) contextuali-zação do debate referente ao tema escolhido. Essas possibilidades justificam a inclusão de uma parte histórica no desenvolvimento do trabalho".

Respectivamente, Arthur Miller, então professor de direito em Harvard, e Joseph Weizenbaum, então professor de ciência da computação no MIT, foram os precursores dessas duas narrativas estruturantes que atravessaram os encontros do grupo. Não só os seus próprios autores, mas, também, os demais integrantes do grupo vocalizaram tais ideias explícita ou implicitamente. Essa é uma conclusão embasada nas seguintes evidências empíricas quantitativas e qualitativas.

Sob o primeiro aspecto, porque ambos foram muito participativos ao longo das discussões. Durante os sete encontros transcritos, Arthur Miller e Joseph Weizenbaum acumularam, respectivamente, 4.068 e 5.853 linhas[12] das 95.822 linhas do total. Isso representa, respectivamente, 4,25% e 6,11%. Considerando-se que o espaço de fala era preenchido não só pelos membros do comitê, mas, principalmente, pelos mais de 100 especialistas convidados. Se houvesse uma divisão igual entre todos eles, a proporção seria de, aproximadamente, um por cento para cada, de modo que tais percentuais referidos confirmam o quão engajados estes dois personagens eram nas discussões (contagem total das participações de AM e JW). Em poucas palavras, os dois acadêmicos contribuíram ativa e recorrentemente para os trabalhos do comitê.

Sob um olhar qualitativo, destaca-se quanto a:

a) **Arthur Miller**

a.1) **"coro" para ouvi-lo e um espaço de fala privilegiado:** logo no primeiro encontro, os membros do Comitê consensualizaram que seria muito importante ouvir Arthur Miller. Com isso, o advogado ganha um espaço de fala singular por estar alocado na fase inicial dos trabalhos do grupo. A ideia foi trazida por David Martin, que presidia os trabalhos naquela ocasião, ganhando apoios elogiosos dos demais colegas. Ouvi-lo seria

---

[12] Desmembrado, por encontros, nos valores de: (i) referente a Arthur Miller, 1.185 (mil cento e oitenta e cinco) linhas (1.º Encontro), 327 (trezentos e vinte e sete) linhas (2.º Encontro), 1.141 (mil cento e quarenta e uma) linhas (3.º Encontro), 0 (zero) linhas (4.º Encontro) – Arthur Miller não pôde comparecer no 4.º Encontro –, 681 (seiscentos e oitenta e uma) linhas (5.º Encontro), 568 (quinhentas e sessenta e oito) linhas (6.º Encontro) e 166 (cento e sessenta e seis) linhas (7.º Encontro); e (ii) referente a Joseph Weizenbaum, 869 (oitocentas e sessenta e nove) linhas (1.º Encontro), 794 (setecentas e noventa e quatro linhas) linhas (2.º Encontro), 1.384 (mil trezentas e oitenta e quatro) linhas (3.º Encontro), 569 (quinhentos e sessenta e nove) linhas (4.º Encontro), 587 (quinhentas e oitenta e sete) linhas (5.º Encontro), 1.532 (mil quinhentas e trinta e duas) linhas (6.º Encontro) e 118 (cento e dezoito) linhas (7.º Encontro). *Valores obtidos por meio de aproximação, considerando que cada página completa de transcrição possui 25 (vinte e cinco) linhas, sendo consideradas apenas as páginas com a transcrição dos debates, descontadas, portanto, as páginas introdutórias dos documentos.

Capítulo 1 · DESAFIOS REGULATÓRIOS DA PROTEÇÃO DE DADOS PESSOAIS 9

"extremamente importante"[13] e forneceria um "entendimento básico"[14] sobre a matéria, nas palavras de alguns de seus colegas. Uma intervenção que depois foi rotulada como uma *tremendous lecture*[15] e que não estava prevista na pauta.

a.2) **um espaço dialogado e contingenciado por seu protagonista**: a palestra de Arthur Miller seria inicialmente abreviada pela necessidade de o grupo realizar um período de recesso dos trabalhos. A princípio, por ter um curto espaço de tempo à sua disposição, Arthur Miller comprimiu a sua palestra já planejada para 47 minutos em 15 minutos, o que faz com que os seus interlocutores desejem ouvir mais sobre o assunto no retorno após o jantar. Deve-se considerar, também, que é mencionado nas transcrições que, durante o jantar, já havia ocorrido algumas discussões sobre a fala de Arthur Miller. Essas curiosidades dos bastidores revelam quão rica foi sua contribuição, haja vista que, após a pausa, o debate se estende por páginas e páginas, mesmo após uma eventual continuidade que teria até tomado parte da refeição do grupo. Com isso, instaurou-se uma sessão de perguntas e respostas por meio da qual Arthur esmiúça as suas ideias, travando uma interlocução substantiva com praticamente todos os membros do grupo. Nesse sentido, houve pouca contingência por parte dos seus pares, já que, com relação a essa parte do diálogo, Arthur mantém 46,21% do tempo da fala. E, levando-se em consideração todo o tempo do primeiro encontro, o advogado capturou 10,25% – amostra do grau de contingência de AM nesse debate em específico.

b) **Joseph Weizenbaum**

b.1) **uma linha de pensamento construída e repisada do início ao fim dos trabalhos**: logo no primeiro encontro, o professor de ciência da computação argumentou, de forma incisiva, contra o que seria uma espécie de determinismo tecnológico.[16] Segundo ele, toda e qualquer tecnologia passa por um processo de prototipagem em que são tomadas decisões sobre quais são os dados necessários para alimentá-la. No segundo encontro,

---

[13] Comentário feito por Guy Dobbs, na época era presidente de uma companhia de *softwares* para computadores associada à Xerox Corporation, na p. 252, linha vinte e cinco, da 1.ª parte da transcrição do 1.º Encontro do HEW. MILLER, Arthur. **Transcription of the 1st Meeting Part I of the Secretary's Advisory Committee on Automated Personal Data Systems of the U.S. Department of Health, Education and Welfare**. Disponível em: https://www.law.berkeley.edu/files/HEW/HEW_transcript_04171972_Redacted.pdf.

[14] Comentário feito por Gerald Davey, na época era o presidente do *Credit of Data Corporation*, o 1.º bureau de crédito americano, na p. 253, linha vinte, da 1.ª parte da transcrição do 1.º Encontro do HEW. *Ibid.*

[15] Comentário de Philip Burguess, na época era diretor do Laboratório de Ciências Comportamentais de Ohio, na p. 272, linha vinte e um, da 1.ª parte da transcrição do 1.º Encontro do HEW. *Ibid.*

[16] HOOFNAGLE. The Origin of Fair Information Practices: Archive of the Meetings of the Secretary's Advisory Committee on Automated Personal Data Systems (SACAPDS).

esse argumento reapareceu e começou a ganhar corpo, desta vez na boca dos demais membros[17] do comitê que citam, a propósito, que o professor do MIT havia distribuído um artigo de sua autoria a esse respeito. No terceiro encontro, aproveitando a exposição de um convidado, o acadêmico retomou essa linha de argumentação[18] e mobilizou uma grande parte do comitê a favor da sua tese. Nesse momento, ele mantém quase a metade do tempo de fala para consolidar o seu argumento – 47,52%.

b.2) um alto nível de contingência em todos os debates: Joseph participou de todos os encontros do grupo e sempre se manteve engajado, acumulando, ao todo, uma média de 6% de todo o tempo. E, no sexto encontro, quando foi um dos palestrantes, obteve 7,7% das discussões.

c) **Subcomitê e o esboço de conclusões do grupo de trabalho:** antes do terceiro encontro do grupo de trabalho, circulou um memorando intitulado "Esboço temático dos resultados do relatório do Grupo de Aconselhamento em Processos de Decisões Automatizadas", o qual era formado por Layman Allen, Carole Parsons, além de Arthur Miller e Joseph Weizenbaum. O referido documento foi rascunhado em uma conferência na Universidade de Harvard, na qual ambos os professores eram palestrantes naquela ocasião. É mais uma evidência em torno do protagonismo exercido pelos dois atores acima referenciados, cujo documento é extraído logo após terem plantado as suas principais ideias nas discussões do grupo.[19]

Em resumo, Arthur Miller e Joseph Weizenbaum exerceram um papel de protagonismo perante o grupo que concebeu as chamadas práticas informacionais justas. Mais do que apresentarem um alto índice de participação ao longo do trabalho do grupo, foram membros que semearam as suas ideias logo na fase inicial

---

[17] Uma dessas passagens encontra-se na fala da Dra. Frances Grommers, na p. 19, da 2.ª parte do 2.º Encontro, em que, ao retomar a discussão trazida por Gerald Boyd e as considerações de Joseph Weizenbaum e Arthur Miller, diz: "[...] Não estamos tentando conceber salvaguardas para qualquer sistema que exista agora, mas para um sistema que possa ser construído no futuro e que realmente não sabemos como vai ser. Há um grande acervo de dados sendo coletado quanto ao que poderá ser no futuro. *Não sei se alguém tem tempo para ler o artigo do Professor Weizenbaum do qual lhe demos uma cópia, mas é como se concebe um sistema para o futuro quando não se sabe o que ele vai ser*. Isto é, na minha opinião, um dos problemas que todos vocês têm aqui como um grupo. [...]" – Tradução livre (grifos meus).

[18] Como se observa no trecho de sua fala do 3.º Encontro: "[...] o que tenho em mente, então, é ter um *computer index* que, com controles muito rígidos, torne possível atravessar esse muro, mas com controles muito, muito rígidos, que estão embutidos no sistema, e que deixam uma trilha de auditoria visível, e que demandam um grau considerável de autoridade para conseguir acessar. [...]" – Tradução livre. **Transcription of the 3rd Meeting Part II of the Secretary's Advisory Committee on Automated Personal Data Systems of the U.S. Department of Health, Education and Welfare.** Disponível em: https://www.law.berkeley.edu/files/HEW/HEW_transcript_06161972.pdf, p. 231- 232.

[19] **Memo to the Members of the Secretary's Advisory Committee in Automated Personal Data Systems and Draft of Thematic Outline.** Disponível em: https://www.law.berkeley.edu/img/faculty/draft_outline_memo_06071972.pdf. Acesso em: 17 dez. 2019.

Capítulo 1 · DESAFIOS REGULATÓRIOS DA PROTEÇÃO DE DADOS PESSOAIS | 11

das discussões e que foram combativos para fertilizá-las com os seus pares. Trata-se, portanto, de personagens contingentes e cujos pensamentos são chaves para compreender qual era o sentido de *accountability* naquele momento importante no campo da proteção de dados pessoais.

1.1.2. Devido processo legal: para além de justeza (*fairness*), um sistema para semear práticas responsáveis (*accountable*)

Um dos principais diagnósticos do HEW é que haveria mais riscos do que benefícios com relação à aplicação[20] de tecnologias para o processamento de dados pessoais naquele momento. Um cenário completamente desgovernado,[21] em razão da ausência de regras mínimas que estabelecessem um **devido processo** pelo qual os dados dos cidadãos poderiam ser extraídos e manipulados. É, dessa forma, que Willis H. Ware prefacia e sintetiza as discussões do grupo de trabalho por ele próprio presidido:

> O uso de sistemas de dados automatizados contendo informações sobre indivíduos está crescendo tanto no setor público quanto no privado... O próprio Departamento utiliza muitos desses sistemas e, além disso, um número substancial é utilizado por outras organizações, tanto públicas quanto privadas, com apoio financeiro ou outro tipo de apoio... do Departamento... Ao mesmo tempo, há uma preocupação crescente de que os sistemas automatizados de dados pessoais apresentem um grave potencial de consequências prejudiciais, incluindo a violação de liberdades básicas. **Isso levou à crença de que deveriam ser desenvolvidas salvaguardas especiais para proteção contra consequências potencialmente prejudiciais à privacidade e ao devido processo** (p. ix)[22] – grifos meus.

Chama a atenção a construção do seu argumento que conecta devido processo e privacidade para destacar qual era o pano de fundo em torno da constituição do

---

[20] No relatório do HEW, aponta-se, no prefácio, até mesmo que tais aplicações estariam sendo utilizadas de forma "descontrolada", como uma preocupação para a proteção de dados dos cidadãos. A mesma questão é trazida mais a frente, como "unconstrained applications", em que se comparam os efeitos causados pelo uso irrestrito e não regulado da tecnologia sobre o meio ambiente com os potenciais riscos aos dados dos cidadãos (**Records, Computers, and Rights of Citizens**: Report of the Secretary's Advisory Committee on Automated Personal Data Systems, p. x e 45).

[21] "[...] Os efeitos das disfunções, logo, não recaem somente sobre os clientes do sistema, mas também sobre os titulares de dados *bystander* e outras organizações" – Tradução livre (*Ibid.*, p. 15).

[22] "The use of automated data systems containing information about individuals is growing in both the public and private sectors... The Department itself uses many such systems, and in addition, a substantial number... are used by other organizations, both public and private, with financial or other support... from the Department... At the same time, there is a growing concern that automated personal data systems present a serious potential for harmful consequences, including infringement of basic liberties. *This has led to the belief that special safeguards should be developed to protect against potentially harmful consequences for privacy and due process* (p. ix)" – Tradução livre (**Records, Computers, and Rights of Citizens**: Report of the Secretary's Advisory Committee on Automated Personal Data Systems, p. ix).

grupo de trabalho e, sobretudo, o que as suas respectivas recomendações atacavam exatamente. Essa é uma costura que até hoje é relativamente pouco explorada na literatura,[23] mas que é essencial para compreender a racionalidade por trás das normas de proteção de dados pessoais.

Nessa linha, Arthur Miller deu, de fato, uma "tremendous lecture".[24] Em seu referido espaço de fala privilegiado, o advogado alerta para a insuficiência dos conceitos clássicos de *privacy* com relação ao que o grupo ainda viria a discutir. O que estava em jogo não era o exercício de uma liberdade negativa do cidadão em barrar simplesmente o acesso às suas informações pessoais pela grande mídia[25] ou mesmo pelo Estado, mas uma liberdade positiva, condicionada pelo estabelecimento de garantias, para que as suas informações circulassem adequadamente. Sem isso não haveria um "**devido processo informacional**",[26] isto é, uma série de exigências a ser observada para que a manipulação dos dados fosse, ao final, legítima:[27]

> Existe uma certa combinação entre temas de privacidade e os demais temas constitucionais. Minha visão pessoal é que provavelmente um dos maiores bastiões constitucionais da privacidade ainda não explorado pelas cortes ou pelos defensores ativistas é o conceito de devido processo legal, a noção de que governos não podem privá-lo de sua vida, liberdade, propriedade, sem o devido processo legal, uma restrição que recai tanto sobre o governo nacional quanto, claro, sobre os estados e governos locais. Me parece que está por ser escrito o capítulo sobre devido processo informacional. E certos tipos de levantamentos, usos e disseminação de

---

[23] Veja-se por todos: CITRON, Danielle Keats; PASQUALE, Frank A. **The Scored Society**: Due Process for Automated Predictions. Rochester, NY: Social Science Research Network, 2014; como também: BIONI, Bruno Ricardo; MARTINS, Pedro. O que você precisa ler para entender sobre devido processo informacional. **Data Privacy Brasil**. Disponível em: https://conteudo.dataprivacy.com.br/devido-processo-informacional. Acesso em: 9 mar. 2022. No capítulo 6, nós iremos retomar esse conceito de devido processo informacional de forma mais detida.

[24] Comentário de Philip Burguess, na época, diretor do Laboratório de Ciências Comportamentais de Ohio, na p. 272, linha 21, da 1.ª parte da transcrição do 1.º Encontro do HEW. MILLER, Arthur. **Transcription of the 1st Meeting Part I of the Secretary's Advisory Committee on Automated Personal Data Systems of the U.S. Department of Health, Education and Welfare**. Disponível em: https://www.law.berkeley.edu/files/HEW/HEW_transcript_04171972_Redacted.pdf.

[25] " Também é interessante notar que originalmente o direito à privacidade, concebido por Warren e Brandeis neste artigo doutrinariamente significativo em 1890, era simplesmente um direito que o indivíduo teria perante os meios de comunicação em massa. Ele não foi concebido para ser um direito geral. Ele não foi concebido para ser um direito do indivíduo perante o Estado. Era simplesmente um direito, tal como colocado por Brandeis , de ser deixado em paz pelos meios de comunicação em massa." – Tradução livre (*Ibid.*, p. 255-256).

[26] MILLER, Arthur. **Transcription of the 1st Meeting Part I of the Secretary's Advisory Committee on Automated Personal Data Systems of the U.S. Department of Health, Education and Welfare**. Disponível em: https://www.law.berkeley.edu/files/HEW/HEW_transcript_04171972_Redacted.pdf, p. 267.

[27] Artigo 5.º, LIV. BRASIL. **Constituição da República Federativa do Brasil de 1988**. Disponível em: http://www.planalto.gov.br/ccivil_03/constituicao/constituicao.htm. Acesso em: 10 jun. 2021.

Capítulo 1 · DESAFIOS REGULATÓRIOS DA PROTEÇÃO DE DADOS PESSOAIS | 13

informação governamental podem ser desafiados quando violarem o devido processo [...].[28]

Para tanto, o que se propôs foi basicamente a articulação de deveres e direitos entre quem processa dados e quem é o seu respectivo titular. A partir dessa mutualidade,[29] o objetivo principal foi colocar o cidadão no circuito decisório[30] constitutivo da sua própria identidade, até então construída com o recolhimento opaco dos seus dados[31] e sem contraditório de sua parte. Esse é exatamente o conteúdo (*obrigacional*) dos quatro dos cinco princípios estabelecidos pelo HEW:

(i) não pode haver sistemas de bases de dados pessoais cuja existência seja secreta;

(ii) deve existir um meio para que o indivíduo possa descobrir que tipos de informações sobre ele estão sendo armazenadas e como estão sendo utilizadas;

(iii) deve existir um meio para que o indivíduo possa evitar que informações sobre ele sejam obtidas para uma finalidade sejam utilizadas ou disponibilizadas para finalidades diversas sem seu consentimento;

(iv) deve haver um meio de o indivíduo corrigir ou emendar um registro de informações sobre ele que o tornam identificável.

Nesse sentido, os três primeiros princípios estabelecem de um lado deveres de: **a)** informação; **b)** transparência; e **c)** especificação de uma finalidade por parte de quem processará os dados. E, de outro lado, o direito do cidadão em: **d)** acessar seus registros; e **e)** consentir sempre que viessem a ser utilizados para uma nova finalidade. Por fim, o quarto princípio, como desdobramento dos anteriores, confere ao titular o direito de: **f)** questionar a atividade de processamento de dados em si, caso as suas informações estivessem incompletas ou erradas. Em poucas palavras

---

[28] MILLER, Arthur. **Transcription of the 1st Meeting Part I of the Secretary's Advisory Committee on Automated Personal Data Systems of the U.S. Department of Health, Education and Welfare.** Disponível em: https://www.law.berkeley.edu/files/HEW/HEW_transcript_04171972_Redacted.pdf, p. 267.

[29] **Records, Computers, and Rights of Citizens**: Report of the Secretary's Advisory Committee on Automated Personal Data Systems, p. 40-41.

[30] **Transcription of the 5th Meeting Part II of the Secretary's Advisory Committee on Automated Personal Data Systems of the U.S. Department of Health, Education and Welfare.** Disponível em: https://www.law.berkeley.edu/files/HEW/HEW_transcript_08181972.pdf. Acesso em: 20 maio 2019, p. 238.

[31] "O fato, porém, é que o sujeito dos registros normalmente não tem direito a um papel nas decisões que as organizações tomam sobre os registros que lhe dizem respeito [...] A privacidade pessoal, no que diz respeito à manutenção de registros de dados pessoais, deve ser entendida em termos de um conceito de mutualidade. [...] Fornece [...] *uma base para estabelecer procedimentos que asseguram ao indivíduo o direito de participar de forma significativa nas decisões sobre o que constará nos registros a seu respeito e como essa informação deverá ser utilizada*" – Tradução livre (**Records, Computers, and Rights of Citizens**: Report of the Secretary's Advisory Committee on Automated Personal Data Systems, p. 40-41 – grifos meus).

quem processa dados deve apresentar, antes de mais nada, uma justificativa[32] (item "c"),[33] bem como reduzir a assimetria de informação[34] para que a contraparte possa contestar (itens "a", "b" e "d", "e" e "f").

Trata-se, portanto, de um conjunto de obrigações que gravitam em torno da lógica em assegurar ciência e contraditório toda vez que alguém avalia e toma decisões sobre uma pessoa com base em seus dados pessoais. Somente assim, um processamento de dados pessoais seria justo,[35-36] que é exatamente o rótulo conferido aos referidos princípios (*fair information practice principles*).

Para além de uma perspectiva axiológica de justeza (*fairness*), tais princípios tinham ainda uma função normativa bastante pragmática. Na medida em que toda e qualquer atividade de tratamento de dados deveria ser antecedida pelo cumprimento de uma série de obrigações e com possível escrutínio, *práticas mais responsáveis* potencialmente emergiriam em comparação a um cenário anterior no qual tais limitações não estavam colocadas legalmente.

Nesse sentido, o conjunto de direitos e obrigações acima mencionados criariam uma espécie *de* **ônus argumentativo**,[37-38] a ser colocado à prova ante o cidadão, para o processamento de seus dados pessoais. Uma espécie de **procedimentalização** para alterar a dinâmica dessas relações e, com isso, semear melhores comportamentos (mais *accountable*).[39-40] Especialmente, por parte de quem manipulava dados até então sem nenhuma constrição.

---

[32]   **Transcription of the 2nd Meeting Part II of the Secretary's Advisory Committee on Automated Personal Data Systems of the U.S. Department of Health, Education and Welfare.** Disponível em: https://www.law.berkeley.edu/files/HEW/HEW_transcript_05191972.pdf. Acesso em: 20 maio 2019, p. 184.

[33]   *Ibid.*, p. 181.

[34]   **Transcription of the 5th Meeting Part II of the Secretary's Advisory Committee on Automated Personal Data Systems of the U.S. Department of Health, Education and Welfare.** Disponível em: https://www.law.berkeley.edu/files/HEW/HEW_transcript_08181972.pdf. Acesso em: 20 maio 2019, p. 237

[35]   "Muito bem, o que é devido processo? O devido processo é um conceito amplo de justiça, razoabilidade" – Tradução livre (**Transcription of the 3rd Meeting Part II of the Secretary's Advisory Committee on Automated Personal Data Systems of the U.S. Department of Health, Education and Welfare**, p. 268; **Transcription of the 7th Meeting of the Secretary's Advisory Committee on Automated Personal Data Systems of the U.S. Department of Health, Education and Welfare**. Disponível em: https://www.law.berkeley.edu/files/HEW/HEW_transcript_110972.pdf. Acesso em: 20 maio 2019, p. 100).

[36]   **Transcription of the 7th Meeting of the Secretary's Advisory Committee on Automated Personal Data Systems of the U.S. Department of Health, Education and Welfare**, p. 100.

[37]   **Transcription of the 3rd Meeting Part II of the Secretary's Advisory Committee on Automated Personal Data Systems of the U.S. Department of Health, Education and Welfare**, p. 333.

[38]   *Ibid.*

[39]   MILLER, Arthur. **Transcription of the 1st Meeting Part I of the Secretary's Advisory Committee on Automated Personal Data Systems of the U.S. Department of Health, Education and Welfare.** Disponível em: https://www.law.berkeley.edu/files/HEW/HEW_transcript_04171972_Redacted.pdf, p. 300; **Transcription of the 3rd Meeting Part II of the Secretary's Advisory Committee on Automated Personal Data Systems of the U.S. Department of Health, Education and Welfare**, p. 332.

[40]   "Acho que a minha reação à sua apresentação sobre o banco de dados dos trabalhadores migrantes é muito semelhante à de Arthur Miller. E penso que o maior tipo de problema é aquele em que temos muitas instituições na Sociedade – e não apenas em nível federal, mas em todos os níveis – e fundações no setor (quase) público que intervêm todos os dias na vida dos indivíduos *sem prestarem absolutamen-*

Capítulo 1 · DESAFIOS REGULATÓRIOS DA PROTEÇÃO DE DADOS PESSOAIS | 15

Em resumo, a articulação das chamadas práticas informacionais justas tem o seu *enraizamento teórico* na ideia de devido processo e com dois substratos: **a)** o primeiro de conotação **instrumental**, pelo qual deveria ser assegurada ciência e possibilidade de contraditório ao cidadão; **b)** o segundo de conotação **substantiva**, em que é feita deferência expressa ao termo *accountability*, pelo qual toda e qualquer atividade de tratamento de dados deveria ser antecedida pelo cumprimento de uma série de obrigações para que a intervenção na esfera da personalidade do cidadão fosse proporcional. Em resumo, não apenas garantir que o processo em si da manufatura dos dados fosse **legítima** e **justa**, mas, também, o seu resultado. Uma procedimentalização que seria capaz de desencadear *práticas mais responsáveis* diante de um cenário anterior sem qualquer restrição e exposição por parte de quem processava tais informações.

1.1.3. Obrigação de adoção de salvaguardas: um problema organizacional e não puramente tecnológico

Um segundo diagnóstico importante do HEW era a necessidade da combinação de salvaguardas legais e organizacionais para regular de forma eficaz a proteção de dados pessoais.[41] Por ser um tema transversal, com inúmeras variações a depender do campo de aplicação, cada organização deveria ser responsável por eleger as medidas que julgassem mais adequadas[42] para a governança das suas respectivas atividades. Nesse sentido, o quinto princípio – e último proposto pelo grupo de trabalho – aponta, de forma ampla e geral, como um dever de prevenção:

(v) qualquer organização que crie, mantenha, use ou dissemine registros de dados pessoais identificáveis deve garantir a confiabilidade do dado para o uso pretendido e deve tomar as medidas necessárias para evitar o uso inadequado desse dado.

Dessa forma, a tecnologia não seria o problema, mas, pelo contrário, parte da solução. É um posicionamento esculpido desde o início dos trabalhos do grupo

---

te *nenhuma conta*" – Tradução livre (grifos meus) – (**Transcription of the 3rd Meeting Part II of the Secretary's Advisory Committee on Automated Personal Data Systems of the U.S. Department of Health, Education and Welfare**, p. 332).

[41]   No relatório elaborado pelo comitê, o termo "safeguards" que possui acepção ampla e genérica. Neste sentido, abarca tanto as salvaguardas legais quanto as organizacionais. Isto fica explícito no trecho: "[...] As salvaguardas ('safeguards') devem, portanto, concentrar-se na proteção da privacidade pessoal. A fundamentação para as salvaguardas que recomendaremos é exposta neste capítulo. Nele consideramos as restrições legais existentes sobre a invasão da privacidade pessoal por meio da manutenção de registros e o papel que os registros desempenham na relação entre indivíduos e organizações que os armazenam" – Tradução livre (grifos meus) (**Records, Computers, and Rights of Citizens**: Report of the Secretary's Advisory Committee on Automated Personal Data Systems, p. 33).

[42]   "[...] Pending the enactment of a code of fair information practice, we urge that State and local governments, the institutions within reach of their authority, and all private organizations adopt the safeguards requirements by *whatever means are appropriate*" (grifos meus) (*Ibid.*, p. xxiii).

que teve o Prof. Weizenbaum como seu principal interlocutor.[43] Na medida em que todo e qualquer sistema de informação passa por um **processo de prototipagem**[44] quando se decide quais dados o alimentarão, o grupo deveria investigar justamente o papel das organizações[45] nessa *fase inicial de concepção* das tecnologias. O argumento em torno da "inevitabilidade" do progresso tecnológico deveria impulsionar melhores práticas quanto à manipulação de dados pessoais e não o contrário.[46]

Além disso, mais importante do que controlar as informações extraídas de uma base de dados (*output*), seria a implementação de mecanismos de contingência sobre quais dados nela deveriam ser imputados (*input*).[47] Procedimentos[48] mínimos desde o estágio de modelagem de um sistema de informação seria o caminho mais efetivo para a criação de um "senso de responsabilidade"[49] preventivo quanto ao mau uso de dados pessoais. Um sistema menos reativo-compensatório e mais prudente.[50]

Por fim, todos os procedimentos deveriam ser auditáveis.[51] A criação e a manutenção de registros sobre quais ações foram tomadas e a sua respectiva efetividade criariam um sistema pelo qual se aprenderia com os erros e acertos experimentados.[52] Um conhecimento observável e recuperável para "controlar

---

43   Transcription of the 3rd Meeting Part II of the Secretary's Advisory Committee on Automated Personal Data Systems of the U.S. Department of Health, Education and Welfare, p. 215.

44   *Ibid.*, p. 295; Transcription of the 5th Meeting Part II of the Secretary's Advisory Committee on Automated Personal Data Systems of the U.S. Department of Health, Education and Welfare, p. 51.

45   "[...] that the problem is less a technological one and much more an institutional management and organizational one" (Transcription of the 3rd Meeting Part II of the Secretary's Advisory Committee on Automated Personal Data Systems of the U.S. Department of Health, Education and Welfare, p. 2).

46   Transcription of the 7th Meeting of the Secretary's Advisory Committee on Automated Personal Data Systems of the U.S. Department of Health, Education and Welfare, p. 46.

47   Transcription of the 3rd Meeting Part II of the Secretary's Advisory Committee on Automated Personal Data Systems of the U.S. Department of Health, Education and Welfare, p. 130.

48   Records, Computers, and Rights of Citizens: Report of the Secretary's Advisory Committee on Automated Personal Data Systems, p. 55; Transcription of the 3rd Meeting Part II of the Secretary's Advisory Committee on Automated Personal Data Systems of the U.S. Department of Health, Education and Welfare, p. 215.

49   Transcription of the 4th Meeting Part III of the Secretary's Advisory Committee on Automated Personal Data Systems of the U.S. Department of Health, Education and Welfare. Disponível em: https://www.law.berkeley.edu/files/HEW/HEW_transcript_07261972.pdf. Acesso em: 20 maio 2019, p. 103.

50   Transcription of the 6th Meeting Part II of the Secretary's Advisory Committee on Automated Personal Data Systems of the U.S. Department of Health, Education and Welfare. Disponível em: https://www.law.berkeley.edu/files/HEW/HEW_transcript_09291972.pdf. Acesso em: 20 maio 2019, p. 261.

51   Transcription of the 3rd Meeting Part II of the Secretary's Advisory Committee on Automated Personal Data Systems of the U.S. Department of Health, Education and Welfare, p. 231 e 232. "[...] como dizer se está sendo obedecido ou não?" – Tradução livre (Transcription of the 4th Meeting Part III of the Secretary's Advisory Committee on Automated Personal Data Systems of the U.S. Department of Health, Education and Welfare. Disponível em: https://www.law.berkeley.edu/files/HEW/HEW_transcript_07241972.pdf. Acesso em: 20 maio 2019, p. 103; Transcription of the 6th Meeting Part II of the Secretary's Advisory Committee on Automated Personal Data Systems of the U.S. Department of Health, Education and Welfare, p. 55).

52   "O que acontece é que o sistema se compromete a cometer erros, mas estes erros são monitorados e existe um sistema de feedback e, à medida em que o erro ocorre, as correções são feitas. Para que, em

Capítulo 1 · DESAFIOS REGULATÓRIOS DA PROTEÇÃO DE DADOS PESSOAIS | 17

quem controla"[53] o processo de extração e, paradoxalmente, de proteção de dados pessoais.

Em resumo, ao alocar um **dever amplo e geral de prevenção** nos ombros dos agentes de tratamento de dados, as práticas informacionais justas confiaram que eles escolheriam as melhores ferramentas de contenção dos efeitos colaterais das suas próprias atividades. Ao mesmo tempo, contudo, arquitetou-se um sistema pelo qual tal voto de confiança deveria estar sujeito a um possível escrutínio (auditoria). Uma racionalidade cujo ponto de partida e de chegada são, respectivamente, um convite e uma possível cobrança de práticas mais *accountable*.

1.1.4. Um primeiro significado da *accountability*: a virtude de práticas mais responsáveis

Não se encontrará o termo *accountability* nomeado nos princípios das chamadas práticas informacionais justas, mas é definitivamente um elemento que os atravessa. A "falta de responsabilidade"[54] foi o principal recurso argumentativo para justificar a necessidade da adoção de tais diretrizes básicas sobre toda e qualquer atividade de tratamento de dados. A criação de mecanismos mínimos de governança seria menos "custosa socialmente",[55] a fim de que os benefícios superassem os malefícios em jogo.

A coleta desse tipo de informação para melhoria das políticas públicas e para melhoria das vidas dos indivíduos pode, e deve, ser vista e, por outro lado, ser balanceada por salvaguardas apropriadas, bem como por mecanismos e procedimentos eficazes, incluindo definições estatais do que seria privacidade que poderia permitir esse tipo de atividade para continuidade do bem social, **sem, em contrapartida, consequências negativas sociais e outras situações que podem decorrer muito de uma inexistência de mecanismos de *accountability*** (tradução livre) (grifos meus).

última análise, o resultado seja o que se pretende alcançar." – Tradução livre *in* **Transcription of the 5th Meeting Part II of the Secretary's Advisory Committee on Automated Personal Data Systems of the U.S. Department of Health, Education and Welfare**, p. 35.

[53] "[...] Me parece, temos contornado a questão do controle que pode estar disponível para agências ou indivíduos tanto no âmbito público quanto privado pelo uso de informações que ou prevê futuros comportamentos de pessoas e/ou é indicativo de comportamentos passados que podem ser interpretados como estigmatizantes e portanto vão resultar em avaliações de *status* ou valor, e consequentes perdas de oportunidades no futuro. " – Tradução livre *in* **Transcription of the 4th Meeting Part III of the Secretary's Advisory Committee on Automated Personal Data Systems of the U.S. Department of Health, Education and Welfare**, p. 148. **Transcription of the 5th Meeting Part II of the Secretary's Advisory Committee on Automated Personal Data Systems of the U.S. Department of Health, Education and Welfare**, p. 30-32.

[54] **Records, Computers, and Rights of Citizens**: Report of the Secretary's Advisory Committee on Automated Personal Data Systems, p. 44.

[55] *Ibid.*, p. 45.

Accountability é o envelope da mensagem regulatória encaminhada pelas práticas informacionais justas. Em um contexto no qual inexistia procedimentos mínimos para que a extração de dados pessoais fosse responsável, sustentável[56] e menos lesiva, o ponto de partida seria atribuir, de forma cruzada, direitos e deveres aos agentes da cadeia de tratamento de dados e aos seus respectivos titulares.

De um lado, o dever de quem processa dados não é só de justificá-lo e adotar medidas de contenção de danos, mas, sobretudo, colocar-se sob o escrutínio público. Com isso, de outro lado, o cidadão poderia, ao enxergar o fluxo das suas informações pessoais, questioná-lo. Um *saneamento* pelo qual quem controla as tecnologias de manipulação de dados, deveria propiciar o contraditório acerca das suas ações e, preferencialmente, desde a sua fase de prototipagem.

Trata-se, respectivamente, dos conceitos normativos do devido processo informacional e *privacy by design* que hoje ecoam com força na literatura e nas estratégias regulatórias da proteção de dados. Dessa forma, além dos debates no HEW terem sido bastante precursores, a combinação das ideias de Arthur Miller e Joseph Weizenbaum fornecem uma racionalidade normativa precaucionária[57] que será bastante cara e uma das conclusões centrais deste trabalho (capítulo 6).

Em resumo, *accountability* foi, em primeiro lugar, um artefato argumentativo para se regular as atividades de tratamento de dados. Em segundo lugar, e o mais importante para fins de analíticos deste primeiro capítulo, era o resultado ótimo decorrente dessa intervenção. Portanto, nesse período de tempo e espaço, o termo assume muito mais uma *função de adjetivação*, isto é, de que os agentes de tratamento de dados seriam mais *accountable* se prestassem conta das suas ações, uma espécie de virtude programada pelo conjunto de normas fixado nas FIPPs.

1.2. CAPILARIDADE TRANSNACIONAL E ESPINHA DORSAL: AS DIRETRIZES DA ORGANIZAÇÃO PARA COOPERAÇÃO E DESENVOLVIMENTO ECONÔMICO

Criada oficialmente em 1960,[58] a Organização para a Cooperação e Desenvolvimento Econômico/OCDE tem como missão "promover o bem-estar econômico

---

[56] *Ibid.*

[57] O termo "precauções" é repetidamente mencionado ao longo de todo o conjunto dos encontros, e algumas das menções mais relevantes encontram-se em **Transcription of the 4th Meeting Part III of the Secretary's Advisory Committee on Automated Personal Data Systems of the U.S. Department of Health, Education and Welfare**, p. 37; **Transcription of the 5th Meeting Part II of the Secretary's Advisory Committee on Automated Personal Data Systems of the U.S. Department of Health, Education and Welfare**, p. 139-140; **Transcription of the 6th Meeting Part II of the Secretary's Advisory Committee on Automated Personal Data Systems of the U.S. Department of Health, Education and Welfare**, Disponível em: https://www.law.berkeley.edu/files/HEW/HEW_transcript_09281972.pdf, p. 128 e 176.

[58] A Organização para a Cooperação Econômica Europeia (OEEC) foi criada em 1948 para conduzir a implementação do Plano Marshall após a Segunda Guerra Mundial. Ao evidenciar a interdependência das economias individuais dos governos, a iniciativa favoreceu o surgimento de uma nova era de coo-

Capítulo 1 · DESAFIOS REGULATÓRIOS DA PROTEÇÃO DE DADOS PESSOAIS | 19

e social global".[59] Para tanto, seus integrantes cooperam entre si com o objetivo de encontrar soluções comuns para problemas similares que os afetam. Essa coordenação é condicionada pela criação de padrões que guiam a concepção de normas e políticas públicas uniformes entre os 37 países que compõem tal organismo internacional.

Em linha com essa agenda, em 1980, a OCDE emitiu as diretrizes para "proteção da privacidade e fluxo transnacional de dados pessoais". Além de trazer definições sobre conceitos e princípios básicos sobre o tema, as diretrizes estabeleciam uma espécie de agenda programática de como tais normas deveriam ser implementadas para se evitar ações regulatórias conflitantes. Pretendia-se, com isso, reforçar de maneira uniforme a proteção dos dados pessoais em diferentes jurisdições e, simultaneamente, enfraquecer o risco de imposição de restrições ao livre fluxo de informação entre diferentes países sob o argumento de que seus respectivos quadros normativos não serem harmônicos. Essa dupla faceta é, aliás, o que dá nome às diretrizes.

Não só os países integrantes da OCDE, mas, também, outros, que com eles mantinham relações comerciais, aprovaram ou revistaram as suas leis nacionais de proteção de dados a partir das diretrizes então fixadas. Caso contrário, ainda que não compusessem tal organismo internacional, acabariam por experimentar barreiras de integração econômica se não acompanhassem tal movimento de padronização normativa. Por essa razão, tais diretrizes têm uma importância histórica singular no campo da proteção de dados pessoais, na medida em que são a espinha dorsal pela qual se constitui o corpo de normas de proteção de dados pessoais ao redor do mundo.[60]

Um exemplo a esse respeito, ainda que com um enorme salto temporal, é a experiência brasileira na adoção da sua lei geral de proteção de dados pessoais/ LGPD. Em 2018, ano de aprovação da LGPD, o governo brasileiro manifestou publicamente o seu interesse em fazer parte da OCDE.[61] Foi um dos elementos de

---

peração. Nesse novo cenário, EUA e Canadá juntaram-se aos países-membros da OEEC ao assinarem a Convenção da Organização para a Cooperação Econômica e Desenvolvimento (OECD) em 1960. A Convenção entrou em vigor no ano seguinte, marcando a criação oficial da OECD. Disponível em: https://www.oecd.org/about/history/. Último acesso em: 27 dez. 2019.

[59] A OECD proporciona um fórum para que governos troquem experiências e busquem soluções a problemas comuns, a partir da compreensão dos fatores que incentivam mudanças social, econômica e ambiental, de produtividade e dos fluxos globais de comércio e investimento e de tendências futuras, estimadas a partir da análise e comparação de dados. Disponível em: http://www.oecd.org/about/. Último acesso em: 27 dez. 2019.

[60] KUNER, Christopher. Regulation of Transborder Data Flows under Data Protection and Privacy Law: Past, Present and Future. **OECD Digital Economy Papers**, n. 187, 2011; BENNETT, Colin. Different Processes, One Result: The Convergence of Data Protection Policy in Europe and the United States. **Governance: An International Journal of Policy and Administration**, v. 1, n. 4, p. 415-441, 1998.

[61] Sobre o interesse do Brasil em integrar a OECD, ver: IANDOLI, Rafael. Brasil quer ser membro da OCDE. Qual o significado de uma adesão ao grupo. **Nexo Jornal**. Disponível em: nexojornal.com.br/expresso/2017/05/30/Brasil-quer-ser-membro-da-OCDE.-Qual-o-significado-de-uma- adesão-ao-grupo. Acesso em: 27 dez. 2019.

20 | REGULAÇÃO E PROTEÇÃO DE DADOS PESSOAIS – *Bruno Ricardo Bioni*

uma conjuntura bastante particular[62] que tracionou o trâmite legislativo da matéria em pleno ano eleitoral. Além disso, o fator OCDE teria sido considerado na redação do texto do então projeto de lei, a fim de que o Brasil não se distanciasse dos padrões normativos das diretrizes.[63]

Além da importância histórica das diretrizes da OCDE e da sua influência na recente experiência brasileira no campo da proteção de dados pessoais, tal documento foi o primeiro a enunciar a *accountability* como um dos princípios de proteção de dados pessoais. Por esse conjunto de fatores, a análise da sua jornada em tal organismo internacional se justifica metodologicamente.

1.2.1. Preparando o terreno das *guidelines* por intermédio de uma elite intelectual: maturação do tema em torno do objetivo regulatório principal

Em 1968, o comitê de política científica da OCDE decidiu criar um grupo de trabalho sobre "utilização de computadores". Já havia a percepção do impacto das tecnologias de comunicação e informação, especialmente para gestão pública e as liberdades individuais dos cidadãos, o que levou, respectivamente, à publicação de um estudo sobre banco de dados na administração pública[64] e outro sobre privacidade[65] em 1971. São os primeiros registros de entrada do tema na OCDE, os quais inauguram a série de "estudos informáticos".[66]

Em 1972, houve a criação de um painel sobre banco de dados cujo objetivo era aprofundar o impacto da informática no processamento de dados pessoais de forma automatizada[67]. Em 1974, esse grupo organizou um seminário sobre questões

---

[62] Refiro-me a um conjunto de eventos ocorridos ao longo de 2018, entre os quais, para além da discussão da entrada do Brasil na OECD, estão o escândalo da Cambridge Analytica e a reforma da Lei do Cadastro Positivo (alterada pela Lei Complementar 166/2019). Essa conjuntura é narrada em detalhes pelo projeto "Memória da LGPD" do Data Privacy Brasil no episódio intitulado "Uma conjunção astral": Disponível em: https://observatorioprivacidade.com.br/memoria/2018-uma-conjuncao-astral/.

[63] Sobre a importância de ter uma lei geral de proteção de dados para o ingresso na OCDE, Carlos Affonso aponta que, a julgar pelas iniciativas do Congresso brasileiro de flexibilizar o tratamento de dados pelo setor público, retirando direitos dos titulares e deveres do governo, "o país não vai conseguir nem tocar a campainha" da organização. Disponível em: https://tecfront.blogosfera.uol.com.br/2018/04/10/o-estado-quer-seus-dados- pessoais-mas-sem-transparencia-nem-direitos/. Último acesso em: 4 jan. 2020.

[64] THOMAS, Uwe (OECD Consultant). Computerised data banks in public administration: trends and policies issues. **OECD Informatics Studies**, 1971.

[65] NIBLETT, G.B.F. Digital Information and the Privacy Problem. **OECD Informatics Studies**, 1971.

[66] Essa linha histórica se vale do estudo de Hans Peter Gassmann, antigo chefe da Divisão de Políticas de Informação, Comunicações e Consumidor e membro do diretório para Ciência, Tecnologia e Indústria da OECD. Ver: GASSMAN, Hans Peter. **30 Years After**: the Impact of the OECD Privacy Guidelines. Disponível em: http://www.oecd.org/internet/ieconomy/30yearsaftertheimpactoftheoecdprivacyguidelines.htm. Acesso em: 18 maio 2019.

[67] FUSTER, Gloria González. **The Emergence of Personal Data Protection as a Fundamental Right of the EU**. Cham/Heidelberg/New York/Dordrecht/London: Springer, 2014. v. 16, p. 76.

Capítulo 1 · DESAFIOS REGULATÓRIOS DA PROTEÇÃO DE DADOS PESSOAIS | 21

de políticas públicas em privacidade que reunia a *elite intelectual*[68] da proteção de dados da época e que hoje consiste na literatura clássica do tema.

Apenas para citar alguns, Alan Westin,[69] Arthur Miller,[70] Stefano Rodotà[71] e Spiros Simitis[72] foram alguns dos expositores. Isso permitiu à OCDE ter uma fotografia precisa sobre o estado da arte da discussão, o que foi decisivo para preparar o terreno para as diretrizes da OCDE e, mais especificamente, para definir qual deveria ser o seu foco principal.

Nesse sentido, Michael Kirby,[73] que viria a ser o presidente do grupo de trabalho responsável pela redação das *guidelines*, confessou, anos mais tarde, que não caberia a eles "inventar a roda". Citando alguns dos *experts*[74] anteriormente mencionados e especificamente o relatório do HEW[75] (subcapítulo 1.1), o jurista australiano acena para um contexto no qual não havia espaço para se silenciar quanto à necessidade da afirmação de deveres e direitos como parte da resposta aos efeitos colaterais das atividades de tratamento de dados.[76] Se as futuras diretrizes

---

[68] A esse respeito, ver: BENNETT, Colin. **Regulating Privacy**: Data Protection and Public Policy in Europe and the United States. Ithaca, NY: Cornell University Press, 1992. p. 140.

[69] Alan F. Westin foi advogado, cientista político e professor na Universidade de Columbia. Em seu livro seminal *Privacy and Freedom*, Westin defendeu a autodeterminação informacional dos cidadãos, cavando um conceito distinto e autônomo entre privacidade e proteção de dados pessoais: WESTIN. **Privacy and Freedom**; WESTIN, Alan F.; BAKER, Michela A. **Databanks in a Free Society**. New York: Quadrangle Books, 1972.

[70] Arthur Miller é pesquisador no campo do processo civil norte-americano e professor na Universidade de Nova York atualmente. Miller relacionou o uso de computadores na coleta e processamento de informações – e sua consequente interoperabilidade – a um aumento de poder do Estado com as informações coletadas e o surgimento de um mercado em que a informação era uma commodity e fonte de poder econômico. A sua proeminência se deu por ser um dos integrantes do HEW (vide capítulo 1.1) e por ter sido diversas vezes convidados como expert pelo congresso americano para falar do tema. Ver: MILLER, Arthur R. **The Assault on Privacy**: computers, data banks, and dossiers. Ann Arbor: Univ. of Michigan Press, 1971.

[71] Stefano Rodotà foi diretor da autoridade de proteção de dados italiana, presidente do grupo de autoridades europeias sobre dados pessoais (antigo Grupo de Trabalho 29) e professor na Universidade La Sapienza, em Roma. Rodotà defendeu que o direito à privacidade fosse visto na integralidade do seu impacto nos cidadãos, relacionando-o, assim, ao direito de controlar o fluxo das suas informações sobre si. Ver: RODOTÀ, Stefano. **Elaboratori elettronici e controllo sociale**. Bologna: Il Mulino, 1973; RODOTÀ, Stefano. **A vida na sociedade da vigilância**. A privacidade hoje. Rio de Janeiro: Renovar, 2008.

[72] Spiros Simitis é professor da Universidade Goethe, tendo sido comissário de proteção de dados em Hesse, na Alemanha (ocasião em que colaborou na elaboração do primeiro Data Protection Act de Hesse, a primeira lei de proteção de dados pessoais do mundo). Ver: SIMITIS, Spiros, Il contesto giuridico e político della tutela della privacy. **Rivista Crítica Del Diritto Privato**, 1997; SIMITIS, Spiros. Privacy: An endless debate?. **California Law Review**, v. 6, n. 98, p. 1989-2007, 2010.

[73] Michael Kirby, juiz na High Court da Austrália, foi o presidente do Grupo de Especialistas em Fluxo Transfronteiriço de Dados e Proteção da Privacidade entre os anos de 1978 e 1980. Ver: KIRBY, Michael. The history, achievement and future of the 1980 OECD guidelines on privacy. **International Data Privacy Law**, v. 1, n. 1, 2011.

[74] *Ibid.*, p. 10.

[75] Para as referências de Kirby a Alan Westin, Stefano Rodotà e Spiros Smithis, ver: *Ibid.*, p. 7-9.

[76] Sobre isso, o autor cita uma intervenção do então Presidente francês Valéry Giscard em uma das conferências que ocorreram durante o trabalho do grupo. Na ocasião, o então Presidente argumentou pela defesa de outros valores em detrimento da eficiência, a exemplo da autodeterminação informacional,

não tivessem como seus pilares as práticas informacionais justas, não haveria uma estrutura mínima sob a qual seria possível construir um denominador comum.

Há, com isso, um ponto de maturação do debate, já apontado inicialmente pela elite intelectual da época em 1974, que foi secundado posteriormente por um questionário circulado entre os países membros da OCDE no ano seguinte. Em 1975, constatou-se que doze dos catorze países membros já haviam concluído ou encabeçavam regulações sobre a matéria, todas elas com tal perfil de assegurar ao indivíduo controle sobre seus dados.[77-78-79]

Portanto, o que estava em aberto não era propriamente quais deveriam ser as características em torno de um núcleo duro e comum das normas de proteção de dados pessoais. A principal tensão era como se daria a sua *nacionalização* pelos países-membros e se viria acompanhada de restrições à transferência internacional de dados pessoais.[80] Nesse contexto, o foco da OCDE, até pelo perfil da organização voltado ao livre-comércio,[81] seria, ao estabelecer mecanismos de harmonização entre os países no nível de implementação das suas normas de proteção de dados, garantir o livre fluxo informacional entre eles.

Nesse sentido, nota-se que a estrutura final das diretrizes posiciona a seção de implementação nacional justamente entre as seções de cooperação e aplicação internacional. Nessas duas últimas, há literalmente a mensagem de que os países não devem impor restrições ao livre fluxo de dados.

Em resumo, o objetivo regulatório final e principal das diretrizes era ser principalmente uma via de harmonização em torno da implementação das normas de proteção de dados pessoais e não propriamente a criação uniforme de tais normas. Ou seja, o risco de eventuais distorções, com possível impacto para o livre-comércio, estava mais ligado à maneira pela qual tais direitos e deveres de proteção de dados seriam operacionalizados do que quanto à sua articulação.

Ao recuperar todo esse trajeto histórico nota-se que tal documento não objetivava a padronização do conteúdo das normas de proteção de dados. O que se buscava uniformizar era o **plano de aplicação** de tais normas. São causas distintas,

---

a partir das tecnologias de identificação empregadas durante a Segunda Guerra e a relação entre a sua ineficiência e maiores números de judeus e refugiados sobreviventes em determinados países. *Ibid.*, p. 9.

[77] ORGANISATION FOR ECONOMIC CO-OPERATION AND DEVELOPMENT (OECD). **Developments in Data Protection and Privacy in OECD Countries**. Paris: OECD, 1975. p. 2.

[78] KIRBY, Michael. The history, achievement and future of the 1980 OECD guidelines on privacy, p. 9.

[79] Sobre a distinção entre privacidade e proteção de dados, ver: GASSMAN, Hans Peter; PIPE, G. Russel. Synthesis Report. *In*: ORGANISATION FOR ECONOMIC CO-OPERATION AND DEVELOPMENT (OECD ed.). **Policy Issues in Data Protection and Privacy**. Paris: OECD, 1974. p. 13.

[80] À época, a Suécia foi apontada como o único país a apresentar regulação a respeito do fluxo transnacional de dados – para além das regulações aplicáveis a sistemas de telecomunicações que operavam sob convenções internacionais (ORGANISATION FOR ECONOMIC CO-OPERATION AND DEVELOPMENT (OECD). **Developments in Data Protection and Privacy in OECD Countries**, p. 4).

[81] KIRBY, Michael. The history, achievement and future of the 1980 OECD guidelines on privacy, p. 7.

Capítulo 1 • DESAFIOS REGULATÓRIOS DA PROTEÇÃO DE DADOS PESSOAIS | 23

ainda que sutis, acerca de uma possível fragmentação. É justamente nesse contexto que se encaixa *accountability*.

1.2.2. *Accountability* no processo de redação das *guidelines*: um elemento na busca de harmonização entre abordagens regulatórias distintas

Desde o início, o grupo de *experts* refletiu: **i)** porque seria necessário ter *accountability* como um princípio e, especialmente; **ii)** qual deveria ser a extensão da definição desse princípio, isto é, se seria necessário precisar o seu significado por completo ou de forma mais econômica; e, por fim, **iii)** qual seria o seu respectivo papel no sistema de proteção de dados como um todo[82]. Em razão dos registros das reuniões do grupo não terem sido transcritos integralmente, não é possível concluir precisamente como, ao longo do processo de redação das *guidelines*, todas essas questões foram endereçadas. Ainda assim, é possível levantar algumas hipóteses com base nas diferentes redações das diretrizes e o sumário das discussões a esse respeito, o que está devidamente documentado pelos arquivos da OCDE.

1.2.2.1. *A quem deveria ser direcionado o princípio: uma primeira disputa conceitual em torno do princípio da* accountability

Um elemento presente em todas as definições esboçadas do princípio da *accountability* era não deixar dúvidas sobre a quem ele era direcionado. Uma primeira leitura do texto final[83] faz crer que, a princípio, não deveria ser qualquer agente da cadeia de tratamento de dados, mas somente aquele responsável por decidir como e quais dados seriam processados. Deveria recair prioritariamente sobre o controlador (*data controller*) a obrigação de dar efetividade a todos os princípios e obrigações firmadas pelas diretrizes.

No entanto, esse foi um ponto bastante controverso.[84] Havia a preocupação que tal restrição criasse um salvo-conduto em favor dos demais agentes da cadeia de

---

[82] ORGANISATION FOR ECONOMIC CO-OPERATION AND DEVELOPMENT (OECD). **Expert Group on Transborder Data Barriers and the Protection of Privacy** – Comparative Table 2. Paris: OECD, 1978. p. 7-8.

[83] O Princípio da *Accountability* é definido como: "Um **controlador de dados** deve ser responsável pelo cumprimento das medidas que dão efeito aos princípios acima" (tradução livre) (grifos meus). Ver: ORGANISATION FOR ECONOMIC CO-OPERATION AND DEVELOPMENT (OECD). **OECD Guidelines on the Protection of Privacy and Transborder Flows of Personal Data**. OECD. Disponível em: https://www.oecd.org/internet/ieconomy/oecdguidelinesontheprotectionofprivacyandtransborderflowsofpersonaldata.htm. Acesso em: 18 maio 2019.

[84] No tocante a essa controvérsia, no relatório, relata-se a discussão sobre o conceito de *data controller* em que se optou pelo sobrestamento do debate: "[...] Foi acordado que a definição da(s) pessoa(s) a quem as obrigações associadas era uma preocupação prática vital dos participantes. Concordaram comigo que o propósito da definição era assegurar que aqueles que se beneficiam da coleta, armazenamento e utilização de dados (e não como meros canais) fossem incluídos na definição. A posição do gabinete de crédito foi levantada pelo Sr. Desjardins. O Sr. Harrington sugeriu uma fórmula que vincularia obrigações a uma pessoa que 'é competente para decidir sobre o conteúdo e utilização dos dados'. Foi acordado que esta definição seria mantida para consideração posterior" – Tradução livre. Ver: ORGANISATION FOR ECONOMIC CO-OPERATION AND DEVELOPMENT (OECD). **Expert Group on Transborder Data**

tratamento de dados que, sob o argumento de não serem controladores, poderiam violar livremente as normas de proteção de dados pessoais. Se o fim último seria criar todo um ecossistema mais sustentável, não haveria razão para não alocar tal dever de cumprimento das regras do jogo também sobre os ombros daqueles que, muito embora não decidissem como os dados seriam manipulados, fazem parte da engrenagem para tanto.

Seria o caso, por exemplo, dos *bureaux*[85] de dados que muitas vezes fornecem a matéria-prima (dados), a qual é manufaturada pelos seus clientes que são quem decidem para quais finalidades tais informações serão utilizadas. Também, o mesmo com os chamados *"dependent users"*,[86] figura equivalente aos operadores,[87] que processam dados em nome e seguindo as instruções dos controladores.

Diante de toda essa disputa, ao final, as *guidelines* acabaram por emitir uma orientação normativa pouco clara. Isso porque, muito embora a definição do princípio da *accountability* faça menção somente aos controladores, o *memorandum* ressalva que não há nenhum impedimento dos demais agentes de tratamento de dados serem também responsabilizados caso haja alguma violação.

Dois importantes achados emergem desse cabo de forças. Se, por um lado, a OCDE estipulava, à semelhança dos princípios do HEW, que os próprios atores regulados internalizassem e envidassem boas práticas de proteção de dados pessoais e fossem responsabilizados no caso destas serem insuficientes. Por outro lado, diferentemente do movimento estadunidense que previa tal obrigação de forma ampla e aberta a todos os agentes da cadeia de tratamento de dados, a OCDE buscou alocá-la, pelo menos com maior intensidade[88], sobre um determinado sujeito

---

Barriers and the Protection of Privacy – Drafting Group – Draft Record of the Third Meeting held on 14th – 16th March, 1979. Paris: OECD, 1979, p. 5.

[85] Mr. Debrulle é quem traz o questionamento sobre o serviço de *bureaux*: "[...] o Presidente referiu-se às preocupações do Sr. Debrulle sobre os serviços de *bureaux*. Houve uma discussão sobre isso. O Sr. Harrington ofereceu-se para preparar um documento acerca das definições contidas no Projeto de Diretrizes da OCDE e no Projeto da Convenção do Conselho da Europa. Isto foi notado com apreço" – Tradução livre. Ver: *Ibid.*

[86] Nas *guidelines*, o conceito de *dependent users* é definido como "quem pode ter acesso aos dados, mas não está autorizado a decidir que dados devem ser armazenados, quem deve ser capaz de os utilizar etc." – Tradução livre. Ver: ORGANISATION FOR ECONOMIC CO-OPERATION AND DEVELOPMENT (OECD). **OECD Guidelines on the Protection of Privacy and Transborder Flows of Personal Data.**

[87] A forma como a Lei Geral de Proteção de Dados define quem será o operador para o ordenamento brasileiro é muito similar. A equivalência encontra-se na impossibilidade de o operador decidir sobre os dados pessoais, ele tem acesso a essas informações e executa o tratamento, mas sob o comando de um controlador, em quem se concentra o poder de decisão. Nos termos do artigo 5.º, XXX, da LGPD, operador é a "pessoa natural ou jurídica, de direito público ou privado, que realiza o tratamento de dados pessoais em nome do controlador", ou seja, é aquele que executa as determinações de quem controla os dados. Ver: BRASIL. **Lei n.º 13.709, de 14 de agosto de 2018.**

[88] ALHADEFF, Joseph; VAN ALSENOY, Brendan; DUMORTIER, Jos. The accountability principle in data protection regulation: origin, development and future directions. *In*: ALHADEFF, Joseph; VAN ALSENOY, Brendan; DUMORTIER, Jos. **Managing Privacy through Accountability**, London: Palgrave Macmillan, 2012. p. 49-82.

Capítulo 1 · DESAFIOS REGULATÓRIOS DA PROTEÇÃO DE DADOS PESSOAIS | **25**

em específico da cadeia. Aquele que deteria mais poder para pôr em prática tais ações (o controlador).

Em resumo, a conceituação do princípio da *accountability* nas *guidelines* da OCDE, embora se aproxime do quinto e último princípio do HEW, foi talhada já com a preocupação em torno de qual seria a rota mais indicada para materializá-lo. Esse é um ponto que fica ainda mais evidente diante de outra disputa em torno da definição do referido princípio.

1.2.3. *Accountability*: um conceito enxuto e camaleão

Dois momentos se destacam na disputa, travada ao longo dos trabalhos preparatórios das *guidelines*, em torno da conceituação do princípio da *accountability*: **a)** primeira fase: em que se propunha um conceito mais prescritivo; **b)** segunda fase: em que se discutiu a inclusão da expressão "em lei". Ao final, prevaleceu um conceito mais sintético e sem a inclusão do termo "in law".

Propostas de definições do princípio da *accountability* nas *guidelines* da OCDE			
Elementos de Análise	**Primeira fase**	**Segunda fase**	**Redação final**
Redação Proposta	**"Um responsável pela manutenção de registros** para a gestão de um sistema para o processamento automático de dados pessoais deve, como dados controlador, ser responsável por suas políticas de manutenção de registros, práticas e sistemas, além de suportar uma **responsabilidade afirmativa**, estabelecendo políticas e práticas que refletem os princípios enunciados no Título A."[89] (tradução livre) (grifos meus).	"O controlador de dados deve ser responsável pelo cumprimento de medidas que dão efeito aos princípios acima mencionados."[90] (tradução livre).	"O controlador de dados deve ser responsável por cumprir com medidas que dão efeito sobre os princípios acima mencionado"[91] (tradução livre).

---

[89] ORGANISATION FOR ECONOMIC CO-OPERATION AND DEVELOPMENT (OECD), **Expert Group on Transborder Data Barriers and the Protection of Privacy – First Draft Guidelines on Basic Rules Governing the Transborder Flow and the Protection of Personal Data and Privacy**, Paris: OECD, 1978, p. 4.

[90] ORGANISATION FOR ECONOMIC CO-OPERATION AND DEVELOPMENT (OECD), **Draft Recommendation of the Council Concerning Guidelines Governing the Protection of Privacy and Transborder Data Flows of Personal Data (2nd revisio**n), Paris: OECD, 1979, p. 6.

[91] ORGANISATION FOR ECONOMIC CO-OPERATION AND DEVELOPMENT (OECD), **OECD Guidelines on the Protection of Privacy and Transborder Flows of Personal Data**.

Propostas de definições do princípio da *accountability* nas *guidelines* da OCDE			
Elementos de Análise	**Primeira fase**	**Segunda fase**	**Redação final**
Resumo da discussão e encaminhamento	A expressão "**responsabilidade afirmativa**" é abandonada a partir do Expert Group on Transborder Data Barriers and the Protection of Privacy – Second Draft Guidelines Governing the Protection of Privacy and Transborder Data Flows of Personal Data.	No terceiro encontro do grupo, verifica-se um embate acerca da inclusão do termo "**em lei**" na definição do princípio da *accountability*. No quarto encontro, acorda-se em não o incluir e constar o termo "**suportada por sanções legais**" apenas no memorando explicativo.	Prevalece o posicionamento em se adotar um conceito mais sintético e sem o uso da expressão "em lei".
Linha temporal	**Outubro/1978**	**Dezembro/1979**	**Abril/1980**

Tabela 1 – Disputa conceitual do princípio da accountability *nas diretrizes da OCDE*

Com relação à primeira fase, desde o segundo encontro do grupo de trabalho, optou-se por uma definição mais sintética do princípio. Deixou-se de prescrever qualquer elemento explicativo do que seria *accountability* ou o que poderia ser considerado como seu desdobramento – *e.g.*, responsabilidade afirmativa –, bem como quais seriam seus mecanismos de exteriorização – boas práticas e políticas organizacionais. Com isso, a definição do princípio passou a ser normativamente mais tímida e, de certa forma, enigmática. Isso porque, é uma conceituação circular e, de certa forma, prolixa à própria terminologia que lhe nomeia.[92]

Com relação à segunda fase, barrou-se a inclusão do termo "em lei". Venceu a posição dos EUA pela qual a conformidade às normas de proteção de dados pessoais não dependeria e não seria necessariamente desdobramento de uma intervenção normativa do Estado. Seu florescimento poderia se dar também por meio de "códigos de conduta" e outros instrumentos de autorregulação.[93] Nesse sentido, o memorando explanatório das *guidelines* acabou por referenciar ambas as alternativas como complementares e não excludentes, a seguir conforme o

---

[92]   Ao observar o conjunto de oito princípios previstos nas *guidelines* – princípio da necessidade (limitação da coleta), princípio da qualidade do dado, princípio da finalidade específica, princípio da limitação do uso, princípio da salvaguarda da segurança, princípio da transparência, princípio da participação do indivíduo (que abarca o que hoje se entende como direito de acesso e correção) e o princípio de *accountability* – percebe-se que o princípio de *accountability* é o mais enxuto, sendo muito conciso e sem maiores especificações. Ver: *Ibid.*

[93]   ORGANISATION FOR ECONOMIC CO-OPERATION AND DEVELOPMENT (OECD). **Expert Group on Transborder Data Barriers and the Protection of Privacy – Drafting Group – Draft Record of the Third Meeting held on 14th – 16th March, 1979**, p. 15.

Capítulo 1 · DESAFIOS REGULATÓRIOS DA PROTEÇÃO DE DADOS PESSOAIS | 27

parágrafo 14 da *OECD Guidelines on the Protection of Privacy and Transborder Flows of Personal Data*:[94]

> O controlador de dados decide sobre os dados e as atividades de processamento de dados. É em seu benefício que o processamento de dados é realizado. Assim, é essencial que, de acordo com a legislação nacional, a responsabilidade pelo cumprimento das regras e decisões de proteção de privacidade seja atribuída ao responsável pelo tratamento de dados, que não deve ser dispensado desta obrigação apenas porque o processamento de dados é realizado em seu nome por outra parte, tal como um serviço de bureau. Por outro lado, nada nas Diretrizes impede que o pessoal das agências de serviço, "usuários dependentes" (ver parágrafo 40) e outros também sejam responsabilizados. Por exemplo, as sanções contra violações das obrigações de confidencialidade podem ser dirigidas contra todas as partes encarregadas do tratamento de informações pessoais (cf. parágrafo 19 das Diretrizes). A prestação de contas sob o parágrafo 14 **refere-se à prestação de contas apoiada por sanções legais, bem como à prestação de contas estabelecida por códigos de conduta**, por exemplo (tradução livre) (grifos meus).[95]

Essa disputa em torno do princípio da *accountability* revela a decisão em adotar um conceito enxuto e, ao mesmo tempo, camaleão que fosse capaz de se amoldar a estratégias distintas de implementação das normas de proteção de dados pessoais. A partir disso, as diretrizes mais do que enunciar capítulos específicos – implementação nacional e cooperação internacional – direcionados à uniformização do seu *enforcement*, esculpiram um princípio que também carregava consigo tal mensagem de harmonização regulatória.

Portanto, a previsão pioneira de *accountability* enquanto norma não foi apenas para reforçar a responsabilidade de quem processa dados pessoais em protegê-los, mas, também, de interligação e conciliação entre perspectivas regulatórias que se chocavam quanto à necessidade e ao grau de intervenção estatal para que tal responsabilidade florescesse.

---

[94] **OECD Guidelines on the Protection of Privacy and Transborder Flows of Personal Data – OECD.** Disponível em: https://www.oecd.org/internet/ieconomy/oecdguidelinesontheprotectionofprivacyandtransborderflowsofpersonaldata.htm#recommendation. Acesso em: 18 maio 2019.

[95] ORGANISATION FOR ECONOMIC CO-OPERATION AND DEVELOPMENT (OECD). **OECD Guidelines on the Protection of Privacy and Transborder Flows of Personal Data.**

28 | REGULAÇÃO E PROTEÇÃO DE DADOS PESSOAIS – *Bruno Ricardo Bioni*

1.2.4. A insuficiência da *accountability* enquanto um princípio tímido para contornar a fricção no nível de implementação das *guidelines* e no livre fluxo de dados

Nos anos seguintes à criação das *guidelines*, a OCDE realizou uma série de encontros e eventos[96] para monitorar a sua implementação pelos países membros. O ápice desse processo de avaliação se deu em duas oportunidades: **a)** em uma conferência sobre Fluxo de Dados Transfronteiriço, que foi realizada em 1985 no Reino Unido;[97] **b)** em um encontro *ad hoc* do Comitê para Políticas de Informação, Comunicação e Computadores da OCDE, que foi realizado em Paris em 1988.[98] Em ambos os momentos, confirmou-se o receio antes apontado em torno de uma possível fragmentação no nível de implementação e não propriamente na criação das normas de proteção de dados pessoais.

Portanto, já na década de 1980, havia o diagnóstico de que as *guidelines* haviam tido um sucesso parcial. Houve "persuasão moral"[99] para uniformizar o conteúdo das normas de proteção de dados, mas não para harmonizar o modo pelo qual os países-membros as fiscalizariam. Naquele momento identificaram-se basicamente três diferentes categorias de "maquinários"[100] para tanto:

---

[96] Os eventos realizados foram uma maneira de manter o tema em circulação e garantir a discussão entre especialistas, além de possibilitar sua difusão. Entre os eventos realizados, em dezembro de 1984, o Comitê de Políticas de Informação, Computação e Comunicação organizou o *"1984" and After: The Societal Challenge of Information Technologies*, em que os participantes foram divididos em oito grupos de trabalhos sobre os impactos das tecnologias de informação e comunicação pautados nos eixos: **(i)** Democracia e Comunicação Social; **(ii)** Dependência e Vulnerabilidade; **(iii)** Meio Ambiente e Recursos; **(iv)** Concorrência Internacional/Divisão Internacional de Trabalho; **(v)** Emprego; **(vi)** Interação Homem-Máquina; **(vii)** Treinamento e Educação; **(viii)** Possíveis Desenvolvimentos do Indivíduo, da Família, Cultura e Ética. Ver: ORGANISATION FOR ECONOMIC CO-OPERATION AND DEVELOPMENT (OECD). **Committee for Information, Computer and Communications Policy – "1984" and After:** the Societal Challenge of Information Technologies – Progress Report – Conference Organized by the German Federal Government in Co-operation with the OECD – Berlin, 5-7 December 1984. Paris: OECD, 1984.

[97] Em dezembro de 1983, a conferência foi organizada pelo Governo do Reino Unido e sediada na Church House, local de relevância localizado próximo às Casas do Parlamento britânico. O evento teve como participantes, principalmente, países membros da OCDE, especialistas e representantes do setor industrial. Ver: ORGANISATION FOR ECONOMIC CO-OPERATION AND DEVELOPMENT (OECD). **Transborder Data Flows: Proceedings of an OECD Conference.** Paris: OECD, 1985. p. vi e 479-501.

[98] ORGANISATION FOR ECONOMIC CO-OPERATION AND DEVELOPMENT (OECD). **Committee for Information, Computer and Communications Policy** – Ad-hoc Meeting on Protection of Privacy – Present Situation and Trends in Privacy Protection in the OECD Area (Note by the Secretariat). Paris: OECD, 1988.

[99] Utilizam-se princípios basilares do processo de uniformização: "[...] They cause us to examine fundamental principles relating to rights and obligations, whether these have been traditionally attributed to states, to Society, to corporations or to individuals [...]". Ver: ORGANISATION FOR ECONOMIC CO-OPERATION AND DEVELOPMENT (OECD). **Transborder Data Flows: Proceedings of an OECD Conference.** p. 3.

[100] Terminologia utilizada em: *Ibid.*, p. 352.

Capítulo 1 · DESAFIOS REGULATÓRIOS DA PROTEÇÃO DE DADOS PESSOAIS | 29

a) **autorregulação:**[101] em que a internalização das *guidelines* se deu por uma proatividade do próprio setor privado, sem que houvesse leis domésticas ou mesmo a criação de um aparato estatal;

b) **(hetero)regulação no esquema de licenciamento:**[102] na qual se exigia, no mínimo, que as atividades de tratamento de dados fossem registradas e notificadas perante os órgãos reguladores, o que trazia um "custo administrativo"[103] muito elevado;

c) **(hetero)regulação sem esquema de licenciamento:**[104] um terceiro modelo, que seria um meio-termo entre os anteriores. Não se exigia notificação e registro das bases de dados, mas, também não se deixava tudo a cargo dos agentes econômicos. Nesse sentido, buscava-se estimular e empregar cogência às iniciativas de boas práticas, como códigos de conduta etc., sem prejuízo às leis que estabeleciam um aparato estatal.

Tal discrepância já começava a se apresentar como uma possível justificativa para opor barreiras à transferência internacional de dados, sob o argumento de que o país destinatário não tinha um arranjo institucional e legal (*in law*) que materializasse uma proteção adequada dos dados pessoais[105]. Apesar de poucos países adotarem tal posição à época[106], já se apresentava como uma tendência que viria a minar o principal objetivo – livre fluxo transfronteiriço de dados – da OCDE.

---

[101] Conforme o relatório da OCDE, os países que já haviam implementado, em alguma medida, o maquinário da Autorregulação eram: Estados Unidos, Japão, Noruega, Alemanha e Bélgica, Finlândia, Itália, Suíça, Holanda e Reino Unido. Ver: *Ibid.*, p. 369-374.

[102] Especificamente quanto ao sistema licenciamento pautado em notificação, pode-se, à época, identificar Áustria, Suécia, Noruega, Alemanha, Finlândia, Reino Unido e Itália. No caso da Noruega e da Suécia, esta notificação não era obrigatória em todas as situações, concentrando-se, principalmente, em transferência ou tratamento de dados fora do país. Ver: *Ibid.*, p. 360, 370, 372, 376 e 380.

[103] ORGANISATION FOR ECONOMIC CO-OPERATION AND DEVELOPMENT (OECD). **Transborder Data Flows: Proceedings of an OECD Conference.** *Ibid.*, p. 241.

[104] Quanto ao sistema que não possui por exigência o licenciamento, pode-se identificar a Bélgica, Holanda, Finlândia e Suécia como países que adotaram uma regulação "soft" com códigos éticos. Ver: *Ibid.*, p. 369, 370, 371 e 384.

[105] Em 1988, poucos países se encaminharam para garantir a legislação de dados pessoais. Dessa forma, destacavam-se países em que já havia uma legislação que se ocupava em determinar a proteção de dados ou regular as atividades dos agentes econômicos que poderiam ser nocivas. São eles: Alemanha, Áustria, Canadá, Dinamarca, Finlândia, França, Islândia, Luxemburgo. Noruega, Suécia, Reino Unido e Estados Unidos. Ver: ORGANISATION FOR ECONOMIC CO-OPERATION AND DEVELOPMENT (OECD). **Committee for Information, Computer and Communications Policy** – Ad-hoc Meeting on Protection of Privacy – Present Situation and Trends in Privacy Protection in the OECD Area (Note by the Secretariat), p. 5-11.

[106] O sistema de proibição de transferência internacional de dados a países sem um nível adequado quanto às garantias para a proteção de dados se torna um padrão, principalmente a partir da Diretiva 95/46/CE, que vigorou a partir de 24 de outubro de 1995 – arts. 56 a 58. Este dispositivo ganha capilaridade no cenário latino-americano com a Argentina, Uruguai, México e outros países que seguiram o modelo europeu. Em sentido, oposto, destaca- se o sistema canadense que não limita a transferência internacional na ausência de uma lei ou aparato institucional, focando na responsabilidade dos agentes da cadeia transfronteiriça de dados.

30 | REGULAÇÃO E PROTEÇÃO DE DADOS PESSOAIS – *Bruno Ricardo Bioni*

Vale lembrar que esse era um presságio que atravessou todo o processo de construção das *guidelines*, seja na disputa conceitual travada quanto ao conceito de *accountability* – subcapítulo 1.2.3, seja ao longo dos trabalhos preparatórios mediante a reunião da elite intelectual à época – subcapítulo 1.2.2. Com relação a este segundo ponto, vale destacar os alertas de três grandes acadêmicos do campo de proteção de dados na já citada conferência sobre políticas públicas em 1974.

O primeiro deles é o de Spiros Smitis[107] em sua palestra intitulada "estabelecendo uma estrutura institucional para monitorar e fiscalizar proteção de dados". Após tecer severas críticas às abordagens de autorregulação[108] e a insuficiência da figura do que hoje pode ser considerada a figura do encarregado ("responsible person"),[109] o jurista alemão é conclusivo sobre a necessidade de uma infraestrutura estatal para que o esforço regulatório não seja uma mera declaração genérica de normas sem qualquer tipo de coercibilidade. Na sua opinião, o aparato estatal e privado – de controles internos como o próprio encarregado – são perspectivas complementares e não excludentes. É o que chamou de abordagem institucional,[110] que considera ser essencial o arranjo de entidades para materialização dos direitos previstos em lei.

De forma convergente, em sua palestra intitulada "Privacidade e vigilância [datificada]: aumento da preocupação pública", Stefano Rodotà também acena para que haja uma modificação qualitativa no que nomeou de componente individualístico do campo de proteção de dados.[111] O foco deveria ser a criação de uma moldura institucional para destravar um controle mais coletivo-social[112] e menos solitário do fluxo informacional[113] por parte do titular dos dados.

Quem bem sintetiza os pensamentos do jurista alemão e italiano e contrasta com a abordagem estadunidense, em sua palestra intitulada "Entrando na era da regulação de banco de dados e como chegamos até aqui", é Alan Westin. Após tecer considerações histórico- sociológicas sobre como interesses econômicos, como de políticas públicas e industrial, são dependentes do tratamento de dados pessoais,

---

[107] A participação de Spiros Simitis não se limitou a essa conferência, tendo trazido contribuições no processo de elaboração do texto e na fase de avaliação das formas de implementação das medidas sugeridas pela OCDE.

[108] Ver: SIMITIS, Spiros. Establishing Institutional Structures to Monitor and Enforce Data Protection. *In*: ORGANISATION FOR ECONOMIC CO-OPERATION AND DEVELOPMENT – OECD (ed.). **Policy issues in data protection and privacy.** Paris: OECD, 1976. p. 84.

[109] "Em primeiro lugar, não se deve esquecer que a pessoa responsável pelas disposições de segurança é parte da empresa proprietária do sistema de informação. É, de fato, um dos seus empregados. A proteção de dados leva inevitavelmente a conflitos com a lealdade devida ao seu empregador" – Tradução livre (SIMITIS, Establishing Institutional Structures to Monitor and Enforce Data Protection. p. 86).

[110] *Ibid.,* p. 88.

[111] RODOTÀ, Stefano. Privacy and Data Surveillance: growing public concern. *In*: ORGANISATION FOR ECONOMIC CO-OPERATION AND DEVELOPMENT – OECD (ed.). **Policy issues in data protection and privacy.** Paris: OECD, 1976. p. 130.

[112] *Ibid.,* p. 131.

[113] *Ibid.,* p. 128.

Capítulo 1 · DESAFIOS REGULATÓRIOS DA PROTEÇÃO DE DADOS PESSOAIS | 31

o então professor de Columbia alerta ser essencial entender quais são as **filosofias regulatórias**[114] em jogo. Mais uma vez, o que está em questão é compreender qual o espaço a ser ocupado pelo Estado para um arranjo mais ou menos interventivo para se controlar os dados. É justamente para avaliar e mediar a dimensão da ocupação desse espaço, que *accountability* é (re)significada nos anos seguintes na OCDE.

1.2.5. A guinada da *accountability* como um instrumento de interoperabilidade e não de harmonização entre abordagens regulatórias distintas

O foco não deveria ser na harmonização, mas sim a busca pela **interoperabilidade**[115-116] dos sistemas jurídico-regulatórios de proteção de dados. É com essa narrativa e virada terminológica que a OCDE iniciou, em 2008, o processo de revisão[117-118] das *guidelines* e com a percepção de que *accountability* seria tal instrumento. Esse era, aliás, um diagnóstico já realizado quando da disputa travada em torno do conceito de tal princípio ao longo dos trabalhos preparatórios

---

[114]   WESTIN, Alan F. Entering the Era of Databank Regulation and How We Got There. *In*: ORGANISATION FOR ECONOMIC CO-OPERATION AND DEVELOPMENT – OECD (ed.). **Policy Issues in Data Protection and Privacy**. Paris: OECD, 1976. p. 95.

[115]   Entre os temas para os debates dos grupos de trabalho, um fator central das discussões era a interoperabilidade: "A abordagem deve centrar-se nos efeitos e resultados, não no processo; equivalências e interoperabilidade, não na harmonização" – Tradução livre. Ver: ORGANISATION FOR ECONOMIC CO-OPERATION AND DEVELOPMENT (OECD). **Dialogue on Privacy, Technology and Globalisation** – Proposed Work Plan. Paris: OECD, 2008. p. 11.

[116]   A transição entre o embasamento na noção de harmonização para a aplicação do conceito de interoperabilidade, no contexto das medidas regulatórias de proteção de dados e privacidade, é nítida e foi acolhida dentro da área, a ponto de ser parte do nome da conferência sediada no México, em 2011, intitulada "*Current Developments in Privacy Frameworks: Towards Global Interoperability*". Ver: ORGANISATION FOR ECONOMIC CO-OPERATION AND DEVELOPMENT (OECD). **Current Developments in Privacy Framework: Towards Global Interoperability**, OECD. Disponível em: http://www.oecd.org/internet/ieconomy/currentdevelopmentsinprivacyframeworkstowardsglobalinteroperability.htm. Acesso em: 20 fev. 2020.

[117]   O grupo de trabalho para revisão das *guidelines* foi liderado por Jennifer Stoddart, Privacy Commissioner do Canadá, e relatado por Omer Tene. Essa configuração demonstra um direcionamento da análise para a *accountability* como um dos principais objetos de investigação, primeiro, porque o Canadá foi um dos primeiros países a desenvolver leis que enunciavam, ao nível doméstico, o princípio da *accountability*. Além disso, Omer Tene, que foi membro da IAPP, é um acadêmico conhecido por seus estudos sobre os limites da lei para regular a matéria. What is Asia-Pacific Economic Cooperation?. **Asia-Pacific Economic Cooperation**. Disponível em: https://www.apec.org/About-Us/About-APEC. Acesso em: 21 fev. 2020.

[118]   O *Centre for Information Policy Leadership* (CIPL) teve um grande protagonismo no processo de revisão da *guidelines*, assumindo o papel de secretário dentro do *Galway Project*, que reuniu um grande número de *policy makers*, e teve influência prática no processo por relatar alguns dos documentos referentes às discussões sobre as *guidelines*, como o *paper* "Data Protection Accountability: The essential Elements". Ver: ORGANISATION FOR ECONOMIC CO-OPERATION AND DEVELOPMENT (OECD). **Data Protection Accountability**: The essentials elements – Discussion Document – Working Party on Information Security and Privacy. O próprio diretor do CIPL, Martin Abrams, posteriormente constituiu um outro *think-thank*, chamado *The Information Accountability Foundation*, que tem como objetivo auxiliar no desenvolvimento de normas e da prática na área mediante um sistema de governança da informação pautado em *accountability*. Ver: About IAF. The information *makers*, e teve influência prática no processo por relatar alguns dos documentos referentes às discussões sobre as *guidelines*, como o *paper* "Data Protection Accountability: The essential Elements".

32 | REGULAÇÃO E PROTEÇÃO DE DADOS PESSOAIS – *Bruno Ricardo Bioni*

de redação das diretrizes, a partir da tese vencedora da delegação estadunidense de que práticas responsáveis poderiam emergir com ou sem intervenção estatal--legal – (subcapítulo 1.2.2.) Contudo, a adoção de um conceito normativamente tímido, não minimamente articulado,[119] mostrou-se deficitária para tanto.

A partir desse pressuposto, identificam-se três principais momentos e vertentes estruturantes do processo de revisão que giram em torno do princípio da *accountability*. A seguir:

a) **no ciclo de conferências em comemoração ao aniversário de trinta anos – Paris 1,[120] Jerusalém[121] e Paris 2,[122]** *accountability* foi um tema recorrente. Destacam-se as falas dos representantes dos Estados Unidos – Hugh Stevenson à época diretor de relações governamentais da *Federal Trade Commission* – e da União Europeia – Peter Hustinx à época Comissário Europeu de Proteção de Dados. O americano afirmou que tal princípio deveria mudar a *dinâmica* até então existente entre reguladores e regulados.[123] Este foi secundado pelo garante europeu ao considerar que o sistema de notificações da então diretiva de proteção de dados deveria ser reconsiderado,[124] devendo-se apostar e estimular a capacidade dos agentes de tratamento de dados para colocar a tecnologia a favor da proteção de dados (*e.g., privacy by design e by default*).[125] São falas **convergentes** vindo de atores que representam os extremos de um sistema que privilegia autorregulação e outro que aposta mais no aparato estatal-legal (heterorregulação);

---

[119] Na introdução do *paper* "Data Protection Accountability: The Essential Elements", feita por Martin Abrams, diretor, na época, do *Centre for Information Policy Leadership* (CIPL) é mencionado: "[...] Mas os aspectos práticos da accountability, e como ela pode ser utilizada para abordar a proteção das transferências transfronteiriças de informação, não foram claramente articulados" – Tradução livre. Ver: ORGANISATION FOR ECONOMIC CO-OPERATION AND DEVELOPMENT (OECD). **Data Protection Accountability:** The essentials elements – Discussion Document – Working Party on Information Security and Privacy. Paris: OECD, 2009. p. 3.

[120] Entre os participantes da conferência 30 Years After: the Impact of the OECD Privacy Guidelines, realizada em Paris, em 10 de março de 2010, Michael Kirby, Jane Hamilton, Hugh Stevenson, Malcolm Crompton, Peter Hustinx mencionam o princípio de *accountability* em suas contribuições. Ver: ORGANISATION FOR ECONOMIC CO-OPERATION AND DEVELOPMENT (OECD). **30 Years After:** the Impact of the OECD Privacy Guidelines. Disponível em: https://www.oecd.org/sti/ieconomy/30yearsaftertheimpactoftheoecdprivacyguidelines.htm. Acesso em: 21 fev. 2020.

[121] Ver: The Evolving Role of the Individual in Privacy Protection: 30 Years after the OECD Privacy Guidelines. Disponível em: https://www.oecd.org/internet/ieconomy/theevolvingroleoftheindividualinprivacyprotection30yearsaftertheoecd privacyguidelines.htm#agenda. Acesso em: 21 fev. 2020.

[122] The Economics of Personal Data and Privacy: **30 Years after** OECD Privacy Guidelines – Summary of the Procidings. Disponível em: https://www.oecd.org/internet/ieconomy/47690650.pdf, p. 4.

[123] TEVENSON, Hugh G. **30 Years After:** The Impact of the OECD Privacy Guidelines Remarks of Hugh G. Stevenson. Disponível em: https://www.oecd.org/sti/ieconomy/44946205.pdf. Acesso em: 20 fev. 2020, p. 3-4.

[124] HUSTINX, Peter. "30 years after: the impact of the OECD Privacy Guidelines" Joint ICCP-WPISP Roundtable. Disponível em: https://www.oecd.org/sti/ieconomy/30yearsaftertheimpactoftheoecdprivacyguidelines. htm. Acesso em: 20 fev. 2020, p. 3.

[125] Ver: *Ibid.*, p. 2-3.

Capítulo 1 · DESAFIOS REGULATÓRIOS DA PROTEÇÃO DE DADOS PESSOAIS | **33**

a.1) vale destacar que, também nesse período, aconteceu a reunião anual global de autoridades supervisoras e comissários de privacidade em Madrid, quando é extraída uma resolução que enuncia e conceitua o princípio da *accountability* pela primeira vez em tal fórum. Ficou a cargo da Autoridade de Proteção de Dados espanhola organizá-la, tendo sido mais tarde uma das painelistas[126] no ciclo de conferência de aniversário das *guidelines*;

b) **todos os documentos de 2008 ao início de 2013** faziam não só referência ao princípio da *accountability*, mas, sobretudo, apontavam quais instrumentos o materializariam. Utilizou-se a técnica de, ao listar mecanismos como relatório de impacto à proteção de dados,[127] código de boas condutas,[128] programas de governança de dados,[129] selos de certificação[130] e *privacy enhancing technologies*[131] correlacioná-los ao referido princípio. Uma espécie de recapeamento do **buraco normativo** deixado por uma

---

[126] A contribuição da Autoridade de Proteção de Dados espanhola configurou-se em uma apresentação cujo segundo slide destaca a importância da autorregulação dos agentes econômicos como ponto relevante da Resolução de Madrid de 2009, apesar de estar dentro da cultura jurídica-regulatória europeia, mais alinhada a abordagens intervencionistas. Ver: LOMBARTE, Artemi Rallo. **Synergy between the OECD Privacy Guidelines and the Madrid Resolution**. Paris: *s.n.*, 2010.

[127] "Uma das principais formas de abordar tais riscos é o Relatório de Impacto de Privacidade" – Tradução livre (ORGANISATION FOR ECONOMIC CO-OPERATION AND DEVELOPMENT (OECD). **Roundtable for Privacy Enforcement Authorities and Privacy Professionals** – Summary of the Discussions, p. 4; "Hoje, os Privacy Impact Assessments (PIAs) ajudam as organizações a analisar o 'ciclo de vida' dos dados pessoais e a ter em conta a privacidade antes de introduzir novas tecnologias ou programas" – Tradução livre (ORGANISATION FOR ECONOMIC CO-OPERATION AND DEVELOPMENT (OECD). The Evolving Privacy Landscape: 30 Years After the OECD Privacy Guidelines. **OECD Digital Economy Papers**, n. 176, p. 31.

[128] "Estar preparado para demonstrar o seu programa de gestão da privacidade como apropriado, em particular a pedido de uma autoridade competente regulamentação da privacidade ou de outra entidade responsável por promover a adesão a um código de conduta ou acordo similar que dê efeito vinculativo às presentes diretrizes" – Tradução livre (ORGANISATION FOR ECONOMIC CO-OPERATION AND DEVELOPMENT (OECD). **The OECD Privacy Framework**, p. 16).

[129] "Embora os mecanismos para alcançar os objetivos de privacidade continuem a ser uma preocupação tanto dos políticos, quanto das organizações, uma abordagem de *accountability* desloca o foco da governança da privacidade para a capacidade de uma organização alcançar os objetivos fundamentais de proteção de dados e de demonstração dessa capacidade" – Tradução livre (ORGANISATION FOR ECONOMIC CO-OPERATION AND DEVELOPMENT (OECD). **Data Protection Accountability**: The essentials elements – Discussion Document – Working Party on Information Security and Privacy, p. 15).

[130] "Uma atividade emergente é a certificação de profissionais de privacidade" – Tradução livre. Ver: ORGANISATION FOR ECONOMIC CO-OPERATION AND DEVELOPMENT (OECD). **Roundtable for Privacy Enforcement Authorities and Privacy Professionals** – Summary of the Discussions, p. 2; "Tais acordos podem envolver programas de homologação ou esquemas de certificação, e podem também dizer respeito a fluxos transfronteiriços de dados pessoais" – Tradução livre (ORGANISATION FOR ECONOMIC CO-OPERATION AND DEVELOPMENT (OECD). **The OECD Privacy Framework**, p. 25).

[131] "O aproveitamento da tecnologia para melhorar a privacidade tem sido reconhecido como uma abordagem valiosa nos últimos anos. O conceito de Tecnologias de Reforço da Privacidade (PETs) ganhou espaço nos anos 90 e a Comissão Europeia realizou um simpósio sobre o assunto em 2003 e 2009" – Tradução livre (ORGANISATION FOR ECONOMIC CO-OPERATION AND DEVELOPMENT (OECD). **The OECD Privacy Framework**, p. 104).

definição que não enunciava os elementos de exteriorização da *accountability*, isto é, uma definição normativamente tímida;

c) **Transferência internacional**: se os agentes de tratamento de dados conseguissem demonstrar maturidade organizacional em termos de proteção de dados pessoais, deveriam ser premiados com possibilidade de transferência internacional. *Accountability* é a base das chamadas normas corporativas globais[132] pelas quais é a organização que é considerada como tendo um nível adequado de proteção de dados, e não o país onde ela – sede e subsidiárias – está localizada. Dessa forma, independe se o país destinatário tem um aparato estatal-legal, desde que o agente econômico demonstre a sua responsabilidade a esse respeito.

Como saldo do processo de revisão das *guidelines* em 2013 – *Privacy Framework* –, nota-se uma reestruturação do documento em que: **i)** há o acréscimo de uma seção dedicada e, assim nomeada, sobre como "implementar *accountability*". Nela se procura articular[133] melhor o princípio mediante indicação do correspondente maquinário pelo qual seria operacionalizado. Nesse sentido, a suplementação do memorando explanatório passa a ter um item sobre programas de gerenciamento de privacidade nos quais se lista quais são os elementos essenciais da *accountability*;[134] **ii)** na seção relativa à cooperação internacional, acrescenta-se o termo interoperabilidade e onde é feita, mais uma vez, menção ao princípio da *accountability* junto às normativas corporativas globais.

Com isso, as diretrizes passam a ter uma nova gramática. Um **vocabulário** que dá maior ênfase ao princípio da *accountability* para melhor articulá-lo e fazer dele um instrumento de interconexão entre abordagens regulatórias distintas. Autorregulação e (hetero)regulação têm o mesmo objetivo, que é a internalização da proteção de dados por agentes econômicos em suas atividades. Se tal resultado for alcançado deveria servir de válvula de escape para o livre fluxo informacional, mesmo entre países com perspectivas regulatórias distintas, em razão do ponto de chegada ser equivalente.

---

[132] THORSTENSEN, Vera; NOGUEIRA, Thiago R. (org.). **Anais da Conferência Anual de Comércio Internacional (CACI)**: Cátedra da OMC no Brasil – IV CACI: Mercosul 28 Anos Depois..., São Paulo: VT Assessoria Consultoria e Treinamento, 2019. p. 18-19; MARQUES, Fernanda Mascarenhas. Cláusulas-Padrão Contratuais como Autorizadoras para a Transferência Internacional de Dados: alternativas em casos de ausência de decisão e adequação. **Revista do Advogado**, v. 39, n. 144, 2019.

[133] Ver: "Nos últimos anos, o princípio da accountability recebeu uma atenção renovada como meio de promover e definir a responsabilidade organizacional pela proteção da privacidade. Com base nesta experiência, a nova Parte Três das Diretrizes ("Implementando a *Accountability*") introduz o conceito de um programa de gestão da privacidade e articula os seus elementos essenciais" – Tradução livre (ORGANISATION FOR ECONOMIC CO-OPERATION AND DEVELOPMENT (OECD). **The OECD Privacy Framework**, p. 23).

[134] Este é justamente o termo utilizado no título ao documento produzido pelo grupo de trabalho de Segurança da Informação e Privacidade do Comitê de Políticas de informação, Computação e Comunicação. Ver: ORGANISATION FOR ECONOMIC CO-OPERATION AND DEVELOPMENT (OECD). **Data Protection Accountability**: The essentials elements – Discussion Document – Working Party on Information Security and Privacy.

Capítulo 1 · DESAFIOS REGULATÓRIOS DA PROTEÇÃO DE DADOS PESSOAIS | 35

1.2.6. Um segundo significado de *accountability*: a virtude da interoperabilidade entre abordagens regulatórias distintas para o livre fluxo informacional

O processo de construção e revisão das *guidelines* da OCDE situa-se em um estágio no qual já não mais se discutia a necessidade da criação de normas de proteção de dados pessoais, mas a sua implementação e se seria possível alcançar resultados equivalentes ainda que por filosofias regulatórias distintas. Em um contexto no qual havia uma variação de abordagens, a partir de um movimento pendular entre autorregulação e (hetero)regulação, *accountability* surgiu como um elemento de interconexão entre elas. As três décadas de discussão do tema na OCDE apontam em tal direção.

Na década de 1980 houve a opção em adotar um conceito normativamente tímido que fosse capaz de apontar que a responsabilidade dos agentes de tratamento de dados pudesse derivar com ou sem intervenção estatal. Nos anos 2000, articula-se melhor tal proposição mediante a indicação do seu respectivo maquinário de materialização. Em 2013, conclui-se o processo de revisão das diretrizes com a opção em sendo os agentes de tratamento de dados responsáveis, eles deveriam ser premiados com o livre fluxo da informação intraorganizacional pouco importando o país onde estivessem localizados.

Em resumo, mais do que refletir um processo de transição da *accountability* na qualidade de um princípio comum para um de maior protagonismo, a criação e a modernização das diretrizes da OCDE revelam que *accountability* tinha: **a)** em primeiro lugar a função de **conciliar abordagens regulatórias distintas**, devendo-se se preocupar mais com os resultados do que com os meios em termos de implementação das normas de proteção de dados pessoais; **b)** em segundo lugar, ser uma **válvula de escape para o livre fluxo informacional** para que os agentes econômicos não fossem penalizados, caso os países onde estivessem estabelecidos não tivessem uma infraestrutura legal-institucional para conferir um nível adequado de proteção de dados, desde que a sua estrutura organizacional pudesse suprir tal vácuo estatal.

1.3. LEI GERAL BRASILEIRA DE PROTEÇÃO DE DADOS/LGPD: ANÁLISE COMPARATIVA ENTRE AS DIFERENTES REDAÇÕES DO TEXTO LEGAL

O processo de articulação e construção da lei geral brasileira de proteção de dados pessoais/LGPD levou quase uma década, deixando rastros valiosos para qualquer trabalho de dogmática e sociologia jurídica.[135]

---

[135] Nesse sentido, o projeto Memória da LGPD, conduzido pelo Data Privacy Brasil, buscou registrar a criação da lei e resultou em três horas de conteúdo, divididas em 166 microvídeos, a partir de entrevistas

REGULAÇÃO E PROTEÇÃO DE DADOS PESSOAIS – *Bruno Ricardo Bioni*

Primeiro, e o mais óbvio, porque o recorte desta pesquisa prioriza a formulação de elementos de interpretação do princípio da *accountability* junto à lei brasileira, ainda que possa nortear a sua compreensão para além do nível doméstico. Segundo, porque, sendo o Brasil um dos últimos países que adotaram uma lei geral de proteção de dados no mundo e que é uma das principais economias do chamado sul global,[136] é um caso que, em termos temporais, de cultura jurídico-legal e de repercussão na política econômica internacional, é único.[137-138] Dessa forma, o desenho final da lei brasileira apresenta-se como um dos principais eixos de análise acerca de uma eventual disputa de modelos regulatórios que é algo que circunscreve a própria trajetória da *accountability* (subcapítulo 1.2).

Como estratégia de pesquisa, optou-se por fazer uma análise comparativa entre as diferentes redações propostas para o texto da LGPD. É um método que, na linha do que foi realizado no capítulo relativo à OCDE, mostrou-se capaz de fotografar quais eram as opções em torno da definição do princípio da *accountability* e, principalmente, em torno da racionalidade jurídica que lhe acompanha.

O primeiro passo foi dividir a última versão da LGPD[139] em temas e subtemas. Isso porque, ao longo de uma década de discussão, já não havia perfeita correspondência numérica entre os dispositivos da lei. Chegou-se em 19 categorias de análise (vide Raio-X da LGPD)[140] – Análise Comparativa de Fases da LGPD – que, ao final, filtraram-se 12 temas – Tabela Comparativa LGPD, coluna A – pertinentes ao objeto da pesquisa.

---

com diversos atores envolvidos nesse processo incluindo políticos, juristas e outros especialistas. DATA PRIVACY BRASIL. Memória da LGPD. **Observatório da Privacidade e Proteção de Dados**. Disponível em: https://observatorioprivacidade.com.br/memorias/. Acesso em: 16 abr. 2020.

[136] Esse termo estende o conceito de países em desenvolvimento, relacionando-se às regiões periféricas e semiperiféricas do mundo, marcadas pelo colonialismo, neocolonialismo e estruturas sociais desiguais.

[137] O Brasil foi apontado, a propósito, como um divisor de águas entre a disputa de modelos regulatórios distintos – americano *vs.* europeu. Ao longo dos debates, notou-se uma forte presença de representantes do governo americano e europeu no Congresso Nacional. A título exemplificativo, em Seminário sobre Privacidade e Proteção de Dados Pessoais organizado pela comissão especial do PL 4060/2012 na Câmara participaram representantes da Comissão Europeia, da Câmera de Cooperação Regulatória Global e do Departamento de Comércio dos EUA, ver: CÂMARA DOS DEPUTADOS. **Seminário Internacional sobre Privacidade e Proteção de Dados Pessoais – Comissão Especial – PL 4.060/2012**. Disponível em: https://www2.camara.leg.br/atividade-legislativa/comissoes/comissoes-temporarias/especiais/55a-legislatura/pl-4060-12-tratamento-e-protecao-de-dados-pessoais/documentos/outros-documentos/programacao-seminario-internacional-sobre-privacidade-e-protecao-de-dados-pessoais; e COMISSÃO DE CIÊNCIA E TECNOLOGIA, COMUNICAÇÃO E INFORMÁTICA. **Seminário – Proteção de Dados Pessoais**. Câmara dos Deputados. Disponível em: https://www2.camara.leg.br/atividade-legislativa/comissoes/comissoes-permanentes/cctci/Eventos/2018/2018-05-22-seminario-dados-pessoais/22-05-2018-seminario-protecao-de-dados-pessoais. Em sessão temática realizada no Senado Federal, participou o Embaixador da União Europeia no Brasil, ver: **Pronunciamento de Ricardo Ferraço em 17.04.2018**. Senado Federal. Disponível em: https://www25.senado.leg.br/en_US/web/atividade/pronunciamentos/-/p/texto/443948.

[138] Nesse sentido, a Índia seria um caso equivalente ao brasileiro.

[139] Por "última versão da LGPD" considera-se a versão alterada pela Lei 13.853/2019, resultado da conversão da MP 869/2018. Tal versão corresponde à fase 7 da tabela.

[140] Disponível em: https://www.dropbox.com/s/45pogj00ge6m4ta/Planilha%20Tese_v06%20-%20Planilha.xlsx?dl=0.

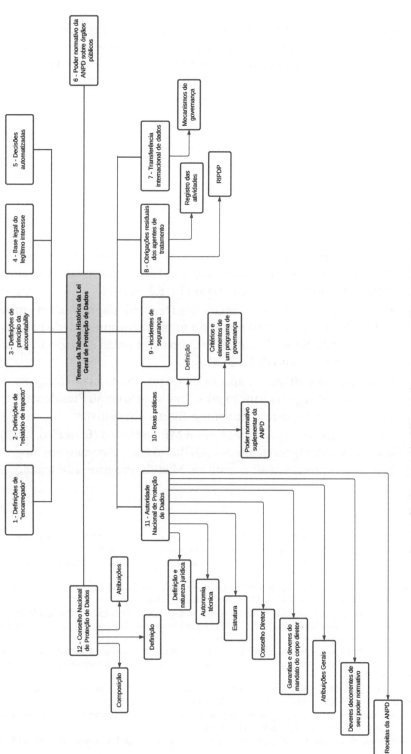

Figura 1 – Divisão temática da LGPD com ênfase no princípio e elementos de accountability

O segundo passo foi recuperar todos os registros públicos de propostas de texto da LGPD, o que vai desde o primeiro processo de consulta pública de anteprojeto de lei em 2010 até a conclusão do processo de sanção e veto presidencial com a conversão da Medida Provisória 869/2018 em lei[141] em 8 de julho 2019. Ao todo, mapearam-se nove fases, entre os anos 2010 e 2019, a seguir especificadas:

a) **Fase 1 (novembro, 2010):**[142] no dia 30 de novembro de 2010, o Ministério da Justiça divulgou um anteprojeto de lei sobre proteção de dados pessoais na plataforma culturadigital.br/dadospessoais para consulta pública;

b) **Fase 2 (janeiro, 2015):**[143] ao longo do primeiro semestre de 2015 um novo anteprojeto foi disponibilizado para consulta pública na plataforma "Pensando o Direito";

c) **Fase 3 (maio, 2016):**[144] nas vésperas do seu afastamento, a então presidenta Dilma Rousseff encaminhou o texto do anteprojeto à Câmara dos Deputados que se transformaria no PL 5.276/2016;

d) **Fase 4 (maio, 2018):**[145] a Câmara dos Deputados aprovou, em junho de 2018, o PL 4.060/2012, na forma do substitutivo apresentado pelo deputado Orlando Silva (PCdoB/SP). O texto foi então enviado ao Senado, onde tramitou como PLC 53/2018;

e) **Fase 5 (agosto, 2018):**[146] a aprovação do projeto de lei no Congresso (Lei 13.709/2018) seguiu a sanção presidencial pelo então Presidente Michel Temer, com a imposição de vetos a alguns dispositivos;

f) **Fase 6 – Emendas parlamentares à MP 869/2018 (fevereiro, 2019):**[147] após vetar os artigos referentes à ANPD no texto aprovado no Congresso, Temer comprometeu-se a instituir Medida Provisória buscando criar

---

[141] BRASIL. **Lei n.º 13.853, de 8 de julho de 2019**. Altera a Lei n.º 13.709, de 14 de agosto de 2018, para dispor sobre a proteção de dados pessoais e para criar a Autoridade Nacional de Proteção de Dados; e dá outras providências. Disponível em: http://www.planalto.gov.br/ccivil_03/_ato2019-2022/2019/lei/L13853.htm.

[142] BRASIL. Ministério da Justiça. **Anteprojeto de Lei de Proteção de Dados**. Disponível em: http://culturadigital.br/dadospessoais/files/2010/11/PL-Protecao-de-Dados.pdf.

[143] BRASIL. Consulta Pública – Anteprojeto de Lei para a Proteção de Dados Pessoais. **Pensando o Direito**. Disponível em: http://pensando.mj.gov.br/dadospessoais/texto-em-debate/anteprojeto-de-lei-para-a--protecao-de- dados-pessoais/.

[144] ARAGÃO, Eugênio José Guilherme; GAETANI, Francisco, **Projeto de Lei n.º 5.276/2016**. Câmara dos Deputados. Disponível em: https://www.camara.leg.br/proposicoesWeb/prop_mostrarintegra?-codteor=1457459.

[145] CÂMARA DOS DEPUTADOS. **PLC n.º 53/2018**. Disponível em: https://legis.senado.leg.br/sdleg- getter/documento?dm=7738646&ts=1571776630206&disposition=inline.

[146] BRASIL. **Mensagem n.º 451, de 14 de agosto de 2018**. Disponível em: http://www.planalto.gov.br/ccivil_03/_ato2015-2018/2018/Msg/VEP/VEP-451.htm.

[147] Disponível em: https://www.congressonacional.leg.br/materias/medidas-provisorias/-/mpv/135062.

essa entidade. Seguiu-se, assim, uma rodada de emendas parlamentares à MP 869/2018;

g) **Fase 7 (maio, 2019) – Projeto de Lei de Conversão 7, de 2019:**[148] apresentado projeto de conversão da MP 869 em lei no Congresso;

h) **Fase 8 (julho, 2019 – Lei 13.853/2019):**[149] a MP 869 é convertida em lei;

i) **Fase 9 (julho, 2019) – Destaques da segunda rodada de vetos:**[150] vetos do então Presidente Bolsonaro ao Projeto de Lei de Conversão 7, de 2019.

---

[148] CÂMARA DOS DEPUTADOS. **Projeto de Lei de Conversão n.º 7, de 2019**. Senado Federal. Disponível em: https://legis.senado.leg.br/sdleg-getter/documento?dm=7960345&ts=1580902883972&disposition=inline.

[149] BRASIL. **Lei n.º 13.853, de 8 de julho de 2019**. Altera a Lei n.º 13.709, de 14 de agosto de 2018, para dispor sobre a proteção de dados pessoais e para criar a Autoridade Nacional de Proteção de Dados; e dá outras providências.

[150] BRASIL. **Mensagem n.º 288, de 8 de julho de 2019**. Disponível em: http://www.planalto.gov.br/ccivil_03/_Ato2019-2022/2019/Msg/VEP/VEP-288.htm.

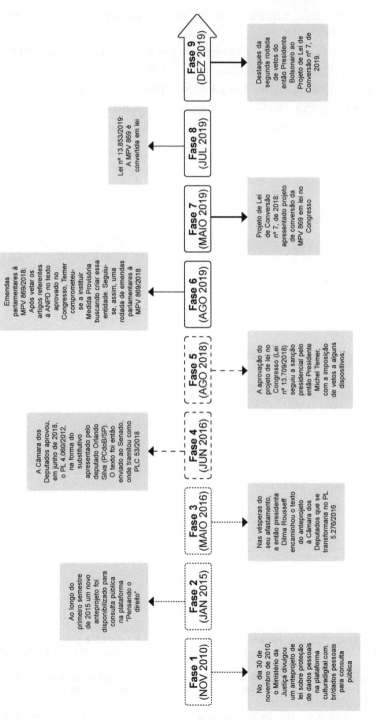

Figura 2 – Linha do Tempo da LGPD

Capítulo 1 · DESAFIOS REGULATÓRIOS DA PROTEÇÃO DE DADOS PESSOAIS | 41

Com isso, o exercício de entabulação capturou uma longa janela temporal que deu robustez, em termos quantitativos, aos dados coletados. Além disso, em termos qualitativos, não se limitou a comparar os dispositivos que prescrevem apenas a definição do princípio da *accountability*, mas, também, que alteraram paralelamente a estrutura normativa da LGPD.

1.3.1. Do princípio da responsabilidade ao da responsabilização e prestação de contas: um giro de 180 graus na racionalidade do regime de responsabilidade civil

O princípio da *accountability* é enunciado somente na fase 4 da LGPD, mudando substancialmente a racionalidade do regime de responsabilidade civil até então previsto para os agentes de tratamento de dados pessoais. Essa é uma conclusão extraída não só em razão do referido princípio ter substituído outro de perfil normativo completamente diferente, mas, também e principalmente, por estar ligado a outras mudanças, paulatinamente implementadas ao longo das diversas fases da LGPD, que mudaram substancialmente a sua moldura normativa.

No que diz respeito ao primeiro eixo de análise, o princípio da responsabilização e prestação de contas/PRPC tem o princípio da responsabilidade/PR como o seu correspondente na fase 1 da LGPD. Ainda que haja certa semelhança quanto ao *nomen iuris*, há uma diferença abissal entre tais normas no plano conceitual. Enquanto o primeiro foi articulado em uma lógica de **reparação de danos**, o segundo foi concebido a partir de uma lógica de **prevenção de danos**.

Princípios	
Responsabilidade/PR (Fase 1, art. 8º, IX)	Responsabilização e prestação de contas/PRPC (Fase 4, art. 6º, X)
A reparação, nos termos da lei, dos danos causados aos titulares dos dados pessoais, sejam estes patrimoniais ou morais, individuais ou coletivos.	Demonstração, pelo agente, da adoção de medidas eficazes e capazes de comprovar a observância e o cumprimento das normas de proteção de dados pessoais e da eficácia dessas medidas.
Lógica normativa centrada na correção de danos	**Lógica normativa centrada na prevenção de danos**

Tabela 2 – Definição do princípio de accountability – Item 4 (Fases 1 e 4) da Tabela comparativa LGPD

Nesse sentido, o termo "reparação" é o que abre a definição do PR para depois afirmar que os agentes de tratamento de dados devem sempre ressarcir os titulares de dados pessoais. Ao passo que o PRPC passa longe de tais termos, prescrevendo uma definição que aposta na capacidade dos agentes de tratamento de dados de adotarem medidas preventivas de danos, as quais seriam potencialmente reforçadas em razão de um escrutínio público. Daí por que o *nomen iuris* deste último princípio ser uma conjunção de dois termos, "prestação de contas" e "responsabilização".

Com isso, a principiologia da LGPD passa a ter uma **racionalidade precaucionária**. Isto porque, ao lado do princípio da prevenção de danos existente em todas as fases da LGPD,[151] passa a haver um novo princípio que não se satisfaz apenas com a mera adoção de medidas de contenção de danos.[152] Devem ser prestadas contas a seu respeito, inclusive com um ônus argumentativo acerca da eficácia de tais medidas. Esse dever de demonstração – para usar o termo que abre a definição do princípio da *accountability* – está costurado com outros elementos normativos da LGPD.

Percebe-se que, paulatinamente, o texto da LGPD foi refinando e, em alguns casos, criando instrumentos pelos quais os agentes de tratamento de dados poderiam demonstrar a eficácia das medidas adotadas para o cumprimento das normas de proteção de dados:

a) **Boas práticas**
- **a.1)** a partir da fase 3, passa-se a definir critérios norteadores para a elaboração de boas práticas e, mais especificamente, que as medidas nele previstas devem ser simétricas às características – os riscos – das atividades de tratamento de dados (fase 3, art. 50, § 1.º);
- **a.2)** a partir da fase 4, alargam-se tais critérios para além de uma redação genérica de "riscos" da atividade, passando-se a elencar, por alíneas, um "mínimo" do que deveria ser coberto por um "programa de governança" (fase 4, art. 50, §§ 1.º e 2.º); **a.2.1)** há, com isso, uma **redação mais prescritiva** do que seriam tais boas práticas e cuja roupagem não deve ser um "código", mas um "programa". É uma gramática mais flexível para incentivar que os agentes econômicos se auto-organizem;
- **a.3)** boas práticas, que antes era um título do capítulo da tutela administrativa (fase 1) e das responsabilidades dos agentes (fase 2), passa a ser um capítulo próprio (Capítulo IV da LGPD – fase 4). Portanto, em termos topográficos e de técnica legislativa, ganha autonomia e, principalmente, **não é mais um instrumento a ser considerado prioritariamente no âmbito da tutela administrativa** para a pacificação de conflitos.

---

[151] Item 5, "Princípios", da tabela. Na Fase 1, esse princípio atribuía ao "responsável" o dever de adotar medidas visando prevenir a ocorrência de danos em virtude do tratamento de dados pessoais. Nas demais fases essa redação é alteração retirando a menção ao "responsável" estabelecendo-se, assim, um dever geral de adoção desse tipo de medidas.

[152] Há uma diferença estabelecida entre o princípio da prevenção e o da precaução que iremos aprofundar no subcapítulo 6.2.

Boas práticas ao longo da linha cronológica da LGPD

Boas práticas como um dos títulos do capítulo de tutela administrativa: "Os códigos de boas práticas **vincularão** os respectivos **responsáveis pelo tratamento** de dados **e os membros de uma determinada classe profissional.**"

Art. 45, §1º

Boas práticas como **um dos títulos do capítulo das responsabilidades dos agentes:** "Os responsáveis pelo tratamento de dados pessoais, individualmente ou por meio de associações, poderão formular regras de boas práticas que **estabeleçam condições de organização, regime de funcionamento, procedimentos, normas de segurança, padrões técnicos, obrigações específicas para os diversos envolvidos no tratamento, ações formativas ou mecanismos internos de supervisão, (...)"**

Art. 48

Passa-se a definir **critérios norteadores para a elaboração de boas práticas** e, mais especificamente, que as medidas nele previstas devem ser **simétricas** às características - os riscos - das atividades de tratamento de dados: "Ao estabelecer regras de boas práticas, **o responsável pelo tratamento e o operador levarão em consideração a natureza, escopo e finalidade do tratamento e dos dados, bem como a probabilidade e gravidade dos riscos de danos aos indivíduos.**"

Art. 50, §1º

Alargam-se tais critérios para além de uma redação genérica de "riscos" da atividade, passando-se a elencar, por alíneas, um "mínimo" do que deveria ser coberto por um "programa de governança".
1 - há, com isso, uma **redação mais prescritiva: demonstração do "comprometimento do controlador", aplicação "a todo um conjunto de dados pessoais que estejam sob o seu controle", adaptação "à estrutura, à escala e ao volume de suas operações", dentre outras implementações mínimas**
2 - boas práticas, que antes era um título do capítulo da tutela administrativa e das responsabilidades dos agentes, passa a ser um capítulo próprio (Capítulo IV da LGPD). - **ganha autonomia**

Art. 50, §§1º e 2º

Altera o segundo parágrafo do art. 50 para: "§2º Na aplicação dos princípios **indicados no art. 6º desta Lei,** o controlador, observados a estrutura, a escala e o volume de suas operações, bem como **a categoria dos dados pessoais tratados e a probabilidade e a gravidade dos danos** para os titulares dos dados, **deverá:** (...)"

Art. 50, §2º

Alterações finais:
"**§ 1º** Ao estabelecer regras de boas práticas, o controlador e o operador levarão em consideração, em relação ao tratamento e aos dados, a **natureza, o escopo, a finalidade e a probabilidade e a gravidade dos riscos e dos benefícios** decorrentes de tratamento de dados do titular.
§ 2º Na aplicação dos princípios indicados **nos incisos VII e VIII do caput do art. 6º** desta Lei, o controlador, observados a estrutura, a escala e o volume de suas operações, **bem como a sensibilidade dos dados tratados e a probabilidade e a gravidade dos danos para os titulares dos dados, poderá:**
I - implementar programa de governança em privacidade que, no mínimo:
a) demonstre o comprometimento do controlador em adotar processos e políticas internas que assegurem o cumprimento, de forma abrangente, de normas e boas práticas relativas à proteção de dados pessoais;
b) seja aplicável a todo o conjunto de dados pessoais que estejam sob seu controle, independentemente do modo como se realizou sua coleta;
c) seja adaptado à estrutura, à escala e ao volume de suas operações, bem como à sensibilidade dos dados tratados;
d) estabeleça políticas e salvaguardas adequadas com base em processo de avaliação sistemática de impactos e riscos à privacidade;
e) tenha o objetivo de estabelecer relação de confiança com o titular, por meio de atuação transparente e que assegure mecanismos de participação do titular;
f) esteja integrado a sua estrutura geral de governança e estabeleça e aplique mecanismos de supervisão internos e externos;
g) conte com planos de resposta a incidentes e remediação; e
h) seja atualizado constantemente com base em informações obtidas a partir de monitoramento contínuo e avaliações periódicas; II - demonstrar a efetividade de seu programa de governança em privacidade quando apropriado e, em especial, a pedido da autoridade nacional ou de outra entidade responsável por promover o cumprimento de boas práticas ou códigos de conduta, os quais, de forma independente, promovam o cumprimento desta Lei.
(...)
§ 3º As regras de boas práticas e de governança deverão ser publicadas e atualizadas periodicamente e poderão ser reconhecidas e divulgadas pela autoridade nacional."

Art. 50, §§1º, 2º e 3º

| Fase 1 - nov/2010 | Fase 2 - jan/2015 | Fase 3 - mai/2016 | Fase 4 - mai/2018 | Fase 5 - ago/2018 | Fase 6 - fev/2019 | Fase 7 - mai/2019 | Fase 8- jul/2019 | Fase 9 - jul/2019 |

Infográfico 1 – Boas práticas ao longo da linha cronológica da LGPD

b) **Registro das atividades de tratamento de dados:** a partir da fase 2, elimina-se o tamanho da organização como gatilho da obrigação de manter registros das atividades de tratamento de dados pessoais, a qual passa a ser transversal para todo e qualquer agente de tratamento de dados (Fase 1, art. 34, § 2.º). Com isso, abre-se espaço para que a imposição de tal obrigação seja feita a partir do grau de risco da atividade e não com base no tamanho da organização – algo a ser objeto de regulamentação futura por parte da ANPD;

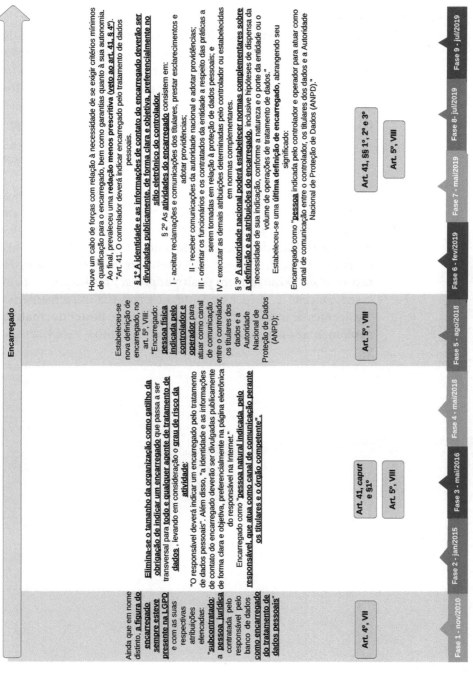

Infográfico 2 – Registro das atividades de tratamento de dados pessoais

c) *Privacy by design*[153]

c.1) apenas na fase 2, passa-se a flertar com a previsão do conceito de *privacy by design* e em toda a sua amplitude. Menciona-se que os sistemas "devem ser estruturados" de forma a cumprir com os "princípios gerais" da lei e não apenas para "atender os requisitos de segurança" (Fase 2, art. 49);

c.1.1) a partir desse momento, adota-se uma redação que atribui ao órgão regulador um papel de subsidiariedade normativa (fala-se expressamente que tais normas seriam apenas "padrões técnicos mínimos" (Fase 2, art. 47);

c.2) a partir da fase 3, utilizam-se os termos "medidas de segurança técnicas e administrativas" para se evitar "qualquer forma de tratamento inadequado ou ilícito", as quais deveriam ser implementadas da "fase de concepção do produto ou do serviço até a sua execução" (Fase 3, art. 46, § 2.º). Com isso, as diversas ondas do texto da LGPD **inovam em positivar** *privacy by design*, refinam o seu conceito e, principalmente, delegam sua implementação aos agentes de tratamento de dados em face do **poder normativo suplementar do órgão regulador** a esse respeito – Fase 4, art. 46, §§ 1.º e 2.º.

---

[153] Trata-se de uma metodologia baseada na ideia de que a proteção de dados pessoais deve orientar a concepção de um produto ou serviço, devendo eles ser embarcados com tecnologias que facilitem o controle e a proteção das informações pessoais. Sobre isso, ver: BIONI, Bruno Ricardo. Abrindo a "caixa de ferramentas" da LGPD para dar vida ao conceito ainda elusivo de *privacy by design*. *In*: BIONI, Bruno Ricardo. **Direito e internet IV**: sistema de proteção de dados pessoais. São Paulo: Quartier Latin, 2019.

Privacy by design

Passa-se a considerar a previsão do conceito de *privacy by design* e toda a sua amplitude. Menciona-se que os sistemas **"devem ser estruturados" de forma a cumprir com os "princípios gerais" da lei e não apenas para "atender os requisitos de segurança, aos princípios gerais previstos na LGPD e às demais normas regulamentares".** Além disso, adota-se uma redação que atribui ao órgão regulador um papel de subsidiariedade normativa.

Art. 46

Art. 49

Art. 47

Utilizam-se os termos **"medidas de segurança técnicas e administrativas"** para se evitar **"qualquer forma de tratamento inadequado ou ilícito"**, as quais deveriam ser implementadas da **"fase de concepção do produto ou do serviço até a sua execução"**

Art. 45

Art. 46, §2º

As diversas ondas do texto da LGPD **inovam em positivar** *privacy by design*, refinam o seu conceito e, principalmente, delegam sua implementação aos agentes de tratamento de dados face ao **poder normativo suplementar do órgão regulador** a esse respeito:

"Os agentes de tratamento devem adotar medidas de segurança, técnicas e administrativas aptas a <u>proteger os dados pessoais de acessos não autorizados e de situações acidentais ou ilícitas de destruição, perda, alteração, comunicação ou qualquer forma de tratamento inadequado ou ilícito</u>".

Ainda, **"a autoridade nacional poderá dispor sobre padrões técnicos mínimos"** para tornar efetivo o privacy by design, bem como as medidas adotas "deverão ser observadas desde a fase de concepção do produto ou do serviço até a sua execução"

Art. 46, §§ 1º e 2º

| Fase 1 - nov/2010 | Fase 2 - jan/2015 | Fase 3 - mai/2016 | Fase 4 - mai/2018 | Fase 5 - ago/2018 | Fase 6 - fev/2019 | Fase 7 - mai/2019 | Fase 8 - jul/2019 | Fase 9 - jul/2019 |

Infográfico 3 – Privacy by design

d) Encarregado

d.1) ainda que com *nomen iuris* distinto,[154] a figura do encarregado sempre esteve presente desde a fase 1 da LGPD e com as suas respectivas atribuições elencadas;

d.2) a partir da fase 2, elimina-se o tamanho da organização como gatilho da obrigação de indicar um encarregado que passa a ser transversal para todo e qualquer agente de tratamento de dados (Fase 2), art. 41, *caput*. Com isso, abre-se espaço para que a dispensa de tal obrigação possa se dar a partir do grau de risco da atividade e não com base no tamanho da organização;[155]

d.3) nas fases 6, 7, 8 e 9, houve um cabo de forças com relação à necessidade de se exigir critérios mínimos de qualificação para o encarregado, bem como garantias quanto à sua autonomia. Ao final, prevaleceu uma redação menos prescritiva – item 1–, veto ao art. 41, § 4.º.

---

[154] Na fase 1, o art. 4.º, VII, conceituava o "subcontratado" como "a pessoa jurídica contratada pelo responsável pelo banco de dados como encarregado do tratamento de dados pessoais".

[155] A Autoridade Nacional de Proteção de Dados publicou o *Guia Orientativo de Segurança da Informação para Agentes de Tratamento de Pequeno Porte*, em 4 de outubro de 2021. Disponível em: <https://www.gov.br/anpd/pt-br/documentos-e-publicacoes/guia-vf.pdf>. Acesso em: 17 jun. 2021.

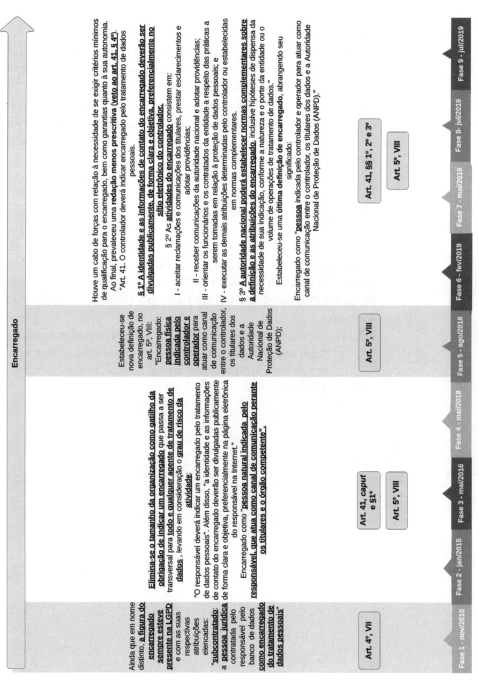

Infográfico 4 – Encarregado de dados pessoais

e) Relatório de impacto à proteção de dados pessoais/RIPDP

e.1) apenas a partir da fase 2, o instrumento do relatório de impacto à proteção de dados pessoais/RIPDP, ainda que com outro nome,[156] passa[157] a ser previsto (Fase 2, art. 39, § 2.º);

e.2) a partir da fase 3, **deixa de ser um instrumento lateral para exercer um papel de maior protagonismo.** Enquanto na fase anterior foi referenciado apenas uma única vez, passa a contabilizar **seis menções nesse segundo momento;**

e.3) na fase 4, há uma tentativa de procedimentalizar minimamente tal instrumento e, com isso, reduzir a discricionariedade da ANPD em regulamentações futuras acerca da matéria. Cria-se um dispositivo para conceituá-lo (Fase 4, art. 5.º, XVII), bem como outro para apontar quais os componentes mínimos necessários de tal avaliação (Fase 4, art. 38, parágrafo único). A essa altura, toda a gramática da LGPD colocou o RIPDP como a documentação do processo de gerenciamento de risco um vocabulário antes não utilizado;

e.3.1) é nesse momento que atribui-se à ANPD **o poder de editar regulamento sobre RIPDPs,** levando-se em consideração se a atividade representa "um alto risco" (Fase 7, art. 55-J e incisos).

---

[156] A nomenclatura adotada naquela ocasião era "relatório de impacto à privacidade" (art. 39, § 2.º), à semelhança da antiga diretiva europeia.

[157] Art. 39, § 2.º Órgão competente poderá determinar ao responsável que elabore relatório de impacto à privacidade referente às suas operações de tratamento de dados, nos termos do regulamento.

Relatório de impacto à proteção de dados pessoais

Fase 1 - nov/2010

Fase 2 - jan/2015

O instrumento do relatório de impacto à proteção de dados pessoais (RIPDP), ainda que com outro nome, passa a ser previsto: "Órgão competente poderá determinar ao responsável que elabore **relatório de impacto à privacidade** referente às suas operações de tratamento de dados, nos termos do regulamento. "

Art. 39, §2°

Fase 3 - mai/2016

A redação do §2° do art. 38 passa ser a redação do caput do mesmo artigo, bem como o RIPDP deixa de ser um instrumento lateral para **exercer um papel de maior protagonismo.** Além disso, enquanto na fase anterior foi referenciado apenas uma única vez, **passa a contabilizar 6 menções** no texto da lei.

Art. 39, *caput*

Fase 4 - mai/2018

Há uma **tentativa de procedimentalizar minimamente tal instrumento** e, com isso, **reduzir a discricionariedade da ANPD** em regulamentações futuras acerca da matéria.
Cria-se um dispositivo para **conceituá-lo** (art. 5°, XVII - "**documentação do controlador que contém a descrição dos processos de tratamento de dados pessoais que podem gerar riscos às liberdades civis e aos direitos fundamentais, bem como medidas, salvaguardas e mecanismos de mitigação de risco**"), assim como outro para apontar quais os **componentes mínimos** necessários de tal avaliação (art. 38, §único: "o relatório deverá conter, no mínimo, **a descrição dos tipos de dados coletados, a metodologia utilizada para a coleta e para a garantia da segurança das informações e a análise do controlador com relação a medidas, salvaguardas e mecanismos de mitigação de risco adotados**").
A essa altura, toda a gramática da LGPD colocou o RIPDP como a **documentação do processo de gerenciamento de risco.** um vocabulário antes não utilizado.

Art. 5°, XVII

Art. 38, § único

Fase 5 - ago/2018

Fase 6 - fev/2019

Estebeleceu-se que a "autoridade nacional emitirá opiniões técnicas ou recomendações referentes às exceções previstas no inciso III do caput do artigo 4° e deverá **solicitar aos responsáveis relatórios de impacto à proteção de dados pessoais**".

Art. 4°, §3°

Fase 7 - mai/2019

É nesse momento que atribui-se à ANPD **o poder de editar regulamento sobre RIPDPs**, levando-se em consideração se a atividade representa **"um alto risco"**. Assim, dentre as atribuições da ANPD consta: "editar normas e procedimentos sobre a proteção de dados pessoais, **assim como sobre relatórios de impacto à proteção de dados pessoais** para os casos em que o tratamento representar alto risco para a garantia dos princípios gerais previstos" na LGPD.

Art. 55-J, inciso II

Fase 8- jul/2019

Fase 9 - jul/2019

Infográfico 5 – Relatório de impacto à proteção de dados pessoais

Em resumo, a **aparição do princípio da *accountability* não se dá no vácuo**. Além de deixar para trás uma lógica reparatória de danos, o desenho final da LGPD não se satisfaz apenas com a simples adoção de medidas de prevenção. Deve haver a demonstração de tais medidas, o que pode ser materializado mediante um maquinário precaucionário[158] que foi **gradualmente esculpid**o ao longo das mais de sete fases em quase dez anos de (in)evolução do texto legal.

1.3.2. A emergência do princípio da *accountability* amarrada à progressiva delegação de competências decisórias aos agentes de tratamento de dados

A evolução do texto da LGPD tem um fio condutor que é a **progressiva delegação de uma série de competências decisórias aos agentes de tratamento de dados**. Com isso, os atores regulados passam a ter um maior nível de discricionariedade, seja para significar conceitos jurídicos indeterminados, seja para eleger os meios pelos quais cumprem eficazmente – para usar um termo da definição do princípio da *accountability* – a lei.

A lei geral de proteção de dados pessoais segue um modelo *ex ante*[159] pelo qual toda e qualquer atividade de tratamento de dados, antes de ser iniciada, deve se apoiar em uma base legal. É, por isso, que são chamadas de hipóteses de legitimação ou autorizativas de processamento de dados pessoais, uma vez que dão lastro a qualquer um dos 20 substantivos que compõem a definição de tratamento de dados. Esse conjunto de autorizações está previsto nos arts. 7.º, I a X, e 11, I e II, respectivamente, para dados não sensíveis e sensíveis.[160]

A esse respeito, é importante dizer que progressivamente o texto da LGPD foi alargando o rol de bases legais, com especial atenção para a trajetória do legítimo interesse:

a) **rol enxuto e consentimento como a única base legal (fases 1 e 2)**: o consentimento era a única base legal que poderia ser dispensada em sete e oito hipóteses, respectivamente, neste primeiro (art. 13) e segundo (art. 11) momento do debate;

b) **rol mais alargado e inclusão do legítimo interesse com mesmo nível hierárquico que consentimento (fase 3)**

---

[158] Conclusão semelhante, a partir da análise de relatórios de impacto à proteção de dados pessoais, foi a de: COSTA, Luiz. Privacy and the precautionary principle. **Computer Law & Security Review**, v. 28, n. 1, p. 14-24, 2012.

[159] Sobre isso, ver: MENDES, Laura Schertel. Modelos e fundamentos da proteção de dados. *In*: DONEDA, Danilo *et al.* (org.). **Tratado da Proteção de Dados no Brasil, no Direito Estrangeiro e Internacional**. No prelo; BIONI, Bruno Ricardo; MENDES, Laura Schertel. Regulamento Europeu de Proteção de Dados Pessoais e a Lei Geral brasileira de Proteção de Dados: mapeando convergências na direção de um nível de equivalência. *In*: TEPEDINO, Gustavo; FRAZÃO, Ana; OLIVA, Milena Donato (org.). **Lei Geral de Proteção de Dados Pessoais e suas repercussões no direito brasileiro**. São Paulo: Thomson Reuters, 2019.

[160] As hipóteses de legitimação para o tratamento de dados pessoais de crianças e de adolescentes são ainda mais restritivas, com o consentimento de um dos pais ou responsável legal sendo a regra (art. 14, § 1.º).

Capítulo 1 · DESAFIOS REGULATÓRIOS DA PROTEÇÃO DE DADOS PESSOAIS | 53

b.1) o consentimento deixa de encabeçar – estar no *caput* do art. 7.º– o dispositivo relativo às bases legais, sendo alocado em um dos seus incisos ao lado daquilo que eram, até então, situações de dispensa da autorização do titular dos dados. Com isso, em termos de técnica legislativa, passa a haver horizontalidade entre todas essas hipóteses de legitimação de tratamento de dados;

b.2) há a inclusão do legítimo interesse na qualidade de uma nova base legal para o tratamento de dados pessoais (art. 7.º, IX), após forte pressão por parte do setor privado ao longo da segunda consulta pública do anteprojeto de lei;[161]

c) rol ainda mais alargado em termos quantitativos e qualitativos (fases 4 a 6)

c.1) é acrescentada uma nova base legal – proteção ao crédito –, o que se dá no meio da conjuntura de reforma da lei do cadastro positivo[162] (fase 4, art. 7.º, X);

c.2) o tratamento de dados pode se dar não apenas por conta de uma obrigação legal, mas, também, infralegal (fase 4, art. 7.º, II);

c.3) a administração pública pode tratar dados pessoais para fins de formulação de políticas públicas não só com base em leis ou regulamentos, mas, também, em contratos, convênios ou instrumentos congêneres (fase 4 , art. 7.º, III);

c.4) o exercício regular de direitos pode se dar não só em processo judicial e administrativo, mas, também, arbitral (fase 4, art. 7.º, VI);

c.5) é acrescentado um novo dispositivo para prever, de forma expressa, que dados públicos ou manifestamente públicos podem ser tratados para novas finalidades (fase 7, art. 7.º, § 7.º);

c.6) são acrescentados novos dispositivos para ampliar as hipóteses de compartilhamento de dados sensíveis no âmbito da prestação de serviços de saúde (fase 7, art. 11, I, "f", e § 4.º);

---

[161] Realizei análise mais detida sobre o tema no capítulo 5.4.2.2 em BIONI, Bruno. Boa-fé e tutela da confiança como vetores da privacidade contextual. *In*: BIONI, Bruno (ed.). **Proteção de dados pessoais**: a função e os limites do consentimento. 2. ed. São Paulo: GEN-Forense, 2019. E também como coautor do relatório "O que está em jogo no debate sobre dados pessoais no Brasil?". INTERNETLAB. **O que está em jogo no Debate sobre Dados Pessoais no Brasil – Relatório final sobre o debate público promovido pelo Ministério da Justiça sobre o Anteprojeto de Lei de Proteção de Dados Pessoais**. Disponível em: https://www.internetlab.org.br/wp- content/uploads/2016/05/reporta_apl_dados_pessoais_final.pdf.

[162] Sobre essa "jabuticaba" da LGPD, ver o item 8 do capítulo "Como a lei mudou desde 2010" do projeto Memória da LGPD. DATA PRIVACY BRASIL. **Memória da LGPD – Observatório PPD – Rafael Zanatta – Vídeo 154**. Observatório da Privacidade e Proteção de Dados – YouTube, Disponível em: https://youtu.be/CnRrfuywl08; e DATA PRIVACY BRASIL. **Memória da LGPD – Observatório PPD – Bruno Bioni – Vídeo 153**. Observatório da Privacidade e Proteção de Dados – YouTube. Disponível em: https://youtu.be/kaRL5awL-w4.

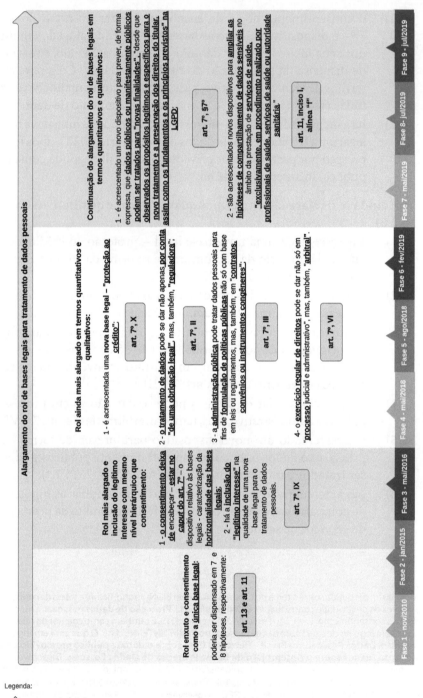

Infográfico 6 – Alargamento do rol de bases legais

Nota-se, portanto, que, gradualmente, a LGPD foi ampliando o *menu* de opções, à escolha dos atores econômicos, para legitimar suas atividades de tratamento de dados pessoais. Um movimento não só quantitativo que é representado pelo acréscimo de novos dispositivos, mas, também e principalmente, qualitativo que é ilustrado pela redefinição de bases legais já existentes para lhes dar maior elasticidade. Consequência lógica desse alargamento, é uma **maior margem de discricionariedade** conferida aos agentes de tratamento de dados para destravar as suas operações de dados pessoais.

O êxtase desse movimento é a base legal do legítimo interesse. Por ser um conceito jurídico indeterminado,[163] é significado justamente por quem o utiliza para amparar suas atividades de tratamento de dados. Ainda que isso tenha sido um ponto de atenção do legislador brasileiro ao prescrever diretrizes interpretativas em um novo dispositivo na (fase 3, art. 10), a competência decisória primária, em torno do que é ou não um interesse legítimo, é do próprio agente de tratamento de dados.[164]

Outro ponto que corporifica uma distribuição ainda mais intensa de decisões a cargo dos agentes de tratamento de dados, é o regime jurídico assinalado em torno de incidentes de segurança. Mais especificamente, quando surge o dever de notificação:

a) **Fase 1:** adotava-se a lógica de que deveria haver a comunicação do incidente de segurança toda vez que o incidente de segurança causasse "riscos" à privacidade dos titulares (fase 1, art. 27);

b) **Fase 2:**

b.1) o dever de notificação ao órgão regulador emerge se o incidente de segurança possa acarretar "prejuízo" aos titulares (fase 2, art. 44, *caput*);

b.2) passa-se a exigir que o agente de tratamento de dados estabeleça uma comunicação com órgão regulador que descreva minima-mente no que consiste tal incidente de segurança (fase 2, art. 44, parágrafo único;

b.3) o dever de comunicação direta e imediata aos titulares dos dados só emerge se o incidente de segurança coloque em "risco a segurança pessoal dos titulares ou lhes possa causar danos" (fase 2, art. 45, § 2.º);

---

[163] Trata-se das situações em que os padrões de comportamento previstos nas normas serão tidos como "indeterminados em certo ponto em que a sua aplicação esteja em questão; possuirão aquilo que foi designado como textura aberta". HART, H. L. A. **O conceito de direito**. 3. ed. Lisboa: Fundação Calouste Gulbenkian, 2001.

[164] Sobre isso, ver o item 6 do capítulo "Como a lei mudou desde 2010" do projeto Memória da LGPD. DATA PRIVACY BRASIL. **Memória da LGPD – Observatório PPD – Bruno Bioni – Vídeo 148**. Observatório da Privacidade e Proteção de Dados – YouTube. Disponível em: https://youtu.be/PQwQawvxU7M; DATA PRIVACY BRASIL. **Memória da LGPD – Observatório PPD – Marcel Leonardi – Vídeo 149**. Observatório da Privacidade e Proteção de Dados – YouTube. Disponível em: https://youtu.be/ZNJndU92rgw; DATA PRIVACY BRASIL. **Memória da LGPD – Observatório PPD – Bia Barbosa – Vídeo 150**. Observatório da Privacidade e Proteção de Dados – YouTube. Disponível em: https://youtu.be/VOjjZzAYjC4.

c) **Fase 3**: a comunicação ao órgão regulador só emerge se o incidente de segurança causar "risco ou prejuízo relevante aos titulares"[165] (fase 3, art. 47, *caput*);

d) **Fase 4**: o órgão regulador e o titular devem ser comunicados caso o incidente de segurança resulte em "risco ou dano relevante" (fase 4, art. 48, *caput*).

---

[165] BIONI, Bruno; MONTEIRO, Renato; MARTINS, Pedro, **Tomada de Subsídios n.o 2/2021 da Autoridade Nacional de Proteção de Dados Contribuição do Data Privacy Brasil sobre Incidentes de Segurança**. São Paulo: Data Privacy Brasil, 2021.

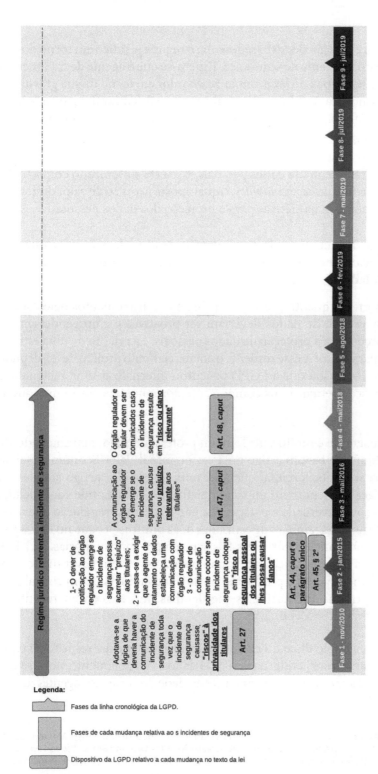

Infográfico 7 – Regime jurídico relativo a incidentes de segurança

Portanto, a evolução do texto redesenha o regime jurídico em torno do dever de notificação do incidente de segurança. Espera-se que o agente de tratamento de dados pessoais seja capaz de fazer um juízo de valor em torno da sua gravidade, o que não só desencadeará a obrigação legal em torno da comunicação ao órgão regulador e ao titular, como, também, o próprio conteúdo dessa comunicação inicial.

Em resumo, a estrutura normativa da LGPD foi, gradualmente, lapidada com a atribuição cada vez mais intensa de uma série de competências decisórias aos agentes de tratamento de dados pessoais. Isso está sintonizado com a própria aparição do princípio da *accountability*, o qual aposta no juízo de valor destes sobre os quais são as ações mais efetivas para a proteção dos dados pessoais.

1.3.3. A lógica de incentivos de *accountability* traduzida pelo alargamento dos mecanismos de transferência internacional e calibração de penalidades

Tão importante quanto prever um princípio e instrumentos pelos quais os agentes de tratamento de dados deveriam ser proativos e empreendessem seus melhores esforços para a proteção de dados pessoais, é a criação de uma estrutura de incentivos para tanto. A esse respeito, o então relator do projeto de lei, deputado Orlando Silva, confessou que a LGPD procurou internalizar uma racionalidade pela qual se busca premiar bons comportamentos e não apenas punir condutas desviantes:

> O debate ele é muito útil. Tem um professor amigo meu chamado Bruno Bioni ele fez um artigo uma vez no jornal Valor Econômico falando sobre o caráter premial que a lei poderia ter. Um artigo simples, mas que acabou tendo um impacto objetivo no debate onde você inclui, ou reforçou na verdade a perspectiva não só de autorregulação que o setor pode ter, mas também de estimular boas práticas porque no Brasil o viés é sempre sancionatório. As leis são sempre sancionatórias. [...] Então eu diria que mudanças que foram introduzidas tem haver muito com o pensamento crítico produzido na universidade e também com algumas boas práticas internacionais que algumas empresas vivem, reconhecem e sugeriram incorporar.[166]

O melhor exemplo disso é a evolução do texto no que diz respeito ao regime jurídico para transferência internacional de dados. Gradualmente, nota-se que a LGPD passa, cada vez mais, a apostar na capacidade dos próprios agentes de trata-

---

[166] A entrevista é parte do item 7 do capítulo "Como a lei mudou desde 2010" do projeto Memória da LGPD: DATA PRIVACY BRASIL. **Memória da LGPD – Observatório PPD – Orlando Silva – Vídeo 153**. Observatório da Privacidade e Proteção de Dados – YouTube. Disponível em: https://youtu.be/AdA0mwsLWRY.

Capítulo 1 · DESAFIOS REGULATÓRIOS DA PROTEÇÃO DE DADOS PESSOAIS | 59

mento de dados de garantirem um **nível adequado de proteção de dados pessoais intraorganizacional**, independentemente se os dados serão repassados para outro território cujo país não fornece uma infraestrutura jurídico-institucional para tanto:

a) **a tímida – quase inexistente – previsão de instrumentos privados para transferência internacional (fase 1):** limitava-se a uma previsão genérica que se o "responsável pelo tratamento" oferecesse "garantias suficientes em relação à proteção da privacidade dos titulares", poderia se transferir dados para um país sem nível adequado de proteção (fase 1, art. 37).

b) **previsão expressa, porém, enxuta de instrumentos privados (fase 2):** passa-se a prever que tal compromisso privado quanto à proteção de dados pessoais poderia se corporificar por meio "de cláusulas contratuais aprovadas [...] cláusulas contratuais-padrão ou em normas corporativas globais". Com isso, abandona-se uma previsão genérica na direção de algo mais prescritivo e a ser procedimentalizado a partir de uma ação dos próprios agentes de tratamento de dados (Fase 2, art. 30, *caput*);

c) **além do mero compromisso contratual (fase 3):** além do órgão regulador auditar e requerer informações complementares, nesse momento explicita-se que a aferição das garantias suficientes deveria estar fundada também na análise das medidas técnicas e organizacionais adotadas pelo operador (fase 3, art. 34, § 4.º);

d) **rol mais alargado de instrumentos privados (fase 4):** ampliam-se os instrumentos mediante o acréscimo de mais duas hipóteses: selos e códigos de conduta (fase 4, art. 33). Essa ampliação é significativa, porque, respectivamente,

d.1) delega-se a terceiros que validem as práticas organizacionais, quase como se fossem uma *longa manus* do aparato estatal e;

d.2) por ser algo mais escalável, o qual pode beneficiar toda uma cadeia de agentes de tratamento de dados de um determinado setor. É muito diferente dos outros instrumentos contratuais anteriores, os quais se limitam a um fluxo intraorganizacional ou a um número mais limitado de agentes em razão do veículo contratual ser, via de regra, bilateral.

Regime jurídico para a transferência internacional de dados pessoais

Fase 1 - nov/2010 — Art. 37

Limitava-se a uma previsão genérica que se o **"responsável pelo tratamento"** oferecesse **"garantias suficientes em relação à proteção da privacidade dos titulares"**. poderia-se transferir dados para um país sem nível adequado de proteção.

Fase 2 - jan/2015 — Art. 30, *caput*

Passa-se a prever que tal compromisso privado quanto à proteção de dados pessoais **poderia se corporificar através "de cláusulas contratuais aprovadas para uma trasnferência específica, cláusulas contratuais-padrão ou em normas corporativas globais"**. Com isso, abandona-se uma previsão genérica na direção de algo mais **prescritivo** e a ser **procedimentalizado** a partir de uma ação dos próprios agentes de tratamento de dados.

Fase 3 - mai/2016 — Art. 34, §4º

Além do órgão regulador auditar e requerer informações complementares, nesse momento explicita-se que a aferição das garantias suficientes deveria estar fundada também na **análise das "medidas técnicas e organizacionais adotadas pelo operador (...)"**.

Fase 4 - mai/2018 — Art. 33, inciso II, alínea "d"

Ampliam-se os instrumentos mediante o acréscimo de mais três hipóteses: **"selos, certificados e códigos de conduta regularmente emitidos"**. Essa ampliação é significativa, porque, respectivamente: 1 - **delega-se a terceiros a validação das práticas organizacionais** e; 2 - por ser algo mais escalável, o qual **pode beneficiar toda uma cadeia de agentes de tratamento de dados** de um determinado setor.

Fase 5 - ago/2018

Fase 6 - fev/2019

Fase 7 - mai/2019 — Art. 33, incisos III a IX

Passam a ser incluídos no art. 33 mais 7 incisos para descrever outras hipóteses em que é permitida a transferência internacional de dados pessoais:
"III - quando a transferência for **necessária para a cooperação jurídica internacional entre órgãos públicos de inteligência, de investigação e de persecução**, de acordo com os instrumentos de direito internacional;
IV - quando a transferência for necessária para a **proteção da vida ou da incolumidade física do titular ou de terceiro;**
V - **quando a autoridade nacional autorizar a transferência**;
VI - quando a transferência **resultar em compromisso assumido em acordo de cooperação internacional;**
VII - quando a transferência **for necessária para a execução de política pública ou atribuição legal do serviço público**, sendo dada publicidade nos termos do inciso I do caput do art. 23 desta Lei;
VIII - quando **o titular tiver fornecido o seu consentimento específico e em destaque para a transferência, com informação prévia sobre o caráter internacional da operação,** distinguindo claramente esta de outras finalidades; ou
IX - quando **necessário para atender as hipóteses previstas nos incisos II, V e VI do art. 7º** da LGPD.

Fase 8- jul/2019

Fase 9 - jul/2019

Infográfico 8 – Transferência internacional de dados pessoais

Capítulo 1 • DESAFIOS REGULATÓRIOS DA PROTEÇÃO DE DADOS PESSOAIS | 61

De forma similar ao que se diagnosticou com o processo de modernização da OCDE, a inserção do princípio da *accountability* vem costurada com uma **lógica de incentivo**. Os agentes de tratamento de dados poderiam livremente transferir os dados pessoais para outras jurisdições, caso empregassem medidas eficazes de proteção de dados e, ao prestar contas a seu respeito, fossem validadas pelo próprio aparato estatal ou por quem fizesse as suas vezes – terceiros certificadores.

1.3.4. A tensão na criação de um órgão estatal "com dentes" e com menos discricionariedade

"A saga pela Autoridade", é dessa forma que o documentário Memória da LGPD[167] descreve os embates em torno da criação de um aparato estatal para a aplicação e fiscalização da lei. Além da criação da ANPD e qual deveria ser a sua natureza jurídica, houve um cabo de forças quanto à fixação de suas atribuições, bem como deveres-poderes que são variáveis essenciais quanto ao espaço a ser ocupado pelo Estado no arranjo de *enforcement* da proteção dos dados pessoais.

Da fase 1 à fase 3 nunca havia sido definido propriamente qual seria a natureza jurídica do órgão regulador. Se, por um lado, é verdade que, entre os anos de 2015 a 2016 (fases 2 e 3), o Brasil amargou uma conjuntura fiscal-política[168] negativa que impactou esse processo de tomada de decisão. Por outro lado, na fase 1 – entre os anos 2010 e 2011 –, o texto também era silente a esse respeito, quando a situação era mais favorável no país. Isso evidencia que, por um longo período, houve uma contumaz indefinição quanto ao perfil do aparato estatal e, até mesmo, da necessidade de sua existência. Uma disputa que se torna ainda mais clarividente, quando se analisa os dois processos de consulta pública dos então anteprojetos de lei – fase 1 e fase 2.[169]

Apenas na fase 4 (art. 55, § 3.º) – é que efetivamente há um posicionamento acerca da criação e do perfil do aparato institucional-estatal para a fiscalização da lei. A Câmara dos Deputados decide, mesmo a despeito de controvérsia acerca

---

[167] O capítulo discute as disputas e tentativas de se reverter o formato da Autoridade Nacional de Proteção de Dados proposto pela MPV 869/2018, que contraria a autonomia e independência de atuação do órgão tão defendidos ao longo dos debates legislativos da LGPD. Este episódio conta com 27 microvídeos de mais de 10 entrevistas narrando essa disputa. DATA PRIVACY BRASIL. 2019: A saga da Autoridade. **Observatório da Privacidade e Proteção de Dados**. Disponível em: https://observatorioprivacidade. com.br/memoria/2019-a-saga- da-autoridade/.

[168] A conjuntura, quando do envio da LGPD ao Congresso Nacional, era de conclusão de um processo de *impeachment* da então Presidenta da República e uma acentuada retração no PIB brasileiro discussão de reforma da previdência e em pleno ano eleitoral. Para um panorama completo daquela conjuntura, ver: BIONI, Bruno Ricardo. Privacidade e proteção de dados pessoais em 2018. **Jota**. Disponível em: https:// www.jota.info/paywall?redirect_to=//www.jota.info/opiniao-e-analise/colunas/agenda-da-privacida-de-e- da-protecao-de-dados/privacidade-e-protecao-de-dados-pessoais-em-2018-15012018.

[169] Metodologicamente, reunimos todos os atores que participaram de cada consulta com contribuições substancialmente iguais em cada tema, cujas tabelas sistematizam os argumentos apresentados nas consultas públicas a respeito da ANPD.

do vício de iniciativa[170], que tal órgão regulador deveria ser uma autarquia e, finalmente, lhe dá o nome de Autoridade de Proteção de Dados Pessoais/ANPD.[171]

Na fase 5, diante do vício de iniciativa, o então presidente Michel Temer[172] promete, ao vetar a criação de ANPD, enviar uma proposta legislativa recriando o órgão "mais ou menos com os mesmos dizeres".[173] Contudo, sua proposta (MP nº 869/2018) alterou, por completo, o perfil até então programado para a ANPD ao deslocar o âmbito da administração pública indireta para a direta, o que é um modelo mais fraco em termos autonomia funcional e financeira.

Essa mesma tensão, entre o modelo autárquico ou como um órgão vinculado à administração pública direta, é reprisada quando a referida medida provisória é analisada pelo Congresso Nacional. Isso é um indicativo de que, apesar de uma parcela de agentes econômicos defender a criação de uma autarquia, ainda havia outra que advogava em sentido contrário.

Uma vez que representantes do governo alertaram em audiência pública que, se o Parlamento modificasse a natureza jurídica do órgão regulador, haveria novo vício de iniciativa, o texto final da MP 869/2018 acabou por manter a ANPD como um órgão da administração pública direta. Nesse sentido a fala de Felipe Cascaes,

---

[170] Sobre tal controvérsia. PAULA, Felipe de; NAEFELE, Vitor Rabelo. Há vício de iniciativa na criação da Autoridade Nacional de Proteção de Dados?. **Jota**. Disponível em: https://www.jota.info/paywall?redirect_to=//www.jota.info/tributos-e-empresas/regulacao/ha-vicio-de-iniciativa-na-criacao-da-autoridade-nacional-de-protecao-de-dados-26072018. À época, o ministro aposentado do Supremo Tribunal Federal Ilmar Nascimento Galvão elaborou parecer rechaçando a existência de vício formal. REDAÇÃO. Ex-ministro diz que não há vício de inconstitucionalidade na criação da ANPD. **Jota**. Disponível em: https://www.jota.info/paywall?redirect_to=//www.jota.info/docs/ex-ministro-diz-que-nao-ha-vicio-de-inconstitucionalidade-na-criacao-da-anpd-31072018.

[171] Sobre isso, ver a entrevista do item 4 do capítulo "A saga da Autoridade" do projeto Memória da LGPD: DATA PRIVACY BRASIL. **Memória da LGPD – Observatório PPD – Guilherme Pinheiro – Vídeo 112**. Observatório da Privacidade e Proteção de Dados – YouTube. Disponível em: https://youtu.be/xY33iMCXl7Y.

[172] É importante ressaltar que, de fato, havia acirrada controvérsia sobre o vício de iniciativa acerca da criação da ANPD. Nesse sentido, e inclusive lembrando que a criação da autoridade foi um dos últimos atos do então presidente Michel Temer: "Assinale-se que o Poder Executivo editou, no dia 28/12/2018, a Medida Provisória 869/2018, que alterou a LGPD, de 14 de agosto de 2018, dispondo sobre a proteção de dados pessoais, criando a Autoridade Nacional de Proteção de Dados, e dando outras providências. Foi a última medida importante tomada pelo então presidente Michel Temer, que houvera estabelecido o veto, não por ser contrário à criação da referida Autoridade Nacional de Proteção de Dados, por ele tida como necessária, mas em razão de ser competência do Poder Executivo, e não do Legislativo, a criação de Órgão. As razões do veto presidencial relativas a esse ponto específico foram: 'Os dispositivos incorrem em inconstitucionalidade do processo legislativo, por afronta ao artigo 61, § 1º, II, e, cumulado com o artigo 37, XIX da Constituição.' Tais dispositivos estabelecem, de um lado, ser de competência privativa do Presidente da República a iniciativa de leis que disponham sobre 'criação, estruturação e atribuições dos Ministérios e órgãos da administração pública' (artigo 61, § 1º, II, 'e') e, de outro, que "somente por lei específica poderão ser criadas "empresa pública, sociedade de economia mista, autarquia e fundação pública" (art. 37, XIX)." In: LUCCA, Newton De; FILHO, Adalberto Simão; LIMA, Cintia Rosa Pereira de; MACIEL, Renata Mota. **Direito e Internet, Volume IV**: Sistema de Proteção de Dados Pessoais. São Paulo: Quartier Latin, 2019.

[173] JUBÉ, Andrea; ARAÚJO, Carla, Temer vai criar agência sobre proteção de dados por projeto de lei, Valor Econômico, disponível em: <https://valor.globo.com/politica/noticia/2018/08/14/temer-vai-criar-agencia-sobre-protecao-de-dados-por-projeto-de-lei.ghtml>.

à época representante dos Assuntos Jurídicos da Casa Civil da Presidência da República, em audiência pública realizada no Congresso Nacional:[174]

> A Constituição hoje dispõe que é iniciativa privativa do Presidente as leis que disponham sobre a criação e extinção de órgãos da administração pública. Também dispõe ser vedado o aumento de despesa em projetos de iniciativa do Presidente da República. Então, se eu transformo um órgão em uma autarquia, numa estrutura que é naturalmente maior, fatalmente eu vou infringir um desses dois dispositivos. Quanto à autarquia, eu tenho ainda um terceiro: que é o inciso XIX do artigo 37, que exige lei específica que trata apenas disso para a criação dela.

Previu-se, no entanto, que o governo federal deveria reavaliar o modelo no prazo de dois anos, até por conta do posicionamento majoritário dos congressistas de que esse não seria o melhor modelo. Nesse ponto, vale ressaltar o parecer pela aprovação da MP nos termos do substitutivo proposto pelo Deputado Orlando Silva:[175]

> Para finalizar neste tópico da estrutura da ANPD, após ouvir posicionamentos públicos de representantes do governo nesta comissão, e posicionamento dos colegas integrantes deste colegiado, assim como o setor produtivo e o terceiro setor, resta aqui a nossa declaração de que um órgão da administração indireta terá que ser prontamente criado pelo Poder Executivo como única forma para o exercício pleno dos princípios, direitos, garantias e deveres previstos na LGPD. Nesse sentido, incluímos novos parágrafos ao art. 55-K indicando expressamente que a natureza jurídica da ANPD terá que ser transformada em autarquia no prazo de dois anos da aprovação de sua estrutura regimental, bem como a tempo de ser incluída nas Leis Orçamentárias.

Tal revisão aconteceu em junho de 2022, quando a MP 1.124/2022 transformou finalmente a ANPD em uma autarquia de natureza especial. A tabela abaixo contrasta o então *modelo precário* do órgão regulador no âmbito da administração pública direta frente ao da administração indireta. Respectivamente, os modelos prescritos na MP 869/2018 (Lei nº 13.853/2019) e do PLC 53/2018 e da citada MP 1.124/2018[176]:

---

[174] SENADO FEDERAL, **MP 869/218 Proteção de dados pessoais**, TV Senado – YouTube, disponível em: <youtube.com/watch?v=_dJKlxUV_I8>.

[175] SENADO FEDERAL, **Relatório da Comissão Mista destinada a emitir parecer sobre a Medida Provisória no 869, de 28 de dezembro de 2018**, disponível em: <https://legis.senado.leg.br/sdleg- getter/ documento?dm=7945369&ts=1556207205600&disposition=inline>.

[176] Importante destacar que, ao tempo da revisão final desta obra, tal medida provisória ainda se encontrava pendente de tramitação no Congresso Nacional e, consequentemente, a sua conversão em lei.

Elementos de Análise	MP 869/2018	Versão do PLC 53/2018 e MP 1.124/2022
1. Personalidade Jurídica	Não tem personalidade jurídica própria	Tem personalidade jurídica própria
	Art. 14 CC	
2. *Status* na Administração Pública	Administração Direta (centralização da fiscalização da LGPD pelo Poder Executivo)	Administração Indireta (descentralização da fiscalização da LGPD pelo Poder Executivo)
	Subordinação, sendo um órgão do próprio Ministério	Vinculação, não fazendo parte da estrutura organizacional de um Ministério
	Art. 37, XIX, CF + Decreto 200/67 e.g., Art. 4º da Lei 12.259/2011 (CADE) e Art. 8º, *caput*, da Lei nº 9.472/97 (ANATEL) – (termo subordinação)	
3. Processo de Nomeação do Corpo Diretivo	Sem sabatina pelo Congresso Nacional, nomeado diretamente pela Presidência	Sabatina pelo Senado Federal, caso a lei assim determine
	Art. 52, III, "f", da CF e.g., Art. 6º da Lei 12.259/2011 (CADE) e artigo 23 Lei nº 9.472/97 (ANATEL)	
4. Perda do Mandato	Uma das hipóteses da perda do mandato se dá por processo administrativo disciplinar, mas que será instaurado pelo Ministro da Casa Civil e será julgado pelo Presidente da República	Há jurisprudência do STF no sentido de que a exoneração de dirigentes de agência não é um ato discricionário do Executivo e, a depender do que dispõe a lei, uma das hipóteses dependerá de provocação do Presidente e decisão do Senado Federal (e.g., CADE)
	Art. 55-E	ADI nº 1949-RS, Rel. Dias Toffoli; RMS 26.980/MA, Rel. Ministro Nelson Jobim
5. Orçamento	O orçamento é vinculado ao da União, não podendo ser, a princípio, complementado por tributos.	O orçamento pode ser complementado por tributos vinculados a uma contraprestação específica, e, assim, o órgão poderia aumentar a sua capacidade financeira por meio de taxas (veja exemplos abaixo)

Tabela 3 – Tabela Comparativa de Dois Possíveis Modelos de ANPD[177]
Legendas: CC – Código Civil; LGPD – Lei Geral de Proteção de Dados; CF – Constituição Federal; CADE – Conselho Administrativo de Concorrência; ANATEL – Agência Nacional de Telecomunicações; ADI – Ação Direta de Inconstitucionalidade[178]

---

[177] BIONI, Bruno Ricardo, **Privacidade e proteção de dados pessoais em 2019**, Jota, disponível em: <https://www.jota.info/opiniao-e-analise/colunas/agenda-da-privacidade-e-da-protecao-de-dados/privacidade-e- protecao-de-dados-pessoais-em-2019-28012019>.

[178] Sobre isso, ver a contribuição do CTS-FGV à segunda consulta pública sobre esse tema, em favor do modelo de autarquia: INTERNETLAB, **O que está em jogo no Debate sobre Dados Pessoais no Brasil – Relatório final sobre o debate público promovido pelo Ministério da Justiça sobre o Anteprojeto de Lei de Proteção de Dados Pessoais.**

Retomando como se iniciou este subcapítulo, levou-se mais de 10 (dez) anos na "saga" para a criação não apenas de uma autoridade de proteção de dados, mas, efetivamente, para a sua melhor modelagem institucional em termos de independência. Um elemento crítico para definir quem, ao lado dos agentes econômicos, seria responsável – para usar um termo que norteia o princípio da *accountability* – por materializar as normas de proteção de dados pessoais.

Além disso, é, também, muito singular toda a tensão criada em torno do rol de atribuições, poderes-deveres e estrutura da ANPD e do sistema de *enforcement* da LGPD:

a) **Estrutura (art. 55-C):** somente na fase 7 – i.e. em um dos últimos estágios da discussão – é que se **dedica um dispositivo para delinear qual deveria ser o quadro organizacional da ANPD.** Além do conselho diretor, preveem-se corregedoria, ouvidoria, órgão de assessoramento jurídico próprio e unidades administrativas e especializadas de apoio (fase 7, art. 55-C). Com isso, a lei se torna **muito mais prescritiva e espelha organogramas de outras agências reguladoras de modelo autárquico;**[179]

b) **Conselho Diretor e suas garantias (arts. 55-E até 55-I):**

    b.1) entre as fases 4 e 7, há uma mudança substancial quanto ao número de integrantes do Conselho Diretor que salta de três para cinco integrantes **(fase 4, art. 55, § 5.º, e fase 7, art. 55-D);**

    b.2) na fase 7, há a inclusão de mais dispositivos tanto para dar mais garantias ao corpo diretor, como, também, deveres:

        b.2.1) deveres: por exemplo, passa a haver um dispositivo que frisa a necessidade de capacidade técnica para o exercício do cargo (fase 7, art. 55-D, § 2.º) –, a ser objeto de sabatina pelo Senado Federal (fase 7, art. 55-D, § 1.º) –. E, ainda, a expressa alusão à aplicação da Lei 12.813/2013 atinente a potencial conflito de interesse no exercício da função (fase 7, art. 55-F, *caput*);

        b.2.2) garantias: a inclusão de um dispositivo quanto à necessidade de processo administrativo disciplinar para possível perda de cargo, bem como que compete ao próprio Conselho Diretor criar seu regimento interno e definir os ocupantes de cargos comissionados e demais funções de confiança (fase 7, art. 55-E).

---

[179] Tal é o modelo da Anatel, do Cade, entre outras agências reguladoras. "Apesar das distinções presentes na literatura, o mesmo modelo organizacional foi adotado, no Brasil, tanto para a área de infraestrutura quanto para a área social, concedendo autonomia às agências de ambas as áreas e desvinculando mandatos de seus dirigentes daqueles do chefe de governo" (PACHECO, Regina Silva. Regulação no Brasil: desenho das agências e formas de controle. **Rev. Adm. Pública**, v. 40, n. 4, 2006).

c) Autonomia técnica

c.1) **atribuições gerais (art. 55-J, I a IX):** em todas as fases sempre houve dispositivos que afirmavam qual deveria ser, por assim dizer, a missão institucional do órgão regulador. Um núcleo duro das suas atribuições que se manteve relativamente estável ao longo de quase uma década de discussão (fase 7, art. 55- J);

c.2) **poder normativo-fiscalizatório (art. 55-J, X a XX):** a partir da fase 4, deixa-se de apenas enumerar atribuições gerais para descer nos detalhes quais seriam os poderes normativos-fiscalizatórios com o objetivo de fortalecer a atuação da ANPD. Alguns pontos merecem ser destacados:

c.2.1) **auditoria:** o poder de auditoria é eliminado no processo de sanção e veto do governo Temer – fase 5, vindo a retornar somente na fase 7 após um número bastante expressivo de emendas parlamentares (fase 6, art. 55-J, XVI);

c.2.2) **relatório de impacto à proteção de dados pessoais:** o poder de regulamentação do instrumento de relatório de impacto à proteção de dados pessoais (previsto na fase 4) é arrancado no processo de veto e sanção do governo Temer – fase 5. Novamente, é recolocado durante a discussão da MP 869/2018 (fase 7, art. 55-J, XIII);

c.2.3) **acordos administrativos:** somente na fase 7 é que se atribuiu o poder da ANPD de "celebrar compromissos" para "eliminar irregularidade, incerteza jurídica ou situação contenciosa" (fase 7, art. 55-J, XVII). É um salto que abre espaço para o órgão regulador compor com o regulado por meio soluções que substituem sanções, o que vai à linha das recentes modificações da LINDB;[180]

c.2.4) **normas simplificadas para empresas nascentes de tecnologia de micro ou pequeno porte:** é, também, somente na fase 7, que se atribuiu o poder da ANPD de calibrar

---

[180] Art. 26 do Decreto-lei 4.657/1942, incluído pela Lei 13.655/2018: "Art. 26. Para eliminar irregularidade, incerteza jurídica ou situação contenciosa na aplicação do direito público, inclusive no caso de expedição de licença, a autoridade administrativa poderá, após oitiva do órgão jurídico e, quando for o caso, após realização de consulta pública, e presentes razões de relevante interesse geral, celebrar compromisso com os interessados, observada a legislação aplicável, o qual só produzirá efeitos a partir de sua publicação oficial. § 1.º O compromisso referido no *caput* deste artigo: I – buscará solução jurídica proporcional, equânime, eficiente e compatível com os interesses gerais; II – (VETADO); III – não poderá conferir desoneração permanente de dever ou condicionamento de direito reconhecidos por orientação geral; IV – deverá prever com clareza as obrigações das partes, o prazo para seu cumprimento e as sanções aplicáveis em caso de descumprimento. § 2.º (VETADO)". A esse respeito, ver: GUERRA, Sérgio; PALMA, Juliana Bonacorsi de. Art. 26 da LINDB – Novo regime jurídico de negociação com a Administração Pública. **Rev. Direito Adm.**, Edição Especial: Direito Público na Lei de Introdução às Normas de Direito Brasileiro – LINDB (Lei n.o 13.655/2018), p. 135-169, 2018.

o peso da regulação de acordo com as particularidades e realidades de determinados atores regulados (fase 7, art. 55-J, XVIII). Parte-se do pressuposto que nem todos os agentes econômicos teriam a mesma capacidade para adotar e prestar contas acerca da eficácia de medidas para o cumprimento da lei;[181]

d) **Poder sancionatório**: em todas as fases sempre houve dispositivos que listavam o rol de sanções administrativas, mas nem por isso foi algo consensual (fase 3, art. 52; fase 4, art. 52). Nos dois processos de veto e sanção, as penalidades mais drásticas foram eliminadas (fases 5 e 9). Coube ao Congresso, em um processo que durou quase um ano, modificar o texto da medida provisória do governo Temer (fase 7, art. 52, X). e depois derrubar os vetos por parte do presidente Bolsonaro (Fase 8);

e) **Deveres decorrentes do seu poder normativo (arts. 55-J, XXI, ao 55-K)**: somente a partir da fase 7, é que se passa a alocar deveres ao órgão regulador que são simétricos aos poderes que lhes foram conferidos. Por exemplo:

e.1) **ônus argumentativo**: passa-se a exigir que o órgão regulador explicite a metodologia para a fixação de penalidades, a qual deveria ser, a propósito, objeto de consulta pública (fase 7, art. 55-J, XXIV, § 1.º);

e.2) **consultas públicas, em geral, e avaliações de impacto**: passa-se a exigir não só que normas e regulamentos sejam antecedidos por consultas públicas, como também que sejam amparados em avaliações de impacto regulatório (fase 7, art. 55-J, § 2.º).

f) **Receitas da ANPD (arts. 55-L a 57)**: a partir da fase 4 (art. 57) passa-se a listar quais seriam as fontes de receitas da ANPD, excluindo-se expressamente os valores de multas que deveriam ser destinadas ao Fundo de Direitos e Difusos Coletivos. No entanto, na fase 9, elimina-se uma das possíveis fontes que seriam a cobrança de taxa e emolumentos por serviços prestados (fase 9, art. 55-L, V).

---

[181] A ANPD publicou, no dia 27 de janeiro de 2022, uma resolução normativa que regulamenta a aplicação da Lei 13.709, de 14 de agosto de 2018, Lei Geral de Proteção de Dados Pessoais (LGPD) a empresas de pequeno porte e *startups*. Vide: AUTORIDADE NACIONAL DE PROTEÇÃO DE DADOS. **Resolução CD/ANPD n.º 2, de 27 de janeiro de 2022**. Aprova o Regulamento de aplicação da Lei n.º 13.709, de 14 de agosto de 2018, Lei Geral de Proteção de Dados Pessoais (LGPD), para agentes de tratamento de pequeno porte. Disponível em: https://www.in.gov.br/en/web/dou/-/resolucao-cd/anpd-n-2-de-27-de--janeiro-de-2022-376562019. Acesso em 20 jan. 2022.

g) **Conselho Nacional de Proteção de Dados:** somente[182] a partir da fase 3 (art. 54), passa a haver a previsão de um conselho multissetorial[183] para auxiliar, entre outras coisas, a ANPD na formulação de uma política nacional de proteção de dados. É a vitória de um pleito de diversos atores do debate, os quais defendiam que, com tal institucionalização, haveria maior porosidade por parte do órgão regulador na aplicação e fiscalização da lei.

---

[182] Na fase 1 (item 13.2, art. 38) havia a previsão de um Conselho Nacional de Proteção de Dados Pessoais, mas cuja atuação seria a mesma de "autoridade de garantia". Além disso, não havia previsão sobre sua estrutura e atribuições, que deveriam ser estabelecidas em legislação específica posteriormente. Entende-se que tal previsão se relaciona ao Conselho Diretor estabelecido na versão final da lei.

[183] O modelo multissetorial congrega diversos setores ao reunir sociedade e governo, isto é, partes com diferentes interesses visando a compor ambientes de paridade de voz e voto.

Atribuições, poderes-deveres e estrutura da Autoridade Nacional de Proteção de Dados

Há a criação das competências da ANPD, dentre elas:
"Compete à ANPD:
I - zelar pela proteção dos dados pessoais, nos termos da legislação;
II - zelar pela observância dos segredos comercial e industrial, observada a proteção de dados pessoais e do sigilo das informações (...);
III - elaborar diretrizes para a Política Nacional de Proteção de Dados Pessoais e da Privacidade;
IV - fiscalizar e aplicar sanções em caso de tratamento de dados realizado em descumprimento à legislação;
(...)
IX - promover ações de cooperação com autoridades de proteção de dados pessoais de outros países, de natureza internacional ou transnacional".

Art. 55-J, incisos I ao IX

Fase 1 - nov/2010
Fase 2 - jan/2015

Passa a haver a previsão de um conselho multissetorial para auxiliar, dentre outras coisas, a ANPD na formulação de uma política nacional de proteção de dados:
"A autoridade nacional poderá dispor sobre padrões e técnicas de anonimização e realizar verificações acerca de sua segurança, ouvido o Conselho Nacional de Proteção de Dados Pessoais."

Art. 54 e, posteriormente, Art. 12, §3º

Fase 3 - mai/2016

Foi inserido, no texto da lei, o rol de sanções administrativas:
"advertência", "multa simples ou diária", "publicização da infração" etc.

Art. 52, incisos I a IX e §§1º a 3º

Deixa-se de apenas enumerar atribuições gerais para descer nos detalhes de quais seriam os poderes normativos-fiscalizatórios com o objetivo de fortalecer a atuação da ANPD:
"Compete à ANPD:
(...)
X - dispor sobre as formas de publicidade das operações de tratamento de dados pessoais (...);
(...)
XIII - editar regulamentos e procedimentos sobre proteção de dados pessoais e privacidade, bem como sobre relatórios de impacto à proteção de dados pessoais (...);
XVI - realizar auditorias, ou determinar sua realização (...);
(...)
XVII - celebrar, a qualquer momento, compromisso com agentes de tratamento para eliminar irregularidade, incerteza jurídica ou situação contenciosa (...)"

Art. 55-J, incisos X a XX

As sanções "administrativas, civis ou penais" previstas não substituem sanções que podem ser aplicadas "às entidades e aos órgãos públicos".

Art. 52, §§2º e 3º

Conselho-Diretor composto por "3 integrantes".

Art. 55, § 5º

Passa-se a elencar quais seriam as fontes de receitas da ANPD, excluindo-se expressamente os valores de multas que deveriam ser destinadas ao Fundo de Direitos e Difusos Coletivos:
"Constituem receitas da ANPD:
I - o produto da execução da sua dívida ativa;
II - as dotações consignadas no orçamento geral da União (...)"

Art. 57

Fase 4 - mai/2018

Penalidades mais drásticas eliminadas:
Veto ao art. 52, VII, VIII e IX

Art. 52, incisos VII, VIII e IX

Fase 5 - ago/2018
Fase 6 - fev/2019

Com a Lei nº 13.853/2019, dedica-se um dispositivo para delinear qual deveria ser o quadro organizacional da ANPD:
"A ANPD é composta de:
I - Conselho Diretor, órgão máximo de direção;
II - Conselho Nacional de Proteção de Dados Pessoais e da Privacidade;
III - Corregedoria;
IV - Ouvidoria;
V - órgão de assessoramento jurídico próprio; e
VI - unidades administrativas e unidades especializadas necessárias à aplicação do disposto" na LGPD.

Art. 55-C

Conselho-Diretor passa a ter "5 integrantes".

Art. 55-D

Há a inclusão de mais garantias tanto para dar mais garantias ao corpo diretor, quanto, também, deveres.
Dentre os deveres, destacam-se:
1 - "Os membros do Conselho Diretor da ANPD serão escolhidos pelo Presidente da República e por ele nomeados, após aprovação pelo Senado Federal.";
2 - "Os membros do Conselho Diretor serão escolhidos dentre brasileiros que tenham reputação ilibada, nível superior de educação e elevado conceito no campo de especialidade dos cargos";
3 - "Aplica-se aos membros do Conselho Diretor, após o exercício do cargo, o disposto no art. 6º da Lei nº 12.813/2013.

Dentre as garantias, destaca-se:
1 - "Os membros do Conselho Diretor somente perderão seus cargos em virtude de renúncia, condenação judicial transitada em julgado ou pena de demissão decorrente de processo administrativo disciplinar".

Art. 55-D, §§ 1º e 2º

Art. 55-E

Caube ao Congresso, em um processo que durou quase um ano, modificar o texto da medida provisória do governo Temer (fase 7, art. 52, X), e depois derrubar os vetos por parte do presidente Bolsonaro (Fase 8 - art. 52, X, XI e e 6º).

Art. 52, incisos X, XI e XII, §§ 3º e 6º

Passa-se a alocar deveres ao órgão regulador que são sinônimos aos poderes que lhe foram conferidos. São inseridas competências relativas a "comunicar às autoridades competentes as infrações penais das quais tiver conhecimento", "implementar mecanismos simplificados, inclusive por meio eletrônico, para o registro de reclamações sobre o tratamento". Além disso é exigido que seus regulamentos e normas sejam "precedidos de consulta e audiência públicas, bem como de análise de impacto regulatório".

Art. 55-J, inciso XXI ao 55-K

Fase 7 - mai/2019

Penalidades mais drásticas novamente eliminadas:
Veto ao art. 52, VII, VIII e IX

Art. 52, incisos VII, VIII e IX

Elimina-se uma das possíveis fontes de receita da ANPD, que seria a cobrança de "taxa e emolumentos por serviços prestados".

Art. 55-I, V

Fase 8 - jul/2019
Fase 9 - jul/2019

Infográfico 9 – Atribuições, poderes-deveres e estrutura da ANPD

Legenda:

Fases da linha cronológica da LGPD.

Fases de cada mudança relativa às atribuições, poderes-deveres e estrutura da ANPD

Sem nenhuma mudança significativa

Dispositivo da LGPD relativo a cada mudança no texto da lei

A evolução do texto da LGPD revela um caminho bastante acidentado que foi desbravado não só para a criação da ANPD, mas, também e principalmente, para a definição dos seus poderes-deveres e natureza jurídica. Um dado que, na linha do que foi diagnosticado no capítulo da OCDE, é relevante para significar qual é a função do princípio da *accountability* como vetor de definição de modelos regulatórios rivais pelos quais o florescimento de práticas responsáveis (im) prescinde de um aparato institucional mais ou menos saliente.

Nesse sentido, é, também, revelador como a maturação dos poderes e deveres normativos da ANPD se colocam como um fiel da balança da discricionariedade por parte dos atores regulados na eleição do que consideram como práticas eficientes de conformidade. Algo que será ainda melhor explorado mais a frente, por ser essencial para a investigação do princípio da *accountability* do ponto de vista obrigacional – mais especificamente sobre quem e a quem se deve prestar contas.

1.3.5. Um terceiro significado de *accountability*: metamorfose da LGPD e a virtude da discricionariedade e de auto-organização

É necessário voltar na linha do tempo do processo de articulação e aprovação da LGPD para entender o que está por trás do princípio da *accountability*, o qual apareceu no texto em um estágio já bastante avançado da discussão. A partir de tal exercício, foi possível perceber que a sua inclusão não se dá no vácuo, mas, é resultado de uma **metamorfose da lei.**

Progressivamente, a LGPD foi dando mais espaço para que os agentes econômicos se auto-organizassem e tivessem cada vez mais discricionariedade na adoção das medidas de conformidade das suas atividades de tratamento de dados. O alargamento do cardápio de bases legais e dos instrumentos privados de transferência internacional, bem como a alocação topográfica de boas práticas como um capítulo, é um movimento que aloca mais competências decisórias aos atores regulados. Ao mesmo tempo, é aposta de que os seus respectivos juízos de valor desengatilharam práticas mais responsáveis.

De forma paralela e sincronizada, testemunhou-se um verdadeiro cabo de forças quanto ao espaço e a função que o aparato estatal deveria cumprir para a materialização da proteção de dados pessoais. Ainda que fatores externos da conjuntura político-econômica do país tenham impactado no processo de criação da ANPD, isso por si só está longe de pintar todo o quadro dessa disputa. Um exemplo disso foi o "vai e vem" dos poderes normativos atribuídos à ANPD, que, ao final, foi fortalecido, mas acompanhado de uma série de deveres para moderar o seu nível de discricionariedade.

Em resumo, o princípio da *accountability* na LGPD é o que melhor ilustra o processo de mutação pelo qual o texto da lei sofreu ao longo das nove fases mapeadas ao longo de quase dez anos. A significação dessa norma não pode ser

Capítulo 1 · DESAFIOS REGULATÓRIOS DA PROTEÇÃO DE DADOS PESSOAIS | 71

feita de forma isolada, mas com olhar holístico em torno de como toda a estrutura normativa da LGPD foi transformada. Em especial, com relação ao aumento da margem de discricionariedade conferida aos agentes de tratamento de dados para destravar suas operações de dados em conformidade com a lei.

1.4. *ACCOUNTABILITY* COMO PARTE DE UMA FILOSOFIA REGULATÓRIA QUE APOSTA EM PARCERIAS PÚBLICO-PRIVADAS

Este capítulo inaugural fez uma escavação do caminho percorrido pela *accountability* no campo da proteção de dados. A partir daquilo que é considerado como a semente, a capilarização transnacional das normas de proteção de dados e sua feição mais recente em um país que é uma das principais economias do chamado sul global, conseguiu-se fotografar três estágios temporais e fóruns bastante distintos que talharam significados e funções variadas para o termo. Ainda que com uma certa confluência.

Durante a articulação das *FIPPs* na década de 1970, a palavra aparece muito mais como um artefato argumentativo para se regular as atividades de tratamento de dados diante da falta de responsabilidade das entidades públicas e privadas no manejo de tal ativo econômico. A criação de direitos e deveres de todos os atores que compõem tal ecossistema teria o potencial de procedimentalizar práticas mais justas – para usar a tradução literal do termo *fair* – e, por conseguinte, mais responsáveis (*accountable*).

Já no início de 1980, *accountability* passa a dar nome a um dos princípios das diretrizes da Organização para Cooperação e Desenvolvimento Econômico/OCDE. Naquela época já não mais se discutiu a necessidade de articulação de normas de proteção de dados pessoais, mas sim a maneira pela qual seriam materializadas. A essa altura o termo foi empregado para conciliar abordagens regulatórias distintas, cuja variação se caracterizava pela presença ou não e o papel do aparato estatal para tanto: autorregulação – com destaque para a delegação estadunidense – *versus* heterorregulação – com destaque para as delegações dos países europeus. O mais importante seriam os resultados e não os meios pelos quais tais comportamentos responsáveis floresceriam de modo que, no processo de revisão de moderniza-ção das *guidelines* concluído em 2013, o termo é recuperado para destacar que a busca não deveria ser pela harmonização, mas sim pela interoperabilidade de tais regimes jurídico-institucionais díspares. O êxtase desse movimento é o papel desempenhado pelas chamadas normas corporativas globais na transferência internacional de dados em que um compromisso privado suplanta a inexistência do aparato estatal-legal do país destinatário dos dados.

Entre 2010 e 2018, *accountability* é o que explica a verdadeira metamorfose do texto da lei geral brasileira de proteção de dados quando se contrasta as suas diversas versões em quase uma década. Progressivamente, o desenho da LGPD foi dando mais espaço para que os agentes econômicos se auto-organizassem, bem como fossem estimulados a fazê-lo. Além da expansão de instrumentos privados para transferência internacional à semelhança do que aconteceu na OCDE, alargou-se o rol de bases legais com a inclusão de hipóteses com alto grau de discricionariedade por parte dos agentes de tratamento de dados (*e.g.*, legítimo interesse). Por fim, foi sistematizado, ainda, um capítulo inteiro de boas práticas.

Se é verdade que há nuances em torno dos significados da *accountability* ao longo dessas três frentes, ainda assim é possível apontar que o termo é funcionalizado de forma convergente. Isto é que com a articulação de normas de proteção de dados pessoais, que poderiam ser implementadas com ou sem aparato estatal, sobreviessem práticas mais responsáveis. Um comportamento virtuoso dos agentes de tratamento de dados que não teriam seus interesses econômicos obstaculizados,[5] mas sim balanceados aos do titular dos dados.

E o mais importante para fins analíticos, ***accountability* é um termo histórica e intimamente ligado à filosofia regulatória estadunidense de menor intervenção estatal**. Além de forjar a sua significação desde o nascimento das leis de proteção de dados, foi a delegação norte-americana que venceu a disputa conceitual em torno da *accountability* enquanto um princípio nas diretrizes da OCDE. É, também, essa mesma norma que ilustra a verdadeira metamorfose normativa pelo qual o texto da LGPD passou até a sua aprovação, que é caracterizada por franquear maior margem de discricionariedade aos agentes de tratamento de dados e articular instrumentos e um arranjo regulatório de parceria público-privada. Portanto, é equivocado o argumento de que a LGPD é centrada única e exclusivamente na racionalidade regulatória europeia clássica de maior intervenção estatal, quando, na verdade, o protagonismo de códigos de boas condutas, selos e certificações tem os seus germes no modelo americano.

---

[5] Essa dupla função das leis de proteção de dados pessoais foi mais bem aprofundada em outro trabalho de nossa autoria: BIONI, Bruno Ricardo. Capítulo 2.5 – Autodeterminação informativa e a dupla função das leis de proteção de dados pessoais. *In*: BIONI, Bruno Ricardo. **Proteção de dados pessoais**: a função e os limites do consentimento. Rio de Janeiro: Forense, 2019. p. 102-105.

Capítulo 2

ACCOUNTABILITY COMO MECANISMO DE MODULAÇÃO DE PODER NO CAMPO DA PROTEÇÃO DE DADOS PESSOAIS: PERSPECTIVA OBRIGACIONAL E A SUA TRAJETÓRIA DIANTE DO OBJETO REGULADO

Na medida em que se avançou na revisão de literatura, verificou-se o quão útil[1] seria internalizar os aportes da teoria da regulação, que é um campo em que há muito tempo analisa o tema da *accountability*. Um diálogo mais estreito entre esta área e a de proteção de dados gera um ganho analítico de extrema importância, que é compreender o princípio da *accountability* em todas as suas dimensões. Em especial, qual é a racionalidade regulatória da proteção de dados[2] e o papel desempenhado por tal norma para governança de comportamentos.

Por exemplo, é o que Claudia Quelle, um dos principais referenciais teóricos deste trabalho, faz. Em seus textos, a pesquisadora procura depurar o

---

[1] Um exemplo no qual se percebem ganhos analíticos a partir de tais pontes são os trabalhos de: **(i) Claudia Quelle**, que estabelece um diálogo com a **Christine Parker**, ver: QUELLE, Claudia. Enhancing Compliance under the General Data Protection Regulation: The Risky Upshot of the Accountability – and Risk-based Approach. **European Journal of Risk Regulation**, v. 9, p. 502-526, 2018; **(ii)** Raphael Gellert que, em sua tese de doutorado, estabelece diálogos com a escola inglesa da teoria da regulação. Principalmente autores como **Robert Baldwin, Christopher Hood, Julia Black e Neil Gunningham**, ver: GELLERT, Raphael. **Understanding the risk-based approach to data protection:** An analysis of the link between law, regulation, and risk. Vrije Universiteit Brussel, 2017; **(iii) Lee Bygrave**, que também estabelece diálogo com **Julia Black** da London School of Economics, ver: BYGRAVE, Lee. Data Protection by Design and by Default: Deciphering the EU's Legislative Requirements. **Oslo Law Review**, v. 4, n. 2, p. 105-120, 2017; **(iv) Kenneth Bamberger**, que estabelece o diálogo com **Cary Coglianese**, ver: BAMBERGER, Kenneth. Technologies of Compliance: Risk and Regulation in a Digital Age. **Texas Law Review**, v. 88, n. 4, 2010. Todos esses trabalhos, elaborados dentro do campo da proteção de dados pessoais, valem-se de pesquisas da teoria da regulação para conseguirem ser mais propositivos e assertivos quanto às possíveis soluções e fragilidades do sistema de proteção de dados pessoais.

[2] É a estratégia, por exemplo, de Lee Bygrave em seu livro que, antes de analisar regras e princípios específicos do campo da proteção de dados, traz uma visão sobre a racionalidade de ordenação do conjunto de normas: BYGRAVE, Lee. **Data Protection Law, Approaching Its Rationale, Logic and Limits**. London: Kluwer Law International, 2002.

74 | REGULAÇÃO E PROTEÇÃO DE DADOS PESSOAIS – *Bruno Ricardo Bioni*

princípio da *accountability* a partir das lentes da teoria da regulação para, na sequência, analisar as suas implicações normativas. Diferentemente desta obra, que investiga o princípio do **ponto de vista obrigacional dialógico** entre quem presta contas e a quem se presta contas, Quelle está preocupada em analisar os desdobramentos dessa prestação de contas sobre a autonomia do titular dos dados. Nesse sentido, nosso trabalho absorve e procura ampliar a reflexão antes cavada pela jurista holandesa.[3]

Alerta-se, no entanto, que nosso objetivo não é descrever todo o conjunto de "geografias institucionais, regras, práticas e ideias animadoras"[4] que governam atividades de tratamento de dados.[5] Muito menos categorizar quais são os instrumentos sociotécnicos empregados para tanto.[6] Seguindo o alerta de Julia Black, mais importante do que abordagens conceituais e criação de taxonomia são outras, também de ordem analítica, em torno de qual é a correlação de forças para a padronização de comportamentos. De acordo com a jurista inglesa, o(a)s regulacionistas têm sido indisciplinados ao forjar uma miríade de definições e terminologias que escondem os principais objetos de estudo: o espaço ocupado e o papel desempenhado por uma série de atores – frisa-se no plural e não no singular – que regulam nossas interações em sociedade. Ou seja, o foco deve ser o de identificar qual é a dinâmica de poder estabelecida para influenciar comportamentos, pouco importando seja lá o que for chamado de regulação.[7]

Pretende-se, assim, fazer algo mais recortado, que é identificar o direito (da proteção de dados) como um dos vários veículos da regulação.[8] Em particular,

---

[3] QUELLE, Claudia. Privacy, Proceduralism and Self-Regulation in Data Protection Law. **Teoria Crítica della Regolazione Sociale**. 2018; QUELLE, Claudia. Not just user control in the General Data Protection Regulation. On the problems with choice and paternalism, and on the point of data protection. *In*: LEHMANN, A. *et al.* (org.), **Privacy and Identity Management** – Facing up to Next Steps. Karlstad: Springer, 2017.

[4] Essa é a definição de regimes regulatórios de: HOOD, Christopher; ROTHSTEIN, Henry; BALDWIN, Robert. **The government of risk**: understanding risk regulation regimes. Oxford: Oxford University Press, 2001. p. 9.

[5] Inúmeros são os conceitos do que é regulação, todos eles, no entanto, guardam o objetivo comum de influenciar comportamento: restringir e estimular, respectivamente, comportamentos que são ou não desejáveis, ver: BALDWIN, Robert; CAVE, Martin; LODGE, Martin. **Understanding regulation**: theory, strategy, and practice. 2. ed. New York: Oxford University Press, 2012. p. 3.

[6] "Dada a variedade de formas possíveis na elaboração de regras e normas e de atribuição de responsabilidades pelas ações regulatórias, não existe uma categorização definitiva dos regimes regulatórios" – Tradução livre (MAY, Peter J. Regulatory regimes and accountability. **Regulation & Governance**, v. 1, n. 1, p. 9, 2007.

[7] Julia Black alerta, frequentemente, em seus trabalhos sobre a miríade de conceitos do que é regulação (BLACK, Julia. Decentering Regulation: Understanding the Role of Regulation and Self-Regulation in a "Post-Regulatory" World. **Current Legal Problems**, v. 54, n. 1, p. 107, 2001).

[8] Sobre regulação como um campo interdisciplinar e o direito como apenas um dos seus instrumentos, veja-se por todos: GUERRA, Sérgio (org.). **Regulação no Brasil**: uma visão multidisciplinar. Rio de Janeiro: Fundação Getulio Vargas, 2014; BALDWIN, Robert *et al.* **The Oxford Handbook of Regulation**. Oxford: Oxford University Press, 2012. p. 4. Especificamente no campo da proteção de dados pessoais, veja-se por todos: GELLERT, Raphael. **Understanding the risk-based approach to data protection**: An analysis of the link between law, regulation, and risk, p. 65.

Capítulo 2 · *ACCOUNTABILITY* COMO MECANISMO DE MODULAÇÃO DE PODER | 75

como este pode ser paradoxalmente um instrumento de reforço ou redução de assimetria de poder. Um olhar mais holístico que contabiliza quem é mais por ele empoderado. Afinal se atribui mais prerrogativas de controle sobre os dados aos cidadãos ou a outros agentes que buscam a sua extração?

2.1. *ACCOUNTABILITY* NA QUALIDADE DE UM CONCEITO RELACIONAL E DE MODULAÇÃO DO PODER: UM PROCESSO DE CODELIBERAÇÃO NA LINHA DO *NOMEN IURIS* DO PRINCÍPIO ADOTADO PELA LGPD

O termo *accountability* carrega consigo uma alta carga retórica,[9] especialmente quando ele é significado como sinônimo de virtude. O quão virtuoso é um político honesto, uma corporação com responsabilidade social, um país que alcança as metas climáticas e, até mesmo de um(a) esposo(a) que é, de fato, um(a) bom(a) companheiro(a).[10] Em todas essas situações, o termo funciona semanticamente como um adjetivo, a qualidade de um comportamento responsável (*accountable*). E, como se notou, não diferiu historicamente no campo da proteção de dados no qual o termo é recorrentemente empregado para denotar um ponto de chegada – a virtude de estar em conformidade com a lei.[11] Então, experimentar-se-ia um uso responsável dos dados (vide: capítulo 1). Essa é, no entanto, uma abordagem extremamente elusiva em termos analíticos.

Em vez de enxergar *accountability* apenas como um fim em si mesmo, deve-se encará-la como um mecanismo[12] para se alcançar tal virtuosidade. Esse é o principal alerta de Mark Bovens para quem essa bifurcação causa menos confusão conceitual, bem como mais precisão metodológica em termos de demarcação do objeto de estudo. Este trabalho está interessado justamente nessa segunda feição instrumental da *accountability*, que joga luz sobre aquilo que é o seu principal elemento constitutivo: **um conceito eminentemente relacional.**[13] Voltando ao exemplo mencionado, um político, uma empresa, um país, um(a) esposo(a) somente são virtuoso(a)s quando outros julgam as suas ações e os reconhecem

---

[9] Quem critica o emprego retórico do termo e o atribui a uma falha do campo do direito em deixá-lo na porta dos fundos é: RACHED, Danielle Hanna. **The International Law of Climate Change and Accountability**. The University of Edinburgh, 2013.

[10] Os exemplos encontram-se em: MASHAW, Lerry Louis. Accountability and Institutional Design: Some Thoughts on Grammar of Governance. Yale Law School. **Public Law Working Paper** n. 116; **Public Accountability**: Designs, Dilemmas and Experiences, cap. 5, p. 124, 2006, p. 124.

[11] Um diagnóstico similar e que ultrapassa o campo de proteção de dados é o que faz Mashaw ao traçar paralelos entre o processo de significação entre o que é *accountability* e o que é regulação. Ver: *Ibid.*, p. 123.

[12] Essa diferenciação é feita por Bovens. Ver: BOVENS, Mark. Two Concepts of Accountability: Accountability as a Virtue and as a Mechanism, p. 946-967.

[13] Valemo-nos dos alertas conceituais, mas, ao mesmo tempo, metodológicos de Bovens, que bifurca investigações conceituais da *accountability* na esteira da virtude e como mecanismo. Ver: *Ibid.*

76 | REGULAÇÃO E PROTEÇÃO DE DADOS PESSOAIS – *Bruno Ricardo Bioni*

como não sendo, respectivamente, corrupto(a), explorador(a) de mão de obra escrava, insustentável e não dedicado.

Do ponto de vista normativo, mais do que ser um conceito relacional, *accountability* dirige-se necessariamente a um **fenômeno de poder**. Isto é, quando a força de todos os agentes acima mencionados é contingenciada pelo escrutínio público (outrem), a ponto de haver, como é chamado por Danielle Rached,[14] respectivamente, uma divisão de trabalho entre quem é o detentor do poder (*power-holder*) e quem pode sofrer as consequências de um comportamento desviante de sua parte (*account-holder*). Somente com essa repartição de tarefas entre a parte mais forte – que presta contas – e mais fraca – que julga as contas – é que se brotam comportamentos virtuosos.

Trata-se, portanto, de um liame obrigacional que constrange a autonomia[15] decisória de quem detém mais poder na relação, na medida em que a sua contraparte irá fazer um juízo de valor sobre suas ações. É muito mais do que ser simplesmente transparente,[16] já que a tão desejada virtuosidade deriva necessariamente do reconhecimento de outrem e não apenas de dar publicidade acerca das suas ações. Isto é, do julgamento das contas prestadas que podem ser aprovadas, rejeitadas, enfim, questionadas, desengatilham-se consequências negativas (*não accountable*) ou positivas (*accountable*).[17]

A partir dessa abordagem mais restritiva-minimalista,[18] percebe-se que *accountability* é a relação entre um ator e um fórum em que o primeiro tem a obrigação de prestar contas – explicar e justificar – ao segundo que irá julgá-las.

---

[14] Esse é o alerta de Rached que dissecou o princípio da accountability no campo das mudanças climáticas: "A *accountability* orienta-se para o fenômeno do poder. Diz respeito à divisão entre detentores de poder e sujeitos ao poder. Estabelece um tipo peculiar e contingente de relação entre ambos os lados (por meio da conversão deste último num 'account-holder') [...] A conceituação da accountability a ser proposta aqui, como é o caso de qualquer outra das suas várias conceituações, deriva de uma estipulação proposital. O seu teste decisivo, portanto, deve ser a sua capacidade de iluminar um aspecto preciso das relações de poder" – Tradução livre (RACHED, Danielle Hanna. **The International Law of Climate Change and Accountability**, p. 26).

[15] RACHED, Danielle Hanna. **The International Law of Climate Change and Accountability**.

[16] "A transparência, que é frequentemente utilizada como sinônimo de *accountability*, não é suficiente para constituir a *accountability* tal como aqui definida. Um governo aberto e a liberdade de informação são pré-requisitos muito importantes para a accountability no contexto da governança europeia, porque podem fornecer aos fóruns de prestação de contas as informações necessárias. Contudo, a transparência enquanto tal não é suficiente para ser qualificada como uma forma genuína de *accountability*, porque a transparência não envolve necessariamente o escrutínio por um fórum específico" – Tradução livre (BOVENS, Mark. Analysing and Assessing Accountability: A Conceptual Framework. **European Law Journal**, v. 13, n. 4, p. 453, 2007).

[17] Bovens destaca que da obrigação de prestação de contas deve derivar necessariamente um julgamento com consequências. O autor utiliza o termo consequências justamente para destacar que, muitas vezes, pode-se premiar e não necessariamente punir (vide: subcapítulo 6.4) *Ibid.*, p. 452.

[18] Os termos são respectivamente de Bovens, em seu texto, abordado como *narrow,* e de Rached, como *minimalist*. Ver: BOVENS, Mark. Analysing and Assessing Accountability: A Conceptual Framework; RACHED, Danielle Hanna. **The International Law of Climate Change and Accountability**.

Um vínculo que os aproxima para um **encontro reflexivo**[19] com o objetivo de deflagrar um processo de codeliberação. Seu produto ideal é a constituição de um circuito decisório colaborativo que seja contingente à assimetria de poder existente dessa relação.[20]

Não foi por outro motivo que a LGPD traduziu o princípio da *accountability* como o da "responsabilização e prestação de contas". E, diferentemente da OCDE e da GDPR, prescreveu-se uma conceituação que deixa claro que o grau de responsabilidade de uma atividade de tratamento de dados é correspondente ao nível de demonstração das medidas adotadas para o cumprimento das normas de proteção de dados. Parafraseando e invertendo a ordem do *nomen iuris* do princípio, é da prestação de contas que se verifica se o uso que se faz de um dado é responsável.

Definições do princípio da *accountability*			
Fontes Normativas	**OCDE**	**GDPR**	**LGPD**
Definição	"Um controlador de dados deve ser responsável (*accountable*) pelo cumprimento das medidas que dão efeito aos princípios acima enunciados"- Tradução livre - Artigo 14	"o controlador deverá ser responsável e poder demonstrar o cumprimento do disposto no parágrafo 1 ('accountability')"- Tradução livre Artigo 5 (f)	Responsabilização e prestação de contas: demonstração, pelo agente, da adoção de medidas eficazes e capazes de comprovar a observância e o cumprimento das normas de proteção de dados pessoais e da eficácia dessas medidas. (Art. 6º, X)
Classificação	Conceito **menos prescritivo** e cuja definição dá ênfase à *accountability* **como virtude**	Conceito **menos prescritivo** e cuja definição dá ênfase à *accountability* **como virtude**	Conceito **mais prescritivo** e abre espaço para dar ênfase à *accountability* na qualidade de **mecanismo**

Tabela 4 – Definições do princípio da accountability

---

[19]   "Os mecanismos de responsabilização induzem abertura e reflexividade nos sistemas políticos e administrativos que, de outra forma, seriam voltados principalmente para dentro" – Tradução livre (BOVENS, Mark. Two Concepts of Accountability: Accountability as a Virtue and as a Mechanism, p. 956).

[20]   Esse é um conceito derivado de abordagens que julgamentos complementares uma a outra, de Bovens e Rached. Enquanto a primeira desvenda o aspecto relacional de *accountability*, a segunda aponta porque normativamente exsurge tal vínculo obrigacional que é de uma relação assimétrica de poder. Ver: "Neste artigo o conceito de accountability é utilizado num sentido bastante restrito: uma relação entre um ator e um fórum, em que o ator tem a obrigação de explicar e justificar a sua conduta, o fórum pode colocar questões e emitir juízos, e o ator pode enfrentar consequências" – Tradução livre, BOVENS, Mark. Analysing and Assessing Accountability: A Conceptual Framework, p. 447; "De acordo com um conceito tão minimalista, a *accountability* orienta-se a um fenômeno do poder. Diz respeito à divisão entre detentores de poder e sujeitos por ele impactado. Estabelece um tipo de relação peculiar e contingente entre ambos os lados (por meio da conversão deste último em 'account-holder')" – Tradução livre (RACHED, Danielle Hanna. **The International Law of Climate Change and Accountability**, p. 320).

78 | REGULAÇÃO E PROTEÇÃO DE DADOS PESSOAIS – *Bruno Ricardo Bioni*

Nesse sentido, *accountability* é a melhor expressão de que um vínculo obrigacional[21] não é estático, mas sim dinâmico. Nas palavras de Clóvis Couto e Silva,[22] um processo pelo qual as partes de uma relação devem cooperar entre si para a consecução de um fim. No campo da proteção de dados, isso significa que práticas virtuosas só florescem quando há o encontro dialógico, mesmo que combativo, entre quem faz a extração de dados e quem os produz. Para ser mais preciso entre quem tem poder para legitimar uma atividade de tratamento de dados e quem pode contingenciá-lo. Uma análise que, como será visto, não se resume nem se limita ao que é enunciado expressamente no art. 6.º, X, da LGPD, mas que deriva da racionalidade do regime jurídico nela estipulado.

2.1.1. Proteção de dados na qualidade de um regime jurídico eminentemente procedimental: um primeiro passo para entender qual é a dinâmica de poder em jogo

A quem serve leis de proteção de dados pessoais? Dado o próprio *nomen iuris*, a resposta mais óbvia, mas nem por isso mais lógica, seriam as pessoas que são os chamados titulares dos dados. No entanto, o termo proteção esconde uma dinâmica que não é unilateral, mas, pelo contrário, bilateral. Se os agentes de tratamento de dados observarem os deveres que lhes são impostos para que seja feito um uso potencialmente responsável dos dados, para eles nasce o direito de manipulá-los. Portanto, leis de proteção de dados servem também[23] a outros agentes econômicos[24] – que não só o próprio titular de dados – que igualmente titularizam direitos.

A esse respeito, vale lembrar a distinção conceitual entre o direito à proteção de dados e ao direito à privacidade. Enquanto o segundo é enquadrado como uma

---

[21] Fizemos uma análise mais detida e focada no dever de informação dos aportes da obrigação como um processo no campo da proteção de dados no capítulo "Boa-fé e tutela da confiança como vetores da privacidade contextual" (BIONI, Bruno Ricardo. **Proteção de dados** pessoais: a função e os limites do consentimento. 2. ed. São Paulo: GEN-Forense, 2019).

[22] Acabamos por usar a expressão de: SILVA, Clóvis do Couto e. **A obrigação como processo**. Rio de Janeiro: Fundação Getulio Vargas, 2006. p. 20. Contudo, outros privatistas encampam uma abordagem semelhante para denotar esse vínculo de solidariedade nas relações jurídicas: a) obrigação como organismo (Heinrich Siber e Savigny): MENEZES CORDEIRO, António Manuel da Rocha e. **Tratado de direito civil**: parte geral, pessoas. Coimbra: Almedina, 2011. p. 291; b) obrigação como uma relação quadro: *Ibid.*, p. 290; c) complexidade intraobrigacional: VARELA, João de Matos Antunes. **Das obrigações em geral**. Coimbra: Almedina, 2012. p. 68; d) regra moral nas obrigações: RIPERT, Georges. **A regra moral nas obrigações civis**. Campinas: Bookseller, 2009. p. 23.

[23] Sobre essa dupla faceta de dever-direito, veja-se entre outros: AMARAL, Francisco. **Direito civil**: introdução. Rio de Janeiro: Renovar, 2008. p. 196. "Relação jurídica é o vínculo que o direito reconhece entre pessoas e grupos, atribuindo-lhes poderes e deveres. Representa uma situação em que duas ou mais pessoas se encontram, a respeito de bens ou interesse jurídicos." Sobre a dinamicidade do vínculo obrigacional em que ambas as partes de uma relação jurídica detêm, simultaneamente, direitos e deveres, veja-se por todos: SILVA, Clóvis do Couto e. **A obrigação como processo**.

[24] Destaca-se o caráter amplo do conceito de agente econômico, de modo que até mesmo os titulares de dados estão enquadrados nesta definição.

Capítulo 2 · *ACCOUNTABILITY* COMO MECANISMO DE MODULAÇÃO DE PODER | 79

liberdade negativa, isto é, de retração das informações. O primeiro é encapsulado como uma liberdade positiva, ou seja, de circulação dos dados. Portanto, a própria definição desse direito já foi armada na direção do desacoplamento dos signos da personalidade de uma pessoa, inclusive para instrumentalizar outros interesses que não apenas os do titular dos dados. Dito de outra forma, não se atribui apenas ao titular dos dados o poder de destravar o fluxo informacional.

O melhor exemplo disso é o desenho final da LGPD e de outras leis de proteção de dados que dispensam a autorização (consentimento) do titular para tanto (subcapítulo 1.3). No caso da lei brasileira, há, ao todo, nove hipóteses nas quais o cidadão não precisaria ser consultado a esse respeito *a priori*. É fruto de uma longa metamorfose normativa que implicou quantitativa e qualitativamente hipóteses autorizativas que não decorrem necessariamente de um acordo bilateral entre o agente de tratamento e o titular de dados. A ordem jurídica atribui a prerrogativa de o primeiro[25] extrair informações que independem da concordância – de um consenso – do segundo. É o que bem sintetiza Claudia Quelle:

> Na prática, isto significa que o processamento de dados pessoais é frequentemente legitimado devido a um acordo bilateral com o indivíduo em questão (consentimento, contrato), ou porque foi considerado aceitável através de procedimentos coletivos e democráticos de tomada de decisão (cumprimento de uma obrigação legal, desempenho da autoridade oficial).
>
> O fato de que a Lei de proteção de dados não dá aos indivíduos uma palavra a dizer em relação a todas as operações de processamento de dados é limitar sua competência decisória a coisas que os influenciam direta ou em especial individualmente de maneiras que eles possam considerar invasivas ou injustas. Assuntos que não estão especialmente ligados a indivíduos, mas que dizem respeito apenas à sociedade como um todo, não devem, sem dúvida, estar sujeitos a mecanismos de controle individual. Nesse caso, o processo "coletivo" de tomada de decisão da democracia parlamentar é recorrentemente um caminho mais apropriado.[26]

---

[25] Algo que poderia ser considerado enquanto um direito subjetivo. AMARAL, Francisco. **Direito civil**: introdução. Rio de Janeiro: Renovar, 2008, p. 221.

[26] In practice, this means that the processing of personal data is frequently legitimized because of a bilateral arrangement with the individual concerned (consent, contract), or because it was deemed acceptable through collective, democratic decision-making procedures (compliance with a legal obligation, performance of official authority).

The fact that data protection law does not give individuals a say with regard to all data processing operations, is to limit their decisional competence to things which directly or especially influence them individually in ways they might consider to be invasive or unjust. Affairs which are not especially linked to individuals, but which only pertain to society as a whole, should arguably not be subject to individual control mechanisms. In that case, the "collective" decision-making process of parliamentary democracy

Trata-se de uma lógica que está enraizada desde a articulação das *fair information practice principles* (subcapítulo 1.1). Nesse sentido, os direitos dos titulares dos dados tendem a atuar muito mais em uma espécie de segundo plano do fluxo informacional. Depois que seu dado já está sendo manipulado, a ele é, então, franqueado o direito de acesso, retificação, correção e oposição/ARCO. Enquanto a posição exercida pelos agentes de tratamento de dados opera no primeiro patamar do tráfego de dados, cabendo a eles apontarem a finalidade, necessidade e outros tipos de salvaguardas (demais princípios), bem como a definição de uma base legal, que é o que efetivamente libera o uso do dado. Em poucas palavras, os agentes de tratamento de dados levantam primeiro a voz[27] no processo de legitimação de uma atividade de tratamento de dados.

A propósito, as últimas gerações de leis de proteção de dados alocaram uma carga ainda menor de competência decisória[28] não só aos cidadãos, mas, também, ao Estado – as autoridades de proteção de dados. Por exemplo, com a substituição do antigo modelo de notificação obrigatória da Diretiva 95/46[29] de toda e qualquer constituição de base de dados pelo de relatórios de impacto à proteção de dados pessoais[30] (vide: subcapítulo *infra* 3.1.2) na GDPR, a comunicação das atividades de tratamento de dados e, por conseguinte, a sua fiscalização é substancialmente condicionada pelo juízo de valor do controlador em torno da sua própria incapacidade de gerenciamento dos riscos em questão. Se por um lado, esse fluxo pode fazer com que as autoridades de proteção de dados e os próprios titulares aloquem de forma mais eficiente seus recursos escassos para supervisionar operações de dados com maior potencial danoso, por outro lado muitas das que deveriam também estar no seu radar podem não estar em razão de um filtro errôneo ou até mesmo enviesado daquele que pode é o alvo principal de tal monitoramento. Ou seja, a GDPR alargou mais ainda a margem de discricionariedade dos agentes de tratamento de dados,[31] assim como a lei brasileira que progressivamente os delegou um conjunto maior de competências decisórias (capítulo 1.3). Um dilema que, de forma coloquial, seria o seguinte:

---

is often a more appropriate route. (QUELLE, Claudia. Privacy, Proceduralism and Self-Regulation in Data Protection Law. **Teoria Crítica della Regolazione Sociale,** 2018, p. 94).

[27] A metáfora é de Claudia Quelle: *Ibid.*

[28] O termo é de Claudia Quelle. *Ibid.*

[29] Seção IX, artigos 18 a 21. EUROPEAN PARLIAMENT AND OF THE COUNCIL, Directive 95/46/EC of the European Parliament and of the Council of 24 October 1995 on the protection of individuals with regard to the processing of personal data and on the free movement of such data.

[30] Considerando 89 e artigos 19, 33 e 34. EUROPEAN PARLIAMENT AND OF THE COUNCIL. General Data Protection Regulation – Regulation (EU) 2016/679 of the European Parliament and of the Council REGULATION (EU) 2016/679. **EUR-Lex**. Disponível em: https://eur-lex.europa.eu/legal- content/EN/ALL/?uri=celex%3A32016R0679.

[31] QUELLE, Claudia. Privacy, Proceduralism and Self-Regulation in Data Protection Law. **Teoria Crítica della Regolazione Sociale,** 2018, p. 101-102.

Capítulo 2 · *ACCOUNTABILITY* COMO MECANISMO DE MODULAÇÃO DE PODER | 81

está se colocando a raposa para cuidar do galinheiro ou para ela alertar presença de invasores?

Após traçar um paralelo com a relativização da garantia constitucional de inviolabilidade do domicílio, em que o conjunto de prerrogativas de busca e apreensão foi sendo cada vez mais expandido, Lisa Austin[32] chama atenção para que não se perca de vista como o direito habilita e facilita certas ações que, respectivamente, seriam ilegítimas ou mais dificultosas sem ele. É o que a jurista canadense chama de análise de poder para quem (*power-to*) e sobre o quê (*power-over*), com o objetivo de refletir sobre qual é o papel exercido pelo direito na correlação de forças entre quem vigia e é vigiado. Até o momento, de acordo com Austin, o arcabouço legal teria franqueado mais poderes para quem faz a extração dos dados.

Por isso, leis de proteção de dados têm sido rotuladas como eminentemente **procedimentais.**[33] Isto é, como a enunciação de um conjunto de requisitos que está mais inclinado a apoiar quem deseja explorar[34] os dados do que em relação a quem os titulariza. O seu efeito de proteção seria meramente simbólico. Essa é uma reflexão que merece ser depurada e contraposta, a partir da justificativa montada para tal lógica de alocação de poder.

2.2. ASSIMETRIA INFORMACIONAL: NUNCA HOUVE MUITO ESPAÇO PARA COMANDO E CONTROLE E SEMPRE HOUVE UMA ALTA DISCRICIONARIEDADE AOS AGENTES DE TRATAMENTO DE DADOS

Sempre houve um alto grau de discricionariedade atribuído aos agentes de tratamento de dados. Isso se deve, ao menos, por duas razões principais que têm um fio condutor comum. A dificuldade em se monitorar o objeto regulado[35] e a

---

[32] Lisa Austin argumenta que seria a hora de virar a chave no campo da proteção de dados, devendo-se deixar de lado os relatos normativos centrados no consentimento do titular, bem como quanto aos possíveis danos-perigos (*harms*) de uma atividade de tratamento de dados. Seria o momento de analisar de forma mais detida qual é a relação de poder entre os cidadãos e os agentes de tratamento de dados, especialmente como as leis de proteção de dados – o direito de forma geral – reduz ou reforça tal assimetria. Ver: AUSTIN, Lisa. Enough About Me: Why Privacy is About Power, Not Consent (or Harm). *In*: SARAT, Austin. **A world without privacy**: what can/should law do?. Cambridge: Cambridge University Press, 2014.

[33] GALETTA, Antonella; HERT, Paul de. The Proceduralisation of Data Protection Remedies under EU Data Protection Law: Towards a More Effective and Data Subjected-oriented Remedial System?. **Review of European Administrative Law**, v. 8, n. 1, p. 125-151, 2015.

[34] "Tais princípios são reconfortantes, mas uma análise mais atenta sugere que este quadro legal permite na realidade uma coleta massiva de dados. Isso porque as *Fair Information Practices* são principalmente procedimentais" – Tradução livre (HAGGERTY, Kevin D. What's Wrong with Privacy Protections? Provocations from a Fifth Columnist. Cap. 4. *In*: SARAT, Austin. **A world without privacy**: what can/should law do?. Cambridge: Cambridge University Press, 2014. p. 210.

[35] BALDWIN, Robert; CAVE, Martin; LODGE, Martin. **Understanding regulation**: theory, strategy, and practice, p. 3. São objeto de regulação comportamentos e atividades valorados pela comunidade que se almeja evitar (conceito da "luz vermelha") ou incentivar (conceito da "luz verde").

82 | REGULAÇÃO E PROTEÇÃO DE DADOS PESSOAIS – *Bruno Ricardo Bioni*

heterogeneidade dos atores regulados,[36] o que complexifica o processo de reunião e avaliação de informação para a governança de comportamentos. A assimetria de informação sempre foi uma constante no campo da proteção de dados.

Com relação ao objeto regulado, trata-se de um alvo em movimento.[37] Um dado é uma espécie de ativo econômico bruto que pode ser manufaturado de forma ilimitada para convertê-lo em riqueza. Essa é, aliás, uma das diferenças basilares entre dado e informação. Dado seria sempre uma informação em estado primitivo, cujo processo de extração demanda necessariamente a sua organização.[38]

O traço marcante de uma economia de dados é justamente a exploração exponencial da sua matéria-prima, que é capaz de alterar a própria lógica do capitalismo. Esse é o relato de Shoshana Zuboff ao considerar o caráter imprevisível e, muitas vezes, opaco com que agora esse recurso econômico pode ser burilado. A autora, com base nas lições do economista Hal Varian, recorre à locução "extração e análise de dados" para denotar que há um complexo processo de manufatura dos dados para que, ao final, dele possa ser retirado valor. Sem isso não haveria a produção de riqueza que é direta e proporcionalmente relacionada à **natureza plástica dos dados.**[39]

Um exemplo marcante é a transmudação de um dado não sensível (trivial) em sensível. Não é de hoje que a teia social – círculo de amizades – de uma determinada pessoa pode ser um indicativo sobre suas convicções religiosas, político-partidárias e outros tipos de informações com alto potencial discriminatório. Em plena Segunda Guerra Mundial, muito antes do surgimento de tecnologias como *Big Data*, a perseguição aos judeus foi facilitada justamente pelo mapeamento da comunidade a partir da identificação de uma pessoa específica com tal crença.[40]

---

[36] *Ibid.* A regulação transcende as instituições estatais, podendo ser realizada por e sobre outros atores diversos, entre os quais corporações, autorreguladores, associações profissionais ou de comércio e organizações voluntárias.

[37] KOOPS, Bert-Jaap. The (in)flexibility of techno-regulation and the case of purpose-binding. **Legisprudence**, v. 5, n. 2, p. 190, 2015.

[38] Ver: "Para compreender o que deve orientar o projeto de bancos de dados, você deve entender a diferença entre dados e informação. Os **dados** são fatos brutos. A palavra *bruto* indica que os fatos ainda não foram processados para revelar seu significado. [...] As **informações** são o resultado do processamento de dados brutos para revelar o seu significado" (ROB, Peter. **Sistemas de bancos de dados**: projeto e implementação. São Paulo: Cengage Learning, 2011. p. 4).

[39] ZUBOFF, Shoshana. **The Age of Surveillance Capitalism**: The Fight for a Human Future at the New Frontier of Power. 3. ed. New York: Public Affairs, 2020. p. 67. Veja, também, o artigo que deu origem ao livro: ZUBOFF, Shoshana. Big Other: Surveillance Capitalism and the Prospects of an Information Civilization. **Journal of Information Technology**, n. 30, p. 76-89, 2015.

[40] WAXMAN, Olivia B. The GDPR is just the latest example of Europe's caution on Privacy Rights that Outlook has a disturbing history. **Time**. Disponível em: https://time.com/5290043/nazi-history-eu-data- privacy-gdpr/. Acesso em: 18 maio 2020.

Capítulo 2 · *ACCOUNTABILITY* COMO MECANISMO DE MODULAÇÃO DE PODER | 83

Aliás, a própria emergência de leis de proteção de dados se deu pelo constante receio de tergiversação. O risco de o Estado, como fiduciário de uma grande massa de informações pessoais para a execução de políticas de bem-estar social,[41] trair a confiança nele depositada e, ao final, o uso de dados se voltar contra e não a favor do cidadão. O seminal caso da corte constitucional alemã sobre a inconstitucionalidade da lei do censo e, mais recentemente, a decisão do Supremo Tribunal Federal[42] brasileiro sobre o compartilhamento de dados entre o Instituto Brasileiro de Geografia e Estatística (IBGE) e as empresas de telecomunicações, trataram justamente da aplicação de medidas precaucionárias para que tal risco de evasão não se materializasse.

Nesse mesmo sentido, o pano de fundo de leis setoriais de proteção ao crédito (*e.g.*, *Fair Credit Reporting Act* e o Código de Defesa do Consumidor) está também historicamente ligado à natureza mutante dos dados. Especificamente como cidadãos estavam tendo a sua capacidade de consumo sufocada, uma vez que o seu acesso ao crédito era parametrizado pela formação de um perfil a seu respeito com base em dados que haviam sido confiados para outros propósitos e a outros agentes que não os *bureaus* de crédito. Herman Benjamin, um dos autores do anteprojeto do Código de Defesa do Consumidor e responsável pela redação dos dispositivos relacionados à proteção de dados, narrou tal problema da seguinte forma:

> Eram notórios os abusos imputáveis a essa modalidade recente de coleta, organização e prestação de informações sobre a idoneidade pessoal e financeira das pessoas. Informações levadas ao conhecimento do público, divulgadas pelos mais diversos meios de comunicação, em procedimentos banalizados, ensejando, como seria de se esperar, insatisfação generalizada, decorrência natural da gravidade e frequência de incursões indevidas.[43]

---

[41] Quanto a uma investigação histórica da proteção de dados e a sua íntima relação com a necessidade de o Estado ter acesso à informação para políticas de planejamento ordenado e programas de assistência social (*welfare state*). Veja-se: IGO, Sarah E. **The Known Citizen**: A History of Privacy in Modern America. Cambridge: Harvard University Press, 2018.

[42] Os votos da Ministra Relatora Rosa Weber e do Ministro Gilmar Mendes mencionam o devido processo legal para assinalar a desproporcionalidade contida na imposição do ato normativo obrigando o compartilhamento de dados pessoais de todos os seus clientes. Em linha com as observações dos Ministros, está o *amicus curiae* da Associação Data Privacy Brasil de Pesquisa, veja-se: ASSOCIAÇÃO DATA PRIVACY BRASIL DE PESQUISA. Petição de *Amicus Curiae* ao Supremo Tribunal Federal. **Data Privacy Brasil Research**. Disponível em: https://www.dataprivacybr.org/wp-content/uploads/2020/05/dpbrr_amicuscuria_stf_ibge.pdf.

[43] BENJAMIN, Antônio Herman de Vasconcellos *et al*. **Código Brasileiro de Defesa do Consumidor**: comentados pelos autores do anteprojeto. Direito material (arts. 1.º a 80 e 105 a 108). Rio de Janeiro: Forense, 2011. p. 414.

Com relação aos atores regulados, há uma **plêiade de sujeitos extremamente eclética**. Proteção de dados é um tema transversal que cruza setores da economia muito distintos – do setor de telecomunicações ao da saúde – e agentes econômicos de diferentes portes – do microempresário a uma multinacional.[44] É virtualmente impossível a construção de uma *expertise* que esgote todos os contextos em que uma atividade de tratamento de dados pode ser danosa e, sobretudo, customizar as respectivas medidas de contenção.

Não é por outra razão que a abordagem geral de proteção de dados é muitas vezes combinada com ações setoriais. Ao nível legal, nota-se, por exemplo, a conjugação de leis gerais e setoriais de proteção de dados, como é o caso do Brasil e da União Europeia no âmbito da internet.[45] E, também, esforços concentrados por parte de agentes reguladores que, de tempos em tempos, fazem uma espécie de colagem das normas gerais às especificidades de determinados setores[46] quando os priorizam.

A natureza cambiante de um dado e o alto grau de heterogeneidade de quem o explora formam a tempestade perfeita para a **assimetria informacional**. Por isso, nunca houve muito espaço para técnicas de comando e controle[47] em que

---

[44] Como referencial estrangeiro, vejam-se as considerações críticas de que proteção de dados é virtualmente a lei de tudo por: PURTOVA, Nadezhda. The law of everything: broad concept of personal data and future of EU data protection law. **Law, Innovation and Technology**, v. 10, p. 40-81, 2018. Como referencial nacional, destaca-se o uso do termo "estatuto da informação" para dar dimensão da latitude das leis de proteção de dados. Ver: MENDES, Laura Schertel. Palestra: "Seminário Internacional – Lei Geral de Proteção de Dados: a caminho da efetividade. **Superior Tribunal de Justiça**. Disponível em: https://www.youtube.com/watch?v=0E0USaGQ6h8.

[45] É o caso da Lei Geral de Proteção de dados e do Marco Civil da Internet que gera antinomias. Ver: PARENTONI, Leonardo; SOUZA LIMA, Henrique Cunha. Protection of Personal Data in Brazil: Internal Antinomies and International Aspects. **International Conference on Industry 4.0 and aArtificial Inteligence Technologies – INAIT**, 2019. Disponível em: https://papers.ssrn.com/sol3/papers.cfm?abstract_id=3362897. Também é o caso do Regulamento Europeu de Proteção de Dados (GDPR) e da diretiva que regulamenta o uso de *cookies* (ePrivacy Directive – Directive 2002/58/EC of the European Parliament and of the Council of 12 July 2002), as quais são complementares como assinala o European Data Protection Board ao usar o termo *interplay*. Ver: EUROPEAN DATA PROTECTION BOARD. Opinion of the Board (Art. 64): Opinion 5/2019 on the interplay between the ePrivacy Directive and the GDPR, in particular regarding the competence, tasks and powers of data protection authorities. **European Data Protection Board**. Disponível em: https://edpb.europa.eu/sites/edpb/files/files/file1/201905_edpb_opinion_eprivacydir_gdpr_interplay_en_0.pdf.

[46] Em geral, autoridades nacionais de proteção de dados detêm agendas programáticas nas quais são priorizados determinados setores da economia. Cita-se, por exemplo, o relatório da autoridade do Reino Unido, o *Information Commissioner's Office* (ICO), que traça como prioridade para o triênio 2019-2022 uma maior eficiência da legislação de acesso à informação e de reuso de dados públicos, visando o garantia dos direitos dos titulares e como parte da estratégia de combate à desinformação (INFORMATION COMMISSIONER'S OFFICE. Openness by design – The Information Commissioner's strategic plan 2019/20 – 2021/22. **Information Commissioner's Office**. Disponível em: https://ico.org.uk/media/about-the-ico/documents/2615190/openness_by_- design_strategy_201906.pdf. Acesso em: 18 maio 2020).

[47] Trata-se de um modelo de regulação no qual a imposição de standards e padrões de comportamento é incentivada pela previsão de sanções criminais em caso de descumprimento. Assim, a força da lei é utilizada para fixar padrões de conduta de forma imediata e proibir atividades que deles destoe. Entre os problemas apontados por esse modelo estão a possibilidade de captura dos reguladores pelos regulados, a promulgação de normas desnecessárias e rígidas demais, a alta demanda por informações para que seja possível estabelecer padrões (tarefa tecnicamente difícil e passível de contestação), e

Capítulo 2 · *ACCOUNTABILITY COMO MECANISMO DE MODULAÇÃO DE PODER* | 85

normas e o aparato estatal domesticassem[48] as tecnologias de processamento de dados. Isso porque, tal barreira cognitiva se não impede, torna, ao menos, muito custoso detalhar quais seriam os procedimentos de contenção dos riscos de uma atividade de tratamento de dados nos mais díspares contextos. O caminho natural acabou sendo a delegação de tal tarefa aos próprios agentes de tratamento de dados, os quais estavam mais bem posicionados para tanto.[49]

2.2.1. Leis de proteção de dados como tecnologia de metarregulação e do direito reflexivo e proceduralizado: um segundo passo para entender a dinâmica de poder em jogo

A superioridade informacional de quem é, por assim dizer, o alvo da regulação faz com que este seja chamado a resolver o problema por ele próprio criado.[50] Deve-se tomar vantagem do conhecimento[51] de quem está no chão da fábrica e, por isso, mais bem posicionado, vendo o desenrolar da atividade a ser governada. Uma espécie de mandato[52] que pode ser exercido com ou sem a colaboração de agentes externos que se caracterizam, respectivamente, como medidas de autorregulação ou metarregulação.

No caso de autorregulação, confia-se plenamente na capacidade do agente econômico, de forma individual ou com seus pares,[53] de autocontenção dos malefícios de sua atividade. De forma unilateral, é ele quem estabelece a governança de suas próprias atividades, que é fruto de uma espécie de autonomia plena, isto é, sem contingenciamento externo. Daí, portanto, o prefixo – auto – que denota a fusão de quem regula e é regulado pelo mesmo ator. Ou seja, entre quem concebe medidas de governança e quem desempenha as ações a serem governadas.

---

problemas para se garantir o *enforcement* (custo, *compliance* com normas amplas e abertas). BALDWIN, Robert; CAVE, Martin; LODGE, Martin. **Understanding regulation**: theory, strategy, and practice, 1997.

[48] A expressão é de: MAYER-SCHONEBERGER, Viktor. Generational development of data protection in Europe. *In*: AGRE, Philip; ROTENBERG, Marc (org.). **Technolocy and privacy**: the new landscape. Cambridge, Mass.: MIT Press, 1998. p. 219-242.

[49] É o que considera Cary Coglianese ao pontuar que cenários de assimetria informacional atraem uma estratégia mais de gerenciamento dos processos de remediação dos riscos de uma atividade do que de especificação de quais viriam a ser tais processos. Ver: COGLIANESE, Cary; LAZER, David. Management-Based Regulation: Prescribing Private Management to Achieve Public Goals. **Law and Society Review**, v. 27, p. 691-730, 2003.

[50] COGLIANESE, Cary; MENDELSON, Evan. Meta-Regulation and Self-Regulation. **The Oxford Handbook of Regulation**, 2010, p. 149.

[51] *Ibid.*, p. 152.

[52] A expressão figurativa é usada por: BALDWIN, Robert; CAVE, Martin; LODGE, Martin. **Understanding regulation**: theory, strategy, and practice, p. 141.

[53] Por vezes, erroneamente, o termo autoconduz à equivocada compreensão de que a regulação seria necessariamente individual – de um agente econômico, de uma entidade –, quando, pelo contrário, assume feição coletiva, via de regra, quando a associação de um setor é quem toma a frente do processo governança. O alerta é de: BLACK, Julia. Constitutionalising Self-Regulation. **The Modern Law Review**, v. 59, n. 1, p. 72, 1996.

No caso da metarregulação, o mandato regulatório é colaborativo e não privativo. Ainda que se reconheça o papel do agente econômico que desempenha uma atividade a ser regulada, o processo de governança não é por ele monopolizado. Isso porque, ao menos, os objetivos desse processo são fruto de deliberação exógena e, por conseguinte, mais porosa. Nesse sentido, decompondo a palavra metarregulação, as metas são estabelecidas pela lei e/ou por agentes externos e, por outro lado, há discricionariedade por quem, desempenha a atividade regulada, em definir os meios para atingi-las, que, por fim, ainda que com algum tipo de supervisão.

Por isso, metarregulação é muitas vezes encarada como o meio do caminho entre autorregulação e comando e controle (heterorregulação pura). Respectivamente, não fica tudo a cargo de quem desempenha uma atividade econômica a ser regulada, nem tudo a cargo dos ombros do Estado e/ou de outros agentes externos – daí o termo hetero, um terceiro. Há, portanto, uma descentralização do processo de governança.[54] Outras expressões como corregulação[55] e autorregulação regulada são encaradas na sinonímia.[56]

O direito pode ser uma tecnologia de metarregulação, especialmente quando assume uma postura procedimental, tal como é característico das leis de proteção de dados, em que a moldura normativa é mais indireta.[57] Quando, paradoxalmente, o comando legal é tão aberto, composto por conceitos vagos,[58] que deixaria de ter substância pelo menos de forma imediata. Longe de ser algo negativo, esse modelo-conceito do direito, para usar a expressão do jurista Teubner,[59-60] pode ser algo positivo na medida em que a substância da norma seria regenerada pelas constantes mudanças sociais.

---

[54] Ao dialogar e, ao mesmo tempo, contestar os rótulos de metarregulação, regulação regulada e corregulação, Julia Black aponta que o mais importante é a dinâmica regulatória instaurada que passa a ser plural e não estática – policêntrica. Veja-se: BLACK, Julia. Proceduralisation and Polycentric Regulation. **Revista Direito GV**, n. especial 1, 2005.

[55] "[...] modelo de Corregulação é aquele no qual o Estado atua mediante a elaboração de normas e diretrizes gerais que asseguram uma margem de atuação e complementação por entes privados dos diversos setores da economia. "[...]A rigor, a corregulação é o modelo mais próximo das premissas adotadas nessa tese como base para a Lex Privacy" (SOMBRA, Thiago Luís Santos. **Direito à privacidade e proteção de dados no ciberespaço**: a *accountability* como fundamento da *Lex Privacy*. 2019. Tese (Doutorado em Direito) – Universidade de Brasília, Brasília, 2019, p. 73).

[56] É o que faz por exemplo no capítulo sobre metarregulação, conectando-a à "enforced regulation" e "co-regulation": BALDWIN, Robert; CAVE, Martin; LODGE, Martin. **Understanding regulation**: theory, strategy, and practice, p. 146.

[57] BLACK, Julia. Proceduralizing Regulation: Part I. **Oxford Journal of Legal Studies**, v. 20, n. 4, p. 603, 2000.

[58] TEUBNER, Gunther. **EUI Working Paper n. 100**: After Legal Instrumentalism? Strategy Models of Port-Regulatory Law. Florença: European University Institute, 1984. p. 3.

[59] Até onde se tem conhecimento, deve ser ressaltado que Thiago Sombra foi o primeiro a trazer os aportes do jusfilósofo Teubner ao debate brasileiro sobre proteção de dados. Seu trabalho é essencial para entender o pluralismo jurídico do professor alemão, em especial a partir do seu texto sobre vilas globais. Esse trabalho adotará, no entanto, outros textos de Teubner que dão ênfase a uma análise mais endógena do que exógena do pluralismo jurídico. Isto é como a estrutura normativa das leis de

Capítulo 2 · *ACCOUNTABILITY* COMO MECANISMO DE MODULAÇÃO DE PODER | **87**

Após justamente contrastar o modelo de um direito material-substantivo *versus* procedimental,[61] é que o jusfilósofo alemão abre espaço para o que chama de direito reflexivo-autopoiético.[62] Ao se valer de conceitos abertos, a ciência jurídica deixaria de ser um sistema fechado.[63] Passaria a ser penetrável por elementos exteriores que catalisariam o processo de significação das normas. Uma lógica interna que reconheceria a insuficiência[64] do direito para sozinho governar comportamentos, isto é, uma racionalidade que não encerra comandos normativos binários-fechados, típico das técnicas jurídicas tradicionais, do que seria (i)lícito.[65]

O melhor exemplo disso é o recurso a conceitos jurídicos (legais) indeterminados e cláusulas gerais[66] que são enunciações abstratas na lei que exigem valoração externa.[67] Demanda-se do intérprete uma busca metajurídica[68] para preencher o conteúdo lacônico da norma. No direito privado é o caso da boa-fé que demanda uma análise empírica[69] sobre o comportamento, por exemplo, de quem possui um imóvel para aquisição de sua propriedade[70] e das práticas sociais para a interpretação e criação de direitos e deveres no âmbito das relações contratuais.[71]

---

proteção de dados são em si desdobramentos de um direito reflexivo. Veja-se em especial o capítulo 4 da tese do professor da UnB: SOMBRA, Thiago Luís Santos. **Direito à privacidade e proteção de dados no ciberespaço**: a *accountability* como fundamento da *Lex Privacy*, p. 17.

[60] Veja-se em especial a seção 1 do artigo clássico: TEUBNER, Gunther. **EUI Working Paper n. 100**: After Legal Instrumentalism? Strategy Models of Port- Regulatory Law.

[61] Essa é a estrutura do clássico artigo de Teubner, cuja primeira seção enfrenta justamente conceitos, modelos e teorias do direito: *Ibid.*, p. 3-15.

[62] Veja a obra coletiva que se fia tal referencial teórico como um todo e coordenada por Teubner: TEUBNER, Gunther (org.). **Autopoietic Law**: A New Approach to Law and Society. Berlin: Walter de Gruyter, 1987.

[63] É a seção III do referido artigo que trata sobre autorreferencialidade: TEUBNER, Gunther. **EUI Working Paper n. 100**: After Legal Instrumentalism? Strategy Models of Port- Regulatory Law.

[64] Teubner usa o termo "over-legalization" como suporte ao seu argumento: *Ibid.*

[65] ABBOUD, Georges. **Direito constitucional pós-moderno**. São Paulo: RT, 2021. p. 569.

[66] A principal diferença entre conceito jurídico (ilegal) indeterminado e cláusula geral é que, no primeiro, a solução já está preestabelecida na lei, enquanto, no segundo, não, ou seja, o juiz teria uma função de menor e maior grau de criação. É o caso, respectivamente, da função da boa-fé para fins de aquisição de propriedade – usucapião – e como fonte de geração de direitos e deveres, e interpretação de relações contratuais. Nesse sentido: NERY, Rosa Maria de Andrade. **Introdução ao pensamento jurídico e à teoria geral do direito privado**. São Paulo: RT, 2008. p. 212.

[67] "Os conceitos normativos desta espécie chamam-se conceitos 'carecidos de um preenchimento valorativo'. Com essa horrorosa expressão quer-se dizer que o volume normativo destes conceitos tem de ser preenchido caso a caso, através de atos valorativos" (ENGISCH, Karl. **Introdução ao pensamento jurídico**. Lisboa: Fundação Calouste Gulbenkian, 2008. p. 213).

[68] A expressão é de: MENEZES CORDEIRO, António Manuel da Rocha e. **Da boa-fé no direito civil**. Coimbra: Almedina, 2011. p. 1121.

[69] *Ibid.*, p. 1131.

[70] "Art. 1.242. Adquire também a propriedade do imóvel aquele que, contínua e incontestadamente, com justo título e boa-fé, o possuir por dez anos" (BRASIL. **Lei n.º 10.406, de 10 de janeiro de 2002**. Institui o Código Civil).

[71] "Art. 422. Os contratantes são obrigados a guardar, assim na conclusão do contrato, como em sua execução, os princípios de probidade e boa-fé" (*Ibid.*).

Uma conclusão não tão óbvia, mas lógica é que a textura aberta da norma não tem o juiz ou quem aplica e interpreta a lei como seu principal vetor. É a própria sociedade, na qualidade de um tecido social, que é a fonte pela qual se recorrerá para o preenchimento do conteúdo vago da norma. Afora as questões infindáveis e de enorme importância para a teoria e o conceito do que é direito,[72] o mais importante para esta pesquisa é que tal técnica jurídica faz com que o direito vetorize práticas de metarregulação.

Nesse sentido, Teubner correlaciona diretamente a feição de um direito procedimental- reflexivo à metarregulação – autorregulação regulada:[73] "O apoio externo da autorreferenciabilidade é precisamente o local em que se localiza os recentes esforços de tradução das intensões regulatórias, [isto é], nos modelos reflexivos do controle da autorregulação [...]".[74]

Portanto, a lei não deveria avocar para si o peso de governar comportamentos de forma direta e prescritiva – algo típico de uma regulação de comando e controle. Caberia ao direito abrir espaço para que fosse gerado conhecimento acerca do objeto a ser regulado e, preferencialmente, mediar a sua respectiva solução regulatória que seria proposta pelas próprias partes privadas. Com isso, conclui o jusfilósofo alemão, haveria a construção de um "conhecimento social"[75] que é pré-requisito para uma "autorregulação social".[76]

Trata-se de um novo paradigma do direito no qual este assume uma posição de humildade[77] ao reconhecer suas limitações cognitivas[78] para se decidir-regular algo. Dada a complexidade dos temas em que o fosso da assimetria de informação é ainda mais abissal, o que, como já dito, é bastante característico do campo da proteção de dados e só se agravou com desenvolvimento das TICs nas últimas décadas, a função do direito seria a de estabelecer procedimentos para a produção de conhecimento a fim de arbitrar e pacificar conflitos cooperativamente. É o que foi chamado de direito proceduralizado – ou paradigma procedural:

---

[72] A necessidade de as normas serem abertas e não rígidas desencadeia necessariamente um processo hermenêutico que é o que já foi chamado de "paraíso [de conceitos]" para o(a) jurista: HART, H. L. A.; BULLOCH, Penelope A.; RAZ, Joseph. **The concept of law**. Oxford: Oxford University Press, 2012. p. 130.

[73] O termo por ele utilizado é controle da autorregulação (TEUBNER, Gunther. **EUI Working Paper n. 100**: After Legal Instrumentalism? Strategy Models of Port- Regulatory Law).

[74] TEUBNER, Gunther. **EUI Working Paper n. 100**: After Legal Instrumentalism? Strategy Models of Port-Regulatory Law, p. 34.

[75] Ibid., p. 45.

[76] Ibid., p. 50.

[77] "Adotado um paradigma procedural, o Estado-juiz assume uma posição de humildade frente às limitações inerentes à decisão judicial tradicional. Em cooperação com a sociedade a qual produz, com maior eficiência o conhecimento necessário parra lidar com questões procedurais –, o Poder Público consegue absorver a complexidade inerente às lides pós-modernidade" (ABBOUD, Georges. **Direito constitucional pós-moderno**, p. 572).

[78] TEUBNER, Gunther. **EUI Working Paper n. 100**: After Legal Instrumentalism? Strategy Models of Port-Regulatory Law, p. 46.

Enquanto o modelo da ponderação incorpora em seu modelo um horizonte reduzido de formulação de novas distinções e conceitos jurídicos para orientar novas decisões, ficando a cabo de um situacionismo do caso a caso, o modelo da proceduralização foca na dimensão processual para aquisição de conhecimento para decisão em âmbitos complexos da sociedade na qual o conhecimento para a decisão não decorre de uma simples ponderação de dois princípios abstratos [...] O conhecimento para decisão, que em âmbito complexos das novas tecnologias não se encontram nem na norma posta, nem em princípios abstratos, passa a ser gerado dentro de um procedimento preestabelecido.[79]

Cunhado por Rudolf Wiethölter, o direito[80] proceduralizado confia na capacidade da própria sociedade de normatização de comportamentos. De instrumento mais antigos como o de acordos coletivos nas relações trabalhistas, passando pelo campo ambiental em que se aposta em uma fiscalização por organizações não governamentais com *expertise* para escrutinar avaliações de impacto, chegando à realização de audiências públicas e a própria figura dos *amicus curiae*, o direito deveria estabelecer tais procedimentos de parcerias público-privadas para solucionar e conflitos em uma sociedade cada vez mais complexa.[81-82]

A partir dessa perspectiva, o direito proceduralizado vai ao encontro do que se entende por *accountability* enquanto um conceito eminentemente relacional. Ambos objetivam forjar um **fórum** no qual haja um encontro reflexivo, o mais colaborativo ainda que combativo, para fins de deliberação. Voltando à parte dos exemplos acima mencionados, serão os sindicatos patronais e dos empregadores, os ativistas de proteção ao meio ambiente e a corporação que irá degradá-lo, enfim, a própria sociedade que, com a sua *expertise* e pluralidade de visões, formulará e solucionará a difícil equação do interesse público. Nesse

---

[79] ABBOUD, Georges; NERY JR., Nelson; CAMPOS, Ricardo. *Fake news* **e regulação**. 2. ed. São Paulo: Thomson Reuters/RT, 2020, p. 27. ebook Kindle.

[80] WIETHÖLTER, Rudolf. Materialization and Proceduralization in Modern Law. *In*: WIETHÖLTER, Rudolf. **Dilemmas of Law in the Welfare State**. Berlin: Walter de Gruyter, 1988. p. 233.

[81] WIETHÖLTER, Rudolf. Materialization and Proceduralization in Modern Law, p. 221: "[...] a lei está (ou pelo menos esteve) ligada a sonhos e revelações relativamente eternos, tais como justiça ou como liberdade – igualdade – fraternidade (na Alemanha, agora mais na moda como: liberdade – justiça – solidariedade). A proceduralização pode ser uma forma de salvar tais promessas e, simultaneamente, de suportar a frieza da modernidade enquanto desfruta dos seus frutos" – Tradução livre.

[82] Nota-se, nesse sentido, que os casos analisados por Rudolf Wiethölter dizem respeito ao exame de constitucionalidade da "Lei da codeterminação" (1976) em que se discutiam os limites e as possibilidades da autonomia privada e dos acordos negociais entre sindicatos patronais e de empregados: WIETHÖLTER, Rudolf. Materialization and Proceduralization in Modern Law, p. 235-242.

90 | REGULAÇÃO E PROTEÇÃO DE DADOS PESSOAIS – *Bruno Ricardo Bioni*

sentido, Wietholter utiliza exatamente a palavra fórum[83] para descrever o que seria o resultado esperado do chamado direito proceduralizado:

> Meu apoio, portanto, vai para uma compreensão da proceduralização como um problema justificatório de ação prática "racional" sob condições de "sistema" (= justificação de regras de colisão no exercício das competências de julgamento). A noção é de uma espécie de fórum, diante do qual a negociação sobre as transformações da sociedade prossegue de forma reconstrutiva e prospectiva. Este é um novo tipo de conceito de retidão do direito positivo: nenhum conceito fechado de retidão, substantivo ("racional", "natural") deve prevalecer contra uma realidade "falsa"; nem qualquer realidade deve presumir uma ideia de retidão, mas a "sociedade" – como restritamente aberta – deve se expor a novas experiências com base em sua experiência até o momento.[84]

Por fim, é importante mencionar que não se ignora o debate teórico do quão prescritivo deveria ser o direito ao estabelecer tais procedimentos para a criação de um fórum público genuíno sob pena de travestir uma autorregulação. Ou, por outro lado, a depender do grau de especificação dado, tratar-se-ia de uma prática regulatória mais afeita de comando e controle.[85] Esse dilema será enfrentado na segunda parte deste trabalho, antes é importante consolidar o diagnóstico se a moldura normativa, ainda que com ou sem especificações, confere um alto grau

---

[83] Essa mesma abordagem veio depois a ser internalizada por: TEUBNER, Gunther. **EUI Working Paper n. 100**: After Legal Instrumentalism? Strategy Models of Port- Regulatory Law, p. 52.

[84] "My support therefore goes to an understanding of proceduralization as a justificatory problem of "rational" practical action under "system" conditions (= justification of collision rules in the exercise of judgemental competences). The notion is of a sort of forum, before which negotiation on transformations of society goes on reconstructively and prospectively. This is a new type of concept of the correctness of positive law: no closed correct, substantive ("rational", "natural") concept should prevail against a "false" reality; nor should any reality presume to an idea of correctness, but "society" - as restrictedly open - should expose itself to new experiences on the basis of its experience hitherto." (WIETHÖLTER, Rudolf. Materialization and Proceduralization in Modern Law, p. 247).

[85] É o embate entre Colin Scott e Christine Parker que pode ser resumido no seguinte trecho retórico do artigo da primeira: "Parker oferece e aborda uma crítica substancial da sua própria posição, na linha de que o risco associado à abordagem metarreguladora da CSR, de que a sua ênfase na mudança de processos corre o risco de permitir que as empresas satisfaçam as exigências da lei sem se aproximarem do objetivo substantivo de reforçar a responsabilidade social das empresas (Parker 2007, a publicar). Ela discute o ponto de vista de Julia Black de que as empresas nunca podem ser confiadas a não ser para adaptar os seus sistemas a fim de promover os seus lucros e quotas de mercado, e que será sempre necessária uma avaliação externa dos objetivos públicos. Parker dá seguimento a isso, apontando o risco de que as empresas se empenhem no *cumprimento simbólico*, sem alterar os seus valores. [...] *A minha própria crítica é que esta posição não deixa muito de ser verdadeiramente metarreguladora, devido à ênfase na especificação de objetivos substantivos externos à empresa e na procura do cumprimento dos mesmos. Pelo contrário, puxa-nos de volta para uma posição mais próxima da abordagem de comando e controlo que a metarregulamentação supostamente deveria se deslocar"* – Tradução livre. Ver: SCOTT, Colin. Reflexive Governance, Meta-Regulation and Corporate Social Responsibility: The Heineken Effect. *In*: SCOTT, Colin. **Perspectives on Corporate Social Responsibility**: Corporations, Globalisation and the Law series. Cheltenham: Edward Elgar Publishing, 2008.

de discricionariedade a quem é o alvo de regulação. O saldo normativo das leis de proteção de dados pessoais e, mais especificamente, da lei geral brasileira definitivamente possuem tais características, contendo, ainda, estímulos para que tal discricionariedade seja modulada.

2.2.2. Dos princípios de proteção de dados pessoais com foco no da finalidade à privatização da transferência internacional: retomando os ensinamentos das FIPPs, da OCDE e da (in)evolução da LGPD

Somando a conclusão do primeiro capítulo às seções anteriores deste segundo, notou-se a característica eminentemente procedimental das leis de proteção de dados na qualidade de um conjunto de requisitos amplos e abertos[86] como uma espécie de roteirização para desaguar em práticas responsáveis. O seu núcleo duro são os princípios de proteção de dados, capilarizados nas diretrizes da OCDE, que são a espinha dorsal[87] de toda e qualquer norma de proteção de dados e, o mais importante, o ponto de partida para que o tratamento de dados seja justo. Como visto, práticas informacionais justas seriam consequências dessa procedimentalização. Se for possível detalhar como tais princípios conferem um alto grau de discricionariedade aos agentes de tratamento de dados, então será reforçado o diagnóstico de que normas de proteção de dados são vetores de metarregulação.

Para tanto, será feita uma análise detida daquele que podemos considerar como um princípio "solar", que é o da finalidade, sob o qual gravita os demais.[88] Por exemplo, somente depois que é especificado para qual propósito será manipulado um dado, que é possível: **a)** avaliar se a quantidade de dados é realmente necessária, sendo o menos intrusivo no que tange ao objetivo perseguido; **b)** facilitar o livre acesso aos dados por parte dos titulares, na medida em que uma visão integral dos dados só se satisfaz se for correlacionada com a respectiva finalidade do tratamento; **c)** garantir a qualidade dos dados, posto que rotinas de atualização variam de acordo com o propósito atribuído a uma dado; **d)** prestar informações adequadas, já que a finalidade do tratamento de dados é componente primordial do dever de informação em termos quantitativos e qua-

---

[86] "Isto torna a implementação de muitas disposições do quadro jurídico relevante um grande desafio. Algumas regras jurídicas são intencionalmente abertas, vagas, demasiadamente ou pouco inclusivas, e são, muitas vezes indeterminadas e requerem interpretação" – Tradução livre (KOOPS, Bert-Jaap; LEENES, Ronald. Privacy Regulation Cannot Be Hardcoded. A critical comment on the "privacy by design" provision in data-protection law. **International Review of Law, Computers & Technology**, v. 28, n. 2, p. 7, 2014).

[87] Usamos essa expressão no relatório de pesquisa de nossa autoria: BIONI, Bruno Ricardo. **Xeque-mate**: o tripé da proteção de dados pessoais no jogo de xadrez das iniciativas legislativas no Brasil. São Paulo: GPoPAI- USP, 2015.

[88] Para ilustrar tal importância do referido princípio, o verbo dominar foi utilizado por: FINOCCHIARO, Giusella. **Privacy e protezione dei dati personali**. Torino: Zanichelli Editore, 2012. p. 111.

litativos; **e)** adotar medidas de segurança, prevenção e não discriminação que sejam responsivas aos respectivos riscos das atividades de tratamento de dados, os quais variam de acordo com o objetivo programado para uma atividade de tratamento de dados. Como se depreende da definição do princípio finalidade, cavada desde as *guidelines* da OCDE,[89] passando pela Convenção Internacional de Proteção de Dados[90] e chegando à LGPD[91] e à GDPR,[92] deve-se definir um propósito antes de se iniciar o tratamento de dados.

Uma vez feita tal delimitação, constitui-se uma espécie de semáforo que alerta para a liberação, cautela ou proibição do tratamento dos dados. Isso porque permitem-se usos secundários desde que sejam compatíveis com a finalidade originariamente especificada. Essa noção de compatibilidade é o que libera ou represa a via do que pode ser feito com os dados.

Aparece, mais uma vez, um conceito jurídico indeterminado que parametriza a deflagração de todo o núcleo duro das normas de proteção de dados pessoais. E, o mais importante, ficando a cargo dos agentes de tratamento de dados fazer a sua valoração. Valendo-se de um trocadilho, a finalidade deste componente da definição do princípio da finalidade é justamente garantir flexibilidade.[93] Uma zona na qual o fluxo informacional é (re)destravado sem a oitiva do titular dos dados.[94]

---

[89] O princípio da finalidade é apresentado como: "Princípio da especificação da finalidade: As finalidades para as quais os dados pessoais são coletados devem ser especificadas o mais tardar no momento da coleta dos dados e a utilização subsequente limitada ao cumprimento dessas finalidades ou de outras que não sejam incompatíveis com essas finalidades e que sejam especificadas em cada ocasião de mudança de finalidade" – Tradução livre (**OECD Guidelines on the Protection of Privacy and Transborder Flows of Personal Data – OECD**).

[90] O princípio da finalidade é inserido no Article 5: "(4b) Os dados pessoais sujeitos a tratamento serão: coletados para fins explícitos, especificados e legítimos e não serão tratados de forma incompatível com esses fins [...]" – Tradução livre (Convention for the Protection of Individuals with regard to Automatic Processing of Personal Data (ETS n.º 108). **Council of Europe Portal**. Disponível em: https://www.coe.int/en/web/conventions/full-list/-/conventions/treaty/108, p. 6).

[91] O princípio da finalidade encontra-se no art. 6.º, I, nos seguintes termos: "realização do tratamento para propósitos legítimos, específicos, explícitos e informados ao titular, sem possibilidade de tratamento posterior de forma incompatível com essas finalidades" (BRASIL. **Lei n.º 13.709, de 14 de agosto de 2018**).

[92] O princípio da finalidade encontra-se no Article 5, 1(b): "coletados para fins específicos, explícitos e legítimos, e não processados posteriormente de forma incompatível com esses fins; o processamento posterior para fins de arquivo de interesse público, fins de estudo científico ou histórico ou fins estatísticos não será considerado incompatível com os fins iniciais ('limitação de fins'), nos termos do artigo 89(1)" – Tradução livre (EUROPEAN PARLIAMENT AND OF THE COUNCIL. General Data Protection Regulation – Regulation (EU) 2016/679 of the European Parliament and of the Council REGULATION (EU) 2016/679. **EUR-Lex**. Disponível em: https://eur-lex.europa.eu/legal-content/EN/ALL/?uri=celex%3A32016R0679).

[93] Veja por todos a do princípio por: KOOPS, Bert-Jaap; LEENES, Ronald. Privacy Regulation Cannot Be Hardcoded. A critical comment on the "privacy by design" provision in data-protection law.

[94] Em sentido contrário que advoga por uma interpretação mais rígida do referido princípio: DANILO, Doneda, Princípios e proteção de dados pessoais, in: **Direito & Internet III**: Marco Civil da Internet, São Paulo: Quartier Latin, 2015, p. 378. "[...] é possível estabelecer um mecanismo que evite a chamada utilização secundária da informação pessoal à revelia do seu titular".

Capítulo 2 · *ACCOUNTABILITY* COMO MECANISMO DE MODULAÇÃO DE PODER | **93**

Não é por outro motivo que o referido princípio tem sido rotulado como problemático e preocupante,[95] em razão da tamanha margem de discricionariedade atribuída a quem é o alvo da regulação. No contexto europeu, chegou-se a traçar diretrizes que pudessem orientar um teste[96] de avaliação em torno do que seria um uso secundário compatível. Naquela altura, reconheceu-se, a propósito, a dificuldade de fiscalização por falta de uma metodologia robusta para a concretização da vagueza das normas, que até hoje é porta aberta para abusos.[97]

Um segundo elemento que confirma a tamanha latitude de poder nas mãos de agentes econômicos, que não o titular dos dados e o aparato estatal, é o regime que governa transferência internacional. Como se notou ao longo do processo de modernização das *guidelines* da OCDE e da (in)evolução da LGPD, houve uma espécie de *privatização* na qual agentes privados suplantaram uma inexistência do aparato estatal-legal do país destinatário dos dados.

Para além de confiar na capacidade intraorganizacional dos próprios agentes de tratamento garantirem um nível adequado de proteção de dados pessoais (*e.g.*, normas corporativas globais),[98] previu-se também que terceiros poderiam certificar a eficácia de proteção de dados de organizações e setores para tanto. Uma espécie de *longa manus* do aparato estatal cujo selo seria uma válvula de escape para o trânsito transnacional de dados. Ao final e ao cabo, confia-se e, sobretudo, delega-se uma importante tarefa regulatória que aumenta a densidade demográfica dos atores que podem cooperar para não só atingir as metas previstas na regulação,[99] mas, sobretudo, ser premiado com o livre fluxo de dados transfronteiriço.

Por isso, discorda-se das vozes que têm rotulado a LGPD como um sistema de comando e controle[100] e nos alinhamos àquelas que a consideram como um instrumento de metarregulação.[101] Os dois exemplos citados, o primeiro, que é

---

[95]   Nesse sentido: IMACELI, Paola. Licetà, correttezza, finalità nel tratamento dei dati personali. *In*: IMACELI, Paola. **Diritto alla riservatezza e circolazione dei dati personali**. Milano: Giuffré, 2003. p. 448.

[96]   É o chamado teste compatibilidade cujo elemento central é legítima expectativa do titular dentro do contexto se dá a atividade de tratamento de dados, o que é chamado de uma avaliação substancial e não puramente formal: ARTICLE 29. DATA PROTECTION WORKING PARTY. Opinion 3/2013 on Purpose Limitation. **European Commission**. Disponível em: https://ec.europa.eu/newsroom/article29/news-overview.cfm, p. 21.

[97]   Esse é o diagnóstico de: GELLERT, Raphael. We Have Always Managed Risks in Data Protection Law: Understanding the Similarities and Differences between the Rights-Based and the Risk-Based Approaches to Data Protection. **European Data Protection Law Review**, v. 2, p. 491, 2016.

[98]   Sobre BCRs como um instrumento de corregulação por excelência, veja-se por todos: SOMBRA, Thiago Luís Santos. **Direito à privacidade e proteção de dados no ciberespaço**: a *accountability* como fundamento da *Lex Privacy*, p. 73-111.

[99]   BIONI, Bruno. Abrindo a "caixa de ferramentas" da LGPD para dar vida ao conceito ainda elusivo de *privacy by design*.

[100] É a posição de Clara Keller: KELLER, Clara Iglesias. **Regulação nacional de serviços na internet**: exceção, legitimidade e o papel do estado. Rio de Janeiro: Lumen Juris, 2019. p. 241.

[101] Veja-se por todos a posição de Miriam Wimmer: WIMMER, Miriam. Os desafios do *enforcement* na LGPD: fiscalização, aplicação de sanções administrativas e coordenação intergovernamental. *In*: BIONI, Bruno (org.). **Tratado de Proteção de Dados Pessoais**. Rio de Janeiro: Forense, 2020.

um pilar histórico e o segundo, que é uma fundação mais moderna no campo da proteção de dados, ilustram como a malha normativa da proteção de dados como um todo aloca competências não só nos agentes de tratamento de dados, mas, também, a outros atores privados, que não os titulares e o aparato estatal, sobre o fluxo informacional. Trata-se de um olhar mais holístico da lei que não se prende apenas a dispositivos em que essa delegação é normativamente mais explícita, como é o relativo às boas práticas (art. 50).[102]

Com isso, reforça-se o diagnóstico de que o direito não é um elemento neutro na correlação de forças entre os agentes de tratamento de dados e os cidadãos. Pelo contrário, é parte essencial da contabilidade a ser feita sobre como o conjunto de prerrogativas contido nas leis de proteção de dados que habilita de forma desigual um dos polos da relação para destravar o fluxo informacional. Uma assimetria de poder que está incrustada na própria racionalidade normativa da proteção de dados e na qual *accountability* pode e deve ser um equalizador.

2.3. CONCLUSÃO: *ACCOUNTABILITY* COMO VACINA DA PATOLOGIA DA METARREGULAÇÃO, MAS COMO APLICÁ-LA E QUAL A SUA DOSE?

Se o Estado, na figura de regulador, é capturável[103] pelos interesses de quem almeja maiores ganhos econômicos, que muitas vezes se chocam com os objetivos traçados pela regulação, é intuitivo que os riscos são ainda maiores quando se delega tarefas regulatórias a esse agente corrompedor em potencial.[104] A possibilidade de fricção do interesse público é ainda mais elevada e, com isso, as chances de as metas programadas não serem concretizadas são ainda maiores.

---

[102] Essa é a principal vulnerabilidade do argumento de Clara Keller, além de comparar a LGPD com a GDPR perdendo de vista que são normas com técnicas legislativas distintas. Enquanto a primeira é uma lei, a segunda é um regulamento de modo que a brasileira jamais conseguira ser tão prescritiva em termos de delegação de competências quanto foi a europeia. "A exceção do art. 50, dispensou a aproximação a regimes de corregulação e autorregulação regulada, ao contrário da GDPR, e juntou com ela as possíveis vantagens de institucionalização da inevitável ação dos particulares no âmbito da proteção de dados" (KELLER, Clara Iglesias. **Regulação nacional de serviços na internet**: exceção, legitimidade e o papel do estado, p. 246). Reconhece-se, por fim, que a materialização desse arranjo de corregulação é diretamente dependente da atuação da ANPD.

[103] No âmbito da teoria econômica da regulação, *i.e.*, das teorias que colocam em xeque a existência de objetivos gerais perseguidos pelos reguladores e defendem sua perseguição a interesses privados, desenvolveu-se, nos Estados Unidos da década de 1960, a teoria da captura de entidades regulatórias. Tal teoria tem por premissa a noção de que aqueles que compõem o corpo dirigente das agências reguladoras não deixam de ser suscetíveis ao processo eleitoral e influências de agentes econômicos. Haveria, assim, uma "captura" dos legisladores e reguladores pelos interesses que eles deveriam, em princípio, regular (STIGLER, George J. The Theory of Economic Regulation. **The Bell Journal of Economics and Management Science**, v. 2, n. 1, p. 3-21, 1971; PEREIRA, Carlos; MUELLER, Bernardo. Uma teoria da preponderância do Poder Executivo: o sistema de comissões no Legislativo brasileiro. **Revista Brasileira de Ciências Sociais**, v. 15, p. 45-67, 2000).

[104] BAMBERGER, Kenneth. Regulation as delegation: private firms, decision making, and accountability in the administrative state. **Duke Law Journal**, v. 56, n. 2, p. 384, 2006.

Capítulo 2 · *ACCOUNTABILITY* COMO MECANISMO DE MODULAÇÃO DE PODER | 95

É o que já foi chamado de patologia da metarregulação[105] e que é certeiramente refletido nas palavras de Claudia Quelle:[106]

> "mudança de paradigma" ao colocar mais responsabilidade nos controladores corporativos, afastando-se do controle do titular dos dados [...]. Mas é pertinente perguntar: é a [...] evidência de uma ideologia liberal, de mercado livre ou de legislaturas fracas sofrendo com a captura regulatória?

Cristine Parker[107] chamou isso de paradoxo dos regimes regulatórios centrados na *accountability*, uma vez que seu problema central[108] é justamente tal voto de confiança que pode não ser correspondido. Assim, a grande dificuldade está em fazer florescer uma espécie de compromisso com a coletividade para além dos seus interesses individuais, principalmente por parte das corporações que estão em uma posição de conflito de interesse. É a tão desejada responsabilidade social corporativa.[109] Nesse sentido, a professora australiana questiona em como tornar as corporações *permeáveis*[110] para que as tarefas regulatórias desempenhadas não sirvam egoisticamente aos seus ganhos econômicos, mas, também, aos interesses sociais expressos nas metas traçadas pelo direito-regulação? E, mais, como fazer com que as corporações vão além das promessas abstratas do direito, isto é, materializem as metas nele traçadas?[111]

---

[105] O termo foi usado por Bamberger: *Ibid.*, p. 417. E, também, por Parker: PARKER, Christine. **The Open Corporation:** Effective Self-Regulation and Democracy. Cambridge: Cambridge University Press, 2002. p. 31.

[106] "(...) 'paradigm shift' by placing more responsability on corporate controllers, moving away from data subject control (...) But it is pertinent to ask: is the (...) evidence of a liberal, free market ideology, or of weak legislatures suffering from regulatory capture?" QUELLE, Claudia. Privacy, Proceduralism and Self-Regulation in Data Protection Law. **Teoria Crítica della Regolazione Sociale,** 2018, p. 106.

[107] PARKER, Christine. Meta-regulation: the regulation of self-regulation. *In*: PARKER, Christine. **The Open Corporation:** Effective Self-Regulation and Democracy. Cambridge: Cambridge University Press, 2002. p. 256.

[108] "Em boa medida, o problema central da accountability envolve a delegação de autoridade a atores públicos e privados por meio da legislação, contratos ou outros instrumentos regulatórios, bem como a autonomia que a eles será concedida para que possam desempenhar suas tarefas e, ao mesmo tempo, garantir um grau adequado de controle. Confiar nos mecanismos de accountability é, portanto, uma pré-condição para a legitimação desse processo" (SOMBRA, Thiago Luís Santos. **Direito à privacidade e proteção de dados no ciberespaço:** a *accountability* como fundamento da *Lex Privacy*, p. 187).

[109] Conectando direito reflexivo à responsabilidade social corporativa, Teubner editou obra coletiva para tal propósito: HOPT, Klaus J.; TEUBNER, Gunther (org.). **Corporate governance and directors' liabilities.** Berlin: Walter de Gruyter, 1984. p. 44.

[110] "A promoção da autogestão permeável requer instituições legais e regulatórias que não estejam satisfeitas com o cumprimento das regras, mas que fomentem a integridade e a responsabilidade 'para além da lei' dentro de uma democracia mais ampla" – Tradução livre (PARKER, Christine. Meta-regulation: the regulation of self-regulation, p. 266).

[111] "Em caso afirmativo, como é possível que a lei responsabilize as empresas por irem além da lei?" – Tradução livre (PARKER, Christine. Meta-regulation: legal accountability for corporate social responsibility?, p. 207-237).

Trata-se, portanto, de extrair substância[112] da normatividade indireta de um direito reflexivo, isto é, a implementação efetiva das normas legais abstratas.[113] Ir além de uma mera "papelada"[114] em que o exercício de conformidade a tais metas seria meramente artificial, algo protocolar[115] com o objetivo apenas de se desvencilhar subversivamente de uma obrigação que lhe foi imputada.

É a partir desse pano de fundo que a *accountability* é vista como uma vacina para tal patologia da metarregulação. Retomando o que antes foi mencionado, havendo a obrigação de prestação de contas acerca de como tais metas são atingidas, mais do que colocar tais ações sob escrutínio público, criar-se-ia um circuito decisório contingente ao poder conferido a tais agentes. Uma espécie de contrapeso para que tal discricionariedade não se transmude em arbitrariedades e não se desvie dos objetivos programados.

Mutatis mutandis é o que aconteceu quando do surgimento das agências reguladoras em meio ao enxugamento da presença do Estado nas atividades econômicas com as privatizações. Longe de ser, como a princípio foi rotulado, um movimento de desregulação, houve na verdade um rearranjo do processo regulatório.[116] A grande meta do interesse público não seria mais fruto de uma atuação direta do Estado na economia, mas sim resultado de uma atuação indireta em que, com o aparelhamento de entes da administração pública indireta, influenciaria o comportamento dos particulares no desempenho das suas atividades econômicas para tanto. Sai o Estado-produtor, entra o Estado-regulador.

A legitimidade[117] desse processo está diretamente sincronizada à alocação de obrigações de prestação de contas por parte dessas agências reguladoras. Primeiro, porque o seu centro decisório não foi diretamente eleito por quem será impactado por suas ações. Segundo, para que a sua atuação não fosse capturada pelos interesses de quem elas deveriam regular. Regular o regulador,

---

[112] "Sistemas de Conformidade podem ser apenas formais para difundir ou ofuscar a verdadeira culpa e colocá-la sobre um bode expiatório. Programas formais podem também significar um Sistema que assegura o aparente cumprimento da letra da lei mediante algo criativo, mas não necessariamente o envolvimento com a sua substância" – Tradução livre (PARKER, Christine. **The Open Corporation**: Effective Self-Regulation and Democracy, p. 26).

[113] QUELLE, Claudia. Enhancing Compliance under the General Data Protection Regulation: The Risky Upshot of the Accountability – and Risk-based Approach, p. 503.

[114] KOOPS, Bert-Jaap. The trouble with European data protection law. **International Data Privacy Law**, v. 4, n. 4, p. 255, 2014.

[115] Em sentido mais amplo, para além do campo de proteção de dados e apontando para um mercado de automatização de *compliance*, veja: BAMBERGER, Kenneth. Technologies of Compliance: Risk and Regulation in a Digital Age.

[116] Veja por todos, a introdução da obra coletiva editada e escrita por: MAJONE, Giandomenico. **Regulating Europe**. London: Routledge, 1996.

[117] De forma mais ampla sobre a construção de regimes regulatórios policêntricos – aqui compreendido como BLACK, Julia. Constructing and contesting legitimacy and accountability in polycentric regulatory regimes. **Regulation & Governance**, v. 2, n. 2, p. 137-164, 2008. Metarregulação, derivaria do grau de *accountability* a quem são delegadas as tarefas, i.e., o mandato regulatório.

um trocadilho, que se proliferou entre o(a)s regulacionistas, para descrever que *accountability* é um instrumento de redução do déficit democrático[118] e uma barreira à cooptação do Estado-regulador.

Ao traçar tal paralelo com o processo regulatório da década de 1980 quando do aparecimento das agências reguladoras e o que hoje é experimentado na regulação do sistema financeiro até o de novas tecnologias, Bamberger ressalta que *accountability* é, mais uma vez, o vetor de legitimidade e o mecanismo de contenção de mais essa camada de poder por parte de quem é naturalmente mais inclinada a corromper as metas traçadas.[119]

Essa nova onda de privatização[120] da regulação só acirra a assimetria de poder. Ao tomar como ponto de partida que o direito não é algo neutro, Julie Cohen alerta que não só os arranjos legais, mas, também, institucionais estão sendo paulatinamente reconfigurados diante nova matriz de poder político e econômico na sociedade da informação. O enxugamento das competências regulatórias do Estado é uma clara amostra disso. De acordo com jusfilósofa americana, resta saber se constituirão um movimento de dominação do fluxo informacional ou de contramovimento de proteção ao cidadão.[121] O fiel da balança seria, justamente, o reforço da obrigação de prestação de contas por quem é a parte mais legalmente empoderada.[122]

Contudo, não basta, retoricamente, invocar *accountability* como essa virtude programada e esperada. É necessário colocá-la em movimento e identificá-la na qualidade de um mecanismo para que tal obrigação de prestação de contas desengatilhe realmente tomadas de decisões que materializem as metas amplas e abertas traçadas pelo direito. É o que se pretende fazer neste trabalho, identificando não apenas a vacina para a patologia da metarregulação, mas prescrever a dose a ser aplicada. Com isso, senão preencher, ao menos, apontar o caminho

---

[118]   BEKKERS, Victor *et al.* Governance and the Democratic Deficit: Introduction. *In*: BEKKERS, Victor *et al.* (ed.). **Governance and the Democratic Deficit**: Assessing the Democratic Legitimacy of Governance Practices. London: Ashgate Publishing, 2007.

[119]   BAMBERGER, Kenneth. Regulation as delegation: private firms, decision making, and accountability in the administrative state, p. 417.

[120]   O termo percorre toda a obra de Julia, mas é especialmente estressado no capítulo justamente relativo ao Estado regulador na era da informação: COHEN, Julia E. **Between truth and power**: the legal constructions of informational capitalism. New York: Oxford University Press, 2019. p. 170-201.

[121]   O mesmo diagnóstico sobre a necessidade de dar ênfase nas dinâmicas de poder é feito por Julie Cohen, segundo a qual a própria regulação seria um método de dominação. Ver: COHEN, Julia E. **Between truth and power**: the legal constructions of informational capitalism.

[122]   "Será importante não confundir as exigências do capitalismo informativo, entendido como um sistema distinto de economia política que requer supervisão e orientação eficazes, com as exigências dos capitalistas da informação. *O desajustamento generalizado entre os instrumentos regulatórios que temos e os que necessitamos não exige simplesmente novos quadros de auditores e técnicas de gestão mais avançadas, mas sim um pensamento criativo sobre a forma como novas estruturas de supervisão e prestação de contas pública podem se desenvolver.* E mesmo novos estatutos de habilitação para as agências existentes não irão necessariamente abordar problemas que exijam uma reestruturação mais profunda." – Tradução livre (*Ibid.*, p. 200).

para superar as "lacunas de *accountability*" (*accountability gaps*)[123] na aplicação das leis de proteção de dados e, em última análise, significar o termo como um mecanismo e não apenas uma virtude.

---

[123] "A lacuna entre aqueles que se desenvolvem e lucram com a IA – e aqueles com maior probabilidade de sofrer as consequências dos seus efeitos negativos" – Tradução livre (AI Now, Report 2018). Ver também: KOOPS, Bert-Jaap; HILDEBRANDT, Mireille; JAQUET-CHIFFELLE, D. O. Bridging the accountability gap: Rights for new entities in the information society?. **Minn. J. L. Sci. & Tech.**, v. 497, 2010.

Capítulo 3
QUEM E SOBRE O QUE SE DEVE PRESTAR CONTAS

Sendo o princípio da *accountability* uma norma de conteúdo obrigacional, este capítulo analisará quem compõe o polo passivo da relação obrigacional e o seu respectivo objeto. Isto é, respectivamente, quem e sobre o que se deve prestar contas. O principal objetivo é apontar a existência de uma multiplicidade de sujeitos que concentram competências decisórias sobre o fluxo informacional a serem contingenciadas, que é o fim último (adimplemento) da obrigação de prestação de contas. Espera-se, a partir de uma abordagem exploratória e não exaustiva de algumas dessas competências decisórias, traçar coordenadas de calibração, isto é, de intensidade quanto ao dever de prestação de contas.

3.1. A FLEXÃO DO TERMO "AGENTE" NO SINGULAR NA LGPD COM FOCO NO CONTROLADOR

Um primeiro elemento de análise para identificar sobre quem recai a obrigação de prestação de contas está contido na própria definição do princípio da *accountability*. Ao recorrer à voz passiva, o legislador brasileiro aponta que "o agente" [de tratamento de dados] é quem deve "demonstrar as medidas eficazes e capazes de comprovar a observância ao cumprimento das normas de proteção de dados pessoais". Duas possíveis interpretações podem ser extraídas, que, respectivamente, restringem ou alargam sobre quem deve recair tal obrigação de prestação de contas.

A primeira se filiaria à flexão do termo no singular – agente – em comparação a outras passagens da lei em que foi enunciado no plural – agentes.[1] A partir desse racional, o legislador teria deliberadamente optado por alocar tal obrigação

---

[1] A primeira passagem em que o termo "agentes" aparece no plural na LGPD é no art. 4.º, IV, quando se menciona a não aplicabilidade da lei em casos em que os dados pessoais estão no exterior e sem relação com a atividade dos agentes de tratamento brasileiros. Na sequência, há a definição de tais agentes como controlador e operador, no art. 5.º, IX, da Lei. Mais adiante na lei, há a previsão que autoriza a autoridade nacional de proteção de dados a exigir que os agentes publiquem relatórios de impacto à proteção de dados. Como um último exemplo, a lei contém também o Capítulo VI direcionado apenas aos agentes de tratamentos de dados pessoais, em que são apontadas suas responsabilidades, como o registro de operações (BRASIL. **Lei n.º 13.709, de 14 de agosto de 2018**).

100 REGULAÇÃO E PROTEÇÃO DE DADOS PESSOAIS – *Bruno Ricardo Bioni*

concomitantemente à figura do controlador e do operador. Por outro lado, diferentemente do que foi feito em outros dispositivos, não se especificou qual deles.[2] Com isso, é ambíguo, pelo menos mediante uma interpretação literal e restritiva, quem seria o sujeito passivo em específico da relação obrigacional. Os aportes históricos sobre a trajetória da *accountability* no campo da proteção de dados pessoais podem servir como retalhos interpretativos diante de tal dubiedade (capítulo 1). Como se notou nas diretrizes da OCDE[3] (subcapítulo 1.2), optou-se por imputar tal obrigação aos controladores. Michael Kirby, que presidiu o grupo de trabalho responsável pela elaboração do documento, afirmou à época que:

> As Diretrizes da OCDE adicionam o 'princípio de *accountability*' (parág. 14). Este princípio não havia sido incluído, desta forma, em outros trabalhos na Europa. Ele reforçou o princípio da participação individual (parág. 13) também contido nas Diretrizes da OCDE. Ele busca identificar o responsável, de modo que não existissem dúvidas quanto a quem teria a obrigação de cumprir com as Diretrizes em casos particulares. **A voz passiva e o modo subjuntivo da linguagem oratória, comum em instrumentos internacionais, pode, às vezes, enfraquecer o poder de instrução.** O valor do "princípio de *accountability*" é que ele permite a elaboração e identificação do responsável. Isto é importante para a implementação efetiva das Diretrizes[4] (tradução livre – grifos meus).

A lógica para tal recorte é porque o controlador é quem toma decisões quanto às atividades de tratamento de dados, que é o que lhe diferencia da figura do operador. Daí por que alocar tal obrigação sobre quem justamente deteria um poder que deve ser contingenciado – escrutinado – e, em última análise, quem estaria mais bem posicionado para que o uso de dados fosse procedimentalizado de forma aderente às normas de proteção de dados. Há duas competências decisórias quanto ao fluxo informacional atribuídos ao controlador que são emblemáticas a esse respeito, conforme se analisa de forma exploratória a seguir.

---

[2] Há dispositivos na LGPD que determinam a responsabilidade apenas do controlador. Exemplos desta alocação de responsabilidade em apenas um dos agentes de tratamento de dados pessoais estão: (i) no art. 10, para o uso da base legal do legítimo interesse é responsabilidade do controlador tomar as medidas para garantir a transparência. e é ele que poderá ser solicitado para apresentar relatório de impacto; (ii) no art. 14, § 1.º, é o controlador que deve realizar todos os esforços razoáveis para confirmar que foram os responsáveis da criança que consentiram para o tratamento de seus dados; (iii) no art. 18, em que o controlador é o agente que deve prestar informações quando requerido pelo titular dos dados (*Ibid.*).

[3] O mesmo ocorre em relação à *General Data Protection Regulation* que também define a prestação de contas, a *accountability*, como uma responsabilidade do controlador, como previsto no artigo 5, 2: "O controlador deverá ser responsável e poder demonstrar o cumprimento do parágrafo 1 ('accountability')" – Tradução livre (EUROPEAN PARLIAMENT AND OF THE COUNCIL. **General Data Protection Regulation – Regulation (EU) 2016/679 of the European Parliament and of the Council REGULATION (EU) 2016/679**).

[4] KIRBY, Michael. The history, achievement and future of the 1980 OECD guidelines on privacy.

Capítulo 3 · QUEM E SOBRE O QUE SE DEVE PRESTAR CONTAS | 101

3.1.1. Legítimo interesse: o teste de proporcionalidade contido no art. 10 como um exercício de prestação de contas sobre um poder discricionário

Como apontado anteriormente (subcapítulo 2.2.1), não é só o cidadão que titulariza o direito (subjetivo) de circular a sua informação pessoal, mas, também, terceiros – se estes observarem os deveres correspondentes que lhes são impostos para tanto. Um deles é encontrar uma hipótese, contida nas leis de proteção de dados, que lastreie a sua prerrogativa de destravar o fluxo informacional. Nesse sentido, cabe prioritariamente[5] ao controlador definir e registrar a base legal que ampara a sua atividade de tratamento de dados. Ao fazer a radiografia dos trabalhos preparatórios da LGPD (subcapítulo 1.3.2), notou-se que a lei brasileira foi sendo progressivamente modificada em termos quantitativos e qualitativos para que o cardápio de opções das bases legais fosse mais elástico. Com isso, aumentou-se a latitude das competências decisórias do controlador. O pico desse movimento foi a previsão do legítimo interesse como uma das hipóteses de legitimação de tratamento de dados pessoais, o qual merece ser analisado de forma mais cuidadosa. Especialmente, porque o modo pelo qual foi esculpido denuncia o escopo e o alcance do conteúdo obrigacional do princípio da *accountability* sobre esta e as demais normas da LGPD.

Houve um verdadeiro cabo de forças para que o legítimo interesse fosse encaixado de forma balanceada na LGPD. Quando a corda foi puxada pelo setor privado para a inclusão de tal base legal, terceiro setor e ativistas prontamente contraíram do outro lado com o receio de que sobreviessem abusos.[6] Ao centro de tal polarização, a academia, atenta aos acertos e aos erros experimentados no contexto europeu, propôs uma solução intermediária ainda durante a fase de consulta pública do anteprojeto de lei. A corda não estourou,[7] porque a prerrogativa

---

[5] Utiliza-se o termo prioritário, porque, ao se analisarem as bases legais, percebe-se que o controlador é o sujeito mais mencionado ao longo da lista trazida pelos arts. 7.º e 11. Contudo, nota-se a existência de terceiros que podem se valer de tais hipóteses de legitimação (*e.g.*, art. 7.º, X) e a obrigação registro também é direcionada ao operador.

[6] Veja-se, nesse sentido, o mapeamento feito por este autor em outro trabalho listando quais foram os atores que se mobilizaram a esse respeito: BIONI, Bruno. **Proteção de dados pessoais**: a função e os limites do consentimento, p. 234. A fonte primária de análise deriva do trabalho coletivo de: INTERNETLAB. **O que está em jogo no Debate sobre Dados Pessoais no Brasil – Relatório final sobre o debate público promovido pelo Ministério da Justiça sobre o Anteprojeto de Lei de Proteção de Dados Pessoais**.

[7] Em entrevistas para o projeto Memória da LGPD sobre o tema: a) Marcel Leonardi considerou que inicialmente as entidades civis não aceitavam a ideia de se permitir o uso do legítimo interesse como base legal, pois poderia ser uma válvula de escape para as instituições públicas e privadas era grande. Na evolução da discussão, o que se percebeu é que o legítimo interesse não era um "cheque em branco"; b) Bia Barbosa reforçou a desconfiança que a sociedade civil possuía, inicialmente, com relação ao uso da base legal do legítimo interesse, a intenção era oferecer condicionantes a esse uso. Com o projeto para ser aprovado na Câmera, Bia Barbosa destaca a influência e o peso da representatividade da sociedade civil, que possibilitou a alteração do antigo artigo que regulava o tema e como esta alteração positiva sobreviveu até a redação final da LGPD: Capítulo 5 – Como a lei mudou desde 2010. Item 6.

do legítimo interesse veio acompanhada de uma série de deveres, tendo sido essa a solução adotada no Congresso Nacional.[8] A esse respeito, vale transcrever o depoimento de Bia Barbosa, uma das fundadoras da Coalizão Direitos na Rede que foi uma das entidades de *advocacy* da sociedade civil junto aos parlamentares:

> A gente já tinha ido para a mesa de negociação e não tinha rolado, não tinha conseguido incluir isso porque as empresas não tinham deixado na mesa de negociação, mas tinha setores da sociedade civil muito pre-ocupados. Eu lembro que, uma meia hora antes do deputado Orlando protocolar o texto dele, a versão final do substitutivo depois da rodada de negociação que ia para o plenário, ele estava em comissão discutindo um outro tema, conversando com um consultor da câmara que ia fazer a redação final do substitutivo para ele e eu cheguei e falei para ele "Orlando não vai dar, esse trecho aqui não pode passar desse jeito, se passar desse jeito a sociedade civil vai criticar o seu relatório e vai ser muito ruim ele chegar no plenário com críticas da sociedade civil". Ele falou: "está bom, como é que vocês querem?" Aí eu arranjei uma folhinha do bloco que tinha na minha bolsa, escrevi correndo, grifei os dois trechos que pre-cisavam incluir e entreguei o papel, quase um guardanapo assim para o Orlando. Aí ele pegou e entregou para o consultor, que fez uma cara não muito feliz, e falou assim "coloca desse jeito" e aí o relatório substitutivo foi para o plenário desse jeito. Ele fez a inclusão a nosso pedido e isso foi um dos trechos da Lei que sobreviveu a todo esse processo.[9]

Por ser um conceito jurídico indeterminado, a base legal do legítimo interesse confere uma maior margem de discricionariedade ao controlador em comparação às demais bases legais. Nesse sentido, cabe lembrar que o interesse em questão é de quem quer destravar o fluxo informacional e este não é o titular dos dados. Portanto, a maneira pela qual tal base legal é articulada já é mais inclinada a favo-recer especialmente o controlador. Nesse cenário, a saída foi detalhar parâmetros para a sua interpretação.

Observatório da Privacidade e Proteção de Dados. Disponível em: https://observatorioprivacidade.com.br/memoria/como-a-lei-mudou-desde-2010/. Acesso em: 4 ago. 2020.

[8] Em seu relatório, o relator do PL 4.060/2012 afirma ao indicar as alterações trazidas pelo substitutivo: "O legítimo interesse, contudo, não deve ser lido como um cheque em branco. Em outras palavras, não pode ser utilizado como um subterfúgio para que todo e qualquer tratamento de dados pessoais seja autorizado. Esta [é] a razão dos parágrafos do artigo, mediante os quais se destaca que o legítimo interesse deve sempre vir acompanhado dos princípios da adequação, necessidade e transparência bem como da possibilidade de 35 fiscalização. Ademais, prevemos que deverá se basear em situação concreta e desde que atendidas as legítimas expectativas do titular" (SILVA, Orlando. Comissão Espe-cial destinada a proferir parecer ao Projeto de Lei n.º 4.060, de 2012 – Parecer do Relator. **Câmara dos Deputados**, p. 35. Disponível em: https://www.camara.leg.br/proposicoesWeb/fichadetramitacao?idProposicao=2176733. Acesso em: 29 ago. 2020).

[9] *Ibid.*

Capítulo 3 · QUEM E SOBRE O QUE SE DEVE PRESTAR CONTAS | 103

Diferentemente das demais hipóteses autorizativas de tratamento de dados, o legislador brasileiro dedicou um dispositivo inteiro com diretrizes para a aplicação do legítimo interesse. Com isso, a LGPD fixou um ônus argumentativo maior[10] para a deflagração de tal base legal, que é um teste de proporcionalidade que desencadeia deveres de conduta por parte do controlador em face do titular dos dados. O primeiro que é de lealdade, já que não se deve frustrar a legítima expectativa do titular que é algo a ser aferido de acordo com o contexto do fluxo informacional.[11] O segundo que é de cuidado,[12] uma vez que se deve ser o menos intrusivo e impactante a direitos e liberdades fundamentais do titular. O terceiro, e talvez o mais relevante para o objeto deste trabalho, que é o de dar transparência de forma a oportunizar que o titular possa eventualmente obstruir o uso da sua informação.[13] Com relação a este último, a reflexão consequente seria como tal transparência deveria ser instrumentalizada e, principalmente, com base no que o titular faria um juízo de valor sobre a legitimidade do interesse do controlador para a ele se contrapor.

Ao reforçar que o agente de tratamento de dados deve guardar os registros das suas atividades "especialmente quando baseado no legítimo interesse",[14] a consequência é que tal registro deve espelhar justamente o exercício de ponderação contido no referido teste de proporcionalidade de quatro fases. Há, vale dizer, uma particularidade da lei brasileira, se comparada a outras, que é o fato justamente da conjugação de uma prescrição normativa mais detalhada em torno do legítimo interesse e a intensificação do dever de registro da operação de tratamento de dados quando lastreada em tal base legal.[15]

Em resumo, o saldo normativo do legítimo interesse é bastante ilustrativo sobre a racionalidade jurídica da obrigação de prestação de contas. Seu ponto de atração se dá particularmente quando há uma competência decisória para destravar o fluxo informacional. Tratando-se de um poder com alta carga de discricionariedade, eleva-se, de forma correspondente, a justificação do porquê tal interferência é legítima, desengatilhando, assim, um ônus argumentativo mais intenso. Ao final, objetiva-se que tais medidas de demonstração de conformidade,

---

[10] BIONI, Bruno Ricardo; RIELLI, Mariana; KITAYAMA, Marina. **Legítimo interesse na LGPD**: quadro geral e exemplos de aplicação. São Paulo: Associação Data Privacy Brasil de Pesquisa, 2021.

[11] BIONI, Bruno (ed.). **Proteção de dados pessoais**: a função e os limites do consentimento, p. 228.

[12] *Ibid*. p. 231.

[13] BIONI, Bruno Ricardo; RIELLI, Mariana; KITAYAMA, Marina. **Legítimo interesse na LGPD**: quadro geral e exemplos de aplicação.

[14] "Art. 7.º O tratamento de dados pessoais somente poderá ser realizado nas seguintes hipóteses: [...] IX – quando necessário para atender aos interesses legítimos do controlador ou de terceiro, exceto no caso de prevalecerem direitos e liberdades fundamentais do titular que exijam a proteção dos dados pessoais; [...]" (BRASIL. Lei n.º 13.709, de 14 de agosto de 2018. Lei Geral de Proteção de Dados (LGPD). Disponível em: http://www.planalto.gov.br/ccivil_03/_ato2015-2018/2018/lei/L13709.htm. Acesso em: 18 fev. 2019).

[15] BIONI, Bruno. **Proteção de dados pessoais**: a função e os limites do consentimento, p. 246.

104 | REGULAÇÃO E PROTEÇÃO DE DADOS PESSOAIS – *Bruno Ricardo Bioni*

no caso em especial do legítimo interesse, sejam corporificadas mediante guarda de um registro especial para fins de escrutínio.

3.1.2. Relatórios de impacto à proteção de dados pessoais: uma prestação de contas (em aberto) sobre a discricionariedade do que é risco no tratamento de dados

Uma segunda obrigação alocada nominalmente ao controlador é a elaboração de relatórios de impacto à proteção de dados pessoais/RIPDP.[16-17] De acordo com a LGPD, caberia a tal agente de tratamento de dados descrever os riscos a direitos e liberdades civis e fundamentais ao titular dos dados pessoais resultantes da sua atividade de tratamento de dados, bem como as medidas de salvaguardas e mecanismos de mitigação. Todo esse processo de gerenciamento de risco deveria, ao final, ser documentado, que é justamente no que consiste o relatório de impacto.

O RIPDP não é uma ferramenta de governança nova no campo da proteção de dados pessoais.[18] Contudo, as últimas gerações de leis de proteção de dados o alçaram a um papel de maior protagonismo, por exemplo:

a) a GDPR que aboliu que toda e qualquer atividade de tratamento de dados fosse notificada às autoridades fiscalizadoras,[19] devendo haver só algum tipo de comunicação quando houvesse um risco residual elevado para os titulares dos dados. Nesses casos, os controladores deveriam justamente elaborar um RIPDP e, uma vez verificadas que as medidas mitigatórias de risco não se mostraram suficientes, então informar as autoridades para colher sua respectiva autorização para prosseguir;

b) leis estadunidenses de reconhecimento facial e biometria que preveem que tais operações de dados sejam antecedidas de RIPDP.[20] Há, contudo,

---

[16] Conforme o art. 38 da LGPD, a obrigação pode ser exigida pela ANPD: "A autoridade nacional poderá determinar ao controlador que elabore relatório de impacto à proteção de dados pessoais, inclusive de dados sensíveis, referente a suas operações de tratamento de dados, nos termos de regulamento, observados os segredos comercial e industrial" (BRASIL. **Lei n.º 13.709, de 14 de agosto de 2018**).

[17] GOMES, Maria Cecília. Para além de uma "obrigação legal": o que a metodologia de benefícios e riscos nos ensina sobre o papel dos relatórios de impacto à proteção de dados. *In*: GOMES, Maria Cecília. **Direito digital**: desafios contemporâneos. São Paulo: RT, 2019.

[18] CLARKE, Roger. Privacy Impact Assessment: Its Origins and Development. **Computer Law & Security Review**, v. 25, n. 2, p. 123-135, 2009.

[19] Veja, por exemplo, a obrigação de notificação de qualquer atividade de tratamento de dados pessoais às autoridades europeias na antiga diretiva de proteção de dados pessoais, a qual deixou de existir no novo regulamento europeu, correspondente ao artigo 18 da Diretiva 95/46/EC.

[20] BIONI, Bruno Ricardo; LUCIANO, Maria. O Princípio da Precaução na Regulação de Inteligência Artificial: seriam as leis de proteção de dados o seu portal de entrada?. *In*: FRAZÃO, Ana; MULHOLLAND (org.). **Inteligência Artificial e direito**: ética, regulação e responsabilidade. São Paulo: Thomson Reuters, 2019. p. 207-231. As referidas leis estadunidenses foram mapeadas neste artigo, sendo elas: (i) Biometric Information Privacy Act, Illinois; (ii) House Bill 1493, Washington; (iii) Texas Business and Commerce Code – BUS & COM § 503.001. Capture or Use of Biometric Identifier, Texas24, EUA; (iv) Ordinance amending the Administrative Code – Acquisition of Surveillance Technology, San Francisco, EUA; (v) Bill Senate 1385, Massachusetts, EUA; (vi) Bill House 287, Massachusetts; (vii) Commercial Facial Recognition Privacy

Capítulo 3 · QUEM E SOBRE O QUE SE DEVE PRESTAR CONTAS | 105

diferenças normativas substanciais em tal mosaico regulatório. Enquanto algumas leis se satisfazem com a simples elaboração do RIPDP para que seja dada luz verde ao tratamento de dados,[21] outras exigem que tal documento seja objeto de consulta e, até, mesmo de deliberação pública para tanto.[22]

Primeiramente, parece que, mais uma vez, é dado um voto de confiança aos agentes de tratamento de dados que é atravessado por níveis de discricionariedade variados. Algumas estratégias regulatórias confiam plenamente no juízo de valor destes, enquanto outras demandam senão uma discussão pública, ao menos um processo comunicacional bidirecional com os órgãos reguladores. O que está em jogo é, mais uma vez, o contingenciamento do poder decisório em destravar o fluxo informacional, podendo-se listar, ao menos, três camadas. A primeira acerca da necessidade de que o RIPDP seja executado ou, ao menos, revisado por um agente externo. Com isso, tal análise tenderia a não sofrer restrições da própria estrutura organizacional interna do agente de tratamento de dados e, assim, criar-se-ia um procedimento pelo qual tal avaliação seria independente ou não enviesada. É o que vem sendo alertado no contexto australiano que é reconhecido por ser um laboratório dos mecanismos de avaliação de impacto parra além do campo da proteção de dados:

> Alguns projetos terão um impacto substancialmente maior sobre a privacidade do que outros. Um PIA robusto e independente conduzido por avaliadores externos pode ser preferível nesses casos. Essa avaliação independente também pode ajudar a organização a desenvolver a confiança da comunidade nas conclusões do PIA e nas intenções do projeto. [...] Há benefícios em se buscar uma análise independente de um PIA. A revisão de um PIA e sua implementação por um terceiro independente pode ajudar a garantir que os PIA tenham sido devidamente realizadas

---

Act of 2019. Para fins de avaliar a aplicação do princípio da precaução em cada uma destas legislações, se utilizou a taxonomia referente ao seu grau de força. Deste modo, as leis podiam ser indicadas como contendo um grau de forte, moderado ou baixo de aplicação do princípio. O grau forte obriga que medidas de precaução sejam tomadas havendo ameaça de dano com inversão do ônus da prova que passa a ser do controlador. Um grau moderado impõe que esforços sejam empenhados preservando a discricionariedade. E, por fim, o baixo grau trata apenas que a incerteza do risco do uso da tecnologia não pode justificar uma inércia do controlador.

[21] Ilustrativamente, a lei Biometric Information Privacy Act, do estado de Illinois, Estados Unidos, apresenta este dispositivo, sendo, portanto, fraca em relação à aplicação do princípio da precaução. Isto é, há um alto grau de discricionariedade, em que se mantém a tomada de decisão concentrada em quem propôs o uso da tecnologia, sem maiores exigências quanto a medidas de precaução, bastando medidas mais relacionadas à transparência. Ver: *Ibid.*

[22] A lei instituída em São Francisco, Ordinance amending the Administrative Code – Acquisition of Surveillance Technology, apresenta grau forte de aplicação. Por existir o entendimento de que os riscos da aplicação da tecnologia, no caso, o reconhecimento facial, seria demasiadamente alto e não traria os benefícios esperados, opta- se pela vedação do seu uso como medida de precaução. Ver: *Ibid.*, p. 17-18.

e suas recomendações implementadas (ou há uma razão clara para não implementar as recomendações). A revisão externa pode ter benefícios consideráveis; por exemplo, os revisores podem identificar falhas na implementação completa das recomendações que poderiam expor as entidades a riscos sérios se não forem abordadas.[23]

Em poucas palavras, o voto de confiança é acompanhado da desconfiança de que os agentes de tratamento de dados tendem a ser parciais aos seus interesses econômicos[24] e não fazer o devido balanceamento em face dos interesses dos titulares dos dados.

A segunda em torno da necessidade de que o RIPDP seja público.[25] Como corolário do princípio da transparência, os juízos de valor do porquê uma atividade de tratamento de dados é considerada como baixo, médio ou alto risco deveriam ser colocados à luz do sol. A coletividade, que estará exposta a tais riscos, deveria saber quais decisões foram tomadas para proteger seus interesses.[26] Caso contrário, o RIPDP seria uma ferramenta de reforço de assimetria de informação, sendo mais uma camada de opacidade e da alegada neutralidade das tecnologias. Quando, na verdade, escolhas são feitas e devem não somente ser

---

[23] "Some projects will have substantially more privacy impact than others. A robust and independent PIA conducted by external assessors may be preferable in those instances. This independent assessment may also help the organisation to develop community trust in the PIA findings and the project's intent. (...) There are benefits to seeking independent review of a PIA. Review of a PIA and its implementation by an independent third party can assist in ensuring that PIAs have been properly carried out and their recommendations implemented (or there is a clear rationale for not implementing the recommendations). External review can have considerable benefits; for example, reviewers may identify failures to fully implement recommendations that could expose entities to serious risks if they are not addressed" – Tradução livre (OFFICE OF THE AUSTRALIAN INFORMATION COMMISSIONAER. **Guide to undertaking privacy assessments.** Austrália: Governo Australiano, 2020. p. 11 e 33).

[24] O RIPDP, nestes termos, deverá ser executado interna ou externamente a depender do nível de impacto à privacidade que pode causar. Assim, projetos mais amplos e que representem maior risco não deveria se basear apenas na análise interna, sendo recomendável que agentes externos, como consultores, examinem a situação. Ver: WRIGHT, David; HERT, Paul de. Who Should Perform the PIA?. *In:* WRIGHT, David; HERT, Paul de. **Privacy Impact Assessment.** Países Baixos: Springer Netherlands, 2012. v. 6, p. 25-26.

[25] Entre as previsões sobre a publicização dos RIPDPs, há variações quanto à sua necessidade. Enquanto algumas legislações, como a americana, obrigam que o relatório seja publicado integralmente, outras não fazem tal imposição ou exigem que apenas um resumo seja publicado. Para fins de preservar informações de segurança ou que sejam comercialmente sigilosas, tornar um resumo público é uma medida adequada para favorecer a transparência sem prejudicar o agente responsável pelo tratamento de dados pessoais. Por todos, veja-se: WRIGHT, David; HERT, Paul de. Should PIAs Be Published?. *In:* WRIGHT, David; HERT, Paul de. **Privacy Impact Assessment.** Países Baixos: Springer Netherlands, 2012. v. 6.

[26] A esse respeito veja-se, em especial, a experiência canadense em que algumas leis obrigam a publicação e, também, em razão do histórico da lei de acesso à informação ser mobilizado para tanto. Respectivamente: STODDART, Jennifer. Auditing Privacy Impact Assessments: The Canadian Experience. *In:* WRIGHT, David; HERT, Paul de. **Privacy Impact Assessment.** Países Baixos: Springer Netherlands, 2012. v. 6; BAYLEY, Robin; BENNETT, Colin. Privacy Impact Assessments in Canada. *In:* WRIGHT, David; HERT, Paul de. **Privacy Impact Assessment.** Países Baixos: Springer Netherlands, 2012. v. 6.

documentadas, mas, também, escrutinizadas. Essa é a conclusão, que inclusive complexifica a forma e o formato com que devem ser publicados os RIPDPs, de Bamberger e Mulligan:

> As preocupações com a transparência também surgem da natureza técnica dos sistemas de informação cuja adoção do processo de PIA (*Privacy Impact Assessment*) foi projetado para influenciar. Em geral, o problema da discricionariedade burocrática aumenta junto com as assimetrias de informação entre as agências especializadas e seus supervisores, incluindo o público em geral. Essas assimetrias podem ser particularmente pronunciadas nesta área porque os debates que levantam preocupações com a privacidade frequentemente envolvem normas técnicas que podem ser, tanto processualmente, quanto linguisticamente inacessíveis. Essas assimetrias são especialmente preocupantes porque a tecnologia é frequentemente posicionada como neutra em relação aos valores quando, de fato, ela pode criar e implementar decisões de valor pelo menos tão efetivamente quanto as formas mais tradicionais de regulamentação. Decisões sobre a concepção e implantação de sistemas técnicos podem permitir aos burocratas encobrir decisões políticas e mascarar o exercício da discricionariedade por trás de reivindicações de neutralidade técnica e jargão complexo.[27]

A terceira diz respeito ao envolvimento de partes interessadas ao longo da elaboração dos RIPDPs. Mais do que ter acesso aos resultados ou mesmo revisá-los e os questionar, deve haver a participação na definição da metodologia[28] pela qual o gerenciamento de risco será implementado. Um efetivo contingenciamento do poder decisório nas mãos dos agentes de tratamento de dados aconteceria primordialmente neste momento, quando se assegura a oportunidade das con-

---

[27] "Some projects will have substantially more privacy impact than others. A robust and independent PIA conducted by external assessors may be preferable in those instances. This independent assessment may also help the organisation to develop community trust in the PIA findings and the project's intent. (...)There are benefits to seeking independent review of a PIA. Review of a PIA and its implementation by an independent third party can assist in ensuring that PIAs have been properly carried out and their recommendations implemented (or there is a clear rationale for not implementing the recommendations). External review can have considerable benefits; for example, reviewers may identify failures to fully implement recommendations that could expose entities to serious risks if they are not addressed" – Tradução livre (BAMBERGER, Kenneth; MULLIGAN, Deirdre K. PIA Requirements and Privacy Decision-Making in US Government Agencies. *In*: WRIGHT, David; HERT, Paul de. **Privacy Impact Assessment**. Países Baixos: Springer Netherlands, 2012. v. 6, p. 234).

[28] Sobre as variações e a disputa teórica sobre as metodologias dos RIPDPs, veja por todos: GOMES, Maria Cecilia Oliveira. Entre o método e a complexidade: compreendendo a noção de risco na LGPD. *In*: PALHARES, Felipe (org.). **Temas atuais de proteção de dados**. São Paulo: Thomson Reuters Brasil, 2020. p. 245-271.

trapartes "levantarem a voz"[29] desde o ponto de partida e não apenas de chegada dos RIPDPs.[30]

Todas essas diferentes camadas confluem para o que já foi chamado de "**impulsos democráticos**"[31] dos RIPDPs. Isso porque, o acionamento de tal ferramenta passa a ser uma competência decisória mais partilhada e, assim, circunscrita por um sistema de freios e contrapesos adequado à constelação de interesses em jogo. Nesse sentido, ao se referir sobre a necessidade de se criar um circuito decisório poroso dos RIPDPs, Kloza considera ser uma questão de **justiça procedimental**.[32] "As pessoas não se preocupam apenas com o resultado dos procedimentos, mas, também, como eles são articulados".[33] Em poucas palavras, não basta que o produto de um RIPDP seja justo, mas, também, que o seu processo de tomada de decisão o seja. O que significa que este deve ser aberto e inclusivo a quem será afetado por tal atividade de tratamento de dados.

Percebe-se que as referidas controvérsias sobre a procedimentalização adequada dos RIPDPs jogam luz sobre qual é o conteúdo da obrigação de prestação de contas. Na medida em que as camadas de contenção do poder decisório nas mãos do controlador ficam cada vez mais intensas – e, vale dizer, podem ser cumuladas –, entende-se que a "demonstração das medidas eficazes e capazes de comprovar a observância das normas de proteção de dados"[34] não é um monólogo. De nada adianta que tais medidas sejam eficientes, se não são frutos de uma empreitada colaborativa. O adimplemento obrigacional somente é performado se a demonstração das medidas adotadas desencadeia potencialmente um diálogo. Dessa forma, o princípio da *accountability* sinaliza qual é o alcance do dever da elaboração dos RIPDPs. Algo de especial importância no cenário brasileiro em razão da LGPD não o ter minimamente procedimentalizado, ficando a cargo da ANPD fazê-lo *a posteriori*.[35] Nesse caso, diferentemente do legítimo interesse, a prestação de contas

---

[29]   KLOZA, Dariusz. Privacy Impact Assessment as a Means to Achieve the Objectives of Procedural Justice. **Jusletter IT. Die Zeitschrift für IT und Recht**, 2014.

[30]   BINNS, Reuben. Data protection impact assessments: a meta-regulatory approach. **International Data Privacy Law**, v. 7, n. 1, p. 22-35, 2017.

[31]   MARX, Gary T. Foreword by Gary T. Marx: Privacy Is Not Quite Like the Weather. *In*: WRIGHT, David; HERT, Paul de. **Privacy Impact Assessment**. Países Baixos: Springer Netherlands, 2012. v. 6.

[32]   KLOZA, Dariusz. Privacy Impact Assessment as a Means to Achieve the Objectives of Procedural Justice, p. 5.

[33]   *Ibid.*, p. 3.

[34]   Refere-se à definição do princípio da responsabilização e prestação de contas, presente no ar. 6.º, X, da LGPD: "demonstração, pelo agente, da adoção de medidas eficazes e capazes de comprovar a observância e o cumprimento das normas de proteção de dados pessoais e, inclusive, da eficácia dessas medidas" (BRASIL. **Lei n.º 13.709, de 14 de agosto de 2018**. Lei Geral de Proteção de Dados (LGPD). Disponível em: http://www.planalto.gov.br/ccivil_03/_ato2015-2018/2018/lei/L13709.htm. Acesso em: 18 fev. 2019).

[35]   BIONI, Bruno *et al.* ANPD na regulamentação do Relatório de Impacto à Proteção de Dados Pessoais. **Jota Info**. Disponível em: https://www.jota.info/opiniao-e-analise/colunas/agenda-da-privacidade-e--da- protecao-de-dados/anpd-relatorio-impacto-protecao-dados-pessoais-13072021. Acesso em: 12 ago. 2021.

não serve apenas para que haja a oitiva das contrapartes ao final do processo de tomada de decisão, mas, pelo contrário, que efetivamente dela participem para que haja uma codeliberação.

3.2. PROBLEMATIZAÇÃO EM TORNO DE UMA PERSPECTIVA ESTANQUE DE QUEM É CONTROLADOR E OPERADOR

Como se notou ao longo dos trabalhos preparatórios das diretrizes da OCDE, a alocação da obrigação da prestação de contas sobre os ombros única e exclusivamente do controlador não foi um ponto consensual (vide: subcapítulo 3.1). Havia o receio de que tal restrição deixaria de fora outros atores que, ainda que desempenhassem um papel mais coadjuvante, também seriam cruciais para um uso de dados responsável. Dito de outra forma, mesmo que de forma menos intensa, tal obrigação também deveria a eles ser imputada. Trata-se de uma interpretação ampliativa do princípio da *accountability* que merece ser depurada.

Como já mencionado, a grande diferença entre as figuras do controlador e operador residiria em uma espécie de subordinação do segundo em relação ao primeiro. A utilização do termo é semiótica a esse respeito, já que este opera seguindo as instruções daquele. É, por isso, que o operador é, muitas vezes, equiparado a uma espécie de mandatário[36] que age em nome do controlador.

No artigo "Suboperador: possíveis soluções diante da omissão da LGPD", Cíntia Rosa Pereira de Lima e Newton De Lucca esclarecem que o controlador contrata um operador com base em uma relação de confiança, ou seja, espera que este realize o tratamento de dados conforme as instruções e a legalidade orientadas pela LGPD:

> Orlando Gomes conceitua o mandato como "o contrato pelo qual alguém se obriga a praticar atos jurídicos ou administrar interesses por conta de outra pessoa". No contexto das atividades de tratamento de dados pessoais, o controlador contrata o operador (pessoa física ou jurídica) para praticar algumas atividades de tratamento de dados, que pode ser uma atividade específica, como o armazenamento em nuvem; ou uma atividade mais genérica, como contratar uma empresa de marketing digital para divulgar seus produtos ou serviços, administrando seus interesses.[37]

---

[36] LIMA, Cíntia Rosa Pereira de; DE LUCCA, Newton. Suboperador: possíveis soluções diante da omissão da LGPD. **Migalhas**, 11 fev. 2022. Disponível em: https://www.migalhas.com.br/coluna/migalhas-de--protecao-de-dados/359575/suboperador-possiveis-solucoes-diante-da-omissao-da-lgpd. Acesso em: 9 mar. 2022.

[37] *Ibid.*

São conceitos de fácil assimilação teórica, mas de difícil normatização prática.[38] Isso porque, dada a complexidade das operações de tratamento de dados, é virtualmente impossível haver tamanha concentração de poder decisório nas mãos de um único ou um punhado de agentes da cadeia de tratamento de dados. Ainda mais quando se tem em mente que o termo "atividade" engloba nada mais do que 20 ações (*processing activities*), ou seja, tudo o que é feito com o dado: da coleta ao descarte.

Não é por outro motivo que, na tentativa de manter a utilidade de tal bipartição, outras leis[39] delimitam que não seria qualquer tomada de decisão, mas somente aquelas consideradas essenciais. Mais especificamente, acerca dos propósitos e os meios pelos quais os dados são tratados. Quem, então, decidisse o "porquê" e "como" se daria o tratamento de dados seria considerado controlador e, por outro lado, o restante seria considerado operador.

Mesmo com tal refinamento conceitual, tem se mostrado problemático na prática segmentar e, sobretudo, verificar que um agente de tratamento de dados assumiria tão somente a postura passiva de operador.

Por exemplo, o que era até então a melhor ilustração de operador, que seria quem faz o armazenamento de dados em nuvem, acaba por ter um poder de tomada de decisão muitas vezes maior do que quem em tese seria controlador. Atualmente, *cloud computing* envolve uma infraestrutura extremamente complexa (*e.g.*, uso de máquinas virtuais)[40] que é muitas vezes acoplado com *softwares* de *analytics*.[41] Brendan Alsenoy, ao esboçar a organização e a interação existente em um sistema de *cloud computing* em vista a dinâmica entre provedores e seus consumidores, problematiza o entendimento de que estes provedores ocupariam apenas o papel de operadores no processo de tratamento de dados. Após identificar os três tipos de modelos de *cloud computing* fornecidos pelos provedores, *Software as a Service (SaaS), Platform as a Service (PaaS), Infrastructure*

---

[38]   AUTORIDADE NACIONAL DE PROTEÇÃO DE DADOS. **Guia Orientativo para Definições dos Agentes de Tratamento de Dados Pessoais e do Encarregado**, maio 2021. Disponível em: https://www.gov. br/anpd/pt-br/assuntos/noticias/inclusao-de-arquivos-para-link-nas-noticias/2021-05-27-guia-agentes- -de-tratamento_final.pdf. Acesso em: 2 mar. 2022.

[39]   O artigo 4(7) do RGPD define o controlador como o responsável pela decisão apenas sobre a finalidade e os meios do tratamento de dados: "'controlador', a pessoa singular ou coletiva, autoridade pública, agência ou outro organismo que, sozinho ou em conjunto com outros, determina as finalidades e os meios de tratamento de dados pessoais; [...]" – Tradução livre. Em seguida, definindo quem se ocupa das atividades derivadas das definições do controlador, o artigo 4(8) apresenta o operador: "'operador', uma pessoa singular ou coletiva, autoridade pública, agência ou outro organismo que trate dados pessoais em nome do controlador" – Tradução livre (EUROPEAN PARLIAMENT AND OF THE COUNCIL. **General Data Protection Regulation – Regulation (EU) 2016/679 of the European Parliament and of the Council Regulation (EU) 2016/679**).

[40]   HON, W. Kuan; MILLARD, Christopher; WALDEN, Ian. Who is responsible for 'personal data' in cloud computing? – The cloud of unknowing, Part 2. **International Data Privacy Law**, v. 2, n. 1, p. 3-18, 2012, p. 6

[41]   VAN ALSENOY, Brendan. **Regulating Data Protection**: the allocation of responsibility and risk among actors involved in personal data processing. Bruxelas: KU Leuven Faculty of Law, 2016.

as a Service (IaaS), sendo o primeiro com o menor nível de funcionalidades e o último o que oferece maior liberdade de configurações, ele aponta para o acerto ao se definir que um consumidor neste processo seria um controlador, quando solicitasse para si o tratamento de dados e um operador quando os dados fossem tratados para um terceiro, mesmo que existam diferentes tipos de controle em cada modelo. No entanto, ao tratar, na sequência, dos provedores e como sua responsabilidade deveria ser definida, entende não ser tão simples definir o seu papel, de modo que poderiam ser tanto operadores, controladores ou ainda *joint controllers*, contrariando o entendimento mais disseminado de que seriam sempre operadores. Para isso, discorre sobre a caracterização de cada provador que ocupe um dos modelos de serviço.[42]

Por fim, mas não menos importante, quem oferece tais serviços tem mais poder de barganha frente[43] a quem os contrata. Na maioria das vezes, são contratos por adesão em que o suposto controlador, valendo-se de um trocadilho, não controla os termos contratuais.

Enfim, para que haja uma procedimentalização adequada do uso de dados, é necessário imputar tal obrigação de forma ampla a todos os agentes da cadeia de tratamento na exata medida do poder factual[44-45] que exercem.

Não é o objeto deste trabalho aprofundar tais disputas e enquadramento conceituais de quem é controlador e operador, mas, tão somente, apontar a

---

[42] VAN ALSENOY, Brendan. **Regulating Data Protection**: the allocation of responsibility and risk among actors involved in personal data processing.

[43] "Na realidade, o 'processo de instruções' é muitas vezes virado de cabeça para baixo e o fornecedor da nuvem (operador) elaborou termos padrão que apresenta aos seus clientes (controladores) com uma cláusula afirmando algo como 'Estas são as suas instruções para nós. Isto está ok? Bom, então assine aqui!' Estas circunstâncias especiais são bastante comuns quando se trata de novas tecnologias numa sociedade digitalizada, mas parece que o GDPR não as teve devidamente em conta; por conseguinte, não está realmente ajudando os interessados que realmente querem (e têm de) aplicar as regras sobre este ponto. O principal a se ter em mente é que, no final, é da responsabilidade dos controladores assegurar o cumprimento do GDPR. Isto significa que o controlador não pode confiar nos termos contratuais padrão redigidos pelo operador. No entanto, muitos acordos do operador presumivelmente já incluem as disposições obrigatórias de proteção de dados" – Tradução livre (LINDQVIST, Jenna. New challenges to personal data processing agreements: is the GDPR fit to deal with contract, accountability and liability in a world of the Internet of Things?. **International Journal of Law and Information Technology**, v. 26, p. 54, 2018).

[44] Ressalta-se que a própria definição de controlador se dá por uma análise factual: "O segundo elemento do conceito de controlador refere-se à influência fática que o controlador tem sobre a operação de processamento, em virtude de um exercício do poder de decisão" – Tradução livre (EUROPEAN DATA PROTECTION SUPERVISOR. **EDPS Guidelines on the concepts of controller, processor and joint controllership under Regulation (EU) 2018/1725**. Bruxelas: EDPS, 2019. p. 7).

[45] "[...] O agente de tratamento é definido para cada operação de tratamento de dados pessoais, portanto, a mesma organização poderá ser controladora e operadora, de acordo com sua atuação em diferentes operações de tratamento" (AUTORIDADE NACIONAL DE PROTEÇÃO DE DADOS. **Guia Orientativo para Definições dos Agentes de Tratamento de Dados Pessoais e do Encarregado**, maio 2021. Disponível em: https://www.gov.br/anpd/pt-br/assuntos/noticias/inclusao-de-arquivos-para-link-nas--noticias/2021-05-27-guia-agentes-de-tratamento_final.pdf. Acesso em: 2 mar. 2022).

112 | REGULAÇÃO E PROTEÇÃO DE DADOS PESSOAIS – *Bruno Ricardo Bioni*

falta de consenso em torno da utilidade normativa de tal distinção.[46] Ainda mais quando se tem em vista que, dada a complexidade das cadeias de tratamento de dados hoje em dia, será raro, repita-se, algum agente da cadeia atrair tão somente uma posição meramente passiva como é a de operador. É por isso que cada vez mais tem se decidido que os agentes de tratamento podem desempenhar ambos os papéis (simultaneamente de controlador e operador) e, recorrentemente, podem exercer uma controladoria conjunta ou singular.[47] Deve-se investigar quem exerce mais poder em cada uma das fases (ações) da ampla definição de tratamento de dados para, então, lhes imputar carga obrigacional correspondente.

Neste sentido, as cadeias de processamento de dados precisam ser analisadas para que se identifique corretamente a função dos agentes envolvidos que podem não ser apenas controlador ou operador e sim ocupar as duas posições. Decisões que reconhecem a duplicidade de funções de um mesmo agente na cadeia de processamento são: (i) a decisão da CNIL[48] que entendeu, em 2018, que a companhia Vectaury, uma startup, deveria ser responsabilizada por tratar dados pessoais sem fundamento em bases legais da GDPR e por não informar os usuários sobre todas as outras companhias que pretendiam tratar os dados coletados pelos aplicativos, companhias que a autoridade francesa reconheceu como outras controladoras na cadeia de processamento; e (ii) a decisão da au-

---

[46] É uma das conclusões crítico-reflexivas da tese de Brendan: "A tese conclui que embora o GDPR introduza melhorias consideráveis, ainda é possível fazer uma série de recomendações. Em primeiro lugar, a possibilidade de abolir a distinção entre controladores e operadores deve ser objeto de maior consideração. É possível implementar as mesmas escolhas políticas sem reter estes conceitos problemáticos. Alternativamente, as definições de cada conceito poderiam ser revistas de modo a incluir critérios menos ambíguos, bem como mutuamente exclusivos" – Tradução livre (p. 5). E, mais à frente, ao se debruçar sobre a abolição de tal bipartição: "A proposta de abolição da distinção entre controladores e operadores tem um apelo considerável. Eliminaria do quadro legal uma construção artificial que deu origem a consideráveis dificuldades de interpretação" – Tradução livre (VAN ALSENOY, Brendan. **Regulating Data Protection**: the allocation of responsibility and risk among actors involved in personal data processing, p. 5 e 509).

[47] O Guia Orientativo para Definições dos Agentes de Tratamento de Dados Pessoais e do Encarregado, da ANPD, estabelece inclusive as semelhanças e diferenças entre controladoria conjunta e singular, bem como enfatiza que "embora a LGPD não explicite o conceito de controladoria conjunta, é possível inferir que ele está contemplado no sistema jurídico de proteção de dados. A definição das funções dos controladores conjuntos implica consequências no que diz respeito às funções dos agentes de tratamento e aos direitos dos titulares". Ademais, cabe ressaltar que o guia destaca o embasamento no artigo 26 da RGPD para a definição de controladoria conjunta, destacando a necessidade da presença de "participação conjunta" na determinação de "finalidades e meios de tratamento" para sua configuração – AUTORIDADE NACIONAL DE PROTEÇÃO DE DADOS. **Guia Orientativo para Definições dos Agentes de Tratamento de Dados Pessoais e do Encarregado**. Brasília/DF. Disponível em: https://www.gov.br/anpd/pt-br/documentos-e-publicacoes/2021.05.27GuiaAgentesdeTratamento_Final.pdf. Acesso em: 9 mar. 2022.

[48] COMISSÃO NACIONAL DE TECNOLOGIA DA INFORMAÇÃO E LIBERDADES CIVIS (COMMISSION NATIONALE DE L'INFORMATIQUE ET DES LIBERTÉS – CNIL). **Décision n.º MED 2018-042 du 30 octobre 2018 mettant en demeure la société X,** Rel. Isabelle FALQUE-PIERROTIN, Data de Publicação: 30.10.2018. Disponível em: https://www.legifrance.gouv.fr/cnil/id/CNILTEXT000037594451/. Acesso em: 2 mar. 2022.

toridade de proteção de dados da região de Schleswig-Holstein,[49] na Alemanha, que entendeu que os administradores de uma *fan page* no Facebook deveriam ser responsabilizados solidariamente com a empresa responsável pela rede social pelo tratamento indevido de dados pessoais.

A decisão se pauta no fato de que os administradores, no caso, determinavam as finalidades e meios do processamento de dados dos visitantes da *fan page* analisada, como definir que tipos de dados pretendiam obter, por exemplo, dados geográficos sobre acessos, classificação de sua audiência, interesses dos visitantes, entre outros.

Os aportes teóricos de *accountability* como um conceito relacional e de modulação de poder se entrelaçam com o quadro conceitual de quem são agentes de tratamento de dados. Percebe-se que deve haver a *alocação dinâmica* da obrigação de prestação de contas de forma *funcional*[50] ao papel que é desempenhado por quem faz parte da cadeia. Ao fim e ao cabo, ainda que seja paradoxal, a dubiedade da LGPD, representada pela não definição sobre qual agente de tratamento de dados recai o dever de prestação de contas, pode ser uma vantagem normativa da lei brasileira. Uma vez que a resposta sobre quem deverá adimplir com tal obrigação demandará uma análise factual do poder exercido em cada uma das fases de uma atividade de tratamento de dados, mediante uma interpretação sistemática a partir de como deveres são distribuídos na própria lei.

3.2.1. A lógica interna da LGPD (*versus* GDPR) como um todo em que o operador também presta contas: em especial a flexão do termo "agentes" no plural diante do conceito de *privacy by design*

Privacy by design é uma das metas mais ambiciosas traçadas por qualquer lei de proteção de dados. Isso porque significa, nada mais nada menos, que uma atividade de tratamento de dados deve ser prototipada de acordo com as normas de proteção de dados e, com isso, garantir que a conformidade regulatória se dê em toda a sua extensão. Um conceito que tem se repetido como um mantra desde a década de 1990, bem como positivado no processo de modernização das leis de proteção de dados, mas que ainda é de difícil experimentação prática.[51]

---

[49] TRIBUNAL DE JUSTIÇA DA UNIÃO EUROPEIA. **Acórdão do Tribunal de Justiça (Grande Secção) de 5 de junho de 2018.** Unabhängiges Landeszentrum für Datenschutz Schleswig-Holstein contra Wirtschaftsakademie Schleswig-Holstein GmbH. Rel. A. Tizzano, Data de Publicação: 05.06.2018. Disponível em: https://eur-lex.europa.eu/legal-content/PT/TXT/?uri=CELEX%3A62016CJ0210#t-ECR_62016CJ0210_PT_01-E0001. Acesso em: 2 mar. 2022.

[50] O termo é emprestado de Brendan: "CONCEITO FUNCIONAL – O conceito de controlador é um conceito funcional: em vez de atribuir responsabilidades com base em critérios formais, visa atribuir responsabilidades onde há influência material" – Tradução livre (VAN ALSENOY, Brendan. **Regulating Data Protection**: the allocation of responsibility and risk among actors involved in personal data processing, p. 50).

[51] BIONI, Bruno Ricardo. Abrindo a "caixa de ferramentas" da LGPD para dar vida ao conceito ainda elusivo de *privacy by design*.

Diferentemente da GDPR, a LGPD atribuiu de forma explícita, em seu art. 50, ao controlador e ao operador a adoção de medidas de "segurança, técnicas e administrativas aptas a proteger os dados pessoais [...] de qualquer forma de tratamento inadequado ou ilícito", o que deve ser "observada desde a fase de concepção" – i.e., *privacy by design*. Com isso, reconheceu-se acertadamente[52] que para, haver um tratamento de dados que seja aderente às normas de proteção de dados pessoais, deve-se atravessar tal obrigação por toda a cadeia e não somente a um agente desta.

É verdade que a mesma interpretação poderia ser extraída de forma implícita[53] da GDPR, uma vez que os controladores somente podem contratar operadores que adotem medidas técnicas e administrativas conforme às normas de proteção de dados. Daí por que emerge o direito-dever de auditorias[54] entre tais agentes de tratamento de dados. Ainda que seja possível chegar a tal interpretação, há dois problemas normativos que a LGPD não enfrentaria perante a europeia por ter alocado a obrigação de *privacy by design* e de *accountability* de forma mais elástica.

O primeiro é que, como já mencionado, a relação entre controlador e operador é frequentemente assimétrica e, não raras as vezes, o último é a parte mais poderosa. Nessa situação, o controlador encontra-se em uma verdadeira cilada, já que não controlará os termos do contrato e, muito menos, as características dos serviços ofertados que contratará. Com isso, a realidade socioeconômica tende a sufocar o que foi pensado normativamente na distribuição de deveres e direitos. O segundo, decorrente do primeiro, que o escrutínio das ações do operador seria prioritariamente um direito do controlador. Isso porque, é sobre ele quem recai o princípio da *accountability* e a obrigação de *privacy by design*, de modo que é quem normativamente teria o poder de procedimentalizar adequadamente as atividades de tratamento de dados.

Ao prescrever que *privacy by design* é uma obrigação, tanto do controlador, quanto do operador, ao lado de um conceito de *accountability* que também pode ser a eles duplamente dirigido, a LGPD traça uma moldura normativa na qual os agentes – flexão do termo no plural – são responsáveis por bem procedimentalizar uma atividade de tratamento de dados. Com isso, como será visto mais à

---

[52] "Segundo esta abordagem, o prestador de um serviço de processamento ('operador') seria responsável pela concepção dos seus serviços e características de modo a facilitar o cumprimento dos requisitos de proteção de dados, enquanto caberia ao cliente do serviço de processamento ('controlador') configurar os serviços e características da forma adequada. Os prestadores de serviços de tratamento podem também ser obrigados pelas entidades regulatórias a demonstrar o cumprimento do princípio do privacy by design" – Tradução livre (VAN ALSENOY, Brendan. **Regulating Data Protection**: the allocation of responsibility and risk among actors involved in personal data processing, p. 547).

[53] Não se desconhece parte da doutrina que, mesmo *contra legem* mediante uma interpretação sistemático-teleológica, sustenta que *privacy by design* também seria uma obrigação dos operadores: BYGRAVE, Lee. Data Protection by Design and by Default: Deciphering the EU's Legislative Requirements, p. 116.

[54] O conceito de *due diligence* pode ser extraído do artigo 28, 3(e)(f)(h), da GDPR.

frente, o operador deve prestar contas acerca das medidas adotadas quanto ao cumprimento das normas de proteção de dados não só perante o controlador, mas também o fórum público representado por uma plêiade de atores. Ao final e ao cabo, há incentivos normativos e, até mesmo econômicos (capítulo 4) para que uma manipulação de dados mais responsável seja cada vez mais repartida entre todos que fazem parte de um ecossistema.

3.3. OUTROS ATORES IMBUÍDOS DE COMPETÊNCIAS DECISÓRIAS NO FLUXO INFORMACIONAL

3.3.1. Agentes certificadores: válvula de escape para o livre fluxo informacional

Historicamente tido como um mecanismo típico de autorregulação,[55-56] selos e certificados representam um ganho reputacional à corporação que tem a sua imagem colada a tal símbolo.[57] A partir do momento em que órgãos reguladores passam a reconhecê-los ou mesmo emiti-los principalmente mediante uma previsão legal, transformaram-se no veículo de uma regulação híbrida que não é puramente estatal ou privada.[58] Atualmente, discute-se, a propósito, se entidades certificadas deteriam uma presunção (relativa) de conformidade-legalidade das suas operações.[59]

---

[55] A mesma conclusão pode ser observada fora do âmbito da proteção de dados pessoais. Um exemplo do uso de certificações como mecanismos de autorregulação encontra-se em sistemas econômicos em torno das produções agrícolas e do direito ambiental. Os programas de certificação que tem emergido favorecem a autorregulação, ou a autogovernança, por definirem padrões de gestão, *compliance*, e prestação de contas associadas, no caso, à qualidade do produto, tipo de produção, respeito às normas ambientais etc. Este tipo de certificação permite um sistema que não depende apenas de uma regulação definida por governos. Ver: MEIDINGER, Errol. Multi-Interest Self-Governance Through Global Product Certification Programs. **Buffalo Legal Studies**, Research Paper n. 2006-016, 2006.

[56] No campo da proteção de dados fazendo tal análise descritiva histórica, veja: RODRIGUES, Rowena *et al*. The future of privacy certification in Europe: an exploration of options under article 42 of the GDPR. **International Review of Law, Computers & Technology**, v. 30, n. 3, p. 248-270, 2016.

[57] É, nesse sentido, que usa o termo metamarca, no sentido de que tais signos gerariam um valor agregado à imagem da organização certificado. Veja-se, por todos, no campo da proteção de dados pessoais (CLARKE, Roger. Meta-Brands. **Roger Clarke's Web-Site**. Disponível em: http://www.rogerclarke.com/DV/MetaBrands.html. Acesso em: 15 jul. 2020).

[58] LACHAUD, Eric. Why the certification process defined in the General Data Protection Regulation cannot be successful. **Computer Law & Security Review**, v. 32, n. 6, p. 819, 2016.

[59] Por todos, veja: "A certificação continua a ser uma presunção de conformidade no GDPR que o regulador pode ter em conta para mitigar o nível de sanções em caso de infrações. A certificação não concede quaisquer direitos ao controlador e ao operador, mas a sua ausência pode aumentar as suas sanções. O artigo 83 do GDPR parece argumentar que uma certificação é, de certo modo, um instrumento de gestão de risco que oferece a oportunidade de mitigar o seu risco de proteção de dados. Assim, poderia criar uma nova discriminação entre as empresas que podem pagá-la e as que não a podem fazer. O valor da presunção de conformidade também não é claro no direito europeu" – Tradução livre. *Ibid.*, p. 820.

116 REGULAÇÃO E PROTEÇÃO DE DADOS PESSOAIS – *Bruno Ricardo Bioni*

Para além do *status* jurídico, hoje o mais importante é notar que selos e certificados são ferramentas com *status* legal em grande parte das últimas gerações de leis de proteção de dados pessoais. Com isso, há uma delegação inerente das atividades de fiscalização. Não só o Estado, mas, também, agentes privados são reguladores, constituindo camadas complementares do processo regulatório (camadas de *enforcement*).[60]

Como já se adiantou (subcapítulo 2.2.4), o início de tal estratégia regulatória se dá ao posicionar tais mecanismos como uma espécie de válvula de escape para o livre fluxo informacional transnacional. Diante da capacidade limitada de um país recipiente dos dados em criar um regime adequado de proteção de dados, bem como do país de origem dos dados em avaliar se as práticas intraorganizacionais configurariam um espaço seguro para o tráfego dos dados pouco importando onde fisicamente estivessem localizados, tais agentes certificadores seriam uma espécie de *longa manus* do aparato estatal. Com isso, há um voto de confiança duplamente depositado nos agentes privados. Primeiro, em torno da sua capacidade de auto-organização supletiva à ausência de normas estatais de proteção de dados. Segundo, como eles poderiam também fazer as vezes da ação fiscalizatória até então monopolizada pelo Estado.

O êxtase desse movimento de delegação se dá com a GDPR ao posicionar selos e certificados como algo que vai muito além de um mero mecanismo para fins de transferência internacional[61]. Hoje são ferramentas que estão alocadas no capítulo IV, que trata das obrigações em geral dos agentes de tratamento de dados pessoais.[62] Portanto, com tal alocação topográfica, **agentes certificadores são agentes de governança** que atravessam todo o fluxo de dados.

Trata-se de um dos desdobramentos normativos diretos do princípio da *accountability* pelo qual a supervisão desses terceiros, ainda que não do próprio Estado, seria uma das maneiras de demonstração[63] de conformidade às normas de proteção de dados pessoais.[64] Uma inovação que foi festejada, mas, ao mesmo

---

[60] Faz-se uma adaptação do termo "new enforcement layer" de: *Ibid*. p. 818.

[61] O artigo 46.2(f) deixa explícita a certificação como uma das salvaguardas necessárias para o cumprimento da lei, no que tange à transferência internacional de dados pessoais: "As garantias adequadas referidas no parágrafo 1.º podem ser previstas, sem necessidade de qualquer autorização específica de uma autoridade de supervisão, por: [...] f) um mecanismo de certificação aprovado nos termos do artigo 42, juntamente com compromissos vinculativos e executórios do controlador ou do operador no terceiro país de aplicar as garantias adequadas, nomeadamente no que diz respeito aos direitos dos titulares de dados em causa" – Tradução livre.

[62] O que se verifica no artigo 24.3 da GDPR: "A adesão aos códigos de conduta aprovados a que se refere o artigo 40 ou aos mecanismos de certificação aprovados a que se refere o artigo 42 pode ser utilizada como elemento para demonstrar o cumprimento das obrigações do controlador" – Tradução livre (EUROPEAN PARLIAMENT AND OF THE COUNCIL. **General Data Protection Regulation – Regulation (EU) 2016/679 of the European Parliament and of the Council Regulation (EU) 2016/679**).

[63] É o termo empregado pelo próprio artigo 42 da GDPR.

[64] O antigo Grupo de Trabalho 29 faz tal alusão de forma expressa "O Grupo de Trabalho do Artigo 29 considera que as medidas comuns de responsabilização podem incluir a seguinte lista não exaustiva:

Capítulo 3 · QUEM E SOBRE O QUE SE DEVE PRESTAR CONTAS | **117**

tempo, recebida com ceticismo.[65] Curiosamente, sob a mesma bandeira que lhe serviu de tração, qual seja, o princípio da responsabilidade e prestação de contas.

O caso da TRUSTe Inc., a maior certificadora em privacidade do mundo por muitos anos,[66] é emblemático a esse respeito. Credenciada no âmbito do programa da APEC das normas transfronteiriças de privacidade como agente de "*accountability*"/AAs[67] e, inclusive, perante o então vigente Safe Harbour,[68] passou a receber severas críticas da sociedade civil organizada por não implementar, entre outras coisas, um processo robusto que efetivamente auditasse as práticas de tratamento de dados das organizações por ela certificadas.

Em 2014, a *Federal Trade Commission*/FTC acabou por reconhecer falhas no processo de certificação da TRUSTe, condenando-a **i)** ao pagamento de multa de duzentos mil dólares e outras sanções por conduta enganosa entre os anos de 2007 e 2013; e ii) à apresentação de registros e relatórios anuais de sua certificação nos dez anos após a decisão, indicando os mecanismos de avaliação por ela adotados diante da falha da instituição em conduzir processos de recertificação (revisão da certificação) anualmente entre 2007 e 2013. A propósito, considerou-se que a empresa indicava falsamente ser uma entidade sem fins lucrativos. Além do seu *status* corporativo ter mudado desde 2008, a TRUSTe certificou empresas que possuíam os mesmos diretores. Uma clara situação de conflito de interesses.[69]

[...] Aplicação e supervisão dos procedimentos de verificação para assegurar que todas as medidas não só existam no papel, mas que sejam aplicadas e funcionem na prática (auditorias internas ou externas etc.)" – Tradução livre (ARTICLE 29. DATA PROTECTION WORKING PARTY. Opinion 3/2010 on the principle of accountability. **European Commission**. Disponível em: https://ec.europa.eu/justice/article-29/documentation/opinion-recommendation/files/2010/wp173_en.pdf.

[65] É uma das conclusões de: LACHAUD, Eric. Why the certification process defined in the General Data Protection Regulation cannot be successful.

[66] TRUSTe Settles FTC Charges it Deceived Consumers Through Its Privacy Seal Program. **Federal Trade Commission**. Disponível em: https://www.ftc.gov/news-events/press-releases/2014/11/truste-settles-ftc-charges-it-deceived-consumers-through-its. Acesso em: 17 jul. 2020. Veja também: TRUSTe fined $200,000 for misleading web security seal. **The Guardian**. Disponível em: http://www.theguardian.com/technology/2014/nov/18/truste-fine-web-security-seals. Acesso em: 7 ago. 2020.

[67] Para fins do *Cross-Border Privacy Rules System*, o termo *accountability* é definido com base na certificação, o agente que trata dados pessoais respeita as regras de *accountability* quando demonstra que atende aos requisitos exigidos para participar do sistema a uma "Accountability Agent", que é uma entidade, pública ou privada, autorizada a realizar esta avaliação: What is the Cross-Border Privacy Rules System?. **APEC**. Disponível em: https://www.apec.org/About-Us/About-APEC/Fact-Sheets/What-is-the-Cross-Border-Privacy-Rules-System. Acesso em: 12 ago. 2021. About CBPRs. **Cross Border Privacy Rules System**. Disponível em: http://cbprs.org/about-cbprs/. Acesso em: 12 ago. 2021.

[68] CONNOLLY, Chris; GREENLEAF, Graham; WATERS, Nigel. **Privacy Self-Regulation in Crisis?** – TRUSTe's 'Deceptive' Practices. Rochester, NY: Social Science Research Network, 2014. A sucessora da TRUSTe Inc., a companhia TrustArc está na lista do Privacy Shield, ao contrário da Schellman & Company, recentemente declarada *Accountability Agent* americana junto com Trust Arc: DUBALL, Joe. **APEC announces new US Accountability Agent for CBPR certifications**. Disponível em: https://iap.org/news/a/apec-announces-schellman-company-as-newest-us-accountability-agent-for-cbpr-certifications/. Acesso em: 17 jul. 2020; TrustArc Inc. **Privacy Shield Framework**. Disponível em: https://www.privacyshield.gov/participant?id=a2zt0000000TNccAAG&status=Active. Acesso em: 17 jul. 2020.

[69] Ainda que a condenação final tenha sido unânime, neste ponto houve divergência. De acordo com a decisão majoritária, ainda que a empresa tenha indicado a alteração em seu caráter sem fins lucrativos

REGULAÇÃO E PROTEÇÃO DE DADOS PESSOAIS – *Bruno Ricardo Bioni*

Em resumo, quem deveria ser um instrumento de materialização de *accountability* –assim chamado na APEC –, acabou esvaziando-a. Criou-se um sistema artificial de demonstração e prestação de contas, na medida em que quem deveria ser o seu ponto focal era quem menos justificava suas ações e se submetia a um escrutínio público.[70-71] O que estava programado como uma virtude, acabou se tornando uma vicissitude do referido princípio.

A exemplo do que faz a GDPR,[72] a LGPD[73] estipula um processo de credenciamento para evitar tais situações. No entanto, o seu desenho final é algo em aberto e cuja efetiva operacionalização ainda será testada para que tais agentes sejam de fato vetores de *accountability*.[74] Uma clara hipótese pela qual se verifica que o referido princípio não se limita às figuras dos controladores e operadores, reclamando que a sua aplicação seja dirigida a todos aqueles que detêm poder e são vistos como pontos de deflagração para que as atividades de tratamento de dados sejam procedimentalizadas de forma responsável.

3.3.2. Associações de classe e outros agentes de formulação de códigos de boas condutas

Assim como certificações, códigos de boas condutas também têm sido cada vez mais encarados como um instrumento de metarregulação.[75] Especialmente no

---

e encorajado as empresas certificadas a indicar isso em suas políticas de privacidade, o fato da TRUSTe não ter optado por não recertificar as empresas até seu *status* ser alterado configuraria o uso de "means and instrumentalities" para enganar terceiros.

[70]   Em parte, é a conclusão de: CONNOLLY, Chris; GREENLEAF, Graham; WATERS, Nigel. **Privacy Self--Regulation in Crisis?** – TRUSTe's 'Deceptive' Practices.

[71]   Em artigo encomendado pela Comissão Europeia, uma série de acadêmicos já apontava a ausência de fiscalização de entidades certificadoras como um dos principais problemas de tal estratégia regulatória. HERT, Paul de *et al*. **EU privacy seals project**: challenges and possible scope of an EU privacy seal scheme: final report study deliverable 3.4. Luxemburgo: Publications Office of the European Union, 2014.

[72]   Essa seria uma das grandes diferenças da GDPR para o sistema da APEC: KAMARA, Irene *et al*. Data protection certification mechanisms – Study on Articles 42 and 43 of the Regulation (EU) 2016/679: final report. **European Commission.** Disponível em: https://www.researchgate.net/publication/333903501.

[73]   Como se identifica no artigo 35 da LGPD: BRASIL. **Lei n.º 13.709, de 14 de agosto de 2018.** "Art. 35. A definição do conteúdo de cláusulas-padrão contratuais, bem como a verificação de cláusulas contratuais específicas para uma determinada transferência, normas corporativas globais ou selos, certificados e códigos de conduta, a que se refere o inciso II do *caput* do art. 33 desta Lei, será realizada pela autoridade nacional. [...] § 3.º A autoridade nacional poderá designar organismos de certificação para a realização do previsto no *caput* deste artigo, que permanecerão sob sua fiscalização nos termos definidos em regulamento. § 4.º Os atos realizados por organismo de certificação poderão ser revistos pela autoridade nacional e, caso em desconformidade com esta Lei, submetidos a revisão ou anulados."

[74]   LACHAUD, Eric. Why the certification process defined in the General Data Protection Regulation cannot be successful.

[75]   EUROPEAN DATA PROTECTION BOARD. **Guidelines 1/2019 on Codes of Conduct and Monitoring Bodies under Regulation 2016/679**. Disponível em: https://edpb.europa.eu/sites/edpb/files/files/file1/edpb_guidelines_201901_v2.0_codesofconduct_en.pdf. Acesso em: 7 ago. 2020, p. 9.

Capítulo 3 • QUEM E SOBRE O QUE SE DEVE PRESTAR CONTAS | 119

campo da proteção de dados pessoais que, devido ao seu caráter procedimental[76] (subcapítulo 2.2.1), abre espaço para que os agentes econômicos verticalizem as normas amplas e gerais, traçadas na lei, às suas especificidades setoriais. Com isso, a produção normativa seria partilhada e, potencialmente, decorrente de um processo comunicativo[77] entre quem detém uma visão geral – via de regra, o aparato estatal na figura das DPAs – e quem tem uma perspectiva mais nichada – via de regra, os agentes privados e as agências reguladoras setoriais – do objeto regulado. Duas experiências ilustram bem tal estratégia regulatória em jurisdições com culturas jurídicas completamente distintas uma da outra.[78]

Nos Estados Unidos, algumas iniciativas legislativas[79] e um documento preparatório de um anteprojeto de lei pela então administração de Barack Obama[80] convergiam para o que foi chamado de uma guinada dos códigos de boas condutas para além do seu caráter puramente voluntário.[81] Ao considerar que a formulação de tais mecanismos contratuais poderiam ser negociados com os órgãos reguladores

---

[76] Essa é a conclusão de: KOOPS, Bert-Jaap *et al.* Chapter 5 – Should Self-Regulation Be the Starting Point?. *In*: KOOPS, Bert-Jaap. **Starting Points for ICT Regulation**: Deconstructing Prevalent Policy One-liners. Holanda: T.M.C. Asser Press, 2006. p. 143.

[77] *Ibid.*, p. 122.

[78] Essa análise comparativa foi feita de forma extensa por: HIRSCH, Dennis D. Going Dutch? Collaborative Dutch Privacy Regulation and the Lessons it Holds for U.S. Privacy Law. **Michigan State Law Review**, v. 83, n. 1, p. 84, 2013.

[79] **a)** Rush Bill (H.R. 611, 2011): os atores regulados deveriam assumir a liderança no processo de elaboração de códigos de conduta; sua extensão abarcava as previsões legislativas substantivas sobre notificação, escolha e acesso, mas não segurança e minimização de dados; estabelecia sanção caso os participantes não estivessem adequados às suas regras. RUSH, Bobby L. **H.R.611 – 112th Congress (2011-2012)**: Best Practices Act. Disponível em: https://www.congress.gov/bill/112th-congress/house-bill/611. **b)** Stearns Bill (H. R. 1528, 2011): sua extensão abarcava todas as previsões legislativas substantivas – notificação, escolha, acesso, segurança de dados e outros; estipulava a verificação periódica de que seus participantes estavam adequados às suas regras (autocertificação). STEARNS, Cliff. **Stearns Bill H.R.1528 – 112th Congress (2011-2012)**: Consumer Privacy Protection Act of 2011. Disponível em: https://www.congress.gov/bill/112th-congress/house-bill/1528. **c)** Kerry McCain Bill (S. 799, 2011): os atores "não governamentais" deveriam assumir a liderança no processo de elaboração de códigos de conduta; sua extensão abarcava apenas as previsões legislativas substantivas sobre mecanismos de opt-out que as empresas deveriam fornecer antes de compartilhar dados com terceiros. KERRY, John F. **Kerry McCain Bill S.799 – 112th Congress (2011-2012)**: Commercial Privacy Bill of Rights Act of 2011. Disponível em: https://www.congress.gov/bill/112th-congress/senate-bill/799/text. Ver: HIRSCH, Dennis D. Going Dutch? Collaborative Dutch Privacy Regulation and the Lessons it Holds for U.S. Privacy Law.

[80] Consumer data privacy in a networked world: a framework for protecting privacy and promoting innovation in the global digital economy (2012): grupos de "multi-stakeholders" deveriam elaborar esses códigos, entre os quais "privacy advocates, consumer groups, crime victims, academics, international partners, State Attorneys General, Federal civil and criminal law enforcement representatives, and other relevant groups"; previa a elaboração de códigos de conduta mesmo quando não houvesse legislação de proteção de dados pessoais vigente (ESTADOS UNIDOS. Consumer Data Privacy in a Networked World: a framework for protecting privacy and promoting innovation in the global digital economy. **Obama White House.** Disponível em: https://obamawhitehouse.archives.gov/sites/default/files/privacy-final.pdf). Ver: HIRSCH, Dennis D, Going Dutch? Collaborative Dutch Privacy Regulation and the Lessons it Holds for U.S. Privacy Law, **Michigan State Law Review**, v. 2013, n. 1.

[81] RUBINSTEIN, Ira. **Privacy and Regulatory Innovation**: Moving Beyond Voluntary Codes. Rochester, NY: Social Science Research Network, 2010.

120 | REGULAÇÃO E PROTEÇÃO DE DADOS PESSOAIS – *Bruno Ricardo Bioni*

e demais atores interessados, as organizações que os aderissem entrariam em uma espécie de zona de segurança jurídica[82] – *safe harbor*. A partir de uma perspectiva dupla em que os códigos de boas condutas poderiam:

i) ser uma verdadeira fonte normativa pela qual haveria a interpretação das normas amplas e gerais de proteção de dados diante das particularidades de cada setor; e

ii) guiar a atividade fiscalizatória do aparato estatal que deveria levar em consideração o esforço das organizações aderentes a tais códigos e, sobretudo, cobrá-las levando-se em consideração os parâmetros delineados em tais instrumentos. Ao final e ao cabo, criar-se-ia um incentivo para a formulação e a adesão aos códigos de conduta em razão da maior previsibilidade com que o processo regulatório se desenrolaria.

Na União Europeia, desde a Diretiva já havia a previsão legal que procurava estimular a formulação de códigos de boas condutas.[83] Com algumas exceções acabou se tornando um instrumento subutilizado,[84] de modo que, com o objetivo de escalá-lo, o Regulamento Europeu acabou detalhando todo o procedimento de submissão e aprovação aos órgãos reguladores, traçando, ainda, regras quanto ao seu monitoramento.[85] Tamanho grau de especificação, somado ao fato dos códigos de boas condutas terem sido posicionados como uma parcela do conjunto de obrigações em geral dos agentes de tratamento de dados pessoais, faz parte de um desenho normativo que procura induzir e incentivar a sua adoção como uma das ferramentas de demonstração de conformidade às normas de proteção de dados pessoais.[86]

---

[82] É uma tradução não literal do termo – *safe harbor* – que passa a conotação de uma espécie de escudo contra certas investidas pouco previsíveis por parte dos órgãos reguladores, o que seria resultado desse processo de negociação e algum tipo reconhecimento-validação: "Estes escritos utilizam o termo para se referir aos processos regulatórios em que reguladores e regulado partilham expressamente a responsabilidade pela elaboração e/ou aplicação de regras. Os programas de 'porto seguro' (*safe harbor*) são uma forma de colaboração [...] As negociações regulatórias (reg-neg) seriam outro exemplo mais familiar desta abordagem regulatória" – Tradução livre (HIRSCH, Dennis D. Going Dutch? Collaborative Dutch Privacy Regulation and the Lessons it Holds for U.S. Privacy Law, p. 99-100).

[83] Em seu capítulo V, artigo 27.1: "Os Estados-Membros e a Comissão incentivarão a elaboração de códigos de conduta destinados a contribuir para a correta aplicação das disposições nacionais adotadas pelos Estados-Membros nos termos da presente Diretiva, levando em consideração as especificidades dos diferentes setores" – Tradução livre.

[84] É o caso holandês que desde a década de 1980 tem uma tradição de um processo normativo mais colaborativo, o que é explicado por características históricas da sociedade e que não são replicáveis em outros países do bloco econômico (HIRSCH, Dennis D. Going Dutch? Collaborative Dutch Privacy Regulation and the Lessons it Holds for U.S. Privacy Law, p. 123-124).

[85] Artigo 41 da GDPR.

[86] EUROPEAN DATA PROTECTION BOARD. **Guidelines 1/2019 on Codes of Conduct and Monitoring Bodies under Regulation 2016/679**, p. 7. "Os códigos do GDPR são ferramentas voluntárias de accountability que estabelecem regras específicas de proteção de dados para categorias de controladores e operadores. Podem ser um instrumento útil e eficaz de accountability, fornecendo uma descrição

Tão ou talvez mais importante que tal diagnóstico do atual quadro regulatório europeu, é a verificação de que códigos de boas condutas não são um instrumento novo no campo da proteção de dados pessoais e que já encontravam uma certa maturidade no próprio contexto europeu. É justamente onde se insere a pesquisa empírica de Dennis Hirsch[87] que, ao analisar em profundidade cinco setores e seus vinte códigos de conduta, identificou, a partir de um contraste com a literatura teórica sobre governança corporativa,[88] os seguintes aspectos positivos e negativos:

1) **Pontos positivos:**

a) é uma oportunidade efetiva de troca de informações entre regulador e regulado para daí desengatilhar um processo regulatório colaborativo e de redução de assimetria de informação;[89]

b) serve de verticalização de normas amplas e gerais às especificidades de cada setor;[90]

c) serve como uma medida de indução para que todo o setor e não apenas alguns agentes econômicos avancem em processos de conformidade, gerando trocas de conhecimento e boas práticas entre os pares;[91]

2) **Pontos negativos:**

---

detalhada do que é o conjunto mais apropriado, legal e ético de comportamentos de um setor" – Tradução livre.

[87] Hirsch iniciou um trabalho de pesquisa após receber uma bolsa de pesquisa do *Fulbright Program*, patrocinado pelo Departamento de Estado americano que possibilitou sua permanência por seis meses na Universidade de Amsterdã, Holanda. Foram entrevistados agentes ativos no processo de desenvolvimento do código de conduta de proteção de dados holandês. Entre os 26 entrevistados, estavam representantes do setor governamental, indústria, acadêmicos da área de proteção de dados e ativistas em prol da preservação da privacidade (*privacy advocates*). As entrevistas buscavam questionar sobre pontos polêmicos dentro dos debates sobre os códigos de conduta, sendo estes pontos: o processo de negociação do código, o seu conteúdo, como se daria o cumprimento das medidas impostas e a motivação para se adotar um sistema de código para regulamentar os parâmetros de conduta para uso de dados. Ademais, o autor também analisou cinco dos vinte códigos de conduta holandeses sobre o tema, que abordavam a proteção de dados no âmbito bancário, farmacêutico, marketing direto, bureaus de troca de informações, e investigações privadas (HIRSCH, Dennis D. Going Dutch? Collaborative Dutch Privacy Regulation and the Lessons it Holds for U.S. Privacy Law).

[88] Com especial destaque para os referenciais teóricos do artigo de Jody Freeman para a **UCLA Law Review**, "Collaborative Governance in the Administrative State" (1997), e o artigo Philip Harter para o **Journal of Dispute Resolution**, "Collaboration: The Future of Governance" (2009): HIRSCH, Dennis D. Going Dutch? Collaborative Dutch Privacy Regulation and the Lessons it Holds for U.S. Privacy Law, p. 88.

[89] *Ibid.*, p. 128. "A experiência holandesa também mostrou que a partilha de informação não vai apenas numa direção. Os funcionários governamentais também podem partilhar informação valiosa. No decurso da negociação de um código, os reguladores explicam frequentemente como veem e interpretam a lei. Isso pode ajudar a indústria a compreender onde as linhas são traçadas e, assim, a agir com maior certeza. Por exemplo, os bancos partilham normalmente entre si informações sobre clientes que se tenham comportado de forma fraudulenta" – Tradução livre.

[90] *Ibid.*, p. 125. "Assim, as empresas viram-se confrontadas com um novo conjunto de obrigações legais, amplamente redigido, com poucas instruções sobre como cumprir. Um advogado empresarial comparou a situação a "sentir o nosso caminho no escuro". Essa era uma situação insustentável para setores maiores, mais visíveis e que utilizavam uma grande quantidade de dados pessoais" – Tradução livre.

[91] *Ibid.*, p. 129. "Os proponentes da governança colaborativa preveem que ela produzirá *uma mentalidade de resolução de problemas*, em vez de uma mentalidade contraditória" – Tradução livre.

122 | REGULAÇÃO E PROTEÇÃO DE DADOS PESSOAIS – *Bruno Ricardo Bioni*

a) não são processos rápidos em vista de que se faz necessário um longo processo de negociação entre os próprios pares e junto aos órgãos reguladores;[92]

b) podem gerar um processo de normatização mais leniente, isto é, com regras frouxas, dada a superioridade informacional e, sobretudo, a dinâmica pela qual quem propõe tais regras é o próprio agente regulado. E uma vez validado o código de boa conduta haveria, via de regra, uma fiscalização menos intensa naquele determinado setor;[93]

c) não necessariamente haveria um grau de conformidade maior, uma vez que, depois dos códigos de condutas terem sido aprovados, haveria um vácuo de quem fiscaliza tais normas. Especialmente, pela ausência de terceiros auditores independentes[94] e dos recursos limitados[95] do órgão estatal em fazê-lo;

d) haveria um circuito decisório fechado, na maioria das vezes bilateral entre uma parcela dominante dos agentes de tratamento de dados e o órgão estatal. Isso aumentaria o risco de padrões normativos lenientes[96] e, também, de uma captura de quem deveria zelar pelo interesse público. Com isso,[97] propõe-se uma fase na qual tais atores interessados possam fazer seus apontamentos e, assim, efetivamente fazerem parte do processo de negociação;[98]

d.1) algo, aliás, que deveria ser franqueado não só aos titulares de dados e entidades representativas dos seus interesses, mas, também, aos agentes do próprio setor da indústria que seriam negligenciados em

---

[92] *Ibid.*, p. 124. "A Data Protection Act citou as conclusões dos observadores de que 'a elaboração de códigos de conduta é um processo a longo prazo, demorado e dispendioso'" – Tradução livre.

[93] *Ibid.*, p. 138. "A conclusão mais forte para a qual existe apoio probatório é que o processo de negociação do código pode, por vezes, conduzir a regras demasiadamente indulgentes [...] Esse comentário sugere que, quando a indústria consegue redigir o código, é capaz de enquadrar os termos da discussão. Os reguladores têm de reagir à linguagem da indústria. Uma tal estrutura poderia produzir regras mais fracas do que as que um regulador teria redigido" – Tradução livre.

[94] *Ibid.*, p. 144. "Tipicamente, as indústrias utilizavam um conselho de supervisão independente para este fim. O código da indústria autorizaria o conselho a ouvir queixas individuais e talvez a expulsar as empresas que considerasse estarem violando o código. Contudo, nem o conselho de administração, nem qualquer outro ramo da associação comercial, controlaria o cumprimento ou procuraria descobrir violações" – Tradução livre.

[95] *Ibid.*, p. 140. "A economia holandesa, simplesmente não teria os recursos para realizar um monitoramento e uma inspeção abrangentes. Para uma verdadeira aplicação da lei, eles ainda são demasiadamente pequenos. [...] É preciso controlar toda a sociedade, inspecionar, e isso é impossível. Portanto, o que eles estão fazendo é a aplicação de ações de fiscalização, mas são ações relativamente pequenas. [...] Na maioria dos casos, são mais reativas" – Tradução livre.

[96] *Ibid.*, p. 153. "Os códigos holandeses sugerem outra possível fraqueza. Em alguns casos, a indústria pode ser capaz de exercer uma influência desproporcional sobre a forma do código, resultando em disposições de codificação excessivamente brandas" – Tradução livre.

[97] *Ibid.*, p. 131. "A literatura sobre captura de agências sugere que é mais provável que isso ocorra quando uma agência regula uma única indústria do que quando regula muitas outras diferentes. O *Data Protection Act* cobre muitas indústrias diferentes [...] Embora a experiência holandesa não tenha sugerido a captura de agências, revelou um caso em que um setor industrial parecia exercer uma influência desproporcional e pouco saudável sobre a forma do seu Código" – Tradução livre.

[98] *Ibid.*, p. 153. "Uma forma de mitigar essa situação seria abrir o processo de negociação do código para incluir outras partes interessadas, tais como grupos de defesa do consumidor ou de privacidade" – Tradução livre.

Capítulo 3 • QUEM E SOBRE O QUE SE DEVE PRESTAR CONTAS | **123**

tais processos. Dessa forma, tais instrumentos não se transformariam em uma barreira de entrada;[99]

Ao final, percebe-se que o fio condutor dos pontos negativos são gargalos de prestação de contas sobre o processo de elaboração e negociação dos códigos de boas condutas. Ao traçar recomendações normativas, Hirsch faz menção recorrente ao termo *accountability* para que haja um circuito decisório mais plural e transparente que seja, na medida do possível, representativo do que constitui o interesse público acerca do objeto da regulação e a pluralidade de interesses em jogo.

3.3.3. Prestação de contas da ANPD ao longo da metamorfose do texto da LGPD: conexão com o processo de modernização regulatória no Brasil

Notou-se que o texto da lei geral brasileira de proteção de dados sofreu uma verdadeira *metamorfose* (vide: subcapítulo 1.3) que foi caracterizada, entre outras coisas, pelo "vai e vem" dos poderes normativos atribuídos à ANPD. Ainda que o seu rol de competências, especialmente as sancionatórias, tenha se mantido relativamente robusto, veio acompanhado de medidas de contenção-explicitação de tais poderes. Em poucas palavras, o desenho final da LGPD fixa uma série de mecanismos de prestação de contas para que o aparato estatal justifique a sua intervenção.

Trata-se de um movimento que não é uma inovação ou exclusividade da LGPD, mas, pelo contrário, é produto de um movimento mais antigo[100] para melhorar a qualidade[101] da regulação no Brasil.[102] Esse pacote de modernização[103] regulatória foi especialmente fortificado pela atualização da Lei de Introdução às Normas de Direito Brasileiro/LINDB,[104] bem como com a edição das Lei das

---

[99] *Ibid.*, p. 139. "queixou-se de que as empresas estrangeiras teriam mais dificuldades do que as nacionais em cumprir as disposições em questão, e que as disposições em conformidade criariam um obstáculo ao comércio" – Tradução livre.

[100] Além da Lei de Processos Administrativos, outro antecedente histórico foi a própria Lei Geral de Telecomunicações que fixa uma série de deveres por parte da Anatel como a obrigatoriedade de realização de consultas públicas. Por todos, veja: GUERRA, Sérgio. **Discricionariedade regulação e reflexividade**: uma nova teoria sobre as escolhas administrativas. 5. ed. Belo Horizonte: Fórum, 2018.

[101] O termo qualidade é usado pela OCDE: OECD. **Recommendations of the Council on Improving the Quality of Government Regulation**. Disponível em: https://legalinstruments.oecd.org/public/doc/128/128.en.pdf.

[102] SUNDFELD, Carlos Ari. Nova Lei de Introdução às Normas de Direito Brasileiro deve modificar a aplicação de regras para instituições públicas. **Núcleo de Estudos Fiscais da Fundação Getulio Vargas**. Disponível em: https://portal.fgv.br/noticias/nova-lei-introducao-normas-direito-brasileiro-deve-modificar-aplicacao-regras-instituicoes. Acesso em: 5 mar. 2020; VALERIM, Luís Felipe. Medida pode ajudar a melhorar qualidade da regulação do país. **Folha de S. Paulo**, 2019.

[103] DIREITO PÚBLICO COM CARLOS ARI SUNDFELD. **Art. 29 da LINDB e a Regulação**. YouTube. Disponível em: https://www.youtube.com/watch?v=YX2dZ84p1So. Acesso em: 11 ago. 2020.

[104] BRASIL. **Lei n.º 13.655, de 25 de abril de 2018**. Disponível em: http://www.planalto.gov.br/ccivil_03/_ato2015-2018/2018/lei/L13655.htm. Acesso em: 11 ago. 2020.

Agências Reguladoras/LAR[105] e da Liberdade Econômica/LLE.[106] São leis que correlacionam diretamente mecanismos de escrutínio público e de contraditório e ampla defesa para que a ingerência estatal seja legítima-legal. Dois desses mecanismos merecem especial atenção.

O primeiro deles é a realização de consulta pública para que o processo normativo seja inclusivo. Isto é, a formulação das regras do jogo não deve seguir um processo de cima para baixo (*top-down*) e sem a participação dos atores interessados,[107] os quais, via de regra, têm algo a contribuir como parte de um processo regulatório colaborativo.[108] A esse respeito, veja o quadro comparativo abaixo entre LINDB, LAR e LGPD sobre o dever-faculdade do órgão regulador[109-110] em realizar consultas e audiências públicas previamente à edição de normas:

---

[105] BRASIL, **Lei n.º 13.848, de 25 de junho de 2019**. Disponível em: http://www.planalto.gov.br/ccivil_03/_Ato2019-2022/2019/Lei/L13848.htm. Acesso em: 11 ago. 2020.

[106] BRASIL, **Lei n.º 13.874, de 20 de setembro de 2019**. Disponível em: http://www.planalto.gov.br/ccivil_03/_ato2019-2022/2019/lei/L13874.htm. Acesso em: 11 ago. 2020.Veja em especial a audiência pública com ampla participação de representantes do governo federal acerca dos objetivos da lei: SENADO FEDERAL. Audiência Pública – Declaração de Direitos de Liberdade Econômica. **Programa e-Cidadania**. Disponível em: https://www12.senado.leg.br/ecidadania/visualizacaoaudiencia?id=16102. Acesso em: 11 ago. 2020. E, também, o estudo da FGV Direito SP e da Sociedade Brasileira de Direito Público: SUNDFELD, Carlos Ari *et al*. Para uma reforma nacional em favor da liberdade econômica e das finalidades públicas de regulação. **FGV Direito SP**. Disponível em: https://direitosp.fgv.br/sites/direitosp.fgv.br/files/arquivos/proposta_de_lei_nacional_de_liberdade_economica-_sbdp fgv_direito_sp.pdf.

[107] Seria um dos mecanismos de legitimidade e abertura do processo decisório regulatório, termos que são usados pela OCDE: OECD. **Recommendations of the Council on Improving the Quality of Government Regulation**, p. 8.

[108] KERLEY, Bill; STARR, Graeme. Public Consultation: Adding Value or Impeding Policy?. **Agenda: A Journal of Policy Analysis and Reform**, v. 7, n. 2, p. 185-192, 2000.

[109] IMPRENSA NACIONAL. Portaria PR/ANPD n.º 16, de 8 de julho de 2021. **DOU – Imprensa Nacional**. Disponível em: https://www.in.gov.br/web/dou. Acesso em: 12 ago. 2021.

[110] BRASIL. **Lei n.º 13.709, de 14 de agosto de 2018**. Lei Geral de Proteção de Dados (LGPD). Disponível em: http://www.planalto.gov.br/ccivil_03/_ato2015- 2018/2018/lei/L13709.htm. Acesso em: 18 fev. 2019.

Capítulo 3 · QUEM E SOBRE O QUE SE DEVE PRESTAR CONTAS | 125

Lei 13.655/2018	Lei 13.848/2019	Lei 13.709/2018
Art. 26 da LINDB, incluído pela Lei 13.655/2018. "Para eliminar irregularidade, incerteza jurídica ou situação contenciosa na aplicação do direito público, inclusive no caso de expedição de licença, a autoridade administrativa **poderá**, após oitiva do órgão jurídico e, quando for o caso, após realização de consulta pública, e presentes razões de relevante interesse geral, celebrar compromisso com os interessados, observada a legislação aplicável, o qual só produzirá efeitos a partir de sua publicação oficial. [...]"	Art. 6.º "A adoção e as propostas de alteração de atos normativos de interesse geral dos agentes econômicos, consumidores ou usuários dos serviços prestados serão, nos termos de regulamento, precedidas da realização de Análise de Impacto Regulatório (AIR), que conterá informações e dados sobre os possíveis efeitos do ato normativo. [...] § 4.º A manifestação de que trata o § 3.º integrará, juntamente com o relatório de AIR, a documentação a ser disponibilizada aos interessados para a realização de consulta ou de audiência pública, caso o conselho diretor ou a diretoria colegiada decida pela continuidade do procedimento administrativo.[...]"	Art. 55-J:"Compete à ANPD: [...] XXIV – implementar mecanismos simplificados, inclusive por meio eletrônico, para o registro de reclamações sobre o tratamento de dados pessoais em desconformidade com esta Lei. [...] § 2.º Os regulamentos e as normas editados pela ANPD devem ser precedidos de consulta e audiência públicas, bem como de análises de impacto regulatório".
Art. 29 da LINDB, incluído pela Lei 13.655/2018. "Em qualquer órgão ou Poder, a edição de atos normativos por autoridade administrativa, salvo os de mera organização interna, poderá ser precedida de consulta pública para manifestação de interessados, preferencialmente por meio eletrônico, a qual será considerada na decisão. [...]".	Art. 9.º. "Serão objeto de consulta pública, previamente à tomada de decisão pelo conselho diretor ou pela diretoria colegiada, as minutas e as propostas de alteração de atos normativos de interesse geral dos agentes econômicos, consumidores ou usuários dos serviços prestados. § 1.º A consulta pública é o instrumento de apoio à tomada de decisão por meio do qual a sociedade é consultada previamente, por meio do envio de críticas, sugestões e contribuições por quaisquer interessados, sobre proposta de norma regulatória aplicável ao setor de atuação da agência reguladora. § 2.º Ressalvada a exigência de prazo diferente em legislação específica, acordo ou tratado internacional, o período de consulta pública terá início após a publicação do respectivo despacho ou aviso de abertura no Diário Oficial da União e no sítio da agência na internet, e terá duração mínima de 45 (quarenta e cinco) dias, ressalvado caso excepcional de urgência e relevância, devidamente motivado.	

Lei 13.655/2018	Lei 13.848/2019	Lei 13.709/2018
	§ 3.º A agência reguladora deverá disponibilizar, na sede e no respectivo sítio na internet, quando do início da consulta pública, o relatório de AIR, os estudos, os dados e o material técnico usados como fundamento para as propostas submetidas a consulta pública, ressalvados aqueles de caráter sigiloso. § 4.º As críticas e as sugestões encaminhadas pelos interessados deverão ser disponibilizadas na sede da agência e no respectivo sítio na internet em até 10 (dez) dias úteis após o término do prazo da consulta pública. § 5.º O posicionamento da agência reguladora sobre as críticas ou as contribuições apresentadas no processo de consulta pública deverá ser disponibilizado na sede da agência e no respectivo sítio na internet em até 30 (trinta) dias úteis após a reunião do conselho diretor ou da diretoria colegiada para deliberação final sobre a matéria. § 6.º A agência reguladora deverá estabelecer, em regimento interno, os procedimentos a serem observados nas consultas públicas. § 7.º Compete ao órgão responsável no Ministério da Economia opinar, quando considerar pertinente, sobre os impactos regulatórios de minutas e propostas de alteração de atos normativos de interesse geral dos agentes econômicos, consumidores ou usuários dos serviços prestados submetidos a consulta pública pela agência reguladora".	
Art. 30 da LINDB, incluído pela Lei 13.655/2018. "As autoridades públicas devem atuar para aumentar a segurança jurídica na aplicação das normas, inclusive por meio de regulamentos, súmulas administrativas e respostas a consultas. Parágrafo único. Os instrumentos previstos no *caput* deste artigo terão caráter vinculante em relação ao órgão ou entidade a que se destinam, até ulterior revisão."		

Tabela 5 – Quadro comparativo entre as Leis 13.655/2018, 13.848/2019 e 13.709/2018

O segundo deles é a elaboração de avaliações de impacto regulatório/AIRs, que são, em termos gerais, um instrumento para avaliar as diferentes alternativas para solucionar um problema regulatório. Ao final, espera-se que a decisão tomada se lastreie em evidências e com a explicitação daquela escolhida em detrimento de outras concorrentes. Nesse sentido, toda vez que o Estado visar à, por intermédio de qualquer ato normativo, interferência ou modificação de um comportamento social como parte da solução desejada de um problema regulatório, ele terá que se desvencilhar de tal ônus argumentativo. É um documento que, se for formulado com base em uma metodologia adequada, fará com que ações regulatórias sejam mais previsíveis e eficientes[111] e menos arbitrárias.[112] É o meio para se alcançar o fim programado de que decisões regulatórias não sejam baseadas em "valores jurídicos abstratos sem que sejam consideradas as consequências práticas"[113] dessa intervenção.[114] São instrumentos com uma dupla função.

A primeira, mais ampla e geral, de redução do *déficit democrático*[115] da regulação, já que o processo de normatização tende a ser partilhado e não monopolizado pelo Estado. Consultas públicas, ainda mais se forem instruídas com AIRs, permitem que haja a contribuição de todos os atores interessados, sobretudo a partir de um processo dialético. Isso porque, quem fizer sugestões fará com base em um estudo prévio e discursivo sobre aquilo que se considera como a melhor estratégia regulatória. Ao contrário de uma discussão aberta e sem premissas estabelecidas, como é o caso de consultas que não são acompanhadas de AIRs.

A segunda, mais específica e decorrente da primeira, é que se oportuniza uma espécie de **contraditório e ampla defesa**[116] a quem será afetado por tal intervenção estatal. Isso porque parte-se do pressuposto de que a tomada de decisão não deve ser um ato isolado e fechado por parte do agente estatal,

---

[111] Os AIRs são tidos como um desdobramento do princípio da eficiência da Administração Pública. Ao ter que refletir sobre a intervenção regulatória e ao se desvencilhar de tal ônus argumentativo, a tendência seria a existência de intervenções mais certeiras e aderentes à realidade. Por todos, veja o capítulo 4 da dissertação de mestrado de: VALENTE, Patrícia Rodrigues Pessôa. **Avaliação de impacto regulatório**: uma ferramenta à disposição do Estado. Universidade de São Paulo, 2010.

[112] Posicionam-se os AIRs como instrumento para limitar a discricionariedade dos órgãos reguladores: BLANCHET, Luiz Alberto; TON BUBNIAK, Priscila Lais. Análise de impacto regulatório: uma ferramenta e um procedimento para a melhoria da regulação. **Pensar – Revista de Ciências Jurídicas**, v. 22, n. 3, p. 1-15, 2017, p. 11.

[113] BRASIL. **Lei n.º 13.655, de 25 de abril de 2018:** "Art. 20. Nas esferas administrativa, controladora e judicial, não se decidirá com base em valores jurídicos abstratos sem que sejam consideradas as consequências práticas da decisão. Parágrafo único. A motivação demonstrará a necessidade e a adequação da medida imposta ou da invalidação de ato, contrato, ajuste, processo ou norma administrativa, inclusive em face das possíveis alternativas".

[114] JORDÃO, Eduardo. Art. 22 da LINDB – Acabou o romance: reforço do pragmatismo no direito público brasileiro, **Revista de Direito Administrativo**, p. 63-92, 2018.

[115] VALENTE, Patrícia Rodrigues Pessôa. **Avaliação de impacto regulatório**: uma ferramenta à disposição do Estado, p. 136.

[116] MONTEIRO, Vera. Art. 29 da LINDB – Regime jurídico da consulta pública. **Revista de Direito Administrativo**, p. 234, 2018.

128 | REGULAÇÃO E PROTEÇÃO DE DADOS PESSOAIS – *Bruno Ricardo Bioni*

mas, pelo contrário, deve ser resultado de um processo com espaços-fases de oitiva e, se possível, de contraposição por parte de quem será atingido pelo ato administrativo.

Em resumo, o Estado concentra um enorme **poder que é decorrência de uma espécie de normatização incompleta de leis reflexivas** (metarregulação) – subcapítulo 2.2.3 –, as quais são recheadas de conceitos jurídicos abertos que tendem a ser concretizados-detalhados *a posteriori* no plano infralegal. Ao fazer tal tipo de delegação à ANPD, a LGPD procurou **contrabalancear tais competências decisórias com uma série de deveres de prestação de contas** que, como visto, é, por vezes, mais reforçada do que outros previstos de forma geral no ordenamento jurídico brasileiro.

Trata-se de uma pista extremamente importante para compreender a racionalidade jurídica da LGPD e, em última análise, das leis de proteção de dados pessoais de uma forma geral. **Quanto maior for a concentração de poder** – o grau de competências decisórias sobre o fluxo informacional –, **mais intensa será a obrigação de prestação de contas**. É uma coordenada para entender não só quem deve prestar contas, mas, também, sobre o quê.

3.4. CONCLUSÃO: PRESTA CONTAS QUEM TEM PODER DE TOMADA DE DECISÃO SOBRE O FLUXO DE DADOS E QUANTO MAIOR FOR A SUA DISCRICIONARIEDADE (DE VOLTA ÀS CONSIDERAÇÕES SOBRE (META)REGULAÇÃO POLICÊNTRICA)

Ao enquadrar as leis de proteção de dados como uma tecnologia de metarregulação – subcapítulo 2.2.3 –, adiantou-se que, em parte, vários são os atores que contribuem para a normatização de comportamentos no campo da proteção de dados. Tão ou mais importante do que o rótulo atribuído a tal fenômeno (direito reflexivo e proceduralizado; autorregulação regulada e corregulação), é a construção de lentes de análise em torno das características[117] marcantes desse processo.

Ao cunhar o termo *regulação descentralizada-policêntrica*, o referencial teórico de Julia Black é bastante útil, pois é um artefato cognitivo[118] que joga luz sobre o principal elemento constitutivo desse processo. Uma *dinâmica de poder* que se dá *em rede* e de *forma fragmentada*. Há uma complexa teia de atores para a governança[119] de comportamentos que vai muito além do Estado e dos agentes

---

[117] BLACK, Julia. Decentering Regulation: Understanding the Role of Regulation and Self-Regulation in a "Post-Regulatory" World, p. 140.

[118] Adaptamos o termo utilizado no original "quadro cognitivo". BLACK, Julia. Decentering Regulation: Understanding the Role of Regulation and Self-Regulation in a "Post-Regulatory" World.

[119] Não se desconhece a literatura que diferencia regulação de governança justamente por conta da multiplicidade de atores, que não só o Estado e os agentes privados, que engajariam em ações para modificação de comportamento. Na literatura nacional, veja-se por todos: KELLER, Clara Iglesias. **Re-**

Capítulo 3 · QUEM E SOBRE O QUE SE DEVE PRESTAR CONTAS | **129**

privados que desempenham a atividade econômica regulada, devendo-se considerar organizações não governamentais, associações de indivíduos e de classe que também colaboram para o processo regulatório. A consequência prática é que todos esses **atores devem prestar contas** das suas ações, sob pena de prejudicar a **legitimidade de tal modelo regulatório**.[120]

A partir de tal referencial teórico, é possível dilatar a obrigação de *accountability* no campo da proteção de dados pessoais. Deve prestar contas todo aquele que decide sobre o fluxo de dados, ainda que não seja considerado um agente de tratamento de dados em sentido *stricto sensu* – especialmente como controlador. Em outras palavras, o **sujeito passivo** de tal obrigação é todo aquele que detenha algum tipo de **competência decisória informacional**. Portanto, o enquadramento de tal obrigação poderá assumir diversas formas,[121] de modo a refletir como a moldura normativa das leis de proteção de dados delega poderes para uma constelação de atores.

Para além de consolidar o diagnóstico anterior de que não há posições fixas entre quem é regulador e regulado em vista de que todos prestam contas entre si, o panorama traçado lança luz, ainda, sobre qual deve ser a **intensidade** dessa obrigação. **Quanto maior for a discricionariedade e o alcance da competência decisória, maior é o vigor obrigacional**. Essa gradação, do menor para o maior, pode ser ilustrada com a seguinte ilustração de algumas das várias competências informacionais distribuídas na LGPD.[122]

---

gulação nacional de serviços na internet: exceção, legitimidade e o papel do Estado, p. 19-21. Na literatura estrangeira, veja-se o trabalho de: LOBEL, Orly. The Renew Deal: The Fall of Regulation and the Rise of Governance in Contemporary Legal Thought. **Minnesota Law Review**, v. 89, p. 262, 2014.

[120] Apesar de ressalvar que a legitimidade de um regulador não é calibrada apenas pelo grau satisfatório com que se presta contas, Black aponta que *accountability* é um dos elementos prejudiciais ao exercício de tal autoridade. BLACK, Julia. Constructing and contesting legitimacy and accountability in polycentric regulatory regimes.

[121] Ao questionar a distinção conceitual entre governança e regulação, Levy-Faur se vale do termo 'polifórmico' para apontar que o processo de modificação de comportamentos não assume uma única forma – estatal, privada, em rede etc. É um produto de todos esses fatores e, dessa forma, ainda que não seja explícito a esse respeito, que tais ações regulatórias sejam *accountable* (LEVI-FAUR, David. The Odyssey of the Regulatory State: From a "Thin" Monomorphic Concept to a "Thich" and Polymorphic Concept. **Law & Policy**, v. 35, n. 1-2, p. 30-50, 2013. Enquanto Julia Black faz tal conexão pela perspectiva de que a própria legitimidade de um modelo regulatório descentralizado (polifórmico) depende também do grau de prestação de contas de quem dele faz parte e a quem são expressamente delegados poderes (BLACK, Julia. Constructing and contesting legitimacy and accountability in polycentric regulatory regimes).

[122] Infográfico idealizado a partir de discussões sobre essa tese com Gabriella Vergili e Maraísa Cezarino.

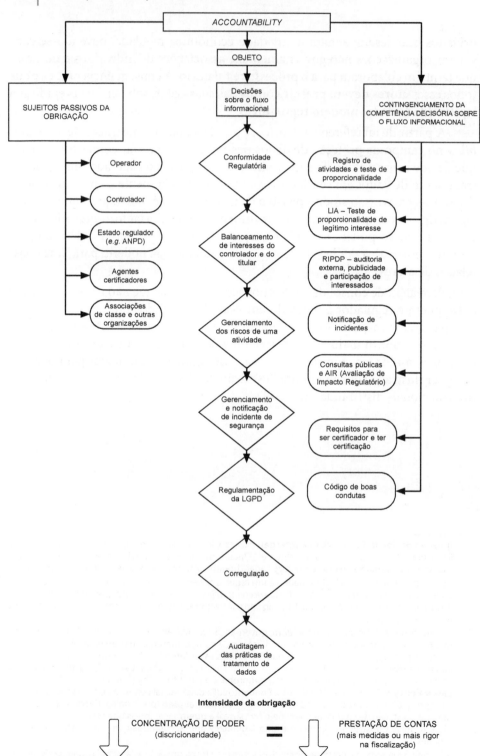

Figura 3 – Competências Informacionais da LGPD

Em conclusão, tão ou mais importante do que fazer a cartografia de quem presta contas, é traçar as coordenadas sobre o quê e com qual intensidade tal dever obrigacional se desdobra. **Quanto maior for a concentração de poder, maior deve ser a carga de prestação de contas.** É o que se nota, por exemplo, com a progressão do dever de documentação das atividades de tratamento de dados por parte do controlador. No momento em que este se vale de uma base legal (legítimo interesse) que, diferentemente das outras, lhe confere uma alta carga de discricionariedade, desencadeia-se para ele um registro especial desta operação (LIA). Também é o que se nota quando códigos de boas condutas e selos servem não apenas como uma medida de auto-organização, mas, também, como um instrumento de transferência internacional. Essa prerrogativa do livre fluxo transfronteiriço de dados desengatilha um processo de prestação de contas que submete não apenas quem são as associações de classe e entidades certificadoras, mas, também, o órgão regulador que as aprova. Algo desnecessário, por exemplo, quando os códigos de boas condutas e selos não desempenham tal função e, por conseguinte, não detêm tal envergadura.

Capítulo 4

A QUEM SE DEVE PRESTAR CONTAS E SOB QUAIS CONSEQUÊNCIAS: QUAL É O CONCEITO DE FÓRUM PÚBLICO NO CAMPO DA PROTEÇÃO DE DADOS E O SEU RESPECTIVO PODER DE DELIBERAÇÃO?

De modo a completar a análise do princípio da *accountability* na qualidade de norma de conteúdo obrigacional, este capítulo analisará quem compõe o polo ativo desta relação. Isto é, quem julga e quais são as possíveis consequências a serem impostas no caso de as contas prestadas não serem aprovadas. Mais uma vez se adotará uma abordagem exploratória e não exaustiva sobre como a moldura normativa das leis distribuem tal prerrogativa em várias mãos. Com isso, espera-se pintar o quadro do que consiste o conceito de fórum público (vide: subcapítulo 2.1) no campo da proteção de dados e qual é o seu respectivo poder de deliberação.

4.1. MICROFÓRUM PÚBLICO: DIMENSÃO INDIVIDUAL E DA BUROCRACIA DA PROTEÇÃO DE DADOS

4.1.1. O poder do cidadão em influenciar o tratamento dos seus dados: o julgamento de contas como um processo dialógico e não como um ponto de chegada

O cidadão sempre esteve no centro gravitacional das leis de proteção de dados pessoais. Notou-se que, desde a articulação das *fair information practice principles* (capítulo 1), a estratégia foi muni-lo com uma série de direitos para que ele pudesse *intervir*[1] no fluxo dos seus dados. Extraem-se duas conclusões importantes quando se recupera esse histórico.

---

[1]   ZANFIR-FORTUNA, Gabriela. Forgetting about consent: Why the Focus Should Be on "Suitable Safeguards". **Data Protection Law**, p. 11, 2013. "Por mais incomum que um direito que protege uma proteção possa soar, não poderia haver outra forma de expressar melhor a natureza processual de tal direito. Com efeito, abrange mecanismos de proteção: princípios de tratamento lícito e justo, direitos 'intervencionistas' da pessoa em causa, regras de qualidade dos dados e regras de accountability" – Tradução livre.

134 | REGULAÇÃO E PROTEÇÃO DE DADOS PESSOAIS – *Bruno Ricardo Bioni*

A primeira é que o titular dos dados se apresenta como um dos que julgarão a prestação de contas acerca da conformidade de uma atividade de tratamento de dados. Nesse sentido, Colin Bennett[2] ressalta a importância da resolução de Madrid,[3] firmada por várias autoridades nacionais supervisoras de proteção de dados em 2009, que reconhece ser essa uma prerrogativa não apenas delas, investidas formalmente com o poder de aplicação e interpretação pelas próprias leis de proteção de dados, mas, também, do próprio cidadão. Ou seja, um processo comunicativo que deve considerar conjuntamente a voz dos cidadãos e do aparato estatal pelos agentes de tratamento de dados.

Em um cenário ideal, essa *triangulação* – titular, agentes de tratamento e autoridades de proteção de dados – teria o potencial de diminuir o volume de litigiosidade. Na medida em que o titular de dados se sentisse contemplado senão com a sua opinião internalizada, ao menos considerada e justificada porque esta não foi adotada integralmente ou parcialmente, a quantidade e, principalmente, a amplitude do escopo das reclamações seriam reduzidos. Paul de Hert considera ser essa **dimensão qualitativa da *accountability***[4] como a sua principal implicação normativa, a qual nos conduz à segunda conclusão quando se posiciona o titular dos dados como sujeito ativo da obrigação de prestação de contas.

A filosofia da proteção de dados é de atribuir ao titular **poder de influência** sobre o uso dos seus dados.[5] Esse racional de intervir no fluxo informacional foi eclipsada pelo protagonismo do consentimento.[6] A autodeterminação informacional vai muito além do momento pontual e, via de regra, binário em que o cidadão autoriza ou não o uso dos seus dados. Ao se apoiar na literatura francesa de direito privado, Gabriela Zanfir lembra que leis de proteção de dados conferem vários direitos subjetivos aos seus titulares. É necessário ter uma visão holística e interde-

---

[2]   BENNETT, Collin J. The Accountability Approach to Privacy and Data Protection: Assumptions and Caveats. *In*: BENNETT, Collin J. **Managing privacy through accountability**. London: Palgrave Macmillan, 2012. p. 42.

[3]   BENNETT, Collin J. International privacy standards: can accountability be adequate? **Privacy Laws and Business International**. Disponível em: https://www.colinbennett.ca/Recent%20publications/Privacy-Lawsand%20BusinessAugust2010.pdf. "O Responsável deverá: a) Tomar todas as medidas necessárias para observar os princípios e obrigações estabelecidos no presente Documento e na legislação nacional aplicável, e b) Dispor dos mecanismos internos necessários para demonstrar tal observância tanto às pessoas em causa como às autoridades de supervisão no exercício das suas competências, tal como estabelecido na seção 23 (Monitoramento)" – Tradução livre.

[4]   "Uma medida burocrática não é necessariamente uma medida inspirada nos valores que um sistema procura proteger ou uma medida que permite à parte requerida prestar contas para mostrar que incorporou os valores que um sistema procura proteger. Numa linha semelhante, uma medida imposta a uma organização ou pessoa pode não ser orientada para o cidadão ou para o consumidor. Esta dimensão qualitativa dos esquemas de prestação de contas não deve ser subestimada. Poder-se-ia realizar uma discussão legítima sobre os deveres de notificação na lei de proteção de dados e o seu valor acrescentado para a *accountability*" – Tradução livre: HERT, Paul de. Accountability and system responsibility: new concepts in data protection law and human rights law. *In*: GUAGNIN, Daniel *et al.* (org.). **Managing Privacy through Accountability**. London: Palgrave Macmillan UK, 2012. p. 200.

[5]   *Ibid.*, p.13.

[6]   BIONI, Bruno. Boa-fé e tutela da confiança como vetores da privacidade contextual.

Capítulo 4 · A QUEM SE DEVE PRESTAR CONTAS E SOB QUAIS CONSEQUÊNCIAS | 135

pendente de todas essas prerrogativas para a materialização[7] do direito à proteção de dados. Em resumo, a **aprovação ou reprovação do fluxo informacional é algo a ser progressivamente esculpido** por meio do exercício de um conjunto de prerrogativas que se somam, portanto, não são substituídos pelo consentimento e outras bases legais para o tratamento de dados:

> Para que sua proteção seja efetiva, o conteúdo de um direito subjetivo, que representa "uma prerrogativa ou um pacote de prerrogativas" concedidas ao sujeito do direito, deve ser apropriado para salvaguardar o objeto. A seção anterior contribuiu para a identificação do objeto do direito à proteção de dados pessoais e esta seção identifica o pacote de prerrogativas concedidas ao envolvido, que são verdadeiras salvaguardas adequadas à proteção de dados pessoais – "salvaguardas adequadas"; Os direitos do envolvido já estão sistematizados e estruturados em um conjunto bem delimitado de prerrogativas, e cada uma delas é importante para a realização da proteção de dados.[8]

Por exemplo, os tradicionais direitos de acesso, retificação, cancelamento, e oposição/ARCO.[9] Aplicando-os de forma sequencial, o cidadão pode, ao saber o que é feito com os seus dados, solicitar a sua correção, bem como deleção de uma parcela dos seus dados. Mais especificamente, o direito de oposição pode desafiar um determinado recorte da atividade de tratamento de dados, isto é, algumas das suas finalidades e não a operação toda. Nesse sentido, a GDPR[10] por exemplo, fixa o direito do titular em se contrapor de forma absoluta e pontual quanto a um uso específico dos seus dados para fins de marketing em seu art. 21.[11-12] Da mesma forma, os novos direitos dos titulares como de explicação e revisão de de-

---

[7] MENDES, Laura Schertel; FONSECA, Gabriel C. Soares da. Proteção de dados para além do consentimento: tendências contemporâneas de materialização. **REI – Revista Estudos Institucionais**, v. 6, n. 2, p. 507-533, 2020.

[8] "In order for its protection to be effective, the content of a subjective right, which represents 'a prerogative or a bundle of prerogatives' accorded to the subject of the right, must be appropriate for safeguarding the object. The previous section contributed to the identification of the object of the right to the protection of personal data and this section identifies the bundle of prerogatives accorded to the data subject, which are veritable safeguards suited to the protection of personal data – 'suitable safeguards'"; The rights of the data subject are already systemized and structured in a well delimited set of prerogatives, and each of them is important for the realization of data protection" (ZANFIR-FORTUNA, Gabriela. Forgetting about consent: Why the Focus Should Be on "Suitable Safeguards").

[9] Arts. 18, II; 18, III; 18, IX; 18, § 2.º (BRASIL. **Lei n.º 13.709, de 14 de agosto de 2018**).

[10] A LGPD não detém uma disposição similar à GDPR quanto ao direito absoluto de oposição contra fins de *marketing*. Entretanto, pode-se extrair um resultado normativo similar se o titular apontar que tal uso fere a sua legítima expectativa. Analisamos tal questão em: BIONI, Bruno. Boa-fé e tutela da confiança como vetores da privacidade contextual, p. 45.

[11] Article 21 (2) da GPDR.

[12] A LGPD não detém uma disposição similar à GDPR quanto ao direito absoluto de oposição contra fins de *marketing*. Entretanto, pode-se extrair um resultado normativo similar se o titular apontar que tal uso fere a sua legítima expectativa. Analisamos tal questão em BIONI, Bruno Ricardo; RIELLI, Mariana; KITAYAMA, Marina. **Legítimo interesse na LGPD**: quadro geral e exemplos de aplicação.

cisões automatizadas.[13] São prerrogativas que permitem ao titular compreender, questionar e, em última análise, dialogar[14] sobre um juízo de valor que é feito a seu respeito. O resultado do exercício de tais direitos é muito mais de contenção do que de bloqueio em si do tratamento dos seus dados, de modo que o cidadão possa **engajar no circuito decisório** que lhe afeta diretamente.

Portanto, o cidadão pode e deve modular, de forma colaborativa com os controladores, a atividade de tratamento de dados. Quando se analisa o arquétipo das leis de proteção de dados, especialmente por um olhar que vai além do consentimento, percebe-se o que está em jogo é uma **arquitetura de empoderamento do cidadão**[15] para que ele possa talhar o que considera ser um fluxo informacional apropriado.[16] Somente com o exercício do referido conjunto de prerrogativas – *e.g.*, dos velhos (ARCO) e dos novos direitos (explicação e revisão de decisões automatizadas) – é que ele efetivamente titulariza seus dados. Essa complexidade intraobrigacional[17] pode ser ilustrada da seguinte forma:

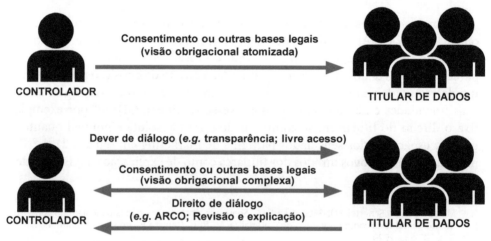

Figura 4 – *Visão obrigacional dos direitos e deveres na proteção de dados pessoais*

---

[13] Fazendo uma extensão revisão de literatura estrangeira especialmente a dissidência quanto a existência de um direito de explicação, veja: MONTEIRO, Renato. Existe um direito a explicação na Lei Geral de Proteção de Dados no Brasil?, 2018.

[14] ZANATTA, Rafael. Perfilização, discriminação e direitos: do Código de Defesa do Consumidor à Lei Geral de Proteção de Dados Pessoais. *In*: MIRAGEM, Bruno; MARQUES, Claudia Lima; MAGALHÃES, Lucia Ancona Lopes de (org.). **Direito do consumidor**: 30 anos de CDC. São Paulo: Forense, 2021.

[15] BIONI, Bruno. Boa-fé e tutela da confiança como vetores da privacidade contextual, p. 191-193.

[16] NISSENBAUM, Helen. **Privacy in Context**: Technology, Policy, and the Integrity of Social Life. Stanford: Stanford Law Books, 2009.

[17] MENEZES CORDEIRO, António Manuel da Rocha e. **Da boa-fé no direito civil**, p. 586: "A complexidade intraobrigacional traduz a ideia de que o vínculo obrigacional abriga, no seu seio, não um simples dever de prestar, simétrico a uma prestação creditícia, mas antes vários elementos jurídicos dotados de autonomia bastante para, de um conteúdo unitário, fazerem de uma realidade composta".

Capítulo 4 · A QUEM SE DEVE PRESTAR CONTAS E SOB QUAIS CONSEQUÊNCIAS | **137**

É claro que toda essa teorização pode e deve ser contrastada com a realidade. Cada vez mais recorrente, reportagens[18] e pesquisas[19] que demonstram empiricamente ser uma verdadeira saga, e muitas vezes intransponível para o cidadão comum, a materialização dos seus direitos. Especialmente quando a arquitetura das plataformas são verdadeiros labirintos[20] que asfixiam a programada capacidade do cidadão em ingressar e, por conseguinte, de influenciar o fluxo dos seus dados. São, no entanto, essas mesmas pesquisas que apontam ser necessário levar a sério[21] tais direitos para tanto.

Em resumo, o julgamento da prestação de contas tem como função desencadear primariamente um movimento de colaboração e, eventualmente, de bloqueio no tratamento de dados. A literatura de teoria da regulação e da proteção de dados têm sistematicamente alertado que *accountability* deve desencadear um processo dialógico entre quem apresenta e quem julga as contas. Em outras palavras, é um exercício de interação[22] para a tomada de uma decisão e não o seu ponto de chegada em uma lógica binária de simples aprovação ou reprovação do todo.[23]

4.1.2. A "burocracia" da proteção de dados

4.1.2.1. Autoridades supervisoras de proteção de dados

Desde o surgimento das primeiras gerações de leis de proteção de dados,[24] sempre houve o diagnóstico em torno da necessidade deste arranjo legal vir acompanhado de uma estrutura institucional para materializá-lo. Caso contrário, como

---

[18] O direito de *opt-out* está encoberto por formulários, procedimentos tortuosos e pouco intuitivos, necessitando de guias para que sejam feitos. Birôs de crédito dificultam saída do cadastro positivo. **Folha de S.Paulo**. Disponível em: https://www1.folha.uol.com.br/mercado/2020/01/biros-de-credito-dificultam-saida-do-cadastro-positivo.shtml. Acesso em: 8 fev. 2021.

[19] Casos que envolvam o direito de acesso são mais exitosos quando uma ação coletiva é feita, e não uma individual, demonstrando o poder do uso coletivo como forma de balancear a desigualdade de poder entre as partes no processo, incentivando organizações a tratem transparentemente. Ver: MAHIEU, René L. P.; ASGHARI, Hadi; VAN EETEN, Michel. Collectively exercising the right of access: individual effort, societal effect. **Internet Policy Review**, v. 7, n. 3, 2018.

[20] Ver: GRAY, Colin M. *et al*. The Dark (Patterns) Side of UX Design. *In*: GRAY, Colin M. **Proceedings of the 2018 CHI Conference on Human Factors in Computing Systems**. Montreal QC Canada: ACM, 2018. p. 1-14.

[21] FERRETTI, Federico. A European Perspective on Data Processing Consent through the Re-conceptualization of European Data Protection's Looking Glass after the Lisbon Treaty: Taking Rights Seriously. **Kluwer Law International**, p. 38, 2012.

[22] MULGAN, Richard. "Accountability": An Ever-Expanding Concept?. **Public Administration**, v. 78, n. 3, p. 555, 2000.

[23] RAAB, Charles. The meaning of 'accountability' in the information privacy context. *In*: GUAGNIN, Daniel *et al.* (org.). **Managing privacy through accountability**. London: Palgrave Macmillan UK, 2012. p. 15-32. "Em qualquer caso, o que isto sugere é que o [credor] da prestação de contas de uma organização ou do governo deve, de alguma forma, estar envolvida ao longo de todo processo e não apenas ao final" – Tradução livre.

[24] MAYER-SCHONEBERGER, Viktor. Generational Development of Data Protection in Europe. *In*: MAYER-SCHONEBERGER, Viktor. **Technology and Privacy**: The New Landscape. 3. ed. Cambridge, MA: MIT Press, 2001.

lembra Spiros Simitis no percursor seminário da OCDE em 1974 (subcapítulo 1.2), o esforço regulatório acabaria por consistir em uma **declaração genérica de princípios**.[25] Assim, experimentou-se, ao longo do progresso geracional das leis de proteção de dados, o prognóstico acerca da imprescindibilidade[26] de autoridades supervisoras independentes. Quatro documentos internacionais e o debate brasileiro travado especialmente na PEC 17/2019[27] exemplificam a prevalência dessa estratégia regulatória:

a) **a convenção internacional 108/1981 do Conselho da Europa:** a sua última versão[28] dedica um capítulo inteiro sobre autoridades supervisoras e a sua obrigatoriedade para os países signatários. Essa relevante alteração é um desdobramento de um protocolo adicional, de 2004[29], após mais de duas décadas em que países sem ou com um arranjo institucional precário evidenciaram tal gargalo como o principal para a efetivação do direito fundamental à proteção de dados. O art. 15 da Convenção estabelece que as Autoridades de cada membro devem ter "completa independência e imparcialidade na performance das suas obrigações", que incluem investigação, intervenção, sanção, promoção de consciência pública etc.;

b) **o *Privacy Framework* da Organização para a Cooperação e Desenvolvimento Econômico (OCDE):** enquanto nas *guidelines* originais da OCDE para o tema, de 1980, não havia obrigatoriedade explícita para o estabelecimento de autoridades supervisoras, durante seu processo de modernização esta recomendação foi incorporada de forma destacada em 2013. A seção cinco das novas diretrizes ("Implementação Nacional") aconselha os países-membros a estabelecer e manter autoridades garantidoras "com a governança, recursos e *expertise* técnica necessária para exercer seus poderes com efetividade e tomar decisões com base

---

[25] ORGANISATION FOR ECONOMIC CO-OPERATION AND DEVELOPMENT (OECD). **The OECD Privacy Framework**. Disponível em: https://www.oecd.org/sti/ieconomy/oecd_privacy_framework.pdf.

[26] LIMA, Cíntia Rosa Pereira de. **A imprescindibilidade de uma entidade de garantia para a efetiva proteção dos dados pessoais no cenário futuro do Brasil**. 2015. Tese (Doutorado) – Universidade de São Paulo, Ribeirão Preto, 2015.

[27] "Acrescenta o inciso XII-A ao art. 5.º, e o inciso XXX, ao art. 22, da Constituição Federal para incluir a proteção de dados pessoais entre os direitos fundamentais do cidadão e fixar a competência privativa da União para legislar sobre a matéria". **Proposta de Emenda à Constituição n.º 17, de 2019**. Senado Federal. Disponível em: https://www25.senado.leg.br/web/atividade/materias/-/materia/135594. Acesso em: 8 mar. 2022.

[28] Esta é a última versão modernizada da convenção, conhecida como 108+.

[29] O tratado aumentou a proteção de dados pessoais e a privacidade ao melhorar a convenção original de 1981 (ETS n.º 108) ao permitir a criação de agentes regulatórios supervisores para materializar as normas e o trânsito internacional de dados para países que estão fora da convenção. Ver: COUNCIL OF EUROPE. **Treaty n.º 181**. Additional Protocol to the Convention for the Protection of Individuals with regard to Automatic Processing of Personal Data, regarding supervisory authorities and transborder data flows. Disponível em: https://www.coe.int/en/web/conventions/full-list. Acesso em: 6 fev. 2021.

"objetiva, imparcial e consistente" (parágrafo 19).[30] De acordo com o resumo executivo da revisão, isso se traduz pela necessidade de que autoridades garantidoras sejam livres de quaisquer instruções, vieses ou conflitos de interesse na aplicação da lei;

c) **Carta dos Direitos Fundamentais da União Europeia**: ao reconhecer a referida interdependência de um arranjo legal e institucional, o legislador europeu[31] previu, no mesmo dispositivo que atribui à proteção de dados pessoais o *status* de direito fundamental autônomo, a necessidade de autoridades supervisoras independentes;

d) **EC 115/2022**[32] e MP 1.124/2022: com o desenho final bastante criticado da LGPD que criou a ANPD como um ente da administração pública direta (subcapítulo 1.3.4), tentou-se através da emenda constitucional[33] não só por inscrever a proteção de dados como um direito fundamental, mas, também, por ressalvar que a sua materialização[34] depende da existência de órgão independente no formato de uma autarquia – um ente público da administração indireta. Apesar dessa segunda última parte ter sido derrubada na votação em plenário da Câmara dos Deputados[35], posteriormente o Executivo Federal converteu a ANPD em autarquia de natureza especial, isto é, enquanto uma pessoa jurídica da administração pública indireta.

---

[30] ORGANISATION FOR ECONOMIC CO-OPERATION AND DEVELOPMENT (OECD). **The OECD Privacy Framework**.

[31] UNIÃO EUROPEIA. **Carta dos Direitos Fundamentais da União Europeia**. Disponível em: https://www.europarl.europa.eu/charter/pdf/text_pt.pdf. Acesso em: 8 fev. 2021: "1. Todas as pessoas têm direito à proteção dos dados de carácter pessoal que lhes digam respeito; 2. Esses dados devem ser objecto de um tratamento leal, para fins específicos e com o consentimento da pessoa interessada ou com outro fundamento legítimo previsto por lei. Todas as pessoas têm o direito de aceder aos dados coligidos que lhes digam respeito e de obter a respectiva rectificação; e 3. O cumprimento destas regras fica sujeito a fiscalização por parte de uma autoridade independente".

[32] Ao ser aprovada a PEC 17/2019, foi acrescentada à Constituição Federal a Emenda Constitucional nº 115, de 11 de fevereiro de 2022, que incluiu o inciso LXXIX ao seu art. 5º, bem como o inciso XXVI ao seu artigo 21 e o inciso XXX ao seu art. 22. Com isso, a proteção de dados pessoais foi incorporada como direito fundamental expresso na Constituição Federal brasileira.

[33] Esta foi uma proposta do substitutivo apresentado pelo Dep. Orlando Silva, aprovado na comissão especial.

[34] Essa recomendação, em torno de não apenas enunciar tal direito fundamental, mas, também, de ressalvar a necessidade de um órgão regulador independente, foi vocalizada por este autor ao participar de audiência pública na Câmara dos Deputados. **Pec 017/19 – Dados Pessoais; Direitos Fundamentais: Reunião Deliberativa Ordinária – 29/10/2019**, Portal da Câmara dos Deputados, disponível em: <https://www.camara.leg.br/evento- legislativo/58296>. Acesso em: 30 abr. 2021.

[35] "Apesar de ser um órgão da administração pública federal direta, a ANPD possui algumas características institucionais que lhe conferem maior independência, tais como a autonomia técnica e decisória e o mandato fixo dos Diretores. A LGPD prevê também que a natureza jurídica da ANPD é transitória e poderá ser transformada pelo Poder Executivo em entidade da administração pública federal indireta, submetida a regime autárquico especial e vinculada à Presidência da República. Tal avaliação deverá ocorrer em até 2 (dois) anos da data da entrada em vigor da estrutura regimental da ANPD." – AUTORIDADE NACIONAL DE PROTEÇÃO DE DADOS, **Presidência da República**. Disponível em: <https://www.gov.br/anpd/pt-br/acesso-a-informacao/perguntas-frequentes-2013-anpd#c1>. Acesso em: 08 mar. 2022.

Independência é um atributo fundamental[36] desse órgão regulador que é mencionado nos quatro documentos acima. Em termos esquemáticos, essa característica pode ser avaliada mediante dois eixos.

O primeiro deles diz respeito ao formato – especialmente a natureza jurídica – da entidade para que seja garantida a sua autonomia funcional – técnica e financeira –, de modo que o processo de fiscalização e interpretação seja o mais técnico-imparcial[37-38] para a consecução do interesse público.[39] Vale dizer que este não é um fenômeno particular do campo da proteção de dados pessoais, mas do modelo regulatório forjado e que se fez necessário a partir da escolha de enxugamento do Estado nas atividades econômicas.[40] No Brasil, na segunda metade da década de 1990 com a agenda de privatizações do então governo FHC,[41] esses órgãos reguladores emergem no formato de autarquias para o seu insulamento político.[42] Essa roupagem jurídica, ainda é um processo em (in)evolução no contexto brasileiro,[43] que ganhou recentemente um diploma dedicado a normatizar essa função do Estado regulador.[44]

O segundo, e mais pertinente para o recorte desta pesquisa, é o conjunto de poderes atribuídos a tais órgãos reguladores sendo o caso brasileiro bastante ilustrativo a esse respeito. Como visto, houve um verdadeiro cabo de forças travadas entre Poder Executivo e Legislativo ao longo do processo de sanção e veto da LGPD (subcapítulo 1.3.4). Ao final, prevaleceu a posição do parlamento em investir a autoridade nacional de proteção de dados com prerrogativas sancionatórias fortes com maior amplitude e, especialmente, com maior vigor – *e.g.*, auditoria, bloqueio e suspensão das atividades de tratamento de dados. Além de tais poderes sancionatórios, a ANPD também foi investida com poderes normativos *latu sensu*. Da edição de regulamentos, passando pela condução de processos administrativos a

---

[36] DONEDA, Danilo. A Autoridade Nacional de Proteção de Dados e o Conselho Nacional de Proteção de Dados. *In*: SARLET, Ingo Wolfgang; MENDES, Laura Schertel; RODRIGUES JÚNIOR, Otávio Luiz (org.). **Tratado da Proteção de Dados Pessoais**. Rio de Janeiro: GEN-Forense, 2021. p. 465.

[37] Vide: ORGANISATION FOR ECONOMIC CO-OPERATION AND DEVELOPMENT (OECD). **The OECD Privacy Framework**.

[38] Vide capítulo 2 sobre teoria da captura.

[39] Sobre interesse público como um conceito jurídico indeterminado e a dificuldades de sua valoração. Veja-se: BINENBOJM, Gustavo. **Uma teoria do direito administrativo**: direitos fundamentais, democracia e constitucionalização. 3. ed. Rio de Janeiro: Renovar, 2014. p. 223.

[40] Veja, por todos, a introdução da obra coletiva editada e escrita por: MAJONE, Giandomenico. **Regulating Europe**.

[41] Sobre a emergência das agências reguladoras e o contexto de desestatização brasileiro, veja-se: BINENBOJM, Gustavo. Agências reguladoras independentes e democracia no Brasil. **Revista de Direito Administrativo**, v. 240, p. 147, 2015.

[42] Vide tabela 3 – "Dois possíveis modelos de ANPD" do subcapítulo 1.3.4.

[43] BRASIL. **LEI n.o 13.848, de 25 de junho de 2019**. Disponível em: http://www.planalto.gov.br/ccivil_03/_ato2019-2022/2019/lei/L13848.htm. Acesso em: 6 fev. 2021.

[44] SE OH, Isabel; SAHADE FILHO, Wilson Sampaio. Principais pontos da nova lei das agências reguladoras. **Jota Info**. Disponível em: https://www.jota.info/tributos-e-empresas/regulacao/principais-pontos-da-nova-lei- das-agencias-reguladoras-06082019. Acesso em: 8 fev. 2021.

Capítulo 4 · A QUEM SE DEVE PRESTAR CONTAS E SOB QUAIS CONSEQUÊNCIAS | **141**

serem instaurados de ofício ou a pedido dos titulares de dados, cabe ainda à autoridade reconhecer códigos de boas condutas, credenciar entidades certificadoras, enfim, uma série de atribuições que sinalizam a aplicação e a interpretação da lei de proteção de dados como um processo que não tem como única e primeira etapa a sanção-penalidade.

Nesse sentido, ao dissecar essa ampla gama de poderes, Bennett considera que as autoridades de proteção de dados, exercem papéis complementares de *ombudsman*, auditores, consultores, educadores, formuladores de políticas públicas, fiscalizadores, enfim, de negociadores[45] para normatização da matéria.

Ao fazer um estudo comparativo entre o modelo regulatório estadunidense e europeu, Mark F. Kightlinger[46] chega à conclusão de que ambos partem de uma mesma matriz. Um racional pós-iluminista que tem como pressuposto a necessidade da intervenção estatal em alguma medida. A diferença reside, no entanto, no **grau de interferência da burocracia administrativa** sobre a liberdade desses agentes privados. Enquanto o ecossistema regulatório americano foi forjado com um espectro de poderes e um exercício mais contido pelos órgãos reguladores americanos,[47-48] o cenário europeu se caracterizou como um ambiente regulatório onde a interação entre Estado, cidadão e agentes de tratamento de dados mostrou-se mais intensa.

> O que importa é que, ao colocar os regimes como alternativas, enfatizando as diferenças entre eles, e atacando um sob a perspectiva do outro, estes debates tendem a obscurecer o que os dois regimes têm em comum. Como este artigo e seu predecessor sobre o regime norte-americano têm argumentado, ambos os regimes refletem e reforçam o paradigma pós--Iluminismo. Ambos os regimes presumem um mundo que consiste de indivíduos negociando seu PH1 em um mercado como uma mercadoria por um preço e ambos os regimes reforçam esse mundo com o propósito

---

[45] BENNETT, Colin; MULLIGAN, Deirdre K. **The Governance of Privacy Through Codes of Conduct**: International Lessons for U.S. Privacy Policy. Rochester, NY: Social Science Research Network, 2012. p. 135-143.

[46] KIGHTLINGER, Mark F. Twilight of the Idols? EU Internet Privacy and the Post Enlightenment Paradigm. **The Columbia Journal of European Law**, v. 14, n. 1, p. 1-62, 2007.

[47] Essa "timidez" regulatória é notada a partir de uma agenda mais reativa da FTC com as "broken privacy promises" isto é, um exercício de fiscalização em que práticas abusivas derivariam prioritariamente de compromissos não comprimidos e declarados em arranjos contratuais e publicidade. Ao passo que os órgãos reguladores poderiam ser mais propositivos a partir de um norte mais centrado em "expectativas razoáveis de privacidade", de modo que sua atuação poderia pautar e não apenas reagir melhores práticas de tratamento de dados: SOLOVE, Daniel J.; HARTZOG, Woodrow. The FTC and the New Common Law of Privacy. **Columbia Law Review**, v. 114, n. 583, 2014.

[48] A *Federal Trade Commission*, como reguladora principal da privacidade online, tem adotado uma postura passiva e que foca somente em uma concepção individualista do valor de privacidade, agindo contra as promessas de advogar a favor da privacidade e desmerecendo seu valor. Ver: HOOFNAGLE, C.J. **Federal trade commission privacy law and policy**. Cambridge, UK: Cambridge University Press, 2016. p. 145.

de proteger esses indivíduos e assegurar o funcionamento adequado desse mercado. Ambos os regimes presumem que os indivíduos irão interagir com organizações burocráticas privadas no mercado. Ambos os regimes facilitam e incentivam tais interações, sujeitando-as à supervisão regulatória. Ambos os regimes pressupõem que o mercado não funcionará adequadamente sem algum grau de supervisão burocrática pública – supervisão policial limitada sob o regime dos EUA e supervisão relativamente mais abrangente do mercado sob o regime da UE. Ambos os regimes respondem a esta suposta necessidade de supervisão burocrática, alegando fornecer o tipo de supervisão supostamente necessária. Em todos estes aspectos, o debate sobre os méritos relativos dos regimes de privacidade de informações dos EUA e da UE é uma disputa familiar porque ambos os regimes refletem e reforçam inequivocamente o paradigma pós-Iluminismo.[49]

Em resumo, o Estado regulador também se apresenta como **sujeito ativo da prestação de contas** acerca da conformidade de uma atividade de tratamento de dados. O menos óbvio é entender como e qual é o seu respectivo poder de deliberação no julgamento da prestação de contas. Para tanto, o mesmo professor da universidade de Kentucky aponta ser necessário entender o que chama de "cultura do individualismo burocrático". Um termo, emprestado de Alasdair MacIntyre,[50] que joga luz sobre a **relação simbiótica entre Estado regulador com corporações e cidadãos**. Ou seja, o fórum público e o julgamento da prestação de contas no campo da proteção de dados é, em parte, resultado dessa **triangulação** e corresponde à latitude e dinâmica dos poderes atribuídos e exercidos pelos órgãos reguladores para tal desiderato.

---

[49] "What matters is that by positing the regimes as alternatives, emphasizing the differences between them, and attacking one from the perspective of the other, these debates tend to obscure what the two regimes have in common. As this Article and its predecessor on the U.S. regime have argued, both regimes reflect and reinforce the post-Enlightenment paradigm. Both regimes presume a world consisting of individuals trading their PH1 in a market as a commodity for a price and both regimes reinforce that world by purporting to protect those individuals and ensure the proper operation of that market. Both regimes presume that individuals will interact with private bureaucratic organizations in the market. Both regimes facilitate and encourage such interactions by subjecting them to regulatory oversight. Both regimes presuppose that the market will not function properly without some degree of public bureaucratic supervision-relatively limited policing supervision under the U.S. regime and relatively more comprehensive market-corrective supervision under the EU regime. Both regimes respond to this presumed need for bureaucratic supervision by purporting to provide the type of supervision supposedly required. In all of these respects, debate over the relative merits of the U.S. and EU information privacy regimes is a family feud because both regimes unmistakably reflect and reinforce the post-Enlightenment paradigm." (KIGHTLINGER, Mark F. Twilight of the Idols? EU Internet Privacy and the Post Enlightenment Paradigm, p. 62).

[50] MACINTYRE, Alasdair C. **After virtue**: a study in moral theory. 3rd ed. Notre Dame, Ind: University of Notre Dame Press, 2007.

Capítulo 4 · A QUEM SE DEVE PRESTAR CONTAS E SOB QUAIS CONSEQUÊNCIAS | 143

4.1.2.2. Regulação responsiva como atalho para entender o papel do Estado na qualidade de sujeito ativo do processo dialógico da prestação de contas: heurística e superabilidade da regra contida no art. 52, § 6.º, da LGPD

Como o próprio subtítulo do seminal livro de Ian Ayres e John Braithwaite[51] indica, regulação responsiva é, antes de mais nada, uma alternativa ao impasse intelectual, da década de 1990, entre dois extremos: heterorregulação ou autor-regulação[52] (vide subcapítulo 2.2.3). A partir de uma abordagem sociojurídica, os professores australianos sustentam que, na verdade, regulação se caracteriza muito mais como uma **relação simbiótica**[53] **entre intervenção estatal, cidadãos e mercado para consecução do interesse público.** O Estado deveria reagir – daí o termo responsivo – ao quão premiável e reprovável fosse o comportamento dos agentes econômicos, o que, respectivamente, calibraria um menor ou maior nível de interferência estatal.

Em resumo, estabelecendo uma ponte com o objeto desta pesquisa, os agentes privados deveriam **prestar contas acerca das suas medidas de auto-organização** e, com isso, *sofrer consequências variadas* de acordo com o quão efetiva esta fosse. Ao final, regulação deveria ser encarada como um **fenômeno dinâmico e pendular entre intervenção estatal e livre mercado,** o que seria resultado desse processo de prestação e julgamento de contas acerca da capacidade dos cidadãos e corporações de autorregulação – i.e., autorregulação regulada.[54]

Ao revisitar a teoria em uma aula magna na universidade de Columbia[55] depois de 18 (dezoito) anos da publicação do livro, John Braithwaite chama a atenção para as origens intelectuais da teoria e, também, que esta não deveria ser reduzida à famosa e multicitada pirâmide sancionatória.[56] Esses dois elementos

---

[51] AYRES, Ian; BRAITHWAITE, John. **Responsive regulation**: transcending the deregulation debate. New York: Oxford University Press, 1992.

[52] *Ibid.*, p. 3. "Este livro é sobre a necessidade de transcender o impasse intelectual entre aqueles que favorecem uma forte regulação estatal dos negócios e aqueles que defendem a desregulamentação" – Tradução livre.

[53] *Ibid.* "O que é uma boa política regulatória é a aceitação da inevitabilidade de algum tipo de simbiose entre a regulação estatal e a autorregulação" – Tradução livre

[54] A ideia de autorregulação regulada está relacionada a encarar a regulação como um projeto compartilhado entre regulador e agente, engajando-o e focando suas qualidades e o que são bons em fazer para aprimorar o *design* regulatório. "Argumentamos que, trabalhando de forma mais criativa com a interação entre a regulação privada e pública, o governo e os cidadãos podem conceber melhores soluções políticas" – Tradução livre. *Ibid.*, p. 4.

[55] BRAITHWAITE, John. The essence of responsive regulation. **UBC Law Review**, v. 44, n. 3, p. 476, 2011. O termo "essência" confessa um momento de reformulação sobre o básico da teoria: "Parece oportuno fornecer um esclarecimento sobre o núcleo da teoria. Para o efeito, este ensaio tenta uma simples reformulação da teoria" – Tradução livre.

[56] A teoria responsiva é conhecida primariamente por suas pirâmides, o que, infelizmente, não é o foco devidamente correto a se dar. Por isso, Braithwaite escolheu o título "More Than Pyramids" em um subtítulo de sua obra para frisar que muitas ideias envolviam a regulação responsiva. A pirâmide sancionatória possui métodos mais restaurativos e baseados em diálogo, porém quanto mais alto o nível

144 | REGULAÇÃO E PROTEÇÃO DE DADOS PESSOAIS – *Bruno Ricardo Bioni*

são centrais para articular a regulação responsiva como atalho para compreender o papel do Estado como credor da obrigação de prestação de contas.

Com relação ao primeiro ponto, **justiça restaurativa é a base da regulação responsiva**. Isso significa que o processo de tomada de decisão para a solução de um conflito deve envolver todos os atores afetados preferencialmente, de modo que eles, e não a autoridade estatal, cheguem **coletivamente** na sua resolução.[57] O termo utilizado, conflito, é propositalmente amplo para que o conceito de justiça restaurativa englobe toda e qualquer tensão entre diferentes atores que detêm interesses antagônicos, ainda que isso não se desdobre necessariamente em um ilícito a ser reparado. O papel do Estado é dar suporte a tais **diálogos de conciliação**.[58]

Com relação ao segundo ponto, a partir desse enraizamento da teoria da regulação responsiva, o jurista australiano dá ênfase ao que chama de pirâmide de suporte de diálogo em complementação à famosa pirâmide sancionatória.[59] A função primária do Estado seria, antes de mais nada, **escalar o encontro reflexivo** entre cidadãos e corporações para a solução de seus conflitos.[60] De campanhas de conscientização, passando pelo reconhecimento, mediante selos, de processos de testagem da segurança e qualidade de um produto ou serviço até a criação de prêmios para as práticas mais inovadoras de solução conflitos e de aderência às regulamentações, o Estado deveria incentivar a capacidades desses agentes de auto-organização. Se tal capacidade fosse inexistente e não fosse possível despertá-la, então, secundariamente e de forma subsidiária, o Estado, valendo-se dos seus poderes sancionatórios, interviria para resolver o impasse.[61]

Esse papel conciliatório por parte das autoridades supervisoras de dados pessoais tornou-se mais saliente nas últimas gerações de leis de proteção de dados

---

da pirâmide, mais o diálogo é removido e sanções mais pesadas, que culminam no impedimento da operação do agente, entram em ação.

[57] BRAITHWAITE, John; WOOD, Jennifer. **Restorative justice & responsive regulation**. Oxford: Oxford University Press, 2002. p. 11.

[58] *Ibid*. "A sua principal limitação é que não nos diz quem ou o que deve ser restaurado. Não define valores centrais da justiça restaurativa – que são sobre a cura, e não a dor -, a aprendizagem moral, a participação comunitária e o cuidado comunitário, o diálogo respeitoso, o perdão, a responsabilidade, o pedido de desculpas e as reparações (ver Nicholl, 1998). [...] Assim, a justiça restaurativa tem a ver com a restauração das vítimas, restauração dos infratores e restauração das comunidades (Bazemore e Umbreit, 1994; Brown e Polk, 1996). Uma resposta à pergunta 'O que deve ser restaurado?' é qualquer que seja a dimensão da restauração que importa para as vítimas, infratores, e comunidades afetadas pelo crime. A deliberação das partes interessadas determina o que significa a restauração num contexto específico" – Tradução livre. Não se restauram apenas crimes, mas outros objetos. E, com isso, se afasta de uma lógica punitivista.

[59] BRAITHWAITE, John. The essence of responsive regulation, p. 482.

[60] *Ibid*. "À medida que avançamos na pirâmide de sanções, estão envolvidas intervenções cada vez mais [duras]. A ideia da pirâmide é que a nossa presunção deve ser sempre começar primeiro na base da pirâmide. Somente em seguida, deve-se passar a abordagens punitivas, e só quando o diálogo falha. Depois escalar para abordagens ainda mais punitivas apenas quando as sanções mais modestas falham" – Tradução livre.

[61] *Ibid*., p. 485.

Capítulo 4 • A QUEM SE DEVE PRESTAR CONTAS E SOB QUAIS CONSEQUÊNCIAS | **145**

pessoais. Além de mapear essa movimentação nas diretrizes da OCDE (subcapítulo 1.2), esse trabalho identificou tal (in)evolução mais de perto na LGPD (subcapítulo 1.3). Como já apontado, a lei brasileira passou por uma verdadeira metamorfose, comparável ao que foi o processo de modernização de outras normas de proteção (*e.g.*, GDPR), cuja característica marcante é uma moldura normativa que aposta na capacidade de auto-organização dos agentes privados e que organiza o aparato para que haja preferencialmente um menor grau de intervenção. Por exemplo, nas últimas fases da LGPD, inseriu-se um capítulo dedicado única e exclusivamente a boas práticas e governança, o que foi acompanhado e sincronizado com a imposição de deveres à ANPD que reduziu a sua discricionariedade de intervenção, que deve contar com a oitiva e a colaboração das partes afetadas, como decorrência de seu poder de regulamentação.

Dito de outra forma, **a estrutura normativa da LGPD espelha e privilegia a pirâmide de diálogo da regulação responsiva.**[62] O aparato estatal é posicionado para julgar a prestação de contas sobre a capacidade de auto-organização dos agentes privados e com eles negociar quando for interferir em seus interesses. Com isso, desencadeia-se potencialmente um processo comunicativo entre todas as partes afetadas que se volta justamente para o conceito de regulação como um fenômeno dinâmico, pendular e interativo entre a capacidade estatal e privada para governar comportamentos. A imagem a seguir esquematiza a racionalidade regulatória na LGPD:[63]

---

[62] WIMMER, Miriam. Os desafios do *enforcement* na LGPD: fiscalização, aplicação de sanções administrativas e coordenação intergovernamental, p. 376-378. "Chama atenção a incorporação, pela lei, de uma lógica de regulação responsiva, combinando mecanismos tradicionais com instrumentos não estatais de regulação com amparo na ideia de accountability [...] Trata-se, portanto, de uma estratégia regulatória que se apoia fortemente em elementos de negociação e em processos de consulta pública e implementação de normas jurídicas, com flexibilidade para incorporar também elementos não jurídicos no arcabouço regulatório da proteção de dados pessoais".

[63] As fases utilizadas na pirâmide estão presentes de forma mais detalhada no subcapítulo 1.3. Resumidamente, são marcos temporais importantes do processo de elaboração da LGPD: i) fase 1 trata-se da primeira consulta pública; ii) fase 3 o anteprojeto de lei do Ministério da Justiça é encaminhado ao Poder Legislativo e se transforma no PL 5276/2016, 04; iii) fase 4 é aprovado o PL 4060/2012 na Câmara dos Deputados e passa a tramitar como PLC 53/2018 no Senado Federal; iv) fase 7 trata-se da reta final do longo processo de sanção e veto com conversão da medida provisória em Lei 13.853/2019, que altera a LGPD.

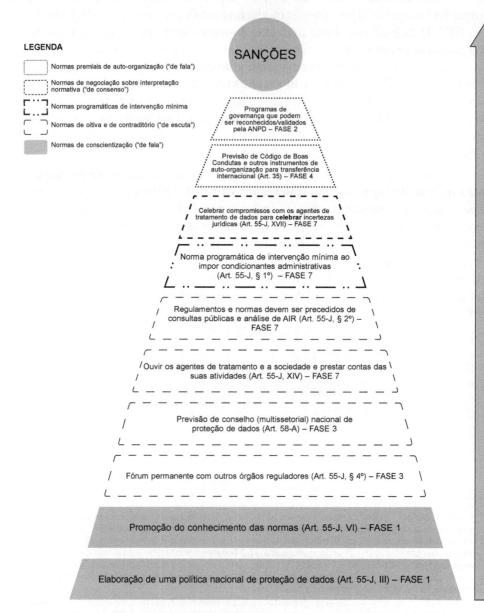

Figura 5 – Pirâmide de suporte ao diálogo da LGPD inspirada em Braithwaite (2011)

Na base da pirâmide estão normas que obrigam a ANPD **a "falar"**, isto é, a dar transparência das suas ações[64] – por meio da elaboração e publicização de uma política nacional de proteção de dados – e, ao mesmo tempo, conscientizar as partes afetadas com um conhecimento mínimo para um possível engajamento – campanhas de promoção de conhecimento. No meio da pirâmide, estão posicionadas normas **"de escuta"**, ou seja, que oportunizam cidadãos, corporações e outros órgãos reguladores a contraditarem suas ações. Essa possível contestação pode se dar de forma dupla. De um lado, de forma mais geral e transversal, em que se discute o todo do tema da proteção de dados (*e.g.*, Conselho Nacional de Proteção de Dados e fóruns permanentes com outros órgãos reguladores). De outro lado, de forma mais recortada, em que se discute subtemas como é o caso de consultas públicas e AIRs em que se mira em algo específico. Já no topo, estão três tipos de normas. Uma primeira programática que simplesmente reforça a **"diretriz mínima de intervenção"** estatal. Uma segunda que considera que o consenso pode ser alcançado senão na partida, ao menos na chegada. Isto é, se o processo basilar de fala e de escuta não foi eficaz para pacificar eventuais conflitos, então **acordos poderiam ser firmados** para dirimir as incertezas quanto ao processo de fiscalização e interpretação das regras do jogo. Uma terceira que **premia** a proatividade dos atores privados em se auto-organizar. Como é o caso de códigos de boas condutas, que, além de serem reconhecidos pela ANPD, podem ser validados como instrumentos de transferência internacional.

Com isso, espera-se que **ANPD literalmente converse**[65] com os atores regulados, com o objetivo de integrá-los antes, durante e depois do processo de interpretação das normas de proteção de dados pessoais. Somente se essa qualidade deliberativa não florescer, então o Estado moveria para a outra pirâmide de perfil sancionatório que também não deixa de ser um processo comunicativo, de acordo com a seguinte sistematização:

---

[64] A ANPD publicou sua agenda regulatória do biênio, algo que não é obrigatório, mas que definitivamente traz previsibilidade e, por conseguinte, legitimidade ao processo regulatório da autoridade. Miriam Wimmer, no 2.º Summit do Data Privacy Brasil, destaca que a agenda regulatória da ANPD é um "passo importante" para que a autoridade possa "dar mais visibilidade sobre o que" está "pensando em endereçar nos próximos dois anos" – WIMMER, Miriam. 2.º Summit, 01 a 28.01. **Data Privacy Brasil**. Disponível em: https://www.youtube.com/watch?v=jTB0xSQijnU. Acesso em: 9 mar. 2022.

[65] Julia Black disserta que a análise do discurso e das relações de todas as partes, que constroem suas identidades por meio de discursos, no "espaço regulatório" é uma parte extremamente importante por ser um elemento constitutivo do processo regulatório e que também dá base a ações coordenadas e a conflitos e contestações. Ver: BLACK, Julia, Regulatory conversations. **Journal of Law and Society**, v. 29, n. 1, p. 163-196, 2002.

Figura 6 – Pirâmide de sanções da LGPD[66] inspirada em Braithwaite (2011) e Miriam Wimmer (2020)

Na sua base estão posicionadas as **sanções mais leves** (*e.g.*, como advertência e publicização), no meio estão alocadas **penalidades moderadas** de índole pecuniária (*e.g.*, multas) e reputacional (*e.g.*, publicização da infração) e, por fim, no seu topo estão fixadas as **medidas mais drásticas** (*e.g.*, ilícitos penais e suspensão das atividades). O quão mais responsivo for o regulado e, por conseguinte, mais cooperativo, bem como menos grave for o seu comportamento desviante, menor será o nível de intrusão estatal mediante sanções menos salientes[67]. Dessa forma, mesmo a pirâmide sancionatória não deixa de apostar na capacidade de diálogo e de auto-organização do regulado, caso este possa ser persuadido por meio de medidas menos bruscas.

Em síntese, o poder de deliberação por parte das autoridades de proteção de dados é forjado para primariamente ser colaborativo e o menos intervencionista para nutrir a capacidade dos atores regulados se auto-organizarem. Por conseguinte, o aparato estatal não deve assumir uma posição meramente passiva; ao contrário, deve buscar o diálogo ao se valer dos seus poderes de fala, de escuta, de negociação

---

[66] Nesta representação são expostos três tipos de sanções: leves, moderadas e graves. As sanções moderadas são subdivididas entre as multas pecuniárias e a publicização. Tal subdivisão se faz necessária na medida em que, conforme elucida Miriam Wimmer, a publicização gera forte dano reputacional. As sanções, graves, por sua vez, foram subdivididas entre as que consistem em bloqueio/eliminação de dados; suspensão das atividades e por último, como a sanção mais gravosa a proibição do exercício da atividade (WIMMER, Miriam. Os desafios do *enforcement* na LGPD. *In*: DONEDA, Danilo *et al.* (org.). **Tratado de Proteção de Dados Pessoais**. Rio de Janeiro: Forense, 2021. p. 378-379).

[67] AYRES, Ian; BRAITHWAITE, John. **Responsive regulation**: transcending the deregulation debate, p. 50.

Capítulo 4 · A QUEM SE DEVE PRESTAR CONTAS E SOB QUAIS CONSEQUÊNCIAS | **149**

e premiação de bons comportamentos. Nesse sentido, juntas a pirâmide de suporte ao diálogo e os diferentes níveis da pirâmide sancionatória são instrumentos que posicionam o bloqueio de uma atividade de tratamento de dados, e esse sendo o veredito final do julgamento da prestação de contas, como último recurso.

A escalada das pirâmides, e de uma para outra, até o seu topo deve ser, via de regra,[68] a última *ratio* quando já não mais adiante o cachorro apenas "latir" e sim "morder" para corrigir o comportamento desviante.[69] Essa **presunção é sempre relativa**, pois, se, desde o início, já se percebe um comportamento desviante grave e a baixa responsividade do ator regulado, então pode se mover diretamente para a pirâmide sancionatória e, até mesmo, para o seu topo.

A esse respeito, ganha importância a **superabilidade da regra contida no art. 52, § 6.º, inciso I, da LGPD**, de que as sanções mais drásticas – como suspensão e proibição de uma atividade de tratamento de dados – somente poderiam ser aplicadas em caso de reincidência e necessariamente antecedida de penalidades mais leves – como advertência e multa.

Se a interpretação do art. 52 não for feita em "tiras",[70-71] nota-se que um dos seus valores preponderantes é a correlação do comportamento transgressor e o peso da respectiva sanção. Nesse sentido, o §1.º traça uma série de critérios, entre os quais a boa-fé, para a tomada de decisão acerca das penalidades imponíveis. Junto com o princípio da *accountability*, ambos detêm força normativa para potencialmente modular a aplicação da regra contida no art. 52, § 6.º, da LGPD. Isto porque se aplicada de forma dura, causar-se-ia distorção e um tratamento desigual entre atores regulados, respectivamente, de boa-fé e com grau de responsividade e de má-fé e com baixo nível cooperação.

Outro valor específico e procedimental[72] da referida regra diz respeito à segurança jurídica. Isto é, a previsibilidade de que o bloqueio total ou parcial das operações de dados somente sucederia depois da aplicação de sanções mais leves. Daí por que, em se considerando a possibilidade da aplicação imediata das sanções mais graves, dever-se-ia prever quando se escalaria de forma direta para o topo da pirâmide. É justamente o que pode ser bem delimitado pela ANPD em

---

[68] BRAITHWAITE, John. The essence of responsive regulation, p. 483.

[69] AYRES, Ian; BRAITHWAITE, John. **Responsive regulation**: transcending the deregulation debate, p. 44.

[70] Sobre as diversas técnicas hermenêuticas atuais e o seu repúdio ao método escolástico de prevalência de um método sobre o outro, especialmente o literal-gramatical: GRAU, Eros Roberto. **Ensaio e discurso sobre a interpretação/aplicação do direito**. 5. ed. São Paulo: Malheiros, 2009. p. 43.

[71] Sabe-se que Eros Roberto Grau mudou de posicionamento quanto à questão e hoje é cada vez mais cético sobre a força normativa dos princípios em face das regras. Em seu livro intitulado **Por que tenho medo dos juízes?** (São Paulo: Malheiros, 2021), Eros Roberto Grau sustenta que quem diz "valor" quer fazer valer e impor. Nesse livro, nota-se uma impugnação ao corolário dos princípios e regras. O jurista afirma que a proporcionalidade não passaria de um novo nome dado à equidade, o que evidenciaria um perigo.

[72] ÁVILA, Humberto. **Teoria dos princípios**: da definição à aplicação dos princípios jurídicos. 18. ed. São Paulo: Malheiros, 2018.

150 | REGULAÇÃO E PROTEÇÃO DE DADOS PESSOAIS – *Bruno Ricardo Bioni*

seu regulamento[73] de sanções administrativas que explicitará a metodologia para calibração de sanções.[74]

Em resumo, ao resgatar as raízes intelectuais da regulação responsiva de forma conectada à força normativa dos princípios da boa-fé e da *accountability*, articula-se uma rota hermenêutica com potencial de derrotar a regra contida no art. 52, § 6.º, inciso I, da LGPD, em casos excepcionais. Isto porque se aplicada sem tal tipo de temperamento, imblodiria a própria heurística do modelo regulatório em questão.

4.1.2.3. *Alargando a burocracia da proteção de dados: a flexão do termo regulador no plural e a necessidade de cooperação institucional diante da complexidade do objeto regulado*

Um último alerta se faz necessário que é o de considerar que a "burocracia da proteção de dados" vai muito além de órgãos reguladores no formato de autoridades supervisoras de proteção de dados. Dada a transversalidade do tema, a atividade regulatória é complexa e necessita de diferentes olhares. Essa cooperação se dá a partir de dois eixos.

O primeiro é relativo à *expertise* de um órgão regulador sobre um determinado setor econômico. Por exemplo, hoje dados pessoais são insumos das atividades de energia elétrica, da assistência suplementar à saúde, das telecomunicações que, respectivamente, desafiam um olhar da Agência Nacional de Energia Elétrica (Aneel),[75] Agência Nacional de Saúde Suplementar (ANS)[76] e Agência Nacional de Telecomunicações (Anatel).[77] É intuitivo que cada um desses nichos detém realidades distintas e, consequentemente, os fluxos de dados são igualmente díspares porque se prestam para diferentes finalidades. Desse modo, deve haver uma correspondente verticalização das normas de proteção de dados a cada um desses diferentes contextos, o que depende necessariamente desse tipo de cooperação que sai do geral para o específico.

O segundo é relativo à confluência de outros temas transversais e que complexificam ainda mais o efeito horizontal da proteção de dados pessoais. Por exemplo,

---

[73] BRASIL. Resolução n.º 1 ANPD. Aprova o Regulamento do Processo de Fiscalização e do Processo Administrativo Sancionador no âmbito da Autoridade Nacional de Proteção de Dados. **Diário Oficial da União**, de 28 de outubro de 2021. Disponível em: https://www.in.gov.br/en/web/dou/-/resolucao-cd/anpd-n-1-de-28-de-outubro-de-2021-355817513.

[74] DATA PRIVACY BRASIL. **Contribuição à Consulta Pública sobre a Norma de Fiscalização da ANPD**, 2021. Disponível em: https://www.dataprivacybr.org/wp-content/uploads/2021/07/dpbr_contribuicao_consulta_publica_anpd.pdf.

[75] BRASIL. **Lei n.º 9.427, de 26 de dezembro de 1996.** Disponível em: http://www.planalto.gov.br/ccivil_03/leis/l9427cons.htm. Acesso em: 12 ago. 2021.

[76] BRASIL. **Lei n.º 9.961, de 28 de janeiro de 2000.** Disponível em: http://www.planalto.gov.br/ccivil_03/leis/l9472.htm.

[77] BRASIL. **Lei n.º 9.472, de 16 de julho de 1997.** Disponível em: http://www.planalto.gov.br/ccivil_03/leis/l9472.htm.

Capítulo 4 · A QUEM SE DEVE PRESTAR CONTAS E SOB QUAIS CONSEQUÊNCIAS | 151

a defesa do consumidor e da livre-iniciativa e concorrência, que inclusive fundamentam a disciplina da proteção de dados de acordo com a LGPD,[78] encontram no uso dados vetores importantes para se avaliar eventuais práticas abusivas[79] e a imposição de barreiras de entrada anticompetitivas.[80-81-82] A partir desse pano de fundo, a aplicação das leis de proteção de dados deve ser coordenada com as demais leis que compõem o sistema jurídico-normativo, como é o caso da cooperação institucional anunciada entre ANPD (LGPD) e Senacon (CDC).[83]

Por essa razão, em linha com o que fez o Decreto do Marco Civil da Internet,[84] uma das grandes inovações da Lei de Agência Reguladoras LAR é criação de quatro capítulos com 27 dispositivos que partem da premissa de que muitos problemas regulatórios são transversais e uma **boa regulação deve romper com silos.**

Nesse sentido, a LGPD reconhece a existência de uma **rede para o *enforcement* da proteção de dados.** Ainda que caiba à ANPD o papel de organizar essa coordenação para se alcançar um *enforcement* uniformizado distribuído em várias mãos, é importante observar que não há uma hierarquia desta para com os demais órgãos reguladores com competências correlatas. O que mais interessa para esse trabalho é a percepção de que o **aparato estatal não é, portanto, monolítico** e o julgamento da prestação de contas segue diferentes racionalidades. Essa **teia** é vital para a não cooptação e compreensão acerca da dimensão do que constitui o fórum público da proteção de dados, bem como a extensão do que é o julgamento de contas na qualidade de um processo deliberativo.

---

[78] O artigo 2.º dispõe sobre os fundamentos da proteção de dados e no inciso VI, explicita: "a livre-iniciativa, a livre concorrência e a defesa do consumidor" (BRASIL. **Lei n.º 13.709, de 14 de agosto de 2018**).

[79] Uma dessas práticas é o *geopricing*, a definição do preço de um produto ou serviço em razão da localização do usuário. No Brasil, o caso da ação civil pública movida pelo MPRJ em face da empresa Decolar.com é emblemático. O MPRJ sustentou que houve discriminação entre consumidores de diferentes localidades e recusa injustificada à prestação de serviços, já que também foi constada a prática de *geo-blocking*. Ver: MPRJ. **Ofício n.º 006/2009**. Disponível em: https://www.migalhas.com.br/arquivos/2018/2/art20180207-05.pdf. Acesso em: 30 mar. 2021.

[80] Sob o aspecto concorrencial o MPRJ sustentou que a prática de *geopricing* e *geoblocking* pela Decolar. com configura crime de concorrência desleal, previsto no art. 195, III, da Lei 9.279/1996, uma vez que causa prejuízos a outras empresas do setor de plataformas intermediárias. *Ibid.* p. 25-26.

[81] LYNSKEY, Orla. Family ties: the intersection between data protection and competition in Eu Law. **Common Market Law Review**, n. 51, p. 11-50, 2017.

[82] ALVES, Aluísio. CADE aprova bureau de crédito dos bancos, com condições. **Reuters**. Disponível em: https://www.reuters.com/article/bancos-cade-centraldecredito-idBRKBN134314. Acesso em: 30 mar. 2021.

[83] ANPD e Senacon assinam acordo de cooperação técnica. **Autoridade Nacional de Proteção de Dados**. Disponível em: https://www.gov.br/anpd/pt-br/assuntos/noticias/anpd-e-senacon-assinam-acordo-de-cooperacao-tecnica. Acesso em: 30 mar. 2021.

[84] O Decreto 8.771/2016, que regulamenta o Marco Civil da Internet, atribui à Agência Nacional de Telecomunicações, à Secretaria Nacional do Consumidor e ao Sistema Brasileiro de Defesa da Concorrência a responsabilidade para fiscalizar e apurar infrações relativas ao Marco Civil da Internet. Estabeleceu também que estas entidades devem atuar de forma colaborativa, seguindo as diretrizes do Comitê Gestor da Internet no Brasil. Art. 17, 18, 19 e 20 (BRASIL. **Decreto n.º 8.771, de 11 de maio de 2016**. Disponível em: http://www.planalto.gov.br/ccivil_03/_ato2015-2018/2016/decreto/D8771.htm. Acesso em: 25 abr. 2021.

152 | REGULAÇÃO E PROTEÇÃO DE DADOS PESSOAIS – *Bruno Ricardo Bioni*

4.2. MACROFÓRUM PÚBLICO: DIMENSÃO DIFUSA E O MERCADO DE DADOS

4.2.1. *Privacy advocates* e as técnicas de *naming and shaming*

Proteção de dados deve ser o resultado de uma ação coletiva.[85] Esse é um dos principais achados do estudo (quase etnográfico) de Colin Bennett que, ao entrevistar o que chama de advogado(a)s de privacidade, conclui que a materialização desse direito não é, via de regra, decorrente dos esforços individuais do cidadão. É, sobretudo, resultado de uma luta travada por profissionais e entidades representativas dos seus direitos que se somam no exercício de contestação e deliberação do que pode ou não ser feito com seus dados.

O termo advogado(as) de privacidade é utilizado de forma ampla,[86] de modo que não engloba apenas profissionais e entidades com *expertise* jurídica, mas, também, ativistas, pesquisadores e consultores.[87] É a potência com que se mobiliza essa *rede*, que se caracteriza por ser flexível, dinâmica e pontual,[88] que será o limiar de uma proteção precária ou forte. Especialmente quando os nodos[89] (vide subcapítulo de conclusão 4.3) dessa rede estão conectados para encarar um caso específico e não para forjar um discurso geral e esparso de antivigilância.

Ao remar contra a maré diante de uma literatura que sistematicamente critica o chamado sistema de *notice-and-consent*, Daniel Susser[90] alerta que medidas de transparência – *notice* – servem a outros fins normativos que não apenas de funcionalizar um processo de tomada de decisão – *consent* – por parte do cidadão. Elas alimentam também terceiros que muitas vezes estão mais bem aparelhados para questionar práticas abusivas. O controle é também coletivo e não apenas individual.

A esse respeito ganha destaque uma das várias estratégias específicas mapeadas por Bennett, que é a de "*naming and shaming*". Isto é, a interação dessa rede com

---

[85] Derivada do trabalho de Erving Goffman, o conceito de "frames" ou molduras consiste em considerá-las como padrões de percepção ou métodos de interpretação utilizados por um movimento social, seus participantes e organizações. É um filtro que organiza o processamento de novas informações (BENNETT, Colin J. **The privacy advocates**: resisting the spread of surveillance. Cambridge, MA: MIT Press, 2008. p. 205).

[86] BENNETT, Colin J. **The privacy advocates**: resisting the spread of surveillance, p. ix.

[87] As três denominações de atores foram retiradas do 3.º capítulo do livro de Bennet. *Ibid.*, p. 63-95.

[88] O autor utiliza o termo "loose coalition" para definir o ativismo no campo da privacidade:" No setor da proteção da privacidade, existe uma gama diversificada, aberta e fluida de grupos e indivíduos, desde organizações tradicionais de liberdades civis, associações de consumidores e grupos estabelecidos para promover a liberdade no ciberespaço a grupos mais especializados envolvidos com questões particulares. Quando surgem conflitos de privacidade, estes tendem a ser travados por coligações soltas que se juntam por causas específicas e depois se dissolvem" – Tradução livre. *Ibid.*, p. 199-200.

[89] Vamos nos valer do conceito de nodo (CASTELLS, Manuel. Informationalism, Networks, and the Network Society: A Theoretical Blueprint. *In*: CASTELLS, Manuel. **The Network Society**: A Cross-cultural Perspective. Cheltenham, UK: Edward Elgar, 2004. p. 3).

[90] SUSSER, Daniel. Notice After Notice-and-Consent: Why Privacy Disclosures Are Valuable Even If Consent Frameworks Aren't. **Journal of Information Policy**, v. 9, p. 37-62, 2019.

Capítulo 4 · A QUEM SE DEVE PRESTAR CONTAS E SOB QUAIS CONSEQUÊNCIAS | 153

a mídia e a sua respectiva capacidade de articular campanhas que concretizem o direito da proteção de dados, muitas vezes etéreo e abstrato, em casos específicos para a grande audiência que são capazes de gerar propaganda-publicidade negativa sobre um determinado ator.

> Em algumas ocasiões, os advogados também podem tentar responsabilizar instituições governamentais e corporativas poderosas, através de reclamações oficiais ou litígios. As normas de proteção de privacidade são inerentes à legislação nacional, acordos internacionais, políticas de privacidade corporativas e outras normas. Os advogados podem, e tentaram, fazer com que as organizações cumprissem suas obrigações regulamentares e compromissos públicos. Ocasionalmente também podem exercer influência, principalmente através da ameaça de má publicidade.[91]

A propósito, segundo o professor canadense, essa rede deveria fazer um uso melhor de casos de violações emblemáticas, como aqueles que afetam uma grande quantidade de indivíduos, a exemplo do que fez o ativismo ambiental. Dessa forma, os *"Privacy Chernobyl"*[92] serviriam não apenas para mensurar o grau de articulação dessa rede, como, também, o seu próprio sucesso de incidência.

Ao estabelecer uma ponte entre o livro de Bennet e esta pesquisa, duas conclusões podem ser encaminhadas. O primeiro é que o fórum público não precisa ser necessariamente um espaço formal e capitaneado pela "burocracia da proteção de dados". O segundo é que a relação jurídico-obrigacional da *accountability* não se não se resume à triangulação Estado, titular dos dados e corporações, mas, também, considera outros indivíduos e entidades, representativas dos direitos dos titulares, no seu polo ativo. Essa orquestração é vital para o objetivo principal e último da proteção de dados que é a redução de assimetria e de poder para avaliação das contas prestadas acerca da conformidade de uma atividade de tratamento de dados.

---

[91]　"On occasion advocates can also attempt to hold powerful governmental and corporate institutions to account, through official complaints or litigation Standards for privacy protection are inherent in domestic law, international agreements, corporate privacy policies, and other standards. Advocates can, and have, tried to get organizations to live up to their regulatory obligations and public commitments. On occasion they can also exert leverage, mainly through the threat of bad publicity" – Tradução livre (BENNETT, Colin J. **The privacy advocates**: resisting the spread of surveillance, p. xiv). As estratégias listadas por Bennett são: promover mudanças por meio da reportagem de fatos; se utilizar de simbologias e cultura para criar mais coesão; fiscalizar alguma discrepância entre retórica e prática para manter a empresa cumprindo suas promessas; e, por último, o "naming and shaming", que se trata de expor a ilicitude de uma organização para o público, a fim de danificar sua reputação.

[92]　O termo utilizado por Bennett indica que surgirão grandes escândalos de privacidade. Se bem mobilizados, o ativismo no campo da proteção de dados poderia alçar o mesmo nível do movimento em defesa ao meio ambiente. "A comparação de Rotenberg com o movimento ambientalista baseia-se na premissa de que a atual rede de defesa da privacidade será transformada num movimento social mais coerente e reconhecível, com visibilidade semelhante à do ambientalismo" – Tradução livre. In some interpretations, this will be catalyzed by a major scandal – the "Privacy Chernobyl". *Ibid.*, p. 200.

154 | REGULAÇÃO E PROTEÇÃO DE DADOS PESSOAIS – *Bruno Ricardo Bioni*

4.2.2. A disputa travada na GDPR e LGPD sobre a tutela coletiva da proteção de dados e o papel do conselho nacional de proteção de dados: pistas sobre um sistema nacional de proteção de dados

A expressa previsão de que entidades representativas dos direitos dos titulares – *e.g.*, uma associação de defesa de proteção de dados – poderiam propor ações coletivas[93] é tida como uma das principais inovações[94] da GDPR. É verdade que já havia provisão de que tais entidades poderiam representar os interesses dos cidadãos junto às autoridades supervisoras de proteção de dados na antiga diretiva,[95] mas não alçada como um dos pilares para facilitar e garantir o acesso à justiça como um recurso quando a tutela administrativa falhasse para materialização dos seus direitos. A adoção dessa política legislativa representa uma mudança de racionalidade regulatória no direito comunitário europeu que historicamente apostou mais no predomínio do *enforcement* público[96] no âmbito administrativo – i.e. o que chamamos de burocracia estatal da proteção de dados – do que no papel de entidades privadas e a via judicial para tanto.

Contudo, essa mudança não está completa e foi fruto de uma intensa disputa na reta final de discussão da GDPR no parlamento europeu. O texto que chegou ao triálogo[97] conferia diretamente a entidades representativas dos direitos do titular, mesmo que não houvesse procuração deste[98], o poder de ajuizar ações coletivas. No entanto, houve um movimento de contenção bem-sucedido sobre o *enforcement* judicial da GDPR. A versão final do art. 80 do regulamento colocou uma espécie de filtro, qual seja, a necessidade de que cada Estado-membro

---

[93] Art. 80 (1) da GDPR.

[94] SORACE, Francesco. Collective redress in the general data protection regulation. An opportunity to improve access to justice in the European Union?. **Catedra Jean Monnet Working Paper**, v. 7, 2018.

[95] "Art. 28 (4). Qualquer pessoa ou associação que a represente pode apresentar à autoridade de controlo um pedido para proteção dos seus direitos e liberdades no que diz respeito ao tratamento de dados pessoais. A pessoa em causa será informada do seguimento dado ao seu pedido" (EUROPEAN PARLAMENT AND OF THE COUNCIL. **Directive 95/46/EC of the European Parliament and of the Council of 24 October 1995 on the protection of individuals with regard to the processing of personal data and on the free movement of such data**. Disponível em: http://data.europa.eu/eli/dir/1995/46/oj/eng. Acesso em: 20 abr. 2021).

[96] JANČIŪTĖ, Laima. Data protection and the construction of collective redress in Europe: exploring challenges and opportunities. **International Data Privacy Law**, v. 9, n. 1, p. 11, 2019.

[97] O "triálogo" é um mecanismo europeu informal de diálogo entre Parlamento, Comissão Europeia e Conselho Europeu, que tem como objetivo firmar bases mínimas de consenso (ROCCO, Arthur Betti. **Processo decisório da União Europeia**: um estudo sobre o Pacote Clima-Energia 2020, 2017).

[98] O parágrafo 2.º do artigo 80 da GDPR inova porque ameniza o caráter individualista do sistema de proteção de dados europeu. Esta é a crítica de Mantelero: "Embora as leis de proteção de dados tenham tido a sua origem nas preocupações dos cidadãos sobre o controle social do governo [...]. Os interesses coletivos têm sido ativamente protegidos como a soma total das várias necessidades individuais. Assim, os legisladores, os tribunais e as autoridades de proteção de dados abordaram estes interesses com soluções que focam principalmente nos direitos individuais e na sua aplicação" – Tradução livre (MANTELERO, Alessandro. Personal data for decisional purposes in the age of analytics: From an individual to a collective dimension of data protection. **Computer Law & Security Review**, v. 32, p. 12-13, 2016).

Capítulo 4 · A QUEM SE DEVE PRESTAR CONTAS E SOB QUAIS CONSEQUÊNCIAS | **155**

legislasse sobre como tal tutela coletiva se aperfeiçoará.[99] Em outras palavras, trata-se de uma espécie de norma de eficácia contida[100] – no direito comunitário europeu chamada de derrogações – que só se torna operante caso sobrevenha a sua implementação doméstica– i.e., uma lei nacional – por intermédio cada um dos países do bloco europeu.

Uma vez que os países-membros podem restar inertes, cria-se um cenário no qual a sociedade civil europeia organizada encontrará uma possível barreira de entrada para se tornar um agente de *enforcement* da proteção de dados.[101] Além disso, ainda que alguns Estados cumpram com tal norma pragmática, é provável que não o façam de forma sincronizada e, possivelmente, experimentar-se-á um nível de proteção que não será uniforme em todo o território europeu cujo um dos fatores será a ausência de uma sociedade civil forte[102] em todo o bloco.

A mesma disputa foi travada na LGPD, ainda que o resultado final tenha sido outro e mais benéfico, à primeira vista, à tutela coletiva da proteção de dados. Valendo-se, mais uma vez, do recurso em se comparar as diversas versões do seu texto legal, percebe-se que, desde o primeiro momento, sempre houve menção de que "a defesa dos interesses e direitos dos titulares de dados poder[ia] ser exercida em juízo [...] coletivamente".[103] Trata-se, portanto, de um *elemento normativo estável* que se manteve ao longo das nove fases do que chamamos de metamorfose da LGPD. Isso pode ser atribuído a dois fatores em razão: i) do *locus* no qual foi concebido o texto base da lei; e ii) da consolidada tradição jurídica brasileira na tutela de direitos difusos, que antecede até mesmo o código de defesa do consumidor.

---

[99] SORACE, Francesco. Collective redress in the general data protection regulation. An opportunity to improve access to justice in the European Union?, p. 16. "Em conclusão, o GDPR adotou uma solução que poderia significar a superação do legado passado da UE com referência ao mecanismo de reparação coletiva, mas que depende necessariamente da intervenção dos Estados-Membros para o seu verdadeiro sucesso. Neste momento, é claramente fundamental analisar os atos nacionais de implementação do GDPR para compreender o resultado desta estratégia" – Tradução livre.

[100] FERREIRA FILHO, Manoel Gonçalves. **Curso de direito constitucional**. 38. ed. São Paulo: Saraiva, 2012. p. 284: "[...] normas de eficácia contida – receberam do constituinte 'normatividade suficiente', mas 'preveem meios normativos ... não destinados ao desenvolvimento de sua aplicabilidade, mas, ao contrário, permitindo limitações a sua eficácia e aplicabilidade'".

[101] SORACE, Francesco. Collective redress in the general data protection regulation. An opportunity to improve access to justice in the European Union?, p. 19.

[102] Há uma série de fatores para o estabelecimento de uma sociedade civil forte, como os recursos disponíveis para viabilizar suas ações que podem decorrer de financiamento público. No entanto, deve-se considerar que a mera possibilidade de ajuizar ações coletivas é um fator relevante que contribui para o surgimento de entidades que encontram no litígio estratégico uma fonte de financiamento e de engajamento associativo.

[103] Na fase 1 – texto do primeiro anteprojeto de lei constava do art. 7.° "A defesa dos interesses e direitos dos titulares de dados poderá ser exercida em juízo individualmente ou a título coletivo, na forma do disposto nos artigos 81 e 82 da Lei 8.078, de 11 de setembro de 1990, na Lei 7.347 de 24 de julho de 1985 e nos demais instrumentos de tutela coletiva estabelecidos em Lei". Essa redação permanece praticamente a mesma e é reproduzida nos arts. 22 e 42, § 3.°, da LGPD.

Os anteprojetos da LGPD foram gestados no antigo Departamento de Proteção de Defesa do Consumidor do Ministério da Justiça.[104] Em 2010[105] e em 2015,[106] o Ministério da Justiça tinha, respectivamente, Laura Schertel Mendes e Danilo Doneda, dois dos principais acadêmicos sobre proteção de dados no Brasil, como seus servidores. A esse respeito, vale transcrever o depoimento de ambos para o projeto Memória da LGPD do Observatório da Privacidade:

> Nessa época estive no Ministério da Justiça em 2009 e 2010, onde você tinha uma secretaria de assuntos legislativos também bastante atuante. Nessa época estava se discutindo o Marco Civil da Internet e eu como coordenadora, junto com Danilo Doneda, um colaborador do Ministério da Justiça sobre o tema de proteção de dados e juntos pensamos em um projeto de lei que pudesse ser o início dessas discussões no Brasil, a fim de fomentá-las (Laura Mendes).[107]

> Se a gente for traçar o retrospecto, for realmente traçar o pedigree específico, é que as primeiras formulações desse texto foram feitas a partir de uma discussão que permaneceu praticamente que sempre interna, num grupo de trabalho de trabalho do Mercosul. Em 2005 a Argentina, que foi o primeiro país da América Latina que teve uma lei de proteção de dados provocou no fórum do Mercosul, no subgrupo de trabalho 13, trabalho sobre comércio eletrônico, a redigir um regulamento comum do Mercosul para proteção de dados. Foi bem-visto pelo Uruguai, que já estava avançando bastante com a matéria, o Paraguai viu de uma forma neutra e aparentemente no Brasil causou certo desconforto, por ser o maior país do bloco sem uma alternativa clara para trabalhar com uma legislação tão horizontal e implicasse em tantas mudanças em tão pouco tempo, ainda mais em um foro de certa forma limitado. Um trabalho como esse deve ser trazido de dentro. Também não adiantava ter uma normativa do Mercosul sem ter um correspondente interno (Danilo Doneda).[108]

---

[104] O Departamento de Proteção de Defesa do Consumidor do Ministério da Justiça foi posteriormente transformado na Senacon. Ver: Governo cria Secretaria Nacional do Consumidor. **O Globo**. Disponível em: https://oglobo.globo.com/economia/governo-cria-secretaria-nacional-do-consumidor-5062325. Acesso em: 23 mar. 2021.

[105] Primeira consulta pública: BRASIL. **Debate Público Proteção de Dados Pessoais**. Disponível em: https://web.archive.org/web/20190902200032/http://culturadigital.br/dadospessoais/. Acesso em: 31 mar. 2021.

[106] Segunda consulta pública: BRASIL. Consulta Pública – Anteprojeto de Lei para a Proteção de Dados Pessoais. **Pensando o Direito**. Disponível em: http://pensando.mj.gov.br/dadospessoais/texto-em-debate/anteprojeto-de-lei-para-a-protecao-de-dados-pessoais/.

[107] ASSOCIAÇÃO DATA PRIVACY BRASIL DE PESQUISA. Memória da LGPD. **Observatório – Por Data Privacy**. Disponível em: https://www.observatorioprivacidade.com.br/memorias/. Acesso em: 23 mar. 2021.

[108] *Ibid.*

Então, inevitavelmente, o tema da proteção de dados foi fertilizado a partir do acúmulo teórico dessa dupla, mas, também e principalmente, pelo aprendizado das décadas de aplicação e fiscalização de código de defesa do consumidor no País.

Ao relembrar que não por acaso a Lei da Ação Civil Pública foi editada no mesmo dia em que se criou o Conselho Nacional de Defesa do Consumidor,[109] Marcelo Sodré revela que a defesa do consumidor é, de certa forma, filha da larga tradição jurídica brasileira no âmbito da tutela de direitos difusos. Ambas têm como fio condutor o reconhecimento de que titulares de direito amargam uma situação de vulnerabilidade,[110] fazendo-se necessário que entidades delas representativas, munidas da *expertise* e dos recursos humanos e financeiros necessários, possam atuar em seu nome para equacionar a sua proteção.

Em outras palavras, e já estabelecendo uma conexão com o objeto desta obra, era necessário compor um **fórum público**, formado por **múltiplas partes** e não apenas entre Estado, indivíduo e corporações, para que as contas fossem prestadas sobre o fornecimento de produtos e serviços com qualidade. O seu julgamento não seria apenas individual pelo consumidor, mas, também, por entidades representativas dos seus direitos, públicas ou privadas,[111] que poderiam contestá-las e reprová-las em âmbito judicial.

Dessa forma, como conclui Rafael Zanatta,[112] o cenário para a tutela coletiva judicial da proteção de dados no Brasil mostra-se mais favorável em comparação ao europeu. Isso porque, além do texto legal trazer tal previsão sem filtros, a LGPD encontrará um sistema de proteção de direitos difusos já consolidado com mais de três décadas de atuação.[113] E, por fim, mas não menos importante é a expressa deferência literal[114] ao código de defesa do consumidor que facilita um diálogo de complementaridade[115] para que a proteção de dados se dê de forma coletiva.

---

[109] SODRÉ, Marcelo Gomes. **Formação do Sistema Nacional de Defesa do Consumidor**. São Paulo: RT, 2007. p. 124-126.

[110] COMPARATO, Fábio Konder. A proteção ao consumidor na Constituição brasileira de 1988. **Revista de Direito Mercantil, Industrial, Econômico e Financeiro**, Instituto Brasileiro de Direito Comercial Comparado, v. 29, n. 80, p. 66-75, out./dez. 1990.

[111] De forma pioneira, ainda que com um certo pessimismo, Othon Sidou também alertava para o papel de entidades representativas dos direitos dos consumidores. Ver: OTHON, J. M. Sidou. **Proteção ao consumidor**. São Paulo: Forense, 1977. p. 80-81. "O ideal, em nosso entender, será a exercitação da estrutura pública com o reforço da participação privada, oferecida pelas agremiações de consumidores [...] Portanto é cedo, é muito cedo, para que, a exemplo das França, uma associação de consumidores no Brasil adquira condições desejáveis para executar sua tarefa por si, dispensando o concurso de um órgão público".

[112] SOUZA, Michel R. O.; ZANATTA, Rafael A. F. A tutela coletiva em proteção de dados pessoais: tendências e desafios. *In*: DE LUCCA, Newton; ROSA, Cíntia (ed.). **Direito & Internet IV**: sistema de proteção de dados pessoais. São Paulo: Quartier Latin, 2019. p. 381-413.

[113] Essa é a opinião de *Ibid*.

[114] WIMMER, Miriam. Os desafios do *enforcement* na LGPD: fiscalização, aplicação de sanções administrativas e coordenação intergovernamental, p. 714-715. "Com efeito, os §§ 1.º e 8.º do art. 18 da LGPD estabelecem o direito do titular de dados pessoais de peticionar não apenas perante a autoridade nacional, mas também perante os organismos de defesa do consumidor; o art. 22 da LGPD acrescenta, ainda, a

Ainda assim, é importante observar, valendo mais uma vez do recurso da tabela comparativa das diversas versões da LGPD, que foi retirada a expressa menção ao Sistema Nacional de Defesa do Consumidor/SNDC na nona e última fase da disputa travada no Congresso Nacional. A redação do art. 55-K, parágrafo único, contém uma previsão genérica de que caberá à ANPD articular o *enforcement* no âmbito administrativo e não mais dando destaque, nem sequer nomeando o SNDC. Tudo isso, ainda, acoplado a um vocabulário de que a ANPD teria uma competência prevalecente e seria o órgão central de interpretação da LGPD.

A essa altura da disputa no legislativo brasileiro, vale lembrar que a Secretaria Nacional de Defesa do Consumidor/Senacon e outros órgãos de proteção de defesa do consumidor (*e.g.*, Procons)[116] vinham sendo protagonistas[117] nessa pauta. Então, ao que tudo indica, houve movimento de contenção da descentralização do *enforcement* da LGPD no âmbito administrativo e, por conseguinte, a tentativa de concentrá-lo nas mãos da ANPD. A pergunta que se coloca é: diante dessa alteração legislativa haveria uma relação de hierarquia destes outros órgãos administrativos para com a ANPD, o que eliminaria qualquer espaço para um sistema de aplicação e fiscalização da lei de forma fragmentada?

A princípio, e sem a pretensão de esgotar essa controvérsia, a resposta é negativa. Conforme observa Miriam Wimmer, o art. 55-K traz os contornos do que pode vir a ser um **sistema nacional de proteção de dados**.[118] Embora deva haver um ente responsável pela coordenação e articulação deste sistema, não há uma relação de subordinação entre os demais membros para com este. Portanto, as

---

possibilidade de defesa dos interesses e dos direitos dos titulares de dados em juízo, individualmente ou por meio de instrumentos de tutela coletiva; e na Seção III da LGPD, a despeito do detalhamento de um regime próprio de responsabilização dos diferentes atores, a lei determina que as hipóteses de violação do direito do titular no âmbito das relações de consumo permanecem sujeitas às regras de responsabilidade previstas na legislação pertinente, atraindo assim o regime de responsabilidade solidária e objetiva previsto no CDC."

[115] Esse diálogo de complementaridade-subsidiariedade entre a LGPD e outras leis preexistentes sobre proteção de dados pessoais já foi objeto de proposição anterior. BIONI, Bruno. **Proteção de dados pessoais**: a função e os limites do consentimento.

[116] Alguns exemplos de *enforcement* pelo Procon são: notificação ao TikTok sobre a política de privacidade do aplicativo, principalmente no que tange ao público infantil; Notificações ao Facebook sobre vazamento de dados pessoais; e sobre a atualização na política de privacidade da empresa; notificação ao Serasa, em virtude de possível mega vazamento de dados, entre outros casos (KELLER, Elaine; CAPEZ, Fernando. Procon notificou TikTok sobre privacidade infantil. **Migalhas**. Disponível em: https://www.migalhas.com.br/depeso/327170/procon- notificou-tiktok-sobre-privacidade-infantil. Acesso em: 27 abr. 2021; Facebook é notificado pelo Procon-SP por vazamento de dados de pelo menos 8 milhões de brasileiros. **Olhar Digital**. Disponível em: https://olhardigital.com.br/2021/04/06/videos/facebook-e-notificado-pelo-procon-sp-por-vazamento-de-dados- de-pelo-menos-8-milhoes-de-brasileiros/. Acesso em: 27 abr. 2021).

[117] Foram mapeados dez casos pelo artigo de Rafael Zanatta e Michel Souza. Os autores das ações foram: ONGs, Ministério Público do Distrito Federal e Territórios, Ministérios Públicos Estaduais e Ministério Público Federal. SOUZA, Michel R. O.; ZANATTA, Rafael A. F. A tutela coletiva em proteção de dados pessoais: tendências e desafios, p. 23.

[118] SARLET, Ingo Wolfgang. Fundamentos constitucionais: o direito fundamental à proteção de dados. *In*: DONEDA, Danilo; SARLET, Ingo Wolfgang; MENDES, Laura Schertel *et al.* (org.). **Tratado de proteção de dados pessoais**. Rio de Janeiro: Forense, 2021.

Capítulo 4 · A QUEM SE DEVE PRESTAR CONTAS E SOB QUAIS CONSEQUÊNCIAS | 159

competências desses outros órgãos administrativos, correlatas ao tema da proteção de dados, não são bloqueadas ou mesmo sobrestadas pela existência da ANPD.[119] Contudo, mais importante do que desvendar qual é o resultado hermenêutico destes dispositivos da LGPD, é conectar essa ideia de um sistema nacional de proteção de dados ao aprendizado existente no campo da defesa do consumidor. Trata-se de uma ponte que joga luz sobre quem compõem o polo ativo da obrigação de prestação de contas e como estas podem ser julgadas no campo da proteção de dados, a partir de três características marcantes do SNDC.

Primeiro, não é por acaso que o SNDC está previsto logo após os dispositivos relacionados à tutela coletiva judicial[120] e há um certo paralelismo[121] entre os agentes legitimados para propositura de tais ações coletivas com quem dele faz parte. Essa estrutura normativa é um **"estímulo à auto-organização"**[122] do mercado de consumo, especialmente uma aposta de que o papel das entidades representativas dos direitos dos consumidores não se encerra nem se limita ao âmbito judicial. Tanto é verdade que tais entidades privadas são imbuídas com o poder de firmar convenções coletivas[123] com associações de fornecedores de produtos e serviços, que é um instrumento, emprestado do direito do trabalho, de solução de conflitos[124] extrajudicial. Portanto, o SNDC indica que a proteção da defesa do consumidor não é feita somente pela via judicial, mas, também e prioritariamente, extrajudicialmente (administrativamente).

Em segundo lugar, o SNDC reconhece que a proteção de defesa do consumidor não é apenas um dever do Estado nem será efetivada mediante o "assistencialismo

---

[119] Por exemplo, é possível que um uso de dados seja enquadrado como uma prática abusiva e, até mesmo, viole uma das regras contidas no art. 43 do Código Defesa do Consumidor. Nesse cenário, a atuação dos órgãos de proteção de defesa do consumidor, ainda que se parametrize pelo entendimento da ANPD acerca da matéria, não é prejudicada e bloqueada.

[120] Arts. 81 e 82. BRASIL. **Lei n.º 8.078, de 11 de setembro de 1990**. Disponível em: http://www.planalto. gov.br/ccivil_03/leis/L8078compilado.htm. Acesso em: 23 mar. 2021.

[121] São exemplos de quem detém legitimidade para ações civis públicas: Ministério Público; associações de defesa dos interesses e direitos protegidos por este código; e a União. Fazem parte do SNDC: os órgãos federais, estaduais, do Distrito Federal e municipais e as entidades privadas de defesa do consumidor.

[122] SODRÉ, Marcelo Gomes. Sistema Nacional de Defesa do Consumidor: ainda muito a fazer. *In*: MARQUES, Cláudia Lima; BENJAMIN, Antonio Herman V.; MIRAGEM, Bruno (ed.). **Comentários ao Código de Defesa do Consumidor**: 30 anos do CDC. 6. ed. rev., atual. e ampl. São Paulo: Thomson Reuters/RT, 2010. p. 1521.

[123] Art. 107. BRASIL. **Lei n.º 8.078, de 11 de setembro de 1990**.

[124] FINK, Daniel. Título IV. Do Sistema Nacional de Defesa do Consumidor. *In*: GRINOVER, Ada Pellegrini *et al.* (ed.). **Código Brasileiro de Defesa do Consumidor**: comentado pelos autores do anteprojeto. 11. ed. Rio de Janeiro: Forense, 2011. p. 844.

160 | REGULAÇÃO E PROTEÇÃO DE DADOS PESSOAIS – *Bruno Ricardo Bioni*

estatal".[125] Ao aglutinar num mesmo espaço vários atores[126] do mercado de consumo, espera-se que haja uma conciliação de interesses e, especialmente, seja franqueada voz e um canal de comunicação direta entre as entidades privadas representativas dos direitos dos titulares e o aparto público de fiscalização. Portanto, a ideia central por trás do SNDC foi de forjar uma **rede de proteção**, pois o consumidor sozinho, diante da sua agravada vulnerabilidade[127] e mesmo com o apoio do Estado, não conseguiria fazer frente aos fornecedores de serviços e produtos e consumidor.

Por fim, e em terceiro lugar, a ausência de um Conselho Nacional de Proteção do Consumidor/CNDC que seria responsável pela coordenação do SNDC. Ao recuperar o histórico da defesa do consumidor, Marcelo Sodré lembra o quão contraditório[128] era e ainda é a situação no Brasil desde a década de 1990. E o mais importante diante da ausência de tal arranjo institucional questiona se há, ontologicamente, um SNDC no Brasil em que pese a sua previsão legal. Esses dois pontos ajudam a compreender qual é o papel de outro Conselho Nacional, o da proteção de dados e privacidade previsto na LGPD.

Desde a Comissão de Inquérito Parlamentar de 1977 do Consumidor,[129] já havia o diagnóstico em torno da desarticulação dos órgãos públicos nos mais diferentes níveis da federação para a construção de uma política nacional.[130-131]

---

[125] *Ibid.*, p. 105. "A eficácia do Sistema, sua coerência e harmonia são de responsabilidade de todos aqueles que o integram, nominalmente descritos pela norma. O sentido preconizado pelo legislador, acertadamente, afastou-se do habitual "assistencialismo estatal" em favor daquele que provoca e incita o verdadeiro exercício da cidadania, o amadurecimento das instituições da própria sociedade. Caminhar no sentido oposto significa contrariar frontalmente as disposições deste diploma do consumidor e da cidadania. Não mais se admite que tudo deva ser feito pelo Estado, assim como não mais se aceita que o Estado faça tudo sem a participação da sociedade."

[126] SODRÉ, Marcelo Gomes. **Formação do Sistema Nacional de Defesa do Consumidor**, p. 179.

[127] MARQUES, Claudia Lima; MIRAGEM, Bruno. **O novo direito privado e a proteção dos vulneráveis**. 2. ed. rev., atual. e ampl. São Paulo: Thomson Reuters/RT, 2014.

[128] SODRÉ, Marcelo Gomes. **Formação do Sistema Nacional de Defesa do Consumidor.**, p. 126: "[...] fiquemos com essa ideia central: todos os atores sociais importantes estavam representados neste conselho".

[129] BRASIL. **CPI Defesa do Consumidor**. Disponível em: https://www.camara.leg.br/proposicoesWeb/prop_mostrarintegra;jsessionid=node017it6yrqy3fc210gl7ks3v9iil1834813.node0?codteor=1243901&filename=Dossie+-PRC+120/1977+CPIDC. Acesso em: 30 mar. 2021.

[130] *Ibid.*, p. 100. "Entretanto uma análise mais crítica dos serviços governamentais como CADE, CIP, SUNAB, INPM, INFMF, destinados à proteção do consumidor nas mais diversas áreas do mercado sem demonstrar que ainda estamos muito aquém de uma política de integralização de metas pois não há entrosamento e complementaridade nas funções desses organismos. É necessário, e é esta a nossa posição, traçar esta política o mais rápido possível. É necessário planejar competências, linhas de atuação, eliminar as áreas de conflito e os territórios vazios, denunciados em vários depoimentos, no sentido de que todos os problemas sejam atacados e em todos os setores o consumidor seja protegido."

[131] SODRÉ, Marcelo Gomes. **Formação do Sistema Nacional de Defesa do Consumidor**, p. 144-145. "Em resumo, a CPI do Consumidor constatou a absoluta desarticulação dos órgãos públicos e propôs, ao final, a criação de um órgão federal para atuar neste tema [...] Por fim, em relação ao tratamento do tema da formação de um Sistema Nacional de Defesa do Consumidor, vale lembrar do longo e precioso depoimento apresentado pelo Deputado Nina Ribeiro na CPI do Consumidor [...] 'Acredito, mais uma vez, num sistema de defesa do consumidor. Nem SUSAB sozinha, nem Instituto de Pesos e Medidas isolado, nem a nossa Comissão, aqui isolada, permitam-me dizer assim".

Capítulo 4 · A QUEM SE DEVE PRESTAR CONTAS E SOB QUAIS CONSEQUÊNCIAS | 161

Então, em 1985, é criado o Conselho Nacional de Defesa do Consumidor que reúne não apenas o aparato estatal de todos os níveis federativos, mas, também, os demais "atores sociais importantes"[132] para pactuar o papel e as ações prioritárias de cada uma das entidades públicas e privadas sobre a pauta. A maior vitória desse Conselho foi a aprovação do CDC, que veio acompanhado da sua maior derrota: a sua extinção.

Foi no âmbito das discussões do CNDC que se acordou não apenas acerca da necessidade de um código, mas, também, a primeira versão do seu texto legislativo. Em razão da sua composição multissetorial e representatividade dos seus membros que lhe agregava um alto grau de legitimidade, o movimento do próprio CNDC em provocar o legislativo, mediante o encaminhamento formal de um projeto de lei, é tido como chave na articulação política para a aprovação do CDC.[133] O resultado só não foi perfeito porque o capítulo que previa a institucionalização da CNDC foi retirado.

Essa opção em não contar com a participação da sociedade civil na consecução de uma política pública nacional de defesa do consumidor pelo Poder Executivo, é confirmada pelo veto presidencial ao art. 6.º, IX, que era o último e derradeiro dispositivo para se (re)criar um espaço institucional ou iniciativa similar ao CNDC.[134]

O artigo estabelecia que é um direito básico do consumidor: "a participação e consulta na formulação das políticas que os afetam diretamente, e a representação de seus interesses por intermédio das entidades públicas ou privadas de defesa".[135] A mensagem do veto ponderava que o dispositivo contrariava o princípio da democracia representativa ao garantir, de forma ampla, o direito a uma participação na formulação das políticas que afetam diretamente o consumidor. O exercício do poder pelo povo fazia-se por intermédio de representantes legitimamente eleitos, exceituadas as situações previstas expressamente na Constituição Federal, em seu art. 14, I. Acentuava-se que o próprio exercício da iniciativa popular no processo

---

[132] *Ibid.*, p. 126.

[133] *Ibid.*, p. 146. "[...] foi um fórum absolutamente legítimo, em razão da representatividade de seus membros e não fosse por outra razão, justifica a sua existência só por ter viabilizado a discussão e provação do que viria a ser o Código de Defesa do Consumidor."

[134] Fazendo uma crítica quanto às razões do veto e correlacionando com o CNDC, veja por todos: "Em absoluto, ao contrário do que o apregoa o veto, se pretendeu conferir a organizações de consumidores a prerrogativa legiferante [...] o que se pretendeu, isto sim, foi dar oportunidade àquelas organizações de serem ouvidas [...]o próprio código do consumidor foi elaborado por comissão designada no seio do extinto Conselho Nacional de Defesa do Consumidor, que congregava parcela considerável da opinião pública e de setores diretamente envolvidos com a temática da defesa ou proteção do consumidor" (FILOMENO, José Geraldo Brito. Capítulo III. Dos Direitos Básicos do Consumidor. *In*: GRINOVER, Ada Pellegrini *et al.* (ed.). **Código Brasileiro de Defesa do Consumidor**: comentado pelos autores do anteprojeto. Direito material (arts. 1.º a 80.º e 105 a 108). 10. ed. Rio de Janeiro: Forense, 2011. v. 1, p. 167).

[135] **Mensagem n.º 664-L8078-90**. Disponível em: http://www.planalto.gov.br/ccivil_03/leis/Mensagem_Veto/anterior_98/vep664-L8078-90.htm. Acesso em: 30 abr. 2021.

legislativo estaria submetido a condições estritas, de acordo com o art. 61, § 2.º, também da Constituição Federal.[136]

No lugar do CNDC sobreveio o Departamento de Proteção de Defesa do Consumidor/DPDC. Não obstante o grande papel exercido pelo DPDC e, mais recentemente, a Senacon, atribuir-lhe o papel de coordenação do SNDC mostrou--se incoerente com a própria ideia de um sistema nacional. Isto porque ao não institucionalizar um espaço com assentos das entidades representativas do consumidor e dos fornecedores de produtos e serviços com atribuições e objetivos consistentes e transparência em suas decisões e procedimentos, franqueou-se uma alta discricionariedade a um único ente da federação. Como resultado, a modelagem trazida pelo CDC ao SNDC é prejudicial à repartição das funções dos diversos órgãos públicos dos três diferentes níveis da federação e, principalmente, sem a necessária porosidade que garanta a participação da sociedade civil como um todo. A esse respeito vale transcrever a conclusão de Marcelo Sodré em sua obra monográfica sobre o tema e que permanece atual,[137] mesmo com a recriação recente do CNDC em 2020:

> Passamos a viver uma situação contraditória: o Brasil tinha uma excelente lei de defesa do consumidor nos aspectos material e processual; eram muitas as entidades públicas para implementar a referida lei; algumas entidades civis estavam em processo de nascimento; mas acontecia uma absoluta falta de sistematização e racionalização das ações visando implementar a legislação [...] Neste contexto, o Sistema Nacional de Defesa do Consumidor ficou aos pedaços, sem um órgão de coordenação e com vácuos de aplicação da legislação. Se tal não bastasse, nunca foi instituído nenhum espaço público que pudesse alavancar a construção de propostos em sentido oposto [...].[138]

Uma vez feito tal percurso histórico, percebe-se quão relevante e acertada foi a opção do legislador em além de prever o Conselho Nacional de Proteção de Dados e Privacidade na LGPD, também fixar quem seriam os grupos de interesse[139] nele

---

[136] *Idem.*

[137] SODRÉ, Marcelo Gomes. Sistema Nacional de Defesa do Consumidor: ainda muito a fazer.

[138] SODRÉ, Marcelo Gomes. **Formação do Sistema Nacional de Defesa do Consumidor**, p. 147.

[139] "Art. 58-A. Os grupos de interesse são: Poder Executivo Federal; Senado Federal; Câmara dos Deputados; Conselho Nacional de Justiça; Conselho Nacional do Ministério Público; Comitê Gestor da Internet no Brasil; Entidades da sociedade civil com atuação relacionada a proteção de dados pessoais; instituições científicas, tecnológicas e de inovação; confederações sindicais representativas das categorias econômicas do setor produtivo; entidades representativas do setor empresarial relacionado à área de tratamento de dados pessoais; e entidades representativas do setor laboral" (BRASIL. **Lei n.º 13.709, de 14 de agosto de 2018**).

Capítulo 4 · A QUEM SE DEVE PRESTAR CONTAS E SOB QUAIS CONSEQUÊNCIAS | 163

representados e as suas respectivas atribuições.[140] Trata-se de uma inclusão que foi feita apenas na nona e última fase de discussão da lei no Congresso Nacional, o que é fruto, em certa medida, da construção multissetorial da lei. É o reconhecimento de que para a construção de uma política pública nacional de "qualidade"[141] deve haver necessariamente o engajamento de múltiplas partes:

> [...] A LGPD se caracteriza por um processo multiparticipativo e particularmente bem-sucedido na extração de "consensos pragmáticos" que impulsionaram sua construção, articulação e aprovação em agosto de 2018. Este é um dos achados do projeto de pesquisa "Memória da LGPD" que reuniu mais de 10 (dez) horas de depoimentos, de 18 (dezoito) entrevistados, em uma plataforma multimídia composta por pequenos vídeos intercalados com textos que explicam todo o processo de construção da lei. 'O processo de articulação da LGPD é um caso bastante rico para se investigar a correlação de forças de diversos atores e a construção de consensos e dissensos antes, durante e depois da sua aprovação. Em especial, foi possível observar a participação ativa dos diferentes setores, representando seus próprios interesses e contribuindo para a elaboração de um texto de equilíbrio, em diversos momentos emblemáticos desse processo, tanto que registrou-se a formação de uma coalizão tática para a aprovação da lei no Senado, resultado da confluência de esforços de empresas, associações empresariais, ONGs, entidades acadêmicas e órgãos públicos.[142]

Ao posicionar o CNPD como um órgão consultivo da ANPD com poder de propor diretrizes e elaborar relatórios para, respectivamente, a concepção, avaliação e execução de uma Política Nacional de Proteção de Dados Pessoais e Privacidade, a LGPD arquitetou um arranjo institucional "que não aposta em um sistema de supervisão em que haja uma autoridade única e que centralize todas as ações".[143]

---

[140] Art. 58-B. Compete ao Conselho Nacional de Proteção de Dados Pessoais e da Privacidade: I – propor diretrizes estratégicas e fornecer subsídios para a elaboração da Política Nacional de Proteção de Dados Pessoais e da Privacidade e para a atuação da ANPD; II – elaborar relatórios anuais de avaliação da execução das ações da Política Nacional de Proteção de Dados Pessoais e da Privacidade; III – sugerir ações a serem realizadas pela ANPD; IV – elaborar estudos e realizar debates e audiências públicas sobre a proteção de dados pessoais e da privacidade; e V – disseminar o conhecimento sobre a proteção de dados pessoais e da privacidade à população. *Ibid.*

[141] ASSOCIAÇÃO DATA PRIVACY BRASIL DE PESQUISA, **Memória da LGPD**. "A LGPD é uma lição de democracia participativa, mas acima de tudo é uma lição de transigência de como se constrói política pública de qualidade com partes antagônicas motivadas [...] pelo melhor interesse do Brasil", relata Sergio Gallindo, presidente-executivo da Brasscom e um dos idealizadores da coalizão tática-multissetorial em favor da aprovação da lei de proteção de dados, em entrevista para o documentário memória da LGPD."

[142] BIONI, Bruno; RIELLI, Mariana. A construção multissetorial da LGPD: história e aprendizados. *In:* FRAN-COSKI, Denise de Souza Luiz; TASSO, Fernando Antonio (org.). **A Lei Geral de Proteção de Dados Pessoais LGPD**. São Paulo: RT, 2021.

[143] BIONI, Bruno; RIELLI, Mariana. A construção multissetorial da LGPD: história e aprendizados.

164 | REGULAÇÃO E PROTEÇÃO DE DADOS PESSOAIS – *Bruno Ricardo Bioni*

Em resumo a tudo o que foi dito, e estabelecendo uma conexão direta com o objeto desta obra, a previsão da tutela coletiva (judicial) na LGPD, de um sistema nacional de proteção de dados no âmbito administrativo em rede e a modelagem e a envergadura legal do CNPD são o reconhecimento de que **o fórum público da proteção de dados vai muito além da tríade Estado-cidadão-corporação**. A prestação e o julgamentos das contas é social e deve amalgamar entidades representativas dos titulares de dados e dos agentes de tratamento de dados.

4.2.3. O mercado

4.2.3.1. Regulação (as)simétrica no desenho e no enforcement *das leis de proteção de dados: recuperando livre-iniciativa e concorrência como um dos fundamentos da LGPD*

Como já mencionado (subcapítulo 2.2.1), leis de proteção de dados servem não apenas ao cidadão, mas, também, aos agentes de tratamento de dados que, se observarem os deveres que lhes são imputados, nasce para eles o direito de manipular tais informações. A partir dessa premissa, a obrigação de prestação de contas é também direcionada ao mercado, isto é, aos pares de um determinado agente de tratamento de dado para que a conformidade às normas de proteção de dados não se caracterize como uma barreira de entrada desleal ou uma prática anticompetitiva ao desenvolvimento de suas atividades econômicas.[144]

Trata-se de uma outra intersecção entre proteção de dados e antitruste que não se resume à análise se a concentração de dados sob o poder de alguns poucos atores econômicos é uma infração à ordem econômica,[145] mas, também, se o peso regulatório de leis de proteção de dados pode também assim o ser. Não é por outro motivo que a LGPD elenca como um dos seus fundamentos, a "livre-iniciativa" e a "livre concorrência".[146] Nesse sentido, leis gerais de proteção de dados buscam de forma ambivalente traçar uma regulação que seja simétrica e assimétrica para promover competição.

De um lado, a opção em adotar uma lei geral de proteção de dados visa à uniformização das mesmas regras do jogo para todos os setores da economia. Em contraposição à opção legislativa[147] e antes existente no Brasil em regular o tema de

---

[144] FORGIONI, Paula A. **Os fundamentos do antitruste**. 9. ed. São Paulo: RT, 2017. p. 143-145.

[145] LYNSKEY, Orla. **Regulating "Platform Power"**. Disponível em: https://papers.ssrn.com/abstract=2921021. Acesso em: 30 abr. 2021.

[146] Artigo 2.º, VI – "a livre-iniciativa, a livre concorrência e a defesa do consumidor" (BRASIL. **Lei n.º 13.709, de 14 de agosto de 2018**).

[147] A adoção de uma lei geral de proteção de dados no Brasil foi uma disputa entre vários setores da sociedade. Alguns setores buscaram isenções, ora propondo emendas ao texto para que eles fossem excluídos da abrangência regulatória da lei, ora adotando estratégias de lobby para avacalhar a tramitação dos projetos de lei. OBSERVATÓRIO PPD. **Memória da LGPD – Observatório PPD – Marcel**

Capítulo 4 · A QUEM SE DEVE PRESTAR CONTAS E SOB QUAIS CONSEQUÊNCIAS | 165

forma setorial,[148] tal infraestrutura legal transversal evita assimetrias regulatórias que distorceriam a igualdade de chances e condições para o desenvolvimento de atividades econômicas. Aliás, essa abordagem unitária[149] facilitaria, a propósito, que diferentes setores produtivos e, até mesmo, parcerias públicas-privadas trocassem dados entre si em razão das suas práticas de conformidade partirem do mesmo piso normativo.[150]

Por outro lado, leis horizontais de proteção de dados já vêm acompanhadas de hipóteses, exceções à regra geral de uma regulação simétrica,[151] para que haja uma calibração proporcional das suas normas ao perfil do agente econômico e da atividade por ele desempenhada. Respectivamente, o porte econômico e os riscos da sua operação de tratamento de dados podem justificar uma normatização desigual.

Como lembra Guilherme Pinheiro, consultor legislativo que acompanhou a tramitação da LGPD[152] na Câmara dos Deputados, a previsão de um tratamento diferenciado para microempresas e startups[153] está diretamente relacionada à disparidade dos recursos humanos e financeiros que estas têm a sua disposição para se adequar à lei diante dos conglomerados econômicos de médio e grande porte. O racional seria aliviar ou facilitar o processo de aderência às obrigações legais até para que novos entrantes desafiassem a posição de agentes econômicos dominantes. Uma lógica próxima, mas não exatamente igual ao do campo tributário.[154]

Leonardi – Vídeo 28. [s.l.: s.n.], 2020; OBSERVATÓRIO PPD. **Memória da LGPD – Observatório PPD – Marcel Leonardi – Vídeo 83**. [s.l.: s.n.], 2020.

[148] "Os Estados Unidos (EUA) carecem de uma lei de privacidade de dados coesa. [...] Atualmente, a lei dos EUA é uma combinação de leis federais setoriais e leis estaduais. Esta miríade de leis torna o cumprimento para as empresas interestaduais e internacionais difícil, dispendioso, e indiscutivelmente inatingível"– Tradução livre (JAMISON, Shaun G. Creating a National Data Privacy Law for the United States, p. 42, 2019).

[149] OBSERVATÓRIO PPD. **The Draft arrives at the Chamber 06 – Memória da LGPD – Observatório PPD – Laura Schertel – Video EN**. [s.l.: s.n.], 2020.

[150] BIONI, Bruno. O Brasil não pode perder a chance de se tornar competitivo em uma economia de dados. **Data Privacy Brasil**. Disponível em: https://dataprivacybrasil.medium.com/o-brasil-n%C3%A3o-pode--perder-a-chance-de-se-tornar-competitivo-em-uma-economia-de-dados-5c9845a0c130. Acesso em: 21 abr. 2021.

[151] O art. 30, 5, da GDPR dispensa exigências quanto ao registro das atividades de tratamento pela SMEs. Desse modo, não é necessária a nomeação de encarregado, por exemplo. "As obrigações a que se referem os n.os 1 e 2 não se aplicam às empresas ou organizações com menos de 250 trabalhadores, a menos que o tratamento efetuado seja suscetível de implicar um risco para os direitos e liberdades do titular dos dados, não seja ocasional ou abranja as categorias especiais de dados a que se refere o artigo 9.º, n.º 1, ou dados pessoais relativos a condenações penais e infrações referido no artigo 10.º" (Regulamento (UE) 2016/679 do Parlamento Europeu e do Conselho).

[152] **The Draft arrives at the Chamber 08 – Memória da LGPD – Observatório PPD – Guilherme – Video 04 EN**. [s.l.: s.n.], 2020.

[153] Artigo 55-J, XVIII. BRASIL, **Lei n.º 13.709, de 14 de agosto de 2018**.

[154] No campo tributário, as alíquotas diferenciadas, isenções e seletividades, baseiam-se no princípio da capacidade contributiva, uma diretriz pré-legislativa que abrange toda a sistemática dos impostos e que visa promover valores como igualdade e justiça social. Desse modo, as razões tributárias de tratamento diferenciado são completamente distintas das presentes na lei de proteção de dados. MOREIRA, André Mendes, **Capacidade contributiva**, Enciclopédia jurídica da PUC-SP, Disponível em: https://enciclopediajuridica.pucsp.br/verbete/264/edicao- 1/capacidade-contributiva. Acesso em: 26 abr. 2021.Ver Também: COÊLHO, Sacha Calmon Navarro. **Curso de direito tributário brasileiro**. 15. ed. Rio de Janeiro: Forense, 2016.

166 | REGULAÇÃO E PROTEÇÃO DE DADOS PESSOAIS – *Bruno Ricardo Bioni*

Isso porque o porte econômico do agente de tratamento de dados não é o único critério[155] para desengatilhar uma regulação assimétrica, mas, também e principalmente, os possíveis efeitos colaterais da sua atividade. O risco[156] de uma atividade de tratamento de dados é também uma variável e, portanto, um requisito cumulativo para eventual relaxamento das leis de proteção de dados.[157] Como lembra Maria Cecília O. Gomes,[158] risco, como elemento normativo central das últimas gerações de leis de proteção, calibrará a intensidade dos direitos e deveres em jogo de forma diretamente proporcional ao efeito lesivo e potencial danoso[159] do uso de dados ao seu titular.

Por exemplo, à semelhança com o que está prescrito na GDPR,[160-161] recentemente a ANPD editou Resolução CD 2, de 27 de janeiro de 2022 para agentes de pequeno porte em que há o relaxamento e, até mesmo, a dispensa de algumas obrigações como de: **i)** nomeação de encarregado;[162] **ii)** registro das atividades de tratamento de dados;[163] **iii)** mecanismos de segurança da informação;[164] e **iv)** prazo para o atendimento à requisição dos titulares.[165] No entanto, essas e outras obrigações legais dependem do cruzamento dos dois critérios acima mencionados e que são cumulativos – porte econômico do agente e risco da atividade de tratamento

---

[155] Ainda que a LGPD preveja tratamento diferenciado para micro, pequenas empresas e *startups*, o elemento primário para calibrar as obrigações legais não é o porte econômico das empresas, mas os riscos da atividade de tratamento de dados por ela praticada. Estes riscos devem ser mensurados de acordo com o volume, escala, estrutura e sensibilidade dos dados. DATA PRIVACY BRASIL. **CIPL/CEDIS-IDP Webinar – Applying the new Brazilian LGPD's Risk Based Approach.** [*s.l.: s.n.*], 2020.

[156] QUELLE, Claudia. **The 'Risk Revolution' in EU Data Protection Law:** We Can't Have Our Cake and Eat It, Too. Rochester, NY: Social Science Research Network, 2017.

[157] ZANATTA, Rafael A. F. Proteção de dados pessoais como regulação de risco: uma nova moldura teórica?. **I Encontro da Rede de Pesquisa em Governança de Internet**, 2017. p. 183.

[158] GOMES, Maria Cecilia Oliveira. Entre o método e a complexidade: compreendendo a noção de risco na LGPD.

[159] Nadezhda Purtova, professora de Tilburg, resume bem: há uma guinada de "informational self-determination" na direção de "information-induced-harms (PURTOVA, Nadezhda. The law of everything: broad concept of personal data and future of EU data protection law).

[160] Artigo 30, 5. As obrigações a que se referem os n.os 1 e 2 não se aplicam às empresas ou organizações com menos de 250 trabalhadores, a menos que o tratamento efetuado seja suscetível de implicar um risco para os direitos e liberdades do titular dos dados, não seja ocasional ou abranja as categorias especiais de dados a que se refere o artigo 9.º n.º 1, ou dados pessoais relativos a condenações penais e infrações referido no artigo 10.º (Regulamento (UE) 2016/679 do Parlamento Europeu e do Conselho).

[161] Artigo 30, 5. As obrigações a que se referem os n.os 1 e 2 não se aplicam às empresas ou organizações com menos de 250 trabalhadores, a menos que o tratamento efetuado seja suscetível de implicar um risco para os direitos e liberdades do titular dos dados, não seja ocasional ou abranja as categorias especiais de dados a que se refere o artigo 9.º n.º 1, ou dados pessoais relativos a condenações penais e infrações referido no artigo 10.º (Regulamento (UE) 2016/679 do Parlamento Europeu e do Conselho).

[162] Art. 11. **Resolução CD/ANPD n.º 2, de 27 de janeiro de 2022.** Disponível em: https://in.gov.br/en/web/dou/-/resolucao-cd/anpd-n-2-de-27-de-janeiro-de-2022-376562019. Acesso em: 8 mar. 2022.

[163] Art. 9.º. **Resolução CD/ANPD n.º 2, de 27 de janeiro de 2022.** Disponível em: https://in.gov.br/en/web/dou/-/resolucao-cd/anpd-n-2-de-27-de-janeiro-de-2022-376562019. Acesso em: 8 mar. 2022.

[164] Arts. 12 e 13. **Resolução CD/ANPD, n.º 2, de 27 de janeiro de 2022.** Disponível em: https://in.gov.br/en/web/dou/-/resolucao-cd/anpd-n-2-de-27-de-janeiro-de-2022-376562019. Acesso em: 8 mar. 2022.

[165] Art. 14. **Resolução CD/ANPD n.º 2, de 27 de janeiro de 2022.** Disponível em: https://in.gov.br/en/web/dou/-/resolucao-cd/anpd-n-2-de-27-de-janeiro-de-2022-376562019. Acesso em: 8 mar. 2022.

Capítulo 4 · A QUEM SE DEVE PRESTAR CONTAS E SOB QUAIS CONSEQUÊNCIAS | 167

de dados – para se procedimentalizar[166] pesos distintos do plexo obrigacional das leis de proteção de dados.

A partir dessa perspectiva ambivalente de regulação (as)simétrica, nota-se que a prestação de contas sobre a conformidade de uma atividade de tratamento de dados também encontra o próprio mercado como seu sujeito ativo. Tanto que sua aderência deve seguir um regramento mais duro ou flexível, já que o peso da lei afeta também os interesses dos pares de um determinado agente de tratamento de dados. Trata-se, portanto, de identificar como a dinâmica regulatória da LGPD não se desdobre em uma vantagem competitiva desleal e abusiva em favor de um agente econômico.

4.2.3.2. Proteção de dados como um elemento reputacional: a quem serve o direito de portabilidade?

Do movimento de adoção de "tabelas nutricionais" que expôs, novamente, a tensão entre Apple e Facebook sobre rastreamento dos usuários,[167] passando pelos recentes anúncios de navegadores que desabilitaram por padrão o rastreamento de *cookies* de terceira-parte,[168] chegando ao estudo-campanha "Quem Defende seus Dados"[169] sobre as maiores empresas de telecomunicações brasileiras e ao prêmio Artigo 50 do Data Privacy Brasil,[170] cada vez mais a proteção de dados pessoais têm se mostrado como um elemento crítico-reputacional para o sucesso das atividades

---

[166] BIONI, Bruno Ricardo; MENDES, Laura Schertel. Regulamento Europeu de Proteção de Dados Pessoais e a Lei Geral brasileira de Proteção de Dados: mapeando convergências na direção de um nível de equivalência, p. 157-180.

[167] Facebook v. Apple: the looming showdown over data tracking and privacy. **The Guardian**. Disponível em: http://www.theguardian.com/technology/2021/feb/14/facebook-v-apple-the-looming-showdown-over-data-tracking-and-privacy. Acesso em: 22 abr. 2021.

[168] A Google decidiu bloquear gradativamente o uso de cookies de terceira-parte no navegador Chrome. Essa medida já havia sido adotada por outros navegadores como Safari e Firefox. Assim, o bloqueio desses cookies e a busca por novas tecnologias para substituí-los demonstram um esforço dos navegadores para melhorarem a privacidade na web: BOHN, Dieter. Google to 'phase out' third-party cookies in Chrome, but not for two Years. **The Verge**. Disponível em: https://www.theverge.com/2020/1/14/21064698/google-third-party-cookies-chrome-two-years-privacy-safari-firefox. Acesso em: 22 abr. 2021.

[169] O projeto "Quem defende seus dados?" 'avalia as políticas de privacidade e proteção de dados das empresas provedoras de conexão à internet no Brasil, promovendo a transparência e a adoção de boas práticas em matéria de privacidade e proteção de dados. Se observadas desde a primeira edição do relatório, a Vivo e a Tim são empresas que vem apresentando maior progresso nos quesitos avaliados (URUPÁ, Marcos. Vivo e TIM avançam em privacidade de dados, diz pesquisa do InternetLab). Ver também: **Quem defende seus dados?.** Disponível em: https://quemdefendeseusdados.org.br/pt/. Acesso em: 28 abr. 2021.

[170] O Prêmio Artigo 50, organizado pelo Data Privacy Brasil, tem o objetivo de conferir visibilidade às práticas e iniciativas de sucesso em matéria de proteção de dados pessoais no Brasil, além de buscar incentivar os setores público, privado e terceiro setor a se debruçar sobre o tema da proteção de dados pessoais. A 1.ª edição da premiação contou com 38 inscrições, totalizando 115 inscritos. Os vencedores de todas as categorias foram revelados na noite de premiação do Prêmio Artigo 50, que ocorreu no dia 15 de dezembro de 2021. Ver também: **Prêmio Artigo 50**. Disponível em: https://premioartigo50.dataprivacy.com.br/#:~:text=Para%20al%C3%A9m%20de%20premiar%20e,transformando%20o%20campo%20no%20Brasil. Acesso em: 8 mar. 2022.

econômicas dos agentes de tratamento de dados. O consumidor tende a levar em consideração o quão confiável é um prestador de serviços e produtos quanto à custódia dos seus dados e, também, como os concorrentes destes podem se valer de campanhas publicitárias cujo mote é a privacidade.

A moldura normativa de leis de proteção de dados estimula esse enquadramento da proteção de dados como um elemento de competividade.[171] Por exemplo, a LGPD atacou isso de forma dupla. Primeiro, ao estipular a publicização da infração de forma destacada entre o rol de sanções.[172] Segundo, e o que vamos centrar um pouco mais nossa análise, quando franqueou o direito de portabilidade ao titular dos dados.[173]

Fruto das últimas gerações de leis de proteção de dados, o direito de portabilidade tem se posicionado na intersecção da proteção de dados e defesa da concorrência e do consumidor.[174] Isso porque a prerrogativa do titular em portar facilmente seus dados visa à livre migração[175] dos consumidores entre diferentes serviços e produtos, uma vez que os custos desta possível troca seriam reduzidos.[176] Tal direito teria, se de fato materializado em vista de que o maior desafio é implementá-lo[177] setorialmente[178] e não apenas prevê-lo legalmente, o potencial de maximizar o bem-estar do consumidor.[179] Mais especificamente ao evitar o seu

---

[171] BIONI, Bruno; MONTEIRO, Renato. Proteção de dados pessoais como elemento de inovação e fomento à economia: o impacto econômico de uma Lei Geral de Dados. *In*: REIA, Jhessica *et al.* (org.). **Horizonte presente**: tecnologia e sociedade em debate. Belo Horizonte: Casa do Direito; FGV – Fundação Getulio Vargas, 2019.

[172] Art. 52, IV – "publicização da infração após devidamente apurada e confirmada a sua ocorrência" (BRASIL. **Lei n.º 13.709, de 14 de agosto de 2018**).

[173] Art. 18, V – "portabilidade dos dados a outro fornecedor de serviço ou produto, mediante requisição expressa, de acordo com a regulamentação da autoridade nacional, observados os segredos comercial e industrial". *Ibid.*, p. 7.

[174] PONCE, Paula Pedigoni. Direito à portabilidade de dados: entre a proteção de dados e a concorrência. **Revista de Defesa da Concorrência**, v. 8, n. 1, p. 134-176, 2020.

[175] CRAVO, Daniela. O direito à portabilidade na Lei Geral de Proteção de Dados. *In*: OLIVA, Milena Donato; TEPEDINO, Gustavo; FRAZÃO, Ana (org.). **Lei Geral de Proteção de Dados Pessoais e suas repercussões no direito brasileiro**. São Paulo: RT, 2019. p. 347.

[176] Oriundo do princípio da autodeterminação informativa, a portabilidade visa evitar que a dificuldade de migrar os dados gere um "aprisionamento" do consumidor em uma determinada empresa. A portabilidade busca reduzir os custos e facilitar a migração entre plataformas (PONCE, Paula Pedigoni. Direito à portabilidade de dados: entre a proteção de dados e a concorrência, p. 139). Ver também: CRAVO, Daniela. O direito à portabilidade na Lei Geral de Proteção de Dados, p. 348.

[177] Para além do texto do normativo e do debate teórico acerca da portabilidade, faz-se necessário voltar as atenções para questões práticas em termos de portabilidade, como a interoperabilidade entre as plataformas, qual seja, a viabilidade técnica dessa migração de dados (MOURÃO, Carlos; SILVA, Leandro Novais e. A proteção de dados pessoais à luz do direito concorrencial: portabilidade de dados, infraestruturas essenciais e *open banking*. **Revista de Defesa da Concorrência**, v. 8, n. 2, p. 12, 2020). Ver também: GOMES, Maria Cecília Oliveira; COSTA. Portabilidade de dados reputacionais: a problemática da sua aplicabilidade na economia compartilhada.

[178] *Ibid*

[179] "Bem-estar do consumidor é o interesse específico dos destinatários finais econômicos do produto ou serviço que compõe o mercado relevante, não se confundindo com o bem-estar agregado ou com a eficiência econômica" (PFEIFFER, Roberto Augusto Castellanos. **Defesa da concorrência e bem-estar**

Capítulo 4 · A QUEM SE DEVE PRESTAR CONTAS E SOB QUAIS CONSEQUÊNCIAS | **169**

aprisionamento (*lock-in*)[180] numa relação que fosse corrosiva à proteção de seus dados, pois o titular teria o remédio de "pegar seus dados" e confiá-los a um outro prestador de serviços ou produtos.[181]

Portanto, o direito à portabilidade é um meio cujo fim é promover a livre circulação de dados e, por conseguinte, a competição entre quem será o seu melhor fiduciário. Um direito que não serve apenas ao titular dos dados ainda que este seja o seu beneficiário normativamente direto, mas, também e indiretamente, aos agentes de tratamento bem reputados e que conseguirem transmitir essa imagem ao seu consumidor em potencial.

Com esse pano de fundo, é possível, aliás, cruzar o direito à portabilidade com a referida sanção de publicização de infrações à proteção de dados. Ainda que nem sempre haja uma relação de causa e efeito, a fuga de consumidores pode se dar após a imposição de tal penalidade e mediante o exercício de tal prerrogativa. Não é por outra razão que se tem apontado que essa pode ser uma das sanções economicamente mais duras[182] do que a simples imposição de uma multa, ainda que em patamares elevados, se abafada ou não amplamente comunicada ao mercado.

Ao se ter em mente essa dupla contida em leis de proteção de dados, fica ainda mais evidente que a **obrigação de prestação de contas sobre a conformidade de proteção de dados também tem o próprio mercado como seu sujeito ativo.** Os concorrentes de um determinado agente de tratamento de dados são também afetados pelo julgamento das contas deste e, portanto, compõem o fórum público que as escrutiniza.

4.3. CONCLUSÃO: MULTIPLICIDADE DE INTERESSES E OS "NODOS" DO MICRO E O MACROFÓRUM PÚBLICO DA PROTEÇÃO DE DADOS

Ao recuperarmos a essência da regulação responsiva com sendo tributária da justiça restaurativa (subcapítulo 4.1.2.2), desdobrou-se a pirâmide de suporte ao diálogo na lei geral de proteção de dados (vide: Figura 5) que sistematiza como a sua moldura normativa aspira o diálogo das múltiplas partes afetadas no processo de materialização das regras jogo. Este subcapítulo de fechamento, seguindo a

---

do consumidor. 2010. Tese (Doutorado em Direito Econômico e Financeiro) – Universidade de São Paulo, São Paulo, 2010).

[180] CRAVO, Daniela. O direito à portabilidade na Lei Geral de Proteção de Dados, p. 350. Ver também: PONCE, Paula Pedigoni. Direito à portabilidade de dados: entre a proteção de dados e a concorrência, p. 143.

[181] BIONI, Bruno Ricardo. **Xeque-mate**: o tripé da proteção de dados pessoais no jogo de xadrez das iniciativas legislativas no Brasil, p. 7.

[182] "A literatura sobre esta questão ignora uma importante interação entre as sanções formais e informais: a sanção de reputação que o infrator suporta, [...] dependerá geralmente da dimensão da sanção legal associada a essa conduta" – Tradução livre (IACOBUCCI, Edward M. On the interaction between legal and reputational sanctions. **The Journal of Legal Studies**, v. 43, n. 1, p. 189-207, 2014).

REGULAÇÃO E PROTEÇÃO DE DADOS PESSOAIS – *Bruno Ricardo Bioni*

mesma estratégia metodológica anterior, investigou de forma exploratória quem são esses atores, seus respectivos interesses e prerrogativas e alguns dos instrumentos da base ao topo da citada pirâmide. Chega-se, então, o momento de amarrar tal percurso normativo com um referencial teórico sobre como dinamizar este almejado encontro reflexivo. E, em última análise, o processo de constituição de um fórum público e de deliberação.

Catorze anos após ter criado a teoria da regulação responsiva, John Braithwaite alerta que a teoria da **governança em rede ou nodal seria o substrato intelectual complementar** e constitutivo para o tão almejado processo dialógico. Especialmente no **contexto de países em desenvolvimento**, no qual, via de regra, os agentes reguladores seriam mais capturáveis em razão dos altos índices de corrupção e teriam menos recursos à sua disposição. A partir desse pano de fundo, o jurista australiano enfatiza o papel das entidades privadas (*e.g.*, entidades do terceiro setor – ONGs) e públicas (*e.g.*, Ministério Público)[183] representativas dos interesses dos cidadãos que não só seriam barreiras de contenção à possível captura do aparato estatal, como, também e principalmente, por meio de técnicas de *naming and shaming* (subcapítulo 4.2.1) e litígios estratégicos, seriam agentes de *enforcement*:

> Ayres e Braithwaite defendem a importância central de terceiros, particularmente ONGs, estarem diretamente envolvidos na fiscalização da aplicação da regulamentação (Ayres & Braithwaite, 1992, cap. 3). Mas as ONGs fazem mais do que apenas verificar a captura de reguladores estatais; elas também regulamentam diretamente os negócios por si mesmas, através de nomeação e vergonha (*naming-shaming*), justiça restaurativa, boicotes pelo consumidor, greves e litígios que elas próprias administram. A regulamentação responsiva vem a conceber as ONGs como reguladores fundamentalmente importantes (ver também Gunningham & Grabosky, 1998; Parker, 2002).[184]

---

[183] O jurista australiano confessou que foi persuadido, tendo sido esse o termo utilizado após citar Castells, Drahos e outros intelectuais da teoria da governança em rede e nodal respectivamente (BRAITHWAITE, John. Responsive regulation and developing economies. **World Development**, v. 34, n. 5, p. 884-898, 2006. p. 890).

[184] "Because states are at great risk of capture and corruption by business, even greater risk where regulatory bureaucrats are poor, Ayres and Braithwaite argue for the central importance of third parties, particularly NGOs, to be directly involved in regulatory enforcement oversight (Ayres & Braithwaite, 1992, chap. 3). But NGOs do more than just check capture of state regulators; they also directly regulate business themselves, through naming and shaming, restorative justice, consumer boycotts, strikes, and litigation they run themselves. Responsive regulation comes to conceive of NGOs as fundamentally important regulators in their own right, just as business are important as regulators as well as regulates (see also Gunningham & Grabosky, 1998; Parker, 2002)" – Tradução livre: *Ibid.* p. 888.

Capítulo 4 · A QUEM SE DEVE PRESTAR CONTAS E SOB QUAIS CONSEQUÊNCIAS | **171**

Em resumo, deveria ser forjada uma *rede de fiscalização* que vai muito além do aparato estatal. Uma "regulação realmente responsiva"[185] nutre e considera a capacidade de estabelecer interligações entre o aparato estatal e privado. É esse encontro que dá ignição a um potencial processo de diálogo, não centrado única e exclusivamente no Estado e que pode contestar o seu desempenho se deficitário, que passa como sua principal mensagem ser a regulação um empreendimento colaborativo e descentralizado.[186]

O mérito da governança nodal é explicar como se dão os resultados dessa **heurística complexa**.[187] Forjada a partir de uma análise crítico-construtiva da teoria em rede de Manuel Castells[188] e de ordenação espontânea de F. A. Hayek,[189] respectivamente, seu aporte está preocupado em não apenas: **i)** relatar que um curso de eventos é produto da mobilização de uma teia de entidades e recursos, mas, sobretudo, identificar as suas características internas determinantes[190] das quais são emitidas ordens de controle-mobilização. Daí o termo nodo,[191] que dá nome à teoria, como o ponto da rede que dá causa e o que explica as ações (sociais) dela derivadas; **ii)** enfatizar o quão complexo é a governança de comportamentos e que é necessariamente um produto coletivo – *outcome generated system*/OGS[192] – no qual entidades orquestram recursos e conhecimentos entre si para tanto, mas, sobretudo, apontar que não é algo natural ou espontâneo.[193] É uma reação a um

---

[185] Esse é o título do artigo de Robert Baldwin e Julia Black que, em síntese, argumenta que se deve focar mais nos arranjos institucionais e de como os atores interagem entre si a ponto de se formar um quadro cognitivo para agir, especialmente em termos de diálogo para a governança de comportamentos. E, assim, calibrar as interferências como propõe a pirâmide regulatória da regulação responsiva (BALDWIN, Robert; BLACK, Julia. Really Responsive Regulation. **The Modern Law Review**, v. 71, n. 1, p. 59-94, 2008).

[186] *Ibid*. p. 93

[187] "A teoria da governança nodal fornece parte de um relato de como uma ordem de governança emerge do funcionamento de sistemas altamente complexos. Por conseguinte, começamos com uma descrição da natureza desta complexidade e de como a governança surge como uma resposta adaptativa" – Tradução livre (BURRIS, Scott; DRAHOS, Peter; SHEARING, Clifford. Nodal Governance. **Australian Journal of Legal Philosophy**, v. 30, p. 6, 2005).

[188] CASTELLS, Manuel; MAJER, Roneide Venancio. **A sociedade em rede**. 21. ed. São Paulo: Paz & Terra, 2013. p. 567.

[189] HAYEK, Friedrich A. **The constitution of liberty**. Chicago: The University of Chicago, 1960. Ver também: HAYEK, Friedrich A. **Law, legislation and liberty**: a new statement of the liberal principles of justice and political economy. London: Routledge & Kegan Paul, 1982.

[190] BURRIS, Scott; DRAHOS, Peter; SHEARING, Clifford. Nodal Governance, p. 10.

[191] "Ao concentrarmo-nos com mais detalhe, desenvolvemos uma teoria que fornece uma melhor explicação de como as ações sociais destes e de muitos outros tipos se realizam, como aqueles que estão dentro das redes acabam por responder às 'ordens de marcha' que provêm dos nodos governamentais" – Tradução livre. *Ibid*. p. 11.

[192] *Ibid*., p. 5.

[193] "Ao concentrarmo-nos nos nós com mais detalhe, desenvolvemos uma teoria que nos permite argumentar que, se Hayek afirmou que isto pode, e acontece, espontaneamente, ele estava errado. O acesso a nodos governamentais eficazes pode ser altamente restrito por muitas razões. Uma governança que governe local e eficazmente, e de forma normativamente apropriada, não é automática e não é produzida 'naturalmente' pelos mercados. Requer uma constituição cuidadosa e sustentada. O amplo acesso aos nodos de governança é um resultado regulatório" – Tradução livre. *Ibid*., p. 39-40.

REGULAÇÃO E PROTEÇÃO DE DADOS PESSOAIS – *Bruno Ricardo Bioni*

esforço ou movimento coordenado e, na grande maioria das vezes, premeditado de um nodo da rede:

> As concepções nodais de governança [...] focalizam a atenção na forma como os recursos e o conhecimento são levados a cabo através dos nós (nodos). Uma estrutura de governança nodal coloca a ênfase na forma como a governança é dirigida. A própria natureza das redes de informação sugere que os processos de governança não são exclusivamente estruturais (porque os nodos e as redes estão constantemente se reconstituindo), nem mesmo a ordenação espontânea de Hayek (porque os nodos fazem muito planejamento para que ela seja plausivelmente considerada como espontânea), mas são bastante nodais.[194]

Em resumo, a teoria da governança nodal é essencialmente **sobre dinâmicas de poder.**[195] Estabelecendo conexão com o tema da *accountability*, trata-se de verificar como os agentes mobilizam **recursos e conhecimento para forjar um fórum público genuíno ou artificial** a ponto de (não) envolver os demais atores da rede que serão afetados pela decisão a ser tomada. Dois pontos do artigo, que deu origem à referida teoria, são simbólicos a esse respeito.

O primeiro é quando a teoria é colocada à prova em face de dois casos empíricos. A partir de um caso da indústria farmacêutica, que resultou no tratado internacional de propriedade intelectual[196]/TRIPS,[197] e outro de combate à violência nas comunidades sul-africanas, que resultou nos chamados Conselhos de

---

[194] "Nodal conceptions of governance [...] focuses attention on the way in which resources and knowledge are brought to bear through nodes. A nodal governance framework places the emphasis on the way in which governance is a directed. The very nature of information networks suggests that processes of governance are neither exclusively structural (because the nodes and networks are constantly reconstituting themselves) nor Hayek spontaneous ordering (because the nodes do too much planning for it be plausibly regarded as spontaneous) but are rather nodal" – Tradução livre. *Ibid*. p.15-16.

[195] "Os principais efeitos das redes de informação são alterações nas relações de poder, onde os centros tradicionais de poder são contornados por novas redes de capital, produção, comércio e comunicação. [...] A governança nodal é uma teoria que se centra no papel dos nodos na governança e especialmente na forma como as redes podem ser ligadas para criar concentrações de poder [...]." – Tradução livre (DRAHOS, Peter. Intellectual property and pharmaceutical markets: a nodal governance approach. **Temple Law Review**, v. 77, 2004).

[196] A Pfizer é considerada um nodo na medida em que ela impulsionou uma agenda de abordagens comerciais ao direito à propriedade intelectual nos mais diversos organismos de regulação. Outra abordagem adotada pela Pfizer foi criação de supernodos, por exemplo, *Advisory Committee on Trade Negotiations* (ACTN), que consiste em um conjunto articulado de nodos. Apesar do caráter consultivo desse comitê, sob a perspectiva da governança ele exerce influência sobre a política comercial americana. Assim, a Pfizer conseguiu impulsionar a adoção de políticas de propriedade intelectual que atendiam aos seus próprios interesses (BURRIS, Scott; DRAHOS, Peter; SHEARING, Clifford. Nodal Governance).

[197] Agreement on Trade-Related Aspects of Intellectual Property Rights (TRIPS) são acordos, com força obrigatória para os membros da OMC, que versam sobre propriedade intelectual e estabelecem padrões mínimos de proteção patentária (SILVA, Roberto Luiz. O Acordo Trips e os padrões internacionais de proteção da propriedade intelectual. **Revista de Direito, Inovação, Propriedade Intelectual e Concorrência**, v. 4, n. 1, p. 140-159, 2018).

Pacificação.[198] Respectivamente, a teoria da governança nodal mostrou-se como um ferramental analítico para identificar uma tomada de decisão em favor de interesses eminentemente privados de apenas uma parcela da rede e, por outro lado, do interesse público como o denominador comum dos vários interesses antagônicos da teia como um todo.

O segundo é, ao considerar que nodos seriam espaços de governança[199] que mobilizam recursos materiais e imateriais para mudar e gerenciar um curso de eventos, haveria, assim, centros mais imbuídos de poder que seriam **nodos superestruturais**. É o único momento do artigo em que o termo *accountability* é utilizado de forma explícita, sendo seguido da reflexão sobre "como fazer com que tais **(super)nodos sejam** *accountable*?".[200]

Uma possível resposta, ensaiada por dois dos três autores de governança nodal,[201] seria a partir da **redução de assimetrias de poder** para que a coletividade afetada participe de forma não artificial e sim substantivamente dos processos de tomada de decisão. O principal gargalo para uma governança democrática e não deficitária seria a ausência de recursos para que tais atores participassem desses espaços. Sem isso não se nutriria a capacidade especialmente da parte vulnerável ou de quem lhe representasse, de modo a levantar a voz para governar e não ser apenas governado:[202]

> No entanto, isso garantiria que estamos utilizando conceitos que não assumem nenhum conjunto particular de agências, espaços e práticas. Também é importante reconhecer que toda forma empírica de governança é uma invenção humana, ou mais precisamente, uma reinvenção perpétua. A reinvenção contínua de governança ocorre mais através de 'ondas' de mudança do que através de mudanças ideológicas ou estruturais dramáticas [...], elas são mediadas pela resistência e contestação, eventos contingentes e o sutil alinhamento de interesses, motivações e agendas.[203]

---

[198] Os Conselhos de Pacificação foram arranjos nodais criados com o objetivo de promover segurança e justiça em comunidades sul-africanas pobres. Eles visavam certo nível de delegação da competência governamental para nodos privados, como uma forma de reinventar o modelo de governança e suprir as deficiências da autoridade estatal (BURRIS, Scott; DRAHOS, Peter; SHEARING, Clifford. Nodal Governance, p. 30-32).

[199] "Definimos um nodo como um local de governança (ou seja, a gestão de um curso de eventos) [...]" – Tradução livre. *Ibid.*

[200] "Como o poder governante é distribuído entre os nodos governativos 'públicos' e 'privados'? Como os nodos poderosos são *accountable*, se é que de fato são – isto é, como os menos poderosos têm os meios para regular os mais poderosos?" – Tradução livre. *Ibid.* p. 37.

[201] SHEARING, Clifford; WOOD, Jennifer. **Nodal Governance, Democracy, and the New 'Denizens'**. Rochester, NY: Social Science Research Network, 2003.

[202] *Ibid.*, p. 407.

[203] "It would, however, ensure that we are using concepts that do not assume any particular assemblage of agencies, spaces, and practices. It is also important to recognize that every empirical form of gover-

174 | REGULAÇÃO E PROTEÇÃO DE DADOS PESSOAIS – *Bruno Ricardo Bioni*

Trata-se, portanto, em última análise, de mobilizar e interagir com a rede de atores que produz conhecimento para extração de possíveis consensos. Esse efeito dominó mostra que o foco deve ser o desequilíbrio nas "compras desses recursos de poder"[204] que sufoca a emergência de um fórum público, no qual disputas e contestações acontecem, para geração de um capital coletivo[205] no melhor interesse público.

No campo da proteção de dados pessoais, a cartografia para se chegar a um capital coletivo e, por conseguinte, de um arranjo de governança em rede democrático demanda a combinação de quatro coordenadas do mapa normativo traçado até aqui.

Primeiro, deve-se superar a perspectiva atomizada de autodeterminação informacional como sinônimo do consentimento do titular dos dados. A aprovação ou reprovação do fluxo informacional é paulatinamente talhada pelo cidadão por meio do exercício de um conjunto de prerrogativas que se somam e, por conseguinte, não são substituídos por sua manifestação de vontade e outras bases legais para o tratamento de seus dados (subcapítulo 4.1.1).

Segundo, mediante a compreensão de que o aparato estatal não é formado apenas pelas autoridades supervisoras de dados (subcapítulo 4.1.2.2) e a sua principal função é suportar o diálogo entre cidadão e entidades representativas dos seus direitos e os demais agentes econômicos (subcapítulo 4.1.2.2.). A racionalidade forjada especialmente nas últimas gerações de leis de proteção de dados é mais fiel à complexidade do objeto regulado e à multiplicidade dos interesses em jogo, de modo que busca envolver outros órgãos reguladores com *expertise* setoriais para o bem-estar do cidadão, bem como privilegia uma estratégia de conciliação e não de imposição de soluções por um Estado monolítico.

Terceiro, mediante o reconhecimento de que a materialização da proteção tende a ser fruto de ações coletivas e que vai muito além da triangulação Estado, titular e agentes de tratamento de dados (subcapítulo 4.2.1). Outros cidadãos e entidades, os *privacy advocates*, incidem na esfera pública para tanto e, muitas vezes, são os verdadeiros fiéis da balança de um sistema de freios e contrapesos. Exemplo disso são os remédios de tutela judicial coletiva e a criação de conselhos multissetoriais que são válvulas de escape para tanto (subcapítulo 4.2.1.2). E, ainda, de campanhas (*name and shaming*) que procuram gerar danos reputacionais, sendo, por vezes, mais efetivas que ações judiciais para moldar a percepção da

---

nance is a human invention, or more accurately, a perpetual reinvention. The ongoing reinvention of governance occurs more through 'waves' of change rather than dramatic ideological or structural shift [...], they are mediated by resistance and contestation, contingent events, and the subtle alignment of interests, motives, and agendas" – Tradução livre. *Ibid.*, p. 405.

[204] *Ibid.*, p. 15.

[205] *Ibid.*, p. 408.

esfera pública sobre a reprovação de contas prestada por um determinado agente de tratamento de dados.

Quarto e último, os pares dos agentes de tratamento de dados – o mercado – também se somam ao exercício de *enforcement* na proteção de dados por dois fatores fundamentais. Para que não sobrevenha distorções concorrenciais em decorrência do processo da aderência por uns e da não conformidade de outros às normas de proteção de dados (subcapítulo 4.2.2.1), bem como por se tratar de um elemento crítico-reputacional das suas atividades e que pode ser elemento de vantagem competitiva (subcapítulo 4.2.2.2).

Os dois primeiros pontos formam o que podemos chamar do **microfórum público** da proteção de dados. Isso porque deriva de uma visão normativa mais tradicional, ainda que a partir de ângulos novos, da **relação Estado-indivíduo-agente** (controlador) de tratamento de dados. Os dois últimos formam o que podemos chamar do **macrofórum público** da proteção de dados, na medida em que se adiciona (novos) atores e recursos (modernos) para **forjar uma rede em que se amplia os centros de comando para a governança de comportamentos**. A imagem a seguir sistematiza a inter-relação entre o micro e o macrofórum público e triangulações que se complementam e se nutrem de forma concêntrica:

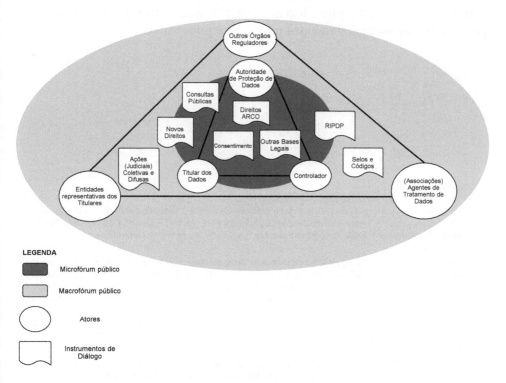

Figura 7 – Micro e macrofórum público de Proteção de Dados

176 | REGULAÇÃO E PROTEÇÃO DE DADOS PESSOAIS – *Bruno Ricardo Bioni*

Com isso, amplia-se o **imaginário do fórum público da proteção de dados** e do seu próprio processo de deliberação. É necessariamente um espaço multidimensional[206] onde terceiras partes,642 ainda que não diretamente afetadas e envolvidas numa operação de tratamento de dados, também podem por ela ser afetadas indiretamente e se somam para um **controle**[207] **coletivo-social do fluxo informacional.**[208]

Em resumo, "regulação nodal responsiva"[209] empresta densidade ao princípio da *accountability*, a ponto de otimizar a estrutura normativa das leis de proteção de dados para escalar diálogos não violentos, respeitosos e não dominantes.[210] É o grau de sinergia dessas conversas, entre atores estatais e principalmente entre atores não estatais, que será o divisor de águas para a geração de informação e conhecimento direcionados à solução de conflitos que esteja alinhado ao interesse público. Trata-se, em última análise, de uma **aspiração republicana de não dominação**[211] e orquestração de consensos possíveis para acordos que sejam a mediação de interesses antagônicos.

Todo esse processo dialógico só se faz possível se os nodos da rede interagirem e prestarem contas uns aos outros. A partir desse processo, evita-se que haja concentração de poder e a criação supernodos que "hackeariam" a rede para dominá-la e moldar os eventos para consecução do interesse egoísticos de apenas uma das partes. É hora de analisar um caso que coloca toda essa teoria em movimento e, por fim, extrair encaminhamentos normativos prescritivos.

---

[206]   "Levar o controle a sério implica compreender as dimensões coletivas e multirrelacionais que existem para além das preferências subjetivas e das estratégias individuais, tanto dos titulares dos dados, quanto dos controladores" – Tradução livre (LAZARO, Christophe; LE MÉTAYER, Daniel. **Control over Personal Data**: True Remedy or Fairy Tale?. Rochester, NY: Social Science Research Network, 2015. p. 12).

[207]   *Ibid.*, p. 20.

[208]   Apesar da perspectiva de afirmação da proteção de dados por intermédio do maior controle do indivíduo sobre os seus próprios dados, é necessário considerar o controle de dados numa perspectiva mais coletiva, uma vez que existem terceiros que também podem ser afetados pelas atividades de tratamento de dados. Assim, são necessários, também, mecanismos coletivos de controle e tutela dos dados pessoais. *Ibid.*, p. 21.

[209]   WOOD, Jennifer; SHEARING, Clifford; FROESTAD, Jan. Restorative Justice and Nodal Governance. **International Journal of Comparative and Applied Criminal Justice**, v. 35, p. 1-18, 2011.

[210]   *Ibid.*, p. 2.

[211]   Segundo os autores, os valores da justiça restaurativa são compatíveis com a noção republicana de liberdade como uma "não dominação" (BRAITHWAITE, John; WOOD, Jennifer. **Restorative justice & responsive regulation**, p. 3).

Capítulo 5
O CASO DO COMBATE AO *SPAM*: DA FORMAÇÃO DO FÓRUM PÚBLICO AO PROCESSO DE DELIBERAÇÃO DAS CONTAS PRESTADAS

Com o objetivo de testar todo o percurso teórico-normativo percorrido até aqui, esse subcapítulo dará continuidade a um estudo de caso que denota *como*[1] se constitui um fórum público e o seu respectivo processo de deliberação. Portanto, em complemento à abordagem descritiva e exploratório-avaliativa dos capítulos anteriores, pretende-se explanar sobre a dinâmica do adimplemento da obrigação de prestação de contas em um caso concreto.

5.1. O ESTUDO DE CASO DO COMBATE AO *SPAM*: GOVERNANÇA DE DADOS

A revisão[2] de literatura sobre *accountability* e teoria da regulação, fora e dentro do campo da proteção de dados, nos revelou o quão complexo é o fenômeno jurídico obrigacional da responsabilização e prestação de contas. Fora do campo da proteção de dados, percebeu-se que, com algumas exceções,[3] as principais contribuições combinavam aportes teórico-normativos a empíricos.[4] Dentro do campo de proteção de dados, notou-se que, a despeito da sofisticada dogmática

---

[1]   Sou extremamente grato ao Prof. Roberto Pfeiffer e Renata Mota Maciel, que fizeram parte da banca de qualificação, bem como ao Prof. Diogo Coutinho. Todos eles recomendaram avançar em uma análise que colocasse o elemento principal do trabalho – a construção de uma dogmática do princípio da *accountability* – à prova. Portanto, esse subcapítulo é fruto dessa coorientação generosa desses professores.

[2]   Em linha com Yin a escolha metodológica do estudo de caso decorreu após a revisão de literatura e, no nosso caso, após a escrita ter avançado de forma substancial (YIN, Robert K. **Estudo de caso**: planejamento e métodos. 2. ed. Porto Alegre: Bookman, 2010).

[3]   BOVENS, Mark. Two Concepts of Accountability: Accountability as a Virtue and as a Mechanism, p. 946-967; MASHAW, Jerry Louis. **Accountability and Institutional Design**: Some Thoughts on the Grammar of Governance. Rochester, NY: Social Science Research Network, 2006.

[4]   As contribuições empíricas de Parker e Rached consistem na investigação de exemplos concretos. Parker foca na capacidade de metarregulação das leis dentro de empresas e corporações para criação de responsabilidade corporativa e social. Rached, por sua vez, investiga como atores institucionais do direito ambiental internacional implementam a noção de *accountability*, pormenorizando qualitativamente o nível de *accountability* das organizações estudadas (RACHED, Danielle Hanna. **The International Law

jurídica[5] criada em torno do tema, ainda são incipientes as análises de tal perfil duplo.[6] Portanto, mostrou-se necessário, ao longo do percurso da pesquisa,[7] encorpar ainda mais empiricamente as proposições teóricas deste trabalho.

Dessa forma, o estudo de caso apresenta-se como uma *estratégia secundária*[8] *e complementar às jornadas já realizadas de cunho:* **i) empírico** de ordem descritivo-analítica documental, a partir de uma espécie de dossiê do princípio de *accountability* em perspectiva histórica e comparativa, do primeiro capítulo e; **ii) teórico** de ordem exploratório-avaliativa, a partir de um espécie de raio-X sobre a racionalidade jurídico-regulatória e possível hermenêutica do princípio da responsabilidade e prestação de contas, do terceiro e quarto capítulo. Em outras palavras, é uma ferramenta metodológica pensada para testar[9] as elaborações conceituais já traçadas e não necessariamente gerar novas. Especialmente, aquelas contidas nos capítulos 3 e 4 que triangula *accountability*, regulação responsiva e governança nodal para explanar como se constitui um fórum público e o processo obrigacional de prestação e julgamento de contas.

Contudo, uma vez identificada a pertinência do método, o grande desafio foi a escolha do estudo de caso em si. Isso porque a LGPD é uma lei que foi aprovada em 2018 e entrou em vigência no final de 2020, mesmo período em que a ANPD foi instalada. Assim, os principais elementos legais e institucionais ainda estão em maturação para a mobilização do princípio da *accountability* no Brasil. Ou seja, ainda não há um caso de formação de um fórum público e seu respectivo processo de deliberação a partir da principal infraestrutura legal-institucional brasileira de proteção de dados. Ao mesmo tempo, tal situação é uma janela de oportunidade para que o estudo de caso jogue luz a esse respeito e para que o nosso imaginário não se prenda a tal arranjo criado apenas recentemente.

---

    of Climate Change and Accountability; PARKER, Meta-regulation: legal accountability for corporate social responsibility?)

[5]   QUELLE, Claudia. Not just user control in the General Data Protection Regulation. On the problems with choice and paternalism, and on the point of data protection; COHEN, Julia E. **Between truth and power**: the legal constructions of informational capitalism.

[6]   Bamberger e Mulligan contribuíram empiricamente ao realizar quatro estudos de caso sobre a utilização de tecnologias pela Administração Pública. O primeiro denominado *Apple v. FBI and the Ongoing Cryptowars*; o segundo, *The Wholesale Regulatory Embrace of "Privacy-by Design*; o terceiro, *The SOPA Battle*; e o quarto caso, *The Electronic Voting Debacle*. Os autores, então, exploram como certos valores são imbuídos nas tecnologias utilizadas pelos governantes, em detrimento de outros valores, e as consequências negativas desse modelo de uso para a sociedade (MULLIGAN, Deirdre K.; BAMBERGER, Kenneth A. **Saving Governance-by-Design**. Rochester, NY: Social Science Research Network, 2018).

[7]   MACHADO, Maíra Rocha. O estudo de caso na pesquisa em direito. *In*: MACHADO, Maíra Rocha (org.). **Pesquisar empiricamente o direito**. São Paulo: Rede de Estudos Empíricos em Direito, 2017. p. p. 363.

[8]   *Ibid.*, p. 358.

[9]   GHIRARDI, José Garcez; PALMA, Juliana Bonacorsi; VIANA, Manuela Trindade. Posso fazer um trabalho inteiro sobre um caso específico?. *In*: QUEIROZ, Rafael Mafei Rabelo; FERFEBAUM, Marina (org.). **Metodologia jurídica**: um roteiro prático para trabalhos de conclusão de curso. São Paulo: Saraiva, 2012. p. 177-178.

Capítulo 5 · O CASO DO COMBATE AO *SPAM*: DA FORMAÇÃO DO FÓRUM PÚBLICO | **179**

O caso de combate ao *spam* foi selecionado em razão de quatro critérios, três deles com base no referencial metodológico de Maíra Machado,[10] a seguir: **i)** entre 2016 e 2019, este autor teve a experiência de compor o corpo profissional do Comitê Gestor da Internet/CGI.br e do Núcleo de Informação de Coordenação do Ponto BR/NIC.br,[11] no qual foi despertado o seu **pulso de curiosidade** em saber mais sobre aquele que é considerado o caso mais emblemático de governança multissetorial brasileiro. Ainda mais depois de ter respirado e, em certa medida, auxiliado no processo de negociação de múltiplas partes com interesses antagônicos sentadas à mesma mesa oval;660 **ii)** trata-se de um caso com **conhecimento jurídico-regulatório já produzido**, a partir da pesquisa encomendada pelo próprio CGI.br ao Instituto de Tecnologia e Sociedade do Rio de Janeiro/ITS. O resultado final foi um livro[12] com mais de 150 páginas que contém a transcrição completa de 11 entrevistas; **iii)** além do livro que já documenta substancialmente o caso, ainda há **registros públicos de fácil acesso** de uma parcela significativa das reuniões do grupo de trabalho de combate ao *spam* (CT-*Spam*)[13] e de todos os encontros do próprio CGI.br que, respectivamente, executaram e idealizaram a iniciativa. Por fim, havia, ainda, a possibilidade concreta de (re)entrevistar pessoas que lideraram tal processo.

O quarto e último critério porque é uma pauta que está historicamente ligada ao tema da privacidade e proteção de dados e é um caso sobre governança de dados envolvendo múltiplas partes. Disparo de mensagens em massa[14] foi o que

---

[10] MACHADO, Maíra Rocha. O estudo de caso na pesquisa em direito. *In*: MACHADO, Maíra Rocha (org.). **Pesquisar empiricamente o direito**. São Paulo: Rede de Estudos Empíricos em Direito, 2017. p. 367.

[11] Destaco, por exemplo, o processo de deliberação sobre: a) bloqueio de aplicações e criptografia b) sobre proteção de dados c) projetos de lei em geral sobre internet. Ver: COMITÊ GESTOR DA INTERNET NO BRASIL. Ata da Reunião de 23 de março de 2018. **Comissão de Trabalho Anti-Spam**. Disponível em: https://www.cgi.br/reunioes/pdf/2018/03/23/CGI.br_Ata_Reuniao_23_03_2018.pdf.
COMITÊ GESTOR DA INTERNET NO BRASIL. Ata da Reunião de 19 de janeiro de 2018. **Comissão de Trabalho Anti-Spam**. Disponível em: https://www.cgi.br/reunioes/pdf/2018/01/19/CGI.br_Ata_Reuniao_19_01_2018.pdf. Acesso em: 11 maio 2021. COMITÊ GESTOR DA INTERNET NO BRASIL. Ata da Reunião de 16 de dezembro de 2016. **Comissão de Trabalho Anti-Spam**. Disponível em: https://www.cg.org.br/reunioes/pdf/2016/12/16/CGI.br_Ata_Reuniao_16_12_2016.pdf.

[12] NÚCLEO DE INFORMAÇÃO; COORDENAÇÃO DO PONTO BR. **Combate ao spam na Internet no Brasil**: Histórico e reflexões sobre o combate ao spam e a gerência da porta 25 coordenados pelo Comitê Gestor da Internet no Brasil. São Paulo: Cadernos Cgi.br Estudos, 2015.

[13] As atas aqui utilizadas são as que estão disponíveis na página da Comissão de Trabalho Antispam (CT--SPAM), o que não engloba todos os registros de reuniões do CT-*SPAM*. Isso se deduz pelo mapeamento feito no final deste livro, pela qual se nota que a CT-*SPAM* foi criada em 2004 – linha 3, segundo ata de reunião do CGI de 19/11/2004. Pelas atas da CT-*SPAM* disponíveis, a primeira disponibilizada data de 13/03/2008 – linha 19. Assim, ao que tudo indica, houve reuniões da CT-*SPAM* entre 2004 e 2008 que não estão documentadas. Ver: COMITÊ GESTOR DA INTERNET NO BRASIL. Comissões de Trabalho – Antispam. **CGI.br**. Disponível em: https://www.cgi.br/pagina/comissoes-de-trabalho-antispam/121. Acesso em: 11 maio 2021.

[14] Popularmente conhecido como *spam*, e caracterizado pelo envio em massa de conteúdo comercial, uniforme e não solicitado, é necessário frisar que tal conceito não é fechado e exige que seja feita uma análise casuística, uma vez que qualquer uma das características mencionadas podem não estarem presentes e, ainda assim, uma mensagem pode ser considerada *spam*. Nesse sentido, destacando a

inaugurou uma releitura do direito à privacidade e proteção de dados no século XXI, tendo, a propósito, forjado estratégias jurídicas que se mostram presentes até hoje.[15] Por exemplo, o debate sobre as bases legais para o tratamento de dados pessoais do potencial consumidor-audiência e, por conseguinte, o envio de mensagem com ou sem a necessidade prévia do seu consentimento[16] (*opt-in* vs. *opt-out*). Ainda, como já antecipado, é um caso notório de governança multissetorial e, por conseguinte, pressupõe o envolvimento e negociação entre diferentes atores em busca de um denominador comum. Em resumo, é um caso com **enlace temático duplo** – proteção de dados e *accountability* – com o objeto desta obra, bem como brasileiro sobre a constituição de um fórum público para o julgamento e prestação de contas[17] (vide subcapítulo 4.2).

5.1.1. Contexto, caso e unidades de análise: entrevistas semiestruturadas, levantamento documental e os novos aportes pretendidos para continuidade do estudo de caso *Spam*

De forma geral, três são os principais componentes[18-19] de um estudo de caso: a) contexto; b) fenômeno; e c) unidades de análise. Essa tríade deve guiar toda a coleta e a análise de dados, sob pena do seu percurso de pesquisa se tornar contraproducente. Trata-se de um norte metodológico de ainda maior valia para este trabalho, porque o que aqui se pretende é continuar um estudo de caso. Como dito, o processo de combate ao *spam* já foi objeto de uma pesquisa que resultou em um livro com uma série de entrevistas. Então, no que consistiria a justificativa e pertinência em fazer uma releitura de tal estudo de caso, inclusive com o acréscimo de novos elementos? Os dois primeiros componentes, contexto e fenômeno, endereçam tal reflexão.

Contexto é o que se costuma chamar de elemento externo[20] ao estudo de caso, o que na nossa pesquisa está relacionado às formulações teóricas que o antecedem.

---

      dificuldade terminológica: LEMOS, Ronaldo *et al.* Estudo sobre a regulamentação jurídica do *Spam* no Brasil, 2017.

[15]   Edwards faz uma abordagem histórica do rastreamento comercial e perfilamento de consumidores tanto no ambiente online como no offline, bem como, uma análise detalhada dos instrumentos regulatórios atinentes (EDWARDS, Lilian. **Data Protection and e-Privacy**: From Spam and Cookies to Big Data, Machine Learning and Profiling. Rochester, NY: Social Science Research Network, 2018).

[16]   Para uma análise histórica no contexto brasileiro, veja por todos veja o estudo comissionado ao Centro de Tecnologia e Sociedade do Rio de Janeiro, especialmente os capítulos 02 e 04. LEMOS, Ronaldo *et al.* Estudo sobre a regulamentação jurídica do *Spam* no Brasil.

[17]   Reforça-se que o que mais nos interessa é a riqueza do caso para explanar a dinâmica obrigacional da prestação de contas, ainda que possa ser considerado um caso "antigo" de proteção de dados.

[18]   Maíra Machado, baseado em YIN usa o termo camadas (MACHADO, Maíra Rocha. O estudo de caso na pesquisa em direito. *In*: MACHADO, Maíra Rocha (org.). **Pesquisar empiricamente o direito**. São Paulo: Rede de Estudos Empíricos em Direito, 2017. p. 373).

[19]   O termo componente é do próprio Yin, sendo que na última edição do seu livro ele ampliou para cinco (YIN, Robert K. **Estudo de caso**: planejamento e métodos, p. 49).

[20]   *Ibid.*, p. 53.

Capítulo 5 · O CASO DO COMBATE AO *SPAM*: DA FORMAÇÃO DO FÓRUM PÚBLICO | 181

Isto é, que servirão para sua seleção e que se pretende nele testá-las. Essa é a primeira e, talvez, a grande diferença perante aquela conduzida pela investigação do ITS em que o caso em si era o principal objeto e dele se extraíram generalizações científicas[21] sobre governança multissetorial. Portanto, não houve uma revisão de literatura prévia sobre *accountability* a ser contrastada. Ainda, a pesquisa comissionada pelo CGI.br teve um grande enfoque didático em explicar no que consistia a gerência da porta 25,[22] isto é, a solução técnica de remodelagem do tráfego para dificultar o envio de mensagens de disparo em massa. Enquanto nosso esforço está mais centrado em identificar o **processo de negociação** para a adoção de tal solução do que esta última em si. Apesar disto também ter sido objeto do referido estudo[23] pode e merece ser *contextualizado* a partir de outra lente. Isto é, a tríade teórica: *accountability*, regulação responsiva e governança nodal.

Fenômeno é o que se convencionou a chamar de elemento interno do estudo de caso, o qual, vale dizer, é diretamente circunscrito[24] pelo contexto – elemento externo. Ainda mais quando a pesquisa visa à validação-testagem de uma proposição teórica. Enquanto a referida pesquisa do ITS buscou compreender o caso quase que em sua completude, nosso esforço é menos ambicioso e mais recortado, que é compreender **o CGI.br como fórum público** para prestação e aprovação das contas do *spam* no Brasil. Essa latitude menor se reflete no último e terceiro componente do estudo de caso.

Unidades de análise são o que determina a intenção compreensiva[25] perante o estudo de caso. São as três frentes que correspondem aos três subcapítulos seguintes e que cujo nome já adiantam parte da nossa análise:

a) **CGI.br como arena institucional** que reuniu os atores interessados e afetados e com poder de deliberação-resolução sobre o problema do *spam* no Brasil. Trata-se, sobretudo, do **período de 2000-2005** que pode ser tido como **estágio inicial** do processo de prestação de contas do *spam* no Brasil;

b) **consenso técnico** cujo foco é identificar e explicar, respectivamente, o momento e a importância da produção de argumentos, baseado em

---

[21] *Ibid.*, p. 61.

[22] Do total de 86 perguntas aos 12 entrevistados, 50 foram especificamente sobre a porta 25 ou os aspectos técnicos a ela relacionados.

[23] Esse objeto de análise constou de dois dos cinco capítulos do livro: a) as questões político-regulatórias; e b) uma gestão multissetorial de políticas públicas (NÚCLEO DE INFORMAÇÃO; COORDENAÇÃO DO PONTO BR. **Combate ao spam na Internet no Brasil**: Histórico e reflexões sobre o combate ao spam e a gerência da porta 25 coordenados pelo Comitê Gestor da Internet no Brasil).

[24] MACHADO, Maíra Rocha. O estudo de caso na pesquisa em direito. *In*: MACHADO, Maíra Rocha (org.). **Pesquisar empiricamente o direito**. São Paulo: Rede de Estudos Empíricos em Direito, 2017. p. 375.

[25] A intenção compreensiva consiste na narrativa criada pelo pesquisador por intermédio dos materias coletados durante a pesquisa. Esse termo é de Maíra Machado que, por sua vez, pega emprestado de Quivy e Campenhoudt. *Ibid.*, p. 381-383.

evidências, como uma espécie de "colchão" para se chegar a um consenso sobre como atacar o problema do *spam*. Trata- se, sobretudo, do **período de 2006-2009** que pode ser tido como **estágio intermediário** do processo de prestação de contas do *spam* no Brasil;

c) **consenso político-regulatório** cuja ênfase é explicar a dinâmica de negociação e os instrumentos regulatórios institucionais para o julgamento e a aprovação das contas sobre como atacar o disparo de mensagens em massa. Trata-se, sobretudo, do **período de 2009 a 2014** que pode ser tido como **estágio final** do processo de prestação de contas do *spam* no Brasil.

Com a definição dessas três camadas do estudo de caso chegou-se à conclusão de que não bastaria uma simples releitura dos dados coletados pela pesquisa anterior do ITS, mas, também, a geração de, ao menos, dois[26] novos tipos de evidências complementares.

O primeiro deles foi (re)entrevistar quatro pessoas. Duas delas, Marcelo Bechara/MB e Henrique Falhauber/HF, já haviam sido ouvidas pelo mencionado estudo comissionado pelo CG.br, enquanto duas novas, José Bicalho/JB e Juliana Pereira/JP não tinham dado o seu depoimento:

a) **HF**: foi o conselheiro que liderou o grupo de trabalho sobre *Spam* do CGI.br, de modo que foi e ainda é o principal porta-voz da instituição sobre esse assunto[27]. Membro do CGI.br desde 2004; HF foi bastante atuante nas discussões, principalmente promovendo o diálogo com o setor empresarial o qual representava;

b) **MB**: acompanhou todo o processo do caso *Spam* como procurador da Anatel e, posteriormente, tornou-se membro do CGI.br como representante governamental por tal agência reguladora;

c) **JB**: acompanhou todo o processo do caso *Spam* e com dois chapéus. Primeiro, como representante da Associação Brasileira de Concessionárias de Serviços Telefônico Abrafix e, posteriormente, na qualidade de superintendente de planejamento e regulamentação da Anatel. Afora os membros do CGI.br e NIC.br., foi um dos que mais frequentaram as reuniões – cinco dos dez encontros – do GT-*Spam*. representando duas esferas distintas de interesse;

---

[26] Para Yin ao todo haveria seis tipos de evidência: a) documentação; b) registros em arquivos; c) entrevistas; d) observações diretas; e) observação do participante; f) artefatos físicos (YIN, Robert K. **Estudo de caso**: planejamento e métodos, p. 129).

[27] Em 2005, HF representou o Brasil no grupo de trabalho sobre *spam* organizado pela OCDE (Organização para Cooperação e Desenvolvimento Econômico). HF também participou de várias edições do Fórum de Governança da Internet realizadas dentro e fora do Brasil.

Capítulo 5 · O CASO DO COMBATE AO *SPAM*: DA FORMAÇÃO DO FÓRUM PÚBLICO | 183

d) **JP:** acompanhou todo o processo do caso *Spam* como diretora do Departamento de Proteção e Defesa do Consumidor do Ministério da Justiça, vindo a ser, posteriormente, secretária da pasta[28]. Ela teve atuação decisiva no acordo de cooperação entre a Secretária Nacional do Consumidor/Senacon e o CGI.br; bem como na elaboração da nota técnica do Departamento de Proteção e Defesa do Consumidor sobre o impacto da gerência da porta 25 aos consumidores.

Todos, com exceção de **HF**, atualmente detêm outras atribuições que ocupavam à época em que foi feito o estudo do combate ao *Spam*, de modo que poderiam gerar novas evidências antes não possíveis em razão de possível constrangimento profissional. E, por fim, e o mais importante, o questionário semiestruturado foi modelado com o objetivo de dar outro e o já mencionado enquadramento ao estudo de caso: a formação de consenso a partir dos aportes teóricos do princípio da *accountability*, regulação responsiva e governança nodal.

Além de cruzar os dados da transcrição das entrevistas realizadas em 2014 com as novas realizadas em 2021, outra abordagem complementar para a continuidade do estudo de caso de combate ao *spam* foi combiná-los a uma segunda fonte de evidência. Isto é, de cunho documental e que está subdividida em duas frentes.

Um olhar detido sobre as atas de reunião do CGI.br e do Grupo de Trabalho do *Spam*. Os encontros foram registrados em sua grande maioria e, mais especificamente no caso do GT, contém a síntese das falas de seus participantes o que agrega um bom nível de detalhamento das discussões travadas. Esse primeiro capítulo do dossiê compreende o período de 2000 a 2009. Muito embora já fosse disponível à época em que foi conduzida a pesquisa pelo ITS, não foi objeto de análise detida do seu respectivo relatório. A última e segunda frente consistiu em uma análise mais pormenorizada dos documentos e posicionamentos envolvendo a Anatel e o DPDC do Ministério da Justiça, bem como as atas do CGI.br do período correspondente. Esse segundo capítulo do dossiê é formado por documentos dos referidos órgãos reguladores e mais 14 (catorze atas) do CGI.br e notícias sobre o tema nos dois principais jornais de grande circulação do Brasil, o que cobre o período de 2009 a 2017. Apesar de alguns desses documentos dos órgãos reguladores serem mencionados em notas de rodapé do estudo comissionado pelo CGI.br, não foi feita uma correlação direta com as falas dos entrevistados.[29]

---

[28] Em 2012, com o Decreto 7.738, criou-se a (Senacom) Secretaria Nacional do Consumidor. O DPDC (Departamento de Proteção e Defesa do Consumidor) que integrava a Secretaria de Direito Econômico passou a fazer parte da Senacom. A medida foi comemorada por instituições de defesa do consumidor e culminou em maior capacidade de articulação nacional do DPDC (NAVARRO, José Gabriel. Governo Federal cria a Senacon. **Estadão**. Disponível em: https://politica.estadao.com.br/blogs/advogado-de--defesa/governo-federal-cria-a- senacon/. Acesso em: 17 maio 2021).

[29] Ao todo, o dossiê é formado por aproximadamente 617 páginas.

REGULAÇÃO E PROTEÇÃO DE DADOS PESSOAIS – *Bruno Ricardo Bioni*

Em resumo, além da continuidade do estudo de caso se justificar em razão de propor um **novo enredo** na medida em que se busca testar formulações de outras matrizes teóricas. Também pretende-se aportar novos dados a partir de uma nova rodada de entrevistas e de análise documental. Com isso, o estreitamento dos dados e do estudo de caso em si jogará luz sobre *como* se forma um fórum público e *como* se dá o seu respectivo processo de deliberação de contas. Tudo isso de forma costurada com a tríade teórica, objeto de revisão de literatura neste trabalho, sobre *accountability*, regulação responsiva e governança nodal.

5.2. O CGI.BR COMO FÓRUM PÚBLICO A PARTIR DE BREVES[30] NOTAS SOBRE O MODELO DE GOVERNANÇA DA INTERNET NO BRASIL: LEGITIMIDADE, REPRESENTATIVIDADE E INTERESSE PÚBLICO

De modo geral, via de regra, a literatura sobre o funcionamento técnico[31] e de governança da internet[32] sistematiza a "rede das redes"[33] em três camadas: **a) infraestrutura (física):** cabos submarinos, fibras óticas, satélites antenas e, entre outras tecnologias, que servem de suporte físico para o tráfego de dados e interconexão entre dispositivos; **b) lógica:** os protocolos – *e.g.*, TCP-IP e DNS – para que haja o roteamento dos dados e se estabeleça um sistema efetivo de comunicação – uma linguagem – entre máquinas, nomes e números; **c) aplicações:** onde se disponibiliza ou se aponta para um conteúdo – *e.g.*, site comércio eletrônico – e aplicações – *e.g.*, *e-mail* –, isto é, tudo aquilo que "roda" sobre as camadas físicas e lógicas.[34]

De certa forma, o CGI.br é a arena institucional que congrega as entidades representativas dos atores envolvidos destas três camadas[35]. Criado inicialmente pela Portaria Interministerial 147 de 1995,[36] o comitê seria, então, essa instância

---

[30] Nosso objetivo é, sem a pretensão de ser exaustivo e de ter um rigor apurado, descrever o modelo de governança da internet sob pena da nossa abordagem não ser minimamente compreensiva. Então, nossa abordagem será extremamente sintética.

[31] GRALLA, Preston. **How the Internet Works**. Indianapolis: Que Publishing, 1998.

[32] AFONSO, Carlos A. **Governança na internet**. Rio de Janeiro: Peirópolis, 2005.

[33] A internet também é chamada de "rede das redes", uma vez que consiste em conjuntos de redes interdependentes se conectando entre si, por intermédio de um protocolo comum.

[34] LEMOS, Ronaldo. **Direito, tecnologia e cultura**. Rio de Janeiro: FGV, 2005. p. 16.

[35] Isso está claramente ilustrado na nota conjunta do Ministério da Ciência e Tecnologia com o Ministério das Comunicações, na medida em que dispõe conceitualmente sobre a internet, abordando aspectos técnicos e estruturais e determinando competências do Cgi.br. Tais como: recomendar padrões e procedimentos técnicos para a internet; atribuir registros de domínios; e informar o cidadão sobre os usos da internet (NIC.BR. Nota Conjunta (maio de 1995). **CGI.br – Comitê Gestor da Internet no Brasil**. Disponível em: https://www.cg.org.br/legislacao/notas/nota-conjunta-mct-mc-maio-1995. Acesso em: 13 maio 2021).

[36] O Comitê Gestor da Internet foi criado por uma portaria conjunta do Ministério das Comunicações e Ministério da Ciência e da Tecnologia (COMITÊ GESTOR DA INTERNET NO BRASIL. Portaria Interministerial n.º 147, de 31 de maio de 1995. **CGI.br – Comitê Gestor da Internet no Brasil**. Disponível em: https://www.cgi.br/portarias/numero/147/. Acesso em: 11 maio 2021).

Capítulo 5 · O CASO DO COMBATE AO *SPAM*: DA FORMAÇÃO DO FÓRUM PÚBLICO | 185

multissetorial[37] com o objetivo de envolver as múltiplas partes necessárias[38] para a governança[39] de uma atividade econômica altamente complexa. Ainda, a criação do CGI.br reflete também a política governamental de uma menor intervenção estatal da década de 1990 no Brasil.

Tanto é verdade que a sua criação[40] foi sincronizada com a agenda de privatizações dos serviços de telecomunicações. A Lei Geral de Telecomunicações,[41] seguida da Norma 4 de 1995 da Anatel,[42] previu que o provimento de conexão à internet não é um serviço de telecomunicação, mas, sim de "valor adicionado". Ao mesmo tempo em que se deslocava o papel do Estado para a figura de regulador e não mais como fornecedor de serviços de telecomunicação, também se

---

[37] A coordenação multissetorial do CGI.br foi uma inovação em termos de governança no país, já que reuniu representantes dos setores público e privado, bem como sociedade civil e academia e comunidade técnica (NÚCLEO DE INFORMAÇÃO; COORDENAÇÃO DO PONTO BR. **Combate ao spam na Internet no Brasil:** Histórico e reflexões sobre o combate ao *spam* e a gerência da porta 25 coordenados pelo Comitê Gestor da Internet no Brasil).

[38] "7.1 No sentido de tornar efetiva a participação da Sociedade nas decisões envolvendo a implantação, administração e uso da Internet, será constituído um Comitê Gestor Internet, que contará com a participação do MC e MCT, de entidades operadoras e gestoras de espinhas dorsais, de representantes de provedores de acesso ou de informações, de representantes de usuários, e da comunidade acadêmica" (COMITÊ GESTOR DA INTERNET NO BRASIL. Portaria Interministerial n.º 147, de 31 de maio de 1995).

[39] Atribuições do Cgi.br: "estabelecimento de diretrizes estratégicas relacionadas ao uso e desenvolvimento da Internet no Brasil; o estabelecimento de diretrizes para a administração do registro de Nomes de Domínio usando <.br> e de alocação de endereços Internet (IPs); a promoção de estudos e padrões técnicos para a segurança das redes e serviços de Internet; a recomendação de procedimentos, normas e padrões técnicos operacionais para a Internet no Brasil; a promoção de programas de pesquisa e desenvolvimento relacionados à Internet, incluindo indicadores e estatísticas, estimulando sua disseminação em todo território nacional" (COMITÊ GESTOR DA INTERNET NO BRASIL. Portaria Interministerial n.º 147, de 31 de maio de 1995).

[40] Em 1995, foi instituída a Norma 4, que é anterior a própria Anatel; a Lei Geral Telecomunicações foi criada em 1997; A cisão da Telebras que gerou 12 novas empresas privadas de comunicação foi em julho de 1998, ou seja, resta claro que foram etapas da agenda de privatização que buscava acabar com o monopólio governamental sobre as telecomunicações (Privatização das Telecomunicações completa 20 anos. **Abranet**. Disponível em: https://www.abranet.org.br/Noticias/Privatizacao-das--Telecomunicacoes-completa-20-anos-1999.html?UserActiveTemplate=site#.YJ0qWqhKiM8. Acesso em: 13 maio 2021).

[41] "Art. 61. Serviço de valor adicionado é a atividade que acrescenta, a um serviço de telecomunicações que lhe dá suporte e com o qual não se confunde, novas utilidades relacionadas ao acesso, armazenamento, apresentação, movimentação ou recuperação de informações. § 1.º Serviço de valor adicionado não constitui serviço de telecomunicações, classificando-se seu provedor como usuário do serviço de telecomunicações que lhe dá suporte, com os direitos e deveres inerentes a essa condição. § 2.º É assegurado aos interessados o uso das redes de serviços de telecomunicações para prestação de serviços de valor adicionado, cabendo à Agência, para assegurar esse direito, regular os condicionamentos, assim como o relacionamento entre aqueles e as prestadoras de serviço de telecomunicações" (BRASIL. **Lei n.º 9.472, de 16 de julho de 1997**).

[42] A Norma 4 da Anatel que, apesar do nome popular, foi editada antes da existência da própria agência reguladora, definiu que os serviços de internet teriam valor adicionado. Assim, desvinculou-se a internet da estrutura da rede de telecomunicação que lhe dá suporte. Isso implicou, entre outras coisas, a inaplicabilidade da legislação das telecomunicações, refletindo tanto nos direitos dos consumidores como na hipótese de incidência tributária (PAULINO, Fernando Oliveira; SILVA, Nelson Simões; COSTA, Ísis Valle Rodrigues, Neutralidade Custodiada: políticas para o ecossistema internet no Brasil. *In*: ANDIÓN, Margarita Ledo; GARCÍA, Xosé López; POUSA, Xosé Ramón (org.). **Libro de Actas**. XIII Congreso Internacional Ibercom. Santiago de Compostela: AssIBERCOM/AGACOM, 2013. p. 160-161).

REGULAÇÃO E PROTEÇÃO DE DADOS PESSOAIS – *Bruno Ricardo Bioni*

procurou limitar a sua ingerência sobre a provisão de conexão de internet que não estaria sob a alçada de uma agência reguladora. Diferentemente dos provedores de telecomunicações, os de conexão à internet não necessitariam de outorgas nem estariam sujeitos às metas de qualidade prescritas por um ente da administração pública indireta. Assim, o CGI.br é, de certa forma, "filho" dessa matriz de menor ingerência governamental nas atividades econômicas.

Com isso, adotou-se um "modelo de governança não estatal da internet"[43] no Brasil. Em vez de um arranjo pelo qual o governo teria "monopólio"[44] da regulação de tal atividade econômica, ele teria que se sentar ao lado de representantes da academia, setor privado e terceiro setor, e com eles negociar para a estipulação de diretrizes e normas. Um arranjo de "corregulação"[45] na qual se busca a cooperação, mais especificamente mediante a extração de consensos,[46] para a organização da internet.

O ápice desse arranjo de governança não centralizado[47] no Estado se deu com a edição do Decreto 4.829/2003 que: **a)** alterou a composição do CGI.br para que a maioria dos seus membros fossem da sociedade civil organizada (academia, setor empresarial e terceiro setor) e não da esfera governamental; **b)** em vez de os representantes da sociedade civil serem nomeados pelo governo, passou a ser,

---

[43] SUNDFELD, Carlos Ari; ROSILHO, André. A governança não estatal da internet e o direito brasileiro. **Revista de Direito Administrativo**, v. 270, p. 41-79, 2015.

[44] "É verdade que o Estado brasileiro não monopoliza o modelo de gestão da internet, mas dele participa. Ele é baseado em corregulação, envolvendo atores variados, de diferentes setores (Estado, sociedade civil organizada, usuários do sistema internet, técnicos, acadêmicos etc.). O modelo, plural e permeável a diferentes vozes, foi imaginado para dar conta da riqueza e da pluralidade da internet. O Estado entendeu que a corregulação seria, no caso do sistema internet, mais eficiente e mais ajustada às suas peculiaridades. Reconheceu, também, especificamente quanto a essa temática, suas próprias limitações, pois pouco poderia fazer se quisesse estatizar por completo a regulação de um empreendimento global e altamente ramificado, que depende de centralização organizacional em escala mundial para existir e operar". *Ibid.* p. 77.

[45] *Ibid.*, p. 78. "Esse tipo de regulação (corregulação) pode ser um dos indícios relevantes da existência do que alguns acadêmicos norte-americanos têm chamado de direito administrativo global. Ao se propor a equalizar interesses diversos por meio do consenso, por um modo que as organizações puramente estatais não têm sido capazes de fazer, o modelo revela potencial para ser replicado em outros setores e nichos da sociedade em que, como no caso do sistema internet, o objeto a ser tutelado pela regulação seja global, e não puramente nacional, nem puramente estatal ou privado."

[46] Reconhece-se a polissemia do termo corregulação que envolve a participação de uma multiplicidade de atores, mas não necessariamente a extração de consensos como é o caso do modelo de governança mutlissetorial e do qual o CGI.br é tributária. Para tal distinção, veja-se por todos: CAFAGGI, Fabrizio. New foundations of transnational private regulation. **New foundations of transnational private regulation**, p. 77-143, 2013; GATTO, Raquel Fortes. **A perspectiva contratualista na construção do consenso da sociedade na Internet**. 2016. Tese (Doutorado em Direito) – Pontifícia Universidade Católica de São Paulo, São Paulo, 2016.

[47] NÚCLEO DE INFORMAÇÃO; COORDENAÇÃO DO PONTO BR. **Combate ao spam na Internet no Brasil**: Histórico e reflexões sobre o combate ao spam e a gerência da porta 25 coordenados pelo Comitê Gestor da Internet no Brasil: "O ambiente regulatório para a Internet brasileira não foi desenvolvido ao longo de uma centralização política, não obstante move-se distante de um descontrole. A criação do Comitê Gestor da Internet no Brasil supriu a lacuna de um agente regulador específico, assumindo as principais características da rede: descentralização e colaborativismo, tecnicidade e política".

Capítulo 5 · O CASO DO COMBATE AO *SPAM*: DA FORMAÇÃO DO FÓRUM PÚBLICO | **187**

ainda, necessária a constituição de um colégio eleitoral, formado pelo seus respectivos pares e em votação não secreta, para suas indicações e, por fim; **c)** em vez de o setor empresarial ser representado por apenas dois representantes, passou a ter quatro cadeiras.

Portaria 147/1995	Decreto 4.829/2003
Art. 2.º O Comitê Gestor será composto pelos seguintes membros, indicados conjuntamente pelo Ministério das Comunicações e Ministério da Ciência e Tecnologia [...]	Art. 2.º O CGI.br será integrado pelos seguintes membros titulares e pelos respectivos suplentes [...]
VII – um representante de provedores de serviços; VIII – um representante da comunidade empresarial;	IV – quatro representantes do setor empresarial;
	Art. 5.º O setor empresarial será representado pelos seguintes segmentos: I – provedores de acesso e conteúdo da internet; II – provedores de infraestrutura de telecomunicações; III – indústria de bens de informática, de bens de telecomunicações e de software; e IV – setor empresarial usuário.

Tabela 6 – Comparação da Composição do Setor Empresarial no CGI.br

Em comparação aos demais setores que compõem o eixo da sociedade civil no CGI.br, é importante ressaltar que o setor empresarial é o único em que há uma espécie de **subdivisão temática** dos seus representantes. Diferentemente da academia e terceiro setor que são vistos como uma unidade de interesses, o setor empresarial não foi articulado de maneira **monolítica**. De certa forma, o arranjo institucional, criado pelo Decreto 4.829/2003, captura a diversidade dos agentes econômicos que atravessam as três camadas da internet.

Essa composição foi crucial para que o tema do combate ao *spam* virasse pauta no CGI.br. **HF** relembra que antes o CGI.br concentrava-se muito mais nos temas relacionados à "gestão de estrutura da rede" e pouco às "outras camadas de governança da internet"[48]. Nesse sentido, o disparo de mensagem em massa era

---

[48] MONTEIRO, Marília de Aguiar; SOUZA, Carlos Affonso Pereira de. Entrevista com Henrique Faulhaber. *In*: HOEPERS, Cristine; FAULHABER, Henrique; STEDING-JESSEN, Klaus (org.). **Combate ao *spam* na Internet no Brasil**: histórico e reflexões sobre o combate ao *spam* e a gerência da porta 25 coordenados pelo Comitê Gestor da Internet no Brasil. São Paulo: Cadernos Cgi.br Estudos, 2015. p. 25. "Com o desenvolvimento dos temas de governança da Internet, sobretudo em 2004, com a Cúpula Mundial da Sociedade da Informação, já havia uma demanda interna advogando que o Comitê Gestor deveria discutir outras camadas da governança da Internet, não só as camadas de estrutura.12 A Comissão de

um problema que afetava eminentemente e inicialmente os provedores de serviços de *e-mail* – que estavam na camada de conteúdo – e não os de conexão – que estavam na camada de física e lógica. Sendo o Brasil o "rei do *spam*"[49] no mundo nos anos 2000, chegou-se a situações extremas como a inclusão do País em listas negras que filtravam os *e-mails* de origem brasileira – *black lists*.[50] Com isso, não só a liberdade de quem prestava, mas, sobretudo, por parte de quem viria a fruir da internet como um meio de comunicação[51] restava depreciada.

A confirmar que as externalidades negativas do *spam* impactavam quem mais estava na última camada da internet, vale lembrar que a gerência da porta 25 implicava o bloqueio de parte do tráfego da rede. A princípio, tratava-se de uma ação contrária aos interesses comerciais das empresas de telecomunicações. Esse é o depoimento de **JB**: "Tele não gosta de bloquear nada, gosta de aumentar tráfego, quanto mais, mais redes e serviço de telefone. *A princípio bloquear qualquer coisa não é uma coisa que as teles gostam de fazer*"[52] (grifos meus).

Portanto, antes de mais nada, o combate ao *spam* envolvia um problema jurídico-regulatório que gerava uma tensão entre os diferentes agentes econômicos que estavam em camadas distintas da internet. Ao espelhar essa pluralidade de interesses[53], a nova formatação do CGI.br acabou por servir como um fórum[54] para conectá-los na direção de um possível denominador comum.

Trabalho Antispam (CT-*Spam*), do Comitê Gestor da Internet no Brasil, foi criada em 2005 como uma das iniciativas de aprofundamento de atuação do CGI.br para além da gestão de estrutura da rede."

[49] A grande repercussão negativa do Brasil como rei do *spam* na mídia internacional impulsionou o Cgi.br a buscar soluções para o problema de abuso da infraestrutura brasileira pelos *spamers*. O bloqueio em massa de entrada de IPs brasileiros em outros países foi o ápice do problema (NÚCLEO DE INFORMAÇÃO; COORDENAÇÃO DO PONTO BR. **Combate ao spam na Internet no Brasil**: Histórico e reflexões sobre o combate ao spam e a gerência da porta 25 coordenados pelo Comitê Gestor da Internet no Brasil).

[50] MONTEIRO, Marília de Aguiar; SOUZA, Carlos Affonso Pereira de. Entrevista com Henrique Faulhaber, p. 83: "[...] todas aquelas *blacklists* – em algumas delas já era possível ler 'quero bloquear qualquer *e-mail* vindo do Brasil', já nem se especificava mais rede. Então chegamos a um ponto em que o mundo inteiro estava reagindo, bloqueando as coisas que vinham do Brasil".

[51] NÚCLEO DE INFORMAÇÃO; COORDENAÇÃO DO PONTO BR. **Combate ao spam na Internet no Brasil**: Histórico e reflexões sobre o combate ao spam e a gerência da porta 25 coordenados pelo Comitê Gestor da Internet no Brasil, p. 21: "Foi percebido, pois, um abuso de infraestrutura de Internet por *spammers* e a necessidade de reverter esse quadro, uma vez que os riscos da inércia eram sentidos diretamente pelo consumidor, tais como: (i) precarização da banda contratada pelo consumidor; (ii) inserção do consumidor em *blacklists*, o que inviabiliza a plena fruição de suas liberdades na rede e pode levar, em casos extremos, à limitação de sua liberdade de expressão".

[52] BICALHO, José Alexandre. **Entrevista concedida a Bruno Bioni**, 2021.

[53] Além do novo desenho institucional do CGI.br, a eleição de Eduardo Levy também foi um fator chave: "Em 2009, dois outros fatos relevantes para a CT-*Spam* também ocorreram: na composição representativa do CGI.br, o representante das operadoras de telecomunicações, que até então era uma pessoa com maior especialização no setor de TV por assinatura, foi substituído na eleição por Eduardo Levy, que acelerou a articulação com as prestadoras de serviço de comunicação multimídia" (NÚCLEO DE INFORMAÇÃO; COORDENAÇÃO DO PONTO BR. **Combate ao spam na Internet no Brasil**: Histórico e reflexões sobre o combate ao spam e a gerência da porta 25 coordenados pelo Comitê Gestor da Internet no Brasil, p. 39).

[54] *Ibid.*, p. 42: "Ao CGI.br coube, então, a missão de conectar os setores envolvidos, assegurando o cumprimento das fases do processo e providenciando um fórum de discussão e acompanhamento constante do processo de gerência da porta 25."

Adicionalmente, era o espaço institucional não só para o diálogo entre atores privados, mas, também, destes para com os órgãos públicos. Mais especificamente, para que, respectivamente, regulados e reguladores pudessem interagir em uma dinâmica distinta daquela experimentada em sede de processos administrativos. A esse respeito, três pontos merecem destaque acerca da legitimidade do CGI.br para endereçar a questão do *spam* e, última análise, enquanto fórum público para a prestação e deliberação de contas sobre o tema.

Primeiro, e mais uma vez, porque o novo desenho institucional do CGI.br já previa o encontro entre atores públicos e privados para tanto. E, mais especificamente desde 2003, a Anatel tem um assento reservado na ala governamental, de modo que o tema das telecomunicações começou a ser duplamente capitaneado e, em última análise, balanceado entre a referida autarquia – entidade com personalidade jurídica própria da administração pública indireta – e o Ministério das Comunicações – entidade sem personalidade jurídica própria da administração direta. A esse respeito, **MB** lembra que um divisor de águas foi quando pela primeira vez um presidente da autarquia decidiu representá-la no CGI.br, o que coincide com o período de quando o tema do *spam* ganha a dianteira no Comitê:

> Acho que é a primeira vez que a Anatel de fato começa a ter o CGI de uma forma mais importante, me parece que quando Plínio, até falecido, que foi presidente da Anatel, resolveu ser o representante da Anatel no CGI. Eu acho que antes dele, nenhum presidente da Anatel era o representante da Anatel no CGI. Me parece, e o Plínio foi um cara que ele usou positivamente muito o CGI para decisões da Anatel, inclusive do seu gabinete. **Não podia relatar porque era o presidente, mas podia pedir vistas e tal [...] quando você coloca a diretoria, o presidente da Anatel dentro da representação do CGI, aquilo ali é o maior simbolismo da relevância que o CGI tem pra Anatel. Então você começa a ter uma interação maior entre agência e o CGI**, inclusive superando algumas das questões naturais, choques de competência, que até hoje acontece [...] Então foi uma evolução absolutamente natural esse acordo de cooperação. **As coisas não acontecem da noite pro dia, me parece que foi assim que encaminhou, até que você tem o Embaixador... aí você tem um presidente que foi ministro de estado, ministro de carreira, na diplomacia, ou seja, você dá uma estatura institucional no relacionamento ali que favoreceu** (grifos meus).[55]

Segundo, porque as tratativas se davam numa dinâmica distinta no âmbito do CGI.br entre as empresas de telecomunicações e a Anatel. Diferentemente de

---

[55] BECHARA, Marcelo. **Entrevista concedida a Bruno Bioni**, 2021.

quando as conversas se instauram em sede de processo administrativo, no CGI.br não havia o receio, pelo menos de forma imediata, de que a troca de informações desencadeasse uma possível represália. Até porque, devido à natureza jurídica do CGI.br, o Comitê não está investido com tais poderes sancionatórios. Essa é a ponderação de **JB:**

> É diferente. Quando vem da Anatel, sempre tem uma preocupação com enforcement [...] Anatel pode cobrar, exigir alguma coisa... quando a gente trabalha com o CGI, nessas iniciativas, é muito mais tranquilo **porque não fica aquela espada do regulador em cima.** Lógico, a Anatel participa também, mas acaba que fica muito mais leve a condução dos trabalhos, não fica uma coisa tão pesada[56] (grifos meus).

Terceiro, porque o CGI.br, especialmente devido à sua composição paritária entre setor privado e terceiro setor e com uma participação significativa da academia, foi visto à época como uma instância genuína de vetorização do interesse público e, portanto, menos suscetível de captura. Como dito, o combate ao *spam* tinha como seu destinatário e beneficiário principal e final o usuário-consumidor. Tão necessário quanto os interesses dos agentes econômicos das diferentes camadas da internet estarem representados ao lado dos órgãos reguladores, era de sobremaneira importância que a solução regulatória partisse de um fórum em que esse referido elo mais fraco e vulnerável também detivesse poder de voz e seus interesses considerados e protegidos. A esse respeito ao lembrar o déficit histórico de participação das entidades representativas dos consumidores nos processos decisórios das agências reguladoras no Brasil, **JP** aponta que o CGI.br angariou tal legitimidade e detinha em seu DNA institucional tal equilíbrio na correlação de forças:

> O CGI conquistou, construiu, foi muito bacana para juntar esses *stakeholders* que à época, tinham mais dificuldade de diálogo, vamos pensar, nós vivíamos uma época muito difícil entre Defesa do Consumidor e órgãos reguladores. **Tem uma fissura no processo de privatização das teles, que ficou né, que é a falta de inclusão na participação do consumidor, isso ao longo dos anos foi muito sofrido, difícil, foi superado,** hoje a própria Anatel tem lá sua área de consumidor, a Anatel tem lá os seus conselhos né, e tem aí, vamos dizer, uma política muito forte de voz dos consumidores de telecom, mas isso não foi sempre assim né, então a própria Defesa do Consumidor e a Anatel viviam seus tempos difíceis de relacionamento [...] Se a relação da Defesa do Consumidor com a Agência não era fácil, de órgão para órgão, imagina com os represen-

---

[56] BICALHO, José Alexandre. **Entrevista concedida a Bruno Bioni**, p. 8.

Capítulo 5 · O CASO DO COMBATE AO *SPAM*: DA FORMAÇÃO DO FÓRUM PÚBLICO | 191

tantes das próprias empresas. **E aí acho que o CGI foi uma arena bem estratégica para isso né, porque conseguiu deixar as paixões de lado, para o interesse comum a época, que era o combate ao *spam*, que era para a questão de fechar a porta né**[57] (grifos meus).

Em resumo, o tema do *spam* era altamente específico, multifacetado e complexo sobre governança de internet. Algo que: **i)** escapava do mandato regulatório mais recortado de uma agência reguladora como a Anatel, isso porque não afetava somente a atividade econômica das empresas de telecomunicações; **ii)** que dificilmente seria priorizado pelos órgãos de defesa do consumidor, diante de problemas mais crônicos e de maior impacto socioeconômico como práticas abusivas na prestação de serviços e produtos no setor bancário, assistência suplementar à saúde, seguros etc.;[58] **iii)** cuja solução, que era o gerenciamento da porta 25, demandava uma *expertise* e conhecimento muito singular para o qual o CGI. br estava bem aparelhado para dar o seu devido enquadramento.

Diante desses fatores, o Comitê apresentou-se como arena estratégica[59] para se prestar contas e deliberar qual deveria ser a solução regulatória para o combate ao *spam*. Além do seu arranjo institucional aglutinar em rede os atores afetados e interessados, também, e o mais importante, era visto por todos como quem detinha legitimidade para tanto. A constituição de um fórum público não se dá apenas por uma investidura formal (*e.g.*, previsão legal-infralegal), mas, principalmente, se nele enxerga-se o potencial de desengatilhar um processo dialógico na qual partes antagônicas se encontram e dele sobrevêm um consenso. Mais especificamente, denominador comum de ordem técnica e político-jurídico-regulatória em favor do interesse público como ponto de equilíbrio em meio a interesses colidentes.

5.3. CONSENSO TÉCNICO

5.3.1. Diferenciando CGI.br e NIC.br: o papel fundamental desempenhado pelo CERT.br

Como já adiantado, o CGI.br é um comitê, sem personalidade jurídica, que foi criado para ser um espaço de articulação multissetorial de governança da

---

[57] PEREIRA, Juliana. **Entrevista concedida a Bruno Bioni**, 2021.

[58] MONTEIRO, Marília de Aguiar; SOUZA, Carlos Affonso Pereira de. Entrevista com Danilo Doneda. *In*: HOEPERS, Cristine; FAULHABER, Henrique; STEDING-JESSEN, Klaus (org.). **Combate ao *spam* na Internet no Brasil**: histórico e reflexões sobre o combate ao *spam* e a gerência da porta 25 coordenados pelo Comitê Gestor da Internet no Brasil. São Paulo: Cadernos Cgi.br Estudos, 2015. p. 135: "A defesa do consumidor tem um problema crônico justamente por ela abranger todos os mercados, todas as situações de consumo e aqui onde há alguns dados técnicos que não são óbvios para quem é da área, houve de início uma curva muito grande de ser cumprida. Isso eu sei porque tive narrativas de quando essa demanda chegou aqui na Senacon antes de eu estar aqui".

[59] Essa foi a expressão utilizada por Juliana Pereira (PEREIRA, Juliana. **Entrevista concedida a Bruno Bioni**, p. 24).

internet no Brasil. Em razão dessa sua natureza de um ente despersonalizado, é que surge o Núcleo de Informação e Coordenação do Ponto BR/NIC.br, entidade privada sem fins lucrativos, que tem como uma das suas principais missões ser o "braço executivo"[60] do Comitê. Com o objetivo de implementar as decisões do CGI.br",[61] o NIC.br está estruturado em, ao menos, cinco[62] departamentos, tendo "uma atuação transversal da qual depende o funcionamento correto, estável e seguro da internet no Brasil". Isso perpassa a administração do nome de domínio ".br", a centralização de respostas e notificações de incidentes de segurança na rede, a produção de indicadores sobre o uso da tecnologia da informação no país, a criação e a implementação de soluções de infraestrutura para a racionalização e expansão"[63] da rede brasileira.

Há, portanto, um certo tipo de interdependência[64] entre CGI.br e NIC.br que, de forma bastante esquemática e sintética, podem ser considerados como respectivamente as principais instâncias política e técnica da governança da internet no País.[65] Enquanto o Comitê delibera diretrizes amplas e gerais, o Núcleo

---

[60] NIC.BR, **Sobre o NIC.br**, NIC.br – Núcleo de Informação e Coordenação do Ponto BR. Disponível em: https://nic.br. Acesso em: 11 maio 2021.

[61] *Ibid*. "O Núcleo de Informação e Coordenação do Ponto BR – NIC.br foi criado para implementar as decisões e os projetos do Comitê Gestor da Internet no Brasil – CGI.br, que é o responsável por coordenar e integrar as iniciativas e serviços da Internet no País."

[62] a) Registro.br".br": responsável pelas atividades de registro e manutenção dos nomes de domínios que usam o ".br", bem como quem executa o serviço de distribuição de endereços IPv4 e IPv6 e de números de Sistemas Autônomos (ASNs) no país. Atualmente, já são mais de três milhões e 900 mil nomes de domínio registrados; (https://registro.br/estatisticas.html).
b) Grupo de Resposta a Incidentes de Segurança para a Internet brasileira/CERT.br: atua como um ponto central para notificações de incidentes de segurança no Brasil, provendo a coordenação e o apoio no processo de resposta a incidentes e, quando necessário, colocando as partes envolvidas em contato; (https://www.cert.br/sobre/).
c) Centro de Estudos sobre as Tecnologias da Informação e Comunicação/CETIC.br: produz indicadores sobre o acesso e uso das tecnologias de informação e comunicação, em particular, o acesso e uso de computador, Internet e dispositivos móveis; (http://cetic.br/sobre).
d) Centro de Estudos e Pesquisas em Tecnologias de Rede e Operações/CEPTRO: responsável por serviços e projetos dedicados a soluções em infraestrutura de redes, software e hardware. Entre os seus serviços de destaque estão os Pontos de troca de Tráfego do PTTMetro, hoje em 12 localidades diferentes, que ajuda a organizar a infraestrutura da Internet no país, tornando-a mais resiliente e diminuindo seus custos (https://www.ceptro.br/).
e) Centro de Estudos sobre Tecnologias Web/Ceweb: viabiliza a participação da comunidade brasileira no desenvolvimento global da Web. Uma das funções de destaque do Ceweb, em conjunto com o Escritório Brasileiro do W3C (World Wide Web Consortium), é a promoção de atividades que estimulem o uso de tecnologias padronizadas na Web e de dados abertos. (https://ceweb.br/).

[63] NÚCLEO DE INFORMAÇÃO; COORDENAÇÃO DO PONTO BR – NIC.BR. **Petição de Amicus Curiae na ADPF n.º 403/SE**. Disponível em: https://redir.stf.jus.br/paginadorpub/paginador.jsp?docTP=TP&docID=651655700&prcID=4975500#, p. 4.

[64] Para uma análise mais aprofundada dessa divisão e correlação de poder entre as duas instituições, chegando a nomeá-las como entidades gêmeas. Veja por todos: SOLAGNA, Fabricio. **30 anos de governança da Internet no Brasil**: coalizões e ideias em disputa pela rede. 2020. Tese (Doutorado) – Universidade Federal do Rio Grande do Sul, Porto Alegre, 2020, p. 117.

[65] Fazendo esse mapeamento do arranjo institucional da governança da Internet brasileira, veja também os trabalhos de: ANASTÁCIO, Kimberly de Aguiar. **Participação na governança da Internet**: o multis-setorialismo do Comitê Gestor da Internet no Brasil (CGI.br). 2015. TCC (Monografia) – Universidade de

Capítulo 5 • O CASO DO COMBATE AO *SPAM*: DA FORMAÇÃO DO FÓRUM PÚBLICO | **193**

acaba por executá-las a partir do emprego dos recursos financeiros e humanos a sua disposição. Esse é o alerta, por exemplo, de **MB**: "Nós temos que separar o CGI do NIC tá. *O NIC é uma coisa, uma instituição absolutamente técnica, o CGI não, é uma organização política, e ela é muito* [...] aliás, pro bem e pro mal, o *multistakeholder* do CGI..."[66] (grifos meus).

A partir desse pano de fundo, o NIC.br, e mais especificamente o Centro de Resposta a Incidentes de Segurança para a Internet Brasileira/CERT.br, desempenhou um papel essencial no desenrolar do processo de prestação de contas sobre o *spam* no Brasil. Foi visto como um ator[67] equidistante para diagnosticar e dar um prognóstico da questão de forma técnica e, em última análise, imparcial. Como será detalhado mais a frente foi quem articulou a produção de evidências para dar o devido enquadramento ao problema. Por ora, iremos sistematizar a cronologia do papel desempenhado pelo CERT.br em três momentos chaves desse processo que correspondem aos já mencionados estágios de prestação e aprovação de contas do *Spam* no Brasil (vide: subcapítulo 5.1.2).

No estágio inicial do processo (2000-2005) – i.e., quando o CGI.br abraçou a pauta do *Spam* e decidiu criar CT-*Spam* –, desde o início o CERT.br é rapidamente nele envolvido. Nessa fase de estruturação, o conselheiro coordenador **HF** era quem reportava ao CGI.br[68]. Quando é chegado o momento de apresentar os resultados preliminares do CT é o CERT.br quem assume o papel de porta voz[69] perante o Comitê. Portanto, desloca-se da figura de um conselheiro, representante de um setor específico de uma das camadas da internet no CGI, para os técnicos do CERT.br fazerem uso da palavra nesse momento privilegiado e mais crítico. Isto é relatar de forma mais substancial o tema, bem como propor um encaminhamento.

Brasília, Brasília, 2015; ADACHI, Tomi. **Comitê gestor da internet no Brasil (CGI.br)**: uma evolução do sistema de informação nacional moldada socialmente. 2011. Tese (Doutorado) – Universidade de São Paulo, São Paulo, 2011.

[66] BECHARA, Marcelo. **Entrevista concedida a Bruno Bioni**, p. 11.

[67] "A Comissão de Trabalho Antispam (CT-*SPAM*), criada no âmbito do Comitê Gestor da Internet no Brasil (CGI.br) em 2004, teve por principal atribuição a criação de uma estratégia nacional para endereçar o problema do *spam*. Devido ao fato do *spam* ser um dos principais veículos para distribuição de códigos maliciosos e uma ameaça séria à segurança da Internet, o CERT.br foi um ator fundamental para o sucesso da Comissão de Trabalho Antispam"(NÚCLEO DE INFORMAÇÃO; COORDENAÇÃO DO PONTO BR. **Combate ao spam na Internet no Brasil**: Histórico e reflexões sobre o combate ao spam e a gerência da porta 25 coordenados pelo Comitê Gestor da Internet no Brasil, p. 9).

[68] É o período que corresponde de novembro de 2004 a agosto de 2005, e, nesse espaço de um, o *SPAM* foi tema em, ao menos, cinco reuniões do CGI.br.

[69] "Houve apresentação do CERT.br sobre as atividades do grupo e sobre a sua contribuição para o CT-*S-PAM*, entre elas: a elaboração dos documentos 'Tecnologias e Políticas para Combate ao *Spam*' e 'Análise Técnica de Algumas Legislações sobre *Spam*'; apresentações em eventos; e coordenação e revisão dos textos do site Antispam" (COMITÊ GESTOR DA INTERNET NO BRASIL. **Ata da Reunião de 7 de outubro de 2005**. Ata da Reunião do Comitê Gestor da Internet no Brasil. Disponível em: https://cgi.br/reunioes/ata/2005/10/07/). Ver também: **Tabela Caso Antispam**. 2021. Disponível em https://docs.google.com/spreadsheets/d/1U3fCI9sTThH-p1rLqet-dqsHV2JhzsPjxbfV8XT6ReQ/edit#gid=1070592540.

REGULAÇÃO E PROTEÇÃO DE DADOS PESSOAIS – *Bruno Ricardo Bioni*

Ao relembrar uma situação curiosa que antecede a criação do CT-*Spam*, Marcelo Fernandes/**MF**, então conselheiro do CGI.br pelo terceiro setor, lembra que estava, junto com Klaus-Jessen que é um dos gerentes do CERT.br, em missão pelo CGI.br em reunião sobre *spam* na OCDE. Ao se conectarem na rede local, logo perceberam que não conseguiam enviar *e-mails*. O motivo era que as suas máquinas ainda estavam configuradas para usar a porta 25, o que viria a ser justamente alterado e daí o termo "gerência da porta 25" para a 587. Essa anedota revela que antes mesmo da criação do CT-*Spam*, o CERT.br já era enxergado, ao menos por parte dos conselheiros, como o interlocutor técnico para endereçar o problema e isso é alertado pelo próprio **MF**:

> [...] nesse momento que o projeto de gerência da porta 25 começou a ser desenvolvido. O meu papel nesta história se dá desde o momento zero em Genebra e em seguida auxiliando a equipe do CERT em uma iniciativa que é, na minha opinião, um dos projetos mais vitoriosos para a gestão da Internet no Brasil, que é o projeto *SpamPots*. Ele foi determinante porque foi com ele que ficou claro que as medidas que estavam sendo adotadas para o combate ao spam não estavam sendo tão efetivas como gostaríamos e nos apontou uma nova direção para seguir, levando então à gerência da porta 25.[70]

No estágio intermediário do processo (entre 2006 e 2009) – i.e., quando são produzidas evidências mais robustas sobre os problemas e as soluções de combate ao *Spam* –, o CERT.br exerce uma posição de liderança. Além de estarem presentes em todas as reuniões do CT-*Spam*, percebe-se que Cristine Hoepers e Klaus Jessen, gerentes do CERT.br, são quem mais levantam a voz. Também são eles quem são chamados para se juntarem às reuniões com o nível diretivo das operações de telecomunicações para convencê-los de uma vez por todas da importância e dos benefícios em enfrentar o *spam*.

Fazendo jus ao seu nome, o CERT.br foi quem efetivamente coordenou essa importante iniciativa de resposta a um problema de segurança da informação na internet brasileira. É o que afirma o conselheiro coordenador do GT, **HF,** em seu depoimento e ao prefaciar o estudo comissionado ao ITS-Rio respectivamente:

> A Comissão de Trabalho Anti Spam (CT-*Spam*), criada no âmbito do Comitê Gesto da Internet no Brasil (CGI.br) em 2004, teve por principal atribuição a criação de uma estratégia nacional para endereçar o pro-

---

[70] MONTEIRO, Marília de Aguiar; SOUZA, Carlos Affonso Pereira de. Entrevista com Marcelo Bechara. *In*: HOEPERS, Cristine; FAULHABER, Henrique; STEDING-JESSEN, Klaus (org.). **Combate ao *spam* na Internet no Brasil**: histórico e reflexões sobre o combate ao *spam* e a gerência da porta 25 coordenados pelo Comitê Gestor da Internet no Brasil. São Paulo: Cadernos Cgi.br Estudos, 2015. p. 149.

Capítulo 5 · O CASO DO COMBATE AO *SPAM*: DA FORMAÇÃO DO FÓRUM PÚBLICO | **195**

blema do spam. Devido ao fato do spam ser um dos principais veículos para distribuição de códigos maliciosos e uma ameaça séria à segurança da Internet, **o CERT.br foi um ator fundamental para o sucesso da Comissão de Trabalho Antispam**[71] (grifos meus).
Esse projeto de antispam e porta 25 só foi possível porque foi tocado operacionalmente pelo CERT.br. **A equipe que estava o tempo todo ao lado dos aspectos técnicos foi a equipe de segurança da informação**[72] (grifos meus).

No estágio final do processo (2006-2009), o estofo técnico do CERT.br é pivotal junto aos dois principais órgãos reguladores envolvidos no processo de combate ao *Spam*. Primeiro, junto à Anatel, já que é o seu estudo, assinado pelos seus gerentes Cristine Hoepers e Klaus Jessen, que encabeça a proposta de acordo de cooperação entre CGI.br e Anatel.[73] E é esse mesmo documento que acaba, ao final, por instruir o parecer de aprovação da presidência da agência reguladora para tal cooperação.[74]

Segundo, por ser o interlocutor direto perante o Departamento de Proteção de Defesa do Consumidor para tranquilizá-los de que a medida seria benéfica e favorável a essa parte mais vulnerável. Nesse sentido, Danilo Doneda, que foi coordenador-geral de supervisão e controle do Departamento de Proteção e Defesa do Consumidor da Secretaria de Direito Econômico do Ministério da Justiça, lembra que uma reunião tida com os gerentes do CERT.br foi um divisor de águas nesse processo:

> A CT-Spam e o CERT se colocaram inteiramente à nossa disposição para que tirássemos dúvidas dessa natureza. Houve uma reunião muito importante aqui na secretaria, na época departamento, se não me engano em 2011, na qual veio o Henrique Faulhaber, a Cristine e o Klaus, do CERT, fazer uma explanação técnica do gerenciamento da porta 25 e do que era a implementação. Na época, participou toda a cúpula do então departamento nacional de defesa do consumidor.[75]

---

[71] NÚCLEO DE INFORMAÇÃO; COORDENAÇÃO DO PONTO BR. **Combate ao spam na Internet no Brasil**: Histórico e reflexões sobre o combate ao spam e a gerência da porta 25 coordenados pelo Comitê Gestor da Internet no Brasil, p. 9.

[72] MONTEIRO, Marília de Aguiar; SOUZA, Carlos Affonso Pereira de. Entrevista com Henrique Faulhaber. *In*: HOEPERS, Cristine; FAULHABER, Henrique; STEDING-JESSEN, Klaus (org.). **Combate ao *spam* na Internet no Brasil**: histórico e reflexões sobre o combate ao *spam* e a gerência da porta 25 coordenados pelo Comitê Gestor da Internet no Brasil, p. 76.

[73] **Tabela Caso Antispam**. Linha 33.

[74] *Ibid.*, linhas 34 e 37.

[75] MONTEIRO, Marília de Aguiar; SOUZA, Carlos Affonso Pereira de. Entrevista com Danilo Doneda, p. 135.

196 | REGULAÇÃO E PROTEÇÃO DE DADOS PESSOAIS – *Bruno Ricardo Bioni*

Em conclusão, o NIC.br, por meio do CERT.br, **desatou o nó paralisante** para solucionar o problema do *spam* no Brasil. Por ser visto como um ente técnico, foi o responsável por dar o devido enquadramento e encaminhamento à matéria. Tudo isso só foi possível porque coordenou de forma bastante sofisticada a produção de evidências para que o processo de prestação e aprovação de contas não fosse baseado em retóricas vazias.

5.3.2. Produção de evidências sobre os efeitos colaterais do *Spam*: o "xeque-mate" nas operadoras de telefonia

De partida, é importante lembrar que no auge do problema do *spam* no Brasil já havia uma RFC[76] aprovada cujo teor era exatamente o mesmo propugnado pelo CERT.br e o que viria depois a ser adotado para solucioná-lo: a gerência da porta 25 e o seu redirecionamento para a porta 587. RFCs são uma espécie de *soft law*[77] no campo de governança de internet, sendo adotadas naquele que é considerado um dos principais fóruns –*Internet Research Taksforce*/IETF – de padronização da rede[78] no mundo. Ainda assim havia grande resistência em adotar tal solução no Brasil em que pese esse consenso técnico internacional, e é aí que entra o CERT.br.

Desde 2003, o CERT.br mantinha um projeto chamado *Honeypots*.[79] A tradução literal do termo "potes de mel" é figurativa para entender o seu objetivo, qual seja, máquinas que simulam sistemas operacionais e serviços programados propositalmente com vulnerabilidades para serem atacados. Com isso, geram-se métricas e se procura diagnosticar os métodos de ataques das "abelhas invasoras" para informar pesquisas e, por conseguinte, o desenvolvimento de técnicas de segurança da informação. Aplicando o mesmo fio condutor metodológico, o CERT.br lança, em 2006, o *Spampots* pelo qual um conjunto de apenas dez máquinas capturaram "meio bilhão" de *spam*.[80]

---

[76] RFC (*request for comments*) são recomendações de padrões de funcionamento da internet formuladas pelo IEFT (*Internet Engineering Task Force*). O IEFT é uma organização internacional cujas RFCs que ficam disponíveis publicamente. No caso em questão, já havia um RFC que criava a porta 587 para tráfego de *e-mails* (MONTEIRO, Marília de Aguiar; SOUZA, Carlos Affonso Pereira de, Entrevista com Carlos Afonso. *In*: HOEPERS, Cristine; FAULHABER, Henrique; STEDING-JESSEN, Klaus (org.). **Combate ao *spam* na Internet no Brasil**: histórico e reflexões sobre o combate ao *spam* e a gerência da porta 25 coordenados pelo Comitê Gestor da Internet no Brasil. São Paulo: Cadernos Cgi.br Estudos, 2015. p. 121).

[77] POWER, Andrew; TOBIN, Oisin. Soft Law for the Internet, Lessons from International Law. **SCRIPTed: A Journal of Law, Technology and Society**, v. 8, n. 1, p. 31-45, 2011.

[78] Uma crítica feita ao IEFT e a outras SDOs (*Internet Standard Developing Organisations*) é no sentido de que estes padrões desenvolvidos devem estar de acordo com os direitos humanos devido a uma responsabilidade moral e ética dessas organizações de atualizarem os protocolos e se preocuparem *by-design* com essas questões (CATH, Corinne; FLORIDI, Luciano. The Design of the Internet's Architecture by the Internet Engineering Task Force (IETF) and Human Rights. **Science and Engineering Ethics**, v. 23, n. 2, p. 449-468, 2017).

[79] CERT.BR. **Projeto Honeypots Distribuídos**. Disponível em: https://honeytarg.cert.br/honeypots/index-po.html. Acesso em: 12 maio 2021.

[80] MONTEIRO, Marília de Aguiar; SOUZA, Carlos Affonso Pereira de. Entrevista com Cristine Hoepers e Klaus Steding-Jessen. *In*: HOEPERS, Cristine; FAULHABER, Henrique; STEDING-JESSEN, Klaus (org.). **Combate**

Capítulo 5 · O CASO DO COMBATE AO *SPAM*: DA FORMAÇÃO DO FÓRUM PÚBLICO | **197**

Portanto, a principal contribuição do CERT.br foi gerar evidências sobre a situação dramática brasileira. Uma articulação entre o conselheiro **MF** e os gerentes do CERT.br para que a discussão não fosse mais baseada em "achismos"[81] e, com isso, dar o devido enquadramento ao problema. É, nesse sentido, o depoimento da própria Cristine Hoepers e Klaus Jessen:

> **Acho que a nossa maior contribuição foi justamente sair de um patamar teórico e mostrar que estávamos falando de números palpáveis.** CH: Só complementando essa parte de números, **uma coisa que a gente ouvia antes da nossa investigação era que os números disponíveis eram advindos de fabricantes de antispam e antivírus.** Então, por mais que no fundo soubéssemos que havia algum problema, precisávamos ter uma métrica, um dado que fosse neutro e mostrasse **que o problema existia; e fizesse sair do problema teórico mostrando o que realmente acontecia na Internet no Brasil.** Isso foi um ponto que surgiu numa conversa com o Marcelo Fernandes. Ele disse: "Se dá para vermos que existe esse problema, então vamos fazer um projeto que mostre o tamanho desse problema e como ele está acontecendo". E começamos isso em 2006[82] (grifos meus).

Nessa jornada, o CERT.br contou ao seu lado com um parceiro de pesquisa igualmente bem reputado. Diante da sua limitação de recursos para depurar a quantidade gigantesca de dados do *Spampots*, estabeleceu uma parceria com o departamento de computação da Universidade Federal de Minas Gerais/UFMG. Entre os vários achados, o referido estudo apontou o quão lesivo era o envio de mensagens em massa quem estava também na camada de infraestrutura física e não apenas de conteúdo da rede:

> E teve uma coisa que a gente levantou muito na discussão de porta 25: a banda larga é assimétrica. Isto é, você tem download e as operadoras tentam sempre não te dizer quanto é o upload, mas hoje em dia o má-

---

ao *spam* na Internet no Brasil: histórico e reflexões sobre o combate ao *spam* e a gerência da porta 25 coordenados pelo Comitê Gestor da Internet no Brasil. São Paulo: Cadernos Cgi.br Estudos, 2015: "no início, como a Cristine falou, ninguém estava muito convencido de que isso realmente acontecia, até aparecermos com números chocantes. 'Olha, a gente capturou meio bilhão de *spams* só com 10 sensorzinhos em redes brasileiras'".

[81]   MONTEIRO, Marília de Aguiar; SOUZA, Carlos Affonso Pereira de. Entrevista com Marcelo Fernandes. *In*: HOEPERS, Cristine; FAULHABER, Henrique; STEDING-JESSEN, Klaus (org.). **Combate ao *spam* na Internet no Brasil**: histórico e reflexões sobre o combate ao *spam* e a gerência da porta 25 coordenados pelo Comitê Gestor da Internet no Brasil. São Paulo: Cadernos Cgi.br Estudos, 2015. p. 152. A primeira é compreender que, uma vez identificado o problema, a busca por dados que possam comprovar qual é a melhor solução é mais importante do que ficar em "achismos" ou recorrer aos índices internacionais.

[82]   MONTEIRO, Marília de Aguiar; SOUZA, Carlos Affonso Pereira de. Entrevista com Cristine Hoepers e Klaus Steding-Jessen, p. 82-83.

ximo que você vai ter é quase sempre 1 mega. Víamos que o limite que os *spammers* tinham era a banda de upload, porque são coisas saindo da sua máquina no fundo, isto afetava toda a experiência do usuário. O usuário não conseguia mais manter uma conexão estável, não conseguia subir nada em um sítio de redes sociais. **Então o *spammer* afogava completamente a banda larga do usuário. E é ai que entra um pouco do que foi discutido como outro efeito, o efeito de banda**. Você tinha ali *spammers* consumindo mais que apenas o upload do usuário. Mas daí foi o trabalho da UFMG. Eles fizeram um data mining nos *e-mails* e um trabalho em cima dos idiomas dos *e-mails*. Não só vimos que 99% das conexões de IP vinham de fora do Brasil, mas também que 90% com certeza ia para destinatários de fora do Brasil, em chinês. **Ficou claro que se tratava de pessoas do exterior abusando de nossa estrutura**[83] (grifos meus).

Esse momento pode ser considerado como um xeque-mate[84] nas operadoras de telecomunicações. O principal argumento de resistência era que os dados de envio de mensagens em massa eram enviesados, pois seriam "manipulações da indústria de *softwares* de antivírus e antispam".[85] Com a dobradinha CERT.br e UFMG, esse argumento é não só enterrado, como, também, se dá um novo enquadramento ao tema do *spam* como prejudicial aos interesses comerciais das próprias operadoras. Isto porque havia um desperdício de banda, já que parte substancial do tráfego da rede brasileira era proveniente de *spam* e não de um real uso por parte dos brasileiros. Uma mudança de percepção crucial como afirma o Conselheiro do CGI.br e diretor presidente do NIC.br, Demi Getschko/**DM**: "Em geral as pessoas não percebem que você economiza ao fazer isso. *Certamente as operadoras gastam muita banda mandando* spam *pra lá e pra cá, então já há um custo injustificado de banda*. A primeira questão que você tem é a economia"[86] (grifos meus). No mesmo sentido, é o relato de **HF**: "E para as empresas de telecomunicações, já que *o tráfego*

---

[83] *Ibid.*, p. 87.

[84] Essa foi a expressão utilizada por Jaime Wagner (MONTEIRO, Marília de Aguiar; SOUZA, Carlos Affonso Pereira de. Entrevista com Jaime Wagner. *In*: HOEPERS, Cristine; FAULHABER, Henrique; STEDING-JESSEN, Klaus (org.). **Combate ao *spam* na Internet no Brasil**: histórico e reflexões sobre o combate ao *spam* e a gerência da porta 25 coordenados pelo Comitê Gestor da Internet no Brasil. São Paulo: Cadernos Cgi.br Estudos, 2015. p. 144).

[85] NÚCLEO DE INFORMAÇÃO; COORDENAÇÃO DO PONTO BR. **Combate ao spam na Internet no Brasil**: Histórico e reflexões sobre o combate ao spam e a gerência da porta 25 coordenados pelo Comitê Gestor da Internet no Brasil, p. 33

[86] MONTEIRO, Marília de Aguiar; SOUZA, Carlos Affonso Pereira de. Entrevista com Demi Getschko. *In*: HOEPERS, Cristine; FAULHABER, Henrique; STEDING-JESSEN, Klaus (org.). **Combate ao *spam* na Internet no Brasil**: histórico e reflexões sobre o combate ao *spam* e a gerência da porta 25 coordenados pelo Comitê Gestor da Internet no Brasil. São Paulo: Cadernos Cgi.br Estudos, 2015. p. 99.

Capítulo 5 · O CASO DO COMBATE AO *SPAM*: DA FORMAÇÃO DO FÓRUM PÚBLICO | **199**

de e-mail *é 90% spam, você está gastando, pagando uma banda enorme que poderia estar sendo utilizada para navegar na Internet*, fazer outras coisas"[87] (grifos meus).

Em conclusão, o CERT.br correspondeu ao voto de confiança e de legitimidade que lhe foi dado. Além de ser o porta voz e exercer um papel de liderança no CT--*Spam*, conseguiu mobilizar a sua *expertise* e, até mesmo, uma rede de especialistas acadêmicos para evidenciar que os efeitos colaterais do *spam* atravessavam os interesses das três e não apenas de uma das camadas da internet. Com isso, criou-se um **consenso técnico brasileiro** sobre o tema que abriu espaço para que finalmente a questão fosse encaminhada por quem tinha poder de tomada de decisão.

5.4. CONSENSO POLÍTICO-REGULATÓRIO

5.4.1. Saem os técnicos e entram o alto escalão e o jurídico

Ainda que houvesse um consenso sobre a solução do ponto de vista técnico[88] e o prejuízo que o *spam* gerava para as três camadas da rede brasileira como um todo, havia receio sobre as implicações jurídicas oriundas do gerenciamento da porta 25. Especialmente, porque, como já apontado anteriormente, as operadoras de telecomunicações atuam em um setor regulado sob o guarda-chuva de uma autarquia, bem como são historicamente[89] um dos serviços como os maiores índices de reclamações por parte dos consumidores. Em poucas palavras o pessoal técnico já estava convencido, falta sensibilizar e envolver mais intensamente o pessoal do jurídico como observa Cristine Hoepers:

> Foi aí que começou essa história de trazer o pessoal do jurídico, o pessoal da regulação. Quando começou a entrar o pessoal do regulatório, do comercial e do jurídico, as discussões se mesclaram muito com as do Marco Civil. Chegou em um ponto em que todas as discussões passaram

---

[87]   MONTEIRO, Marília de Aguiar; SOUZA, Carlos Affonso Pereira de. Entrevista com Henrique Faulhaber. *In*: HOEPERS, Cristine; FAULHABER, Henrique; STEDING-JESSEN, Klaus (org.). **Combate ao *spam* na Internet no Brasil**: histórico e reflexões sobre o combate ao *spam* e a gerência da porta 25 coordenados pelo Comitê Gestor da Internet no Brasil, p. 71.

[88]   NÚCLEO DE INFORMAÇÃO; COORDENAÇÃO DO PONTO BR. **Combate ao spam na Internet no Brasil**: Histórico e reflexões sobre o combate ao spam e a gerência da porta 25 coordenados pelo Comitê Gestor da Internet no Brasil, p. 38: "Imaginamos que com meia dúzia de reuniões com o pessoal mais técnico – que estaria vendo que aquilo é desperdício de rede, desperdício de banda, que é ruim para eles – faria com que entrassem na iniciativa, que virariam a chave. Mas aconteceu o contrário disso, mesmo quando vinha um pessoal mais técnico".

[89]   Ano após ano as empresas de telecomunicações se destacam como o setor que mais recebe reclamações dos consumidores (Empresas de telecomunicação lideram reclamações de consumidores em 2019. **G1**. Disponível em: https://g1.globo.com/economia/noticia/2020/03/10/empresas-de-telecomunicacao-lideram-reclamacoes-de- consumidores-em-2019.ghtml. Acesso em: 14 maio 2021). Ver também: Lista de reclamações no Procon de todo país. **Procon *On-line***. Disponível em: https://www.procononline.com.br/reclamacoes-no-procon/. Acesso em: 14 maio 2021.

200 | REGULAÇÃO E PROTEÇÃO DE DADOS PESSOAIS – *Bruno Ricardo Bioni*

a ter impasses, vários obstáculos. Ouvir que "A gente só vai fazer se os jurídicos derem um ok era frequente".

Então, intensificou-se o engajamento das diretorias jurídicas[90] e de outras áreas estratégicas[91] no CT-*Spam*. A título de ilustração das dez reuniões do grupo, ao menos em sete[92] delas houve pontos de pauta estritamente de ordem regulatória. Como se verá mais à frente, essas reuniões foram chaves para que a Anatel e o DPDC viessem a se pronunciar formalmente sobre a questão. O CT-*Spam* e, por conseguinte, CGI.br e CERT.br **intermediaram essa relação entre reguladores e regulados.**

A essa altura, é importante observar que à época já se discutia o Marco Civil da Internet e o princípio da neutralidade da rede[93] que, como regra geral, estabelecia um comando normativo proibitivo de intervir no tráfego da rede. Uma vez que a

---

[90] MONTEIRO, Marília de Aguiar; SOUZA, Carlos Affonso Pereira de. Entrevista com Jaime Wagner, p. 145: "[...] na verdade nós tínhamos dois obstáculos na conversa com as teles. O primeiro eram os técnicos e o segundo eram os advogados. Você sabe como são os advogados, não? Sempre dizendo que não podemos fazer isto ou aquilo. E eram os advogados que estavam indo às reuniões e isso contribuiu para com o impasse. Quando chegou à direção, resolveu".

[91] COMITÊ GESTOR DA INTERNET NO BRASIL. Ata da Reunião de 13 de março de 2008. **Comissão de Trabalho Anti-*Spam*,** p. 2. Disponível em: https://www.cgi.br/media/comissoes/CT_SPAM_130308_OK.pdf: "Cristine confirmou que a Telefônica ainda não se pronunciou quanto à essa alteração, prejudicando o avanço das discussões deste assunto com outras teles. Informou que a área de planejamento da Telefônica deve ser envolvida nessas negociações".

[92] COMITÊ GESTOR DA INTERNET NO BRASIL. Ata da Reunião de 2 de julho de 2009. **Comissão de Trabalho Anti-*Spam*.** Disponível em: https://www.cgi.br/media/comissoes/CT_SPAM_020709_ok.pdf; COMITÊ GESTOR DA INTERNET NO BRASIL. Ata da Reunião de 3 de julho de 2009. **Ata da Reunião do Comitê Gestor da Internet no Brasil.** Disponível em: https://www.cgi.br/media/comissoes/ CT_SPAM_020709_ok.pdf; COMITÊ GESTOR DA INTERNET NO BRASIL. Ata da Reunião de 15 de outubro de 2009. **Comissão de Trabalho Anti-*Spam*.** Disponível em: https://www.cgi.br/media/comissoes/ CT_SPAM_151009_ok.pdf; COMITÊ GESTOR DA INTERNET NO BRASIL. Ata da Reunião de 26 de novembro de 2009. **Comissão de Trabalho Anti-*Spam*.** Disponível em: https://www.cgi.br/media/comissoes/ CT_SPAM_261109_OK.pdf; COMITÊ GESTOR DA INTERNET NO BRASIL. **Ata da Reunião de 8 de abril de 2010. Comissão de Trabalho Anti-*Spam*.** Disponível em: https://www.cgi.br/media/comissoes/ CT_SPAM_080410_OK.pdf; COMITÊ GESTOR DA INTERNET NO BRASIL. Ata da Reunião de 10 de junho de 2010. **Comissão de Trabalho Anti-*Spam*.** Disponível em: https://www.cgi.br/media/comissoes/ CT_Anti_Spam_100610.pdf.

[93] "Art. 2.º, IV – preservação e garantia da neutralidade de rede; Art. 9.º O responsável pela transmissão, comutação ou roteamento tem o dever de tratar de forma isonômica quaisquer pacotes de dados, sem distinção por conteúdo, origem e destino, serviço, terminal ou aplicação. § 1.º A discriminação ou degradação do tráfego será regulamentada nos termos das atribuições privativas do Presidente da República previstas no inciso IV do art. 84 da Constituição Federal, para a fiel execução desta Lei, ouvidos o Comitê Gestor da Internet e a Agência Nacional de Telecomunicações, e somente poderá decorrer de: I – requisitos técnicos indispensáveis à prestação adequada dos serviços e aplicações; e II – priorização de serviços de emergência. [...] § 3.º Na provisão de conexão à internet, onerosa ou gratuita, bem como na transmissão, comutação ou roteamento, é vedado bloquear, monitorar, filtrar ou analisar o conteúdo dos pacotes de dados, respeitado o disposto neste artigo; art. 24, VII – otimização da infraestrutura das redes e estímulo à implantação de centros de armazenamento, gerenciamento e disseminação de dados no País, promovendo a qualidade técnica, a inovação e a difusão das aplicações de internet, sem prejuízo à abertura, à neutralidade e à natureza participativa" (BRASIL. **Lei n.º 12.965, de 23 de abril de 2014.** Disponível em: http://www.planalto.gov.br/ccivil_03/_ato2011-2014/2014/ lei/l12965.htm. Acesso em: 12 maio 2021).

gerência da porta 25 altera necessariamente a arquitetura da rede, a ala jurídica das operadoras passou a enxergar o caso como como um possível precedente para excepcionar tal regra. É o que observa **JB** como um ponto de virada na resistência das operadoras de telecomunicações, o que depois acabou sendo incorporado ao Decreto 8.711/2016[94] justamente como uma das hipóteses técnicas na qual é permitida a degradação do tráfego da rede:

> Num primeiro momento é lógico que teve alguma dificuldade. Já tinha alguma discussão de neutralidade, já alguma coisa que começava a aparecer, eu acho que **nesse momento é que houve uma virada grande, na hora que as teles perceberam que poderiam utilizar a questão da porta 25 como uma referência técnica para a possibilidade de intervir na rede com questões técnicas para garantir uma coisa. Então acho que teve um momento que eu acho que as teles passaram a ver isso como uma oportunidade também sabe,** teve um momento que acho que todo mundo começou a ver que se a gente começar a fazer isso aqui justifica uma série de outras iniciativas[95] (grifos meus).

Ao mesmo tempo e, talvez o mais importante, iniciou-se um processo de sensibilização junto ao alto escalão das empresas operadoras de telecomunicações. O principal argumento era de índole econômica, qual seja, a perda de banda em decorrência do envio de mensagens em massa. Nesse sentido, na única reunião do CT-*Spam* que contou com a presença de alguns de presidentes, deu-se ênfase justamente no "sistema de medição sobre a natureza do tráfego com destino à porta 25".[96] E, mais uma vez, o papel do CERT.br parece ter sido decisivo em uma outra reunião, desta vez com todos os presidentes das grandes operadoras de telefonia que foi facilitada pela principal entidade de classe à época do setor:

> Chegamos a uma reunião da SindiTelebrasil[97] com todos os Vice-Presidentes de regulatório de todas as operadoras e ouvimos aquelas frases

---

[94] "Art. 5.º Os requisitos técnicos indispensáveis à prestação adequada de serviços e aplicações devem ser observados pelo responsável de atividades de transmissão, de comutação ou de roteamento, no âmbito de sua respectiva rede, e têm como objetivo manter sua estabilidade, segurança, integridade e funcionalidade. § 1.º Os requisitos técnicos indispensáveis apontados no *caput* são aqueles decorrentes de: I – tratamento de questões de segurança de redes, tais como restrição ao envio de mensagens em massa (*spam*) e controle de ataques de negação de serviço" (BRASIL, **Decreto n.º 8.771, de 11 de maio de 2016**. Disponível em: http://www.planalto.gov.br/ccivil_03/_ato2015-2018/2016/decreto/d8771.htm).

[95] BICALHO, José Alexandre. **Entrevista concedida a Bruno Bioni**.

[96] COMITÊ GESTOR DA INTERNET NO BRASIL. Ata da Reunião de 2 de julho de 2009.

[97] Em 2020, a SindiTelebrasil mudou sua logomarca e sua razão social, passando a se chamar Conexis Brasil Digital. "A Conexis, dentro de um movimento de transformação digital pelo qual o mundo está passando, vem substituir a marca do SindiTelebrasil, reforçando o propósito do setor de telecomunicações de digitalizar o País e de conectar todos os brasileiros" (**Perfil – Conexis – Sindicato Nacional**

célebres: **"não, gerência da porta 25 é igual a Biotônico Fontoura: não vai fazer mal, mas pode fazer muito bem".** Aí teve o VP de uma operadora que disse: **"Mas isso parece ser muito bom, por que não foi implementado ainda?**[98] (grifos meus).

Em resumo, é possível perceber uma **linha do tempo na qual se chega primeiro a um consenso técnico do problema regulatório.** A produção de evidências por uma entidade técnica, e vista com um alto grau de legitimidade, foi um elemento chave para tanto. Isso porque foi a partir desses dados que se talhou o argumento mais potente de sensibilização da alta cúpula de quem até então era o nó de paralisação do processo de deliberação do fórum. Em resumo, mais importante do que **gerar conhecimento** sobre o tema a ser objeto de deliberação, é mobilizá-lo **para distensionar a relação de partes antagônicas.**

5.4.2. A entrada da Anatel: entre o conforto jurídico e a "espada" e o primeiro caso da agência de "autorregulação conjunta" mediante um AIR voluntário

Uma vez superado o obstáculo técnico e político corporativo, sobreveio o de natureza jurídico-regulatória. Por estarem em um setor regulado sob o guarda-chuva de uma agência reguladora, as operadoras de telecomunicações passaram a exigir a entrada da Anatel no processo. Mais do que a sua presença nas reuniões de trabalho, havia pressão para que a agência se posicionasse formalmente anuindo com a gerência da porta 25. Foi um assunto pautado em pelo menos sete das dez reuniões do CT-*Spam*. Então, O CGI.br e o NIC.br acabaram intermediando todo o processo entre a Anatel e as empresas de telecomunicações.

Primeiro, antes de mais nada, a minuta de um possível acordo de cooperação entre Anatel e CGI.br foi amplamente debatida no CT-*Spam*[99] que contava com

---

das **Empresas de Telefonia e de Serviço Móvel, Celular e Pessoal**. Disponível em: https://conexis. org.br/quem-somos/perfil/. Acesso em: 12 maio 2021).

[98] MONTEIRO, Marília de Aguiar; SOUZA, Carlos Affonso Pereira de. Entrevista com Cristine Hoepers e Klaus Steding-Jessen, p. 95.

[99] Na reunião do dia 13 de março de 2008, questiona-se como a Anatel pode colaborar com o CGI.br (COMITÊ GESTOR DA INTERNET NO BRASIL. Ata da Reunião de 13 de março de 2008).

Reunião 4 de junho de 2009, como uma reivindicação das teles, retoma-se a discussão sobre a necessidade do suporte da Anatel (COMITÊ GESTOR DA INTERNET NO BRASIL. Ata da Reunião de 4 de junho de 2009. **Comissão de Trabalho Anti-*Spam***. Disponível em: https://www.cgi.br/media/comissoes/ CT_SPAM_040609_OK.pdf).

Reunião do dia 2 de julho de 2009 pauta-se o acordo de colaboração com a Anatel (COMITÊ GESTOR DA INTERNET NO BRASIL. Ata da Reunião de 2 de julho de 2009).

Na reunião do dia 13 de agosto de 2009, continuam-se as tratativas sobre o acordo com a Anatel (COMITÊ GESTOR DA INTERNET NO BRASIL. Ata da Reunião de 13 de agosto de 2009. **Comissão de Trabalho Anti-*Spam***. Disponível em: https://www.cgi.br/media/comissoes/CT_SPAM_130809_OK.pdf).

Na reunião do dia 15 de outubro, cita-se o acordo com a Anatel que ainda está em processo (COMITÊ GESTOR DA INTERNET NO BRASIL. Ata da Reunião de 15 de outubro de 2009).

Capítulo 5 · O CASO DO COMBATE AO SPAM: DA FORMAÇÃO DO FÓRUM PÚBLICO | 203

uma presença significativa das próprias empresas de telefonia. Somente após essa primeira versão ter sido consensuada, é que o CGI.br disparou uma carta para formalizar o início das tratativas com a agência reguladora. Segundo, nesse meio-tempo, o conselheiro **HF**, coordenador do CT-*Spam*, e **DM**, conselheiro de notório saber e diretor-presidente do NIC.br, reuniram-se diretamente com o presidente da Anatel para alertá-lo sobre a importância do tema mais uma vez. Essa linha de ação bifurcada foi essencial para que o processo de combate ao *spam* não congelasse mais uma vez, como lembra **HF**:

> Os prestadores de serviço de comunicação ainda não tinham tomado a decisão de fazer, porque isso dependeria de uma regulação da Anatel. Como eles eram regulados pela Anatel, poderiam ser multados ou sancionados caso eles fizessem algo fora da regulamentação. **Fomos eu e o Demi à Anatel, ao presidente da Anatel na época. Embora a Anatel fizesse parte do Conselho, já havia uma migração. O Dr. Plínio Aguiar estava saindo e estava vindo o embaixador Sardenberg. Nós fomos conversar com o embaixador Sardenberg e dissemos que a Anatel, a exemplo do Comitê Gestor, deveria ter uma resolução dizendo às teles, às operadoras de telecomunicações, que elas deveriam efetivamente bloquear a porta 25 para o bem da Internet brasileira e sua segurança**[100] (grifos meus).

Em linha com o que foi dito sobre governança nodal, o CGI.br e NIC.br apresentam-se como **supernodo da rede de governança** criada para endereçar o combate ao *spam*. Além de ter sido **o *locus* para semear um *saber coletivo* sobre o tema**, é sintomático que tenha intermediado a relação entre regulador e regulados com o objetivo de tornar mais previsível eventual processo sancionatório que poderia decorrer das ações de combate ao *spam*. Nesse sentido, dois pontos merecem ser destacados.

Primeiro, nota-se uma certa deferência ao CGI.br ao longo de todo o processo administrativo para a aprovação do acordo de cooperação. Ao encaminhar a questão à procuradoria, de partida o gabinete da presidência da Anatel observa que a gerência da porta 25 teve "discussão técnicas lideradas pelo Comitê Gestor

---

Na reunião do dia 26 de novembro, o acordo com a Anatel foi pautado e esclareceu-se que enquanto não fosse nomeado o novo representante da agência o acordo seguiria suspenso (COMITÊ GESTOR DA INTERNET NO BRASIL. Ata da Reunião de 26 de novembro de 2009).

Na reunião do dia 8 de abril de 2010, as empresas de telefonia destacaram a necessidade da elaboração de um regulamento pela Anatel para respaldar a gerência da porta 25 (COMITÊ GESTOR DA INTERNET NO BRASIL, Ata da Reunião de 8 de abril de 2010).

[100] MONTEIRO; SOUZA, Entrevista com Henrique Faulhaber, p. 74.

da Internet no Brasil".[101] Ao final, esse de papel liderança técnica é salientado nas cláusulas da própria minuta de acordo de cooperação[102] que é aprovada por unanimidade por todo o conselho diretor da agência.[103]

Segundo, é o CGI.br que destrava e é o artesão do instrumento jurídico pelo qual a Anatel se vincularia ao plano de gerência da porta 25. Atendendo aos pedidos das empresas de telecomunicações que consideravam insuficiente um ofício assinado tão somente pelo Diretor da agência,[104] o CGI.br valeu-se da sua rede[105] e do grupo de pessoas do CT-*Spam* para que a procuradoria da autarquia se manifestasse da forma mais célere possível. E, posteriormente, o Conselho

---

[101] CGI.BR. **Processo de Acordo de Cooperação**, p. 3. Disponível em: https://drive.google.com/file/d/1u-K4kU0EpJnTqyp0MKzC4_A0TNOtaGg1s/view?usp=sharing&usp=embed_facebook. Acesso em: 17 maio 2021: "A Anatel, considerando as discussões técnicas lideradas pelo Comitê Gestor da Internet no Brasil (CGI.Br) e as várias recomendações internacionais, concorreu para a aprovação da Resolução CGI.br/RES/2009/002/P, de 24 de abril de 2009, que recomenda a implantação da Gerência de Porta 25ITCP por parte dos provedores de serviços de correio eletrônico e das fornecedoras de conectividade Internet para usuários finais".

[102] *Ibid.*, p. 15: "3. O NIC.br se compromete a adotar as seguintes medidas: 3.1 Coordenar grupos de trabalho formados por provedores de serviços de Internet, prestadores de serviços de telecomunicações e associações, visando promover a implementação deste Acordo e estimular a participação de terceiros nao signatários; 3.2 Dar apoio técnico a provedores de serviços de correio eletrônico, prestadoras de serviços de telecomunicações e associações em temas relacionados ao objeto do presente Acordo; 3.3 Preparar e divulgar informações técnicas e realizar tutoriais para orientar usuários finais e administradores de rede quanto aos temas objeto do presente Acordo; 3.4 Coordenar a comunicação e divulgação, para usuários finais e para veículos de comunicação, dos benefícios em se adotar as medidas objeto deste Acordo; 3.5 Oferecer, em sua sede, uma seção de treinamento sobre as medidas descritas neste Acordo, sua importância e vantagens para o consumidor, a ser ministrada para supervisores das centrais de atendimento ao consumidor da Anatel e dos órgãos de defesa do consumidor anuentes a este Acordo, conforme item 4".

[103] *Ibid.*, p. 111: "Refiro-me a correspondência encaminhada por esse Comitê, datada de 26 de agosto de 201 0 e protocolada nesta Agência sob o no 53500.021 005120 10, que encaminhou para apreciação da Anatel minuta do Acordo de Cooperação visando a implantação da Gerência de Porta 25 em redes de caráter residencial, para informar que o Conselho Diretor da Anatel, em sua 604.ª Reunião, realizada em 28 de abril de 2011, deliberou por aprovar a conveniência e oportunidade de a Anatel aderir ao referido Acordo, na qualidade de anuente, com as alterações indicadas em anexo".

[104] É o que se nota na 9.ª (nona) reunião da Comissão de Trabalho Antispam: "A OI, a Telefônica e a Abrafix afirmaram que a intenção da Anatel, ao aprovar a implantação da Gerência de Porta 25/TCP em redes de caráter residencial é válida, porém o ofício não ofereceria respaldo jurídico – caso ocorra reclamação de usuário – e defendem a necessidade de regulamentação da Anatel a esse respeito para que não haja futura punição" (COMITÊ GESTOR DA INTERNET NO BRASIL. Ata da Reunião de 8 de abril de 2010, p. 2).

[105] COMITÊ GESTOR DA INTERNET NO BRASIL. Ata da Reunião de 13 de agosto de 2009, p. 4: "Após a continuação do debate sobre a falta de uma regulação da Anatel, que viesse a embasar juridicamente as ações das operadoras, Jaime Wagner informou que o CGI.br pode levar esta demanda, em nome do grupo, para a Anatel. Para tanto, solicitou que as operadoras preparem uma lista de itens que seus jurídicos considerem essenciais em uma regulação da Anatel sobre o assunto".

Capítulo 5 · O CASO DO COMBATE AO *SPAM*: DA FORMAÇÃO DO FÓRUM PÚBLICO | **205**

Diretor aprovasse-o.[106] Nesse sentido, vale transcrever trecho do 11.º encontro do CT-*Spam*:[107]

> José Bicalho da Anatel relembrou que intercedeu junto a Marcelo Bechara, procurador-geral da Anatel para que o documento fosse analisado assim que possível, porém, a Anatel continua no aguardo urgente de uma versão formal da correspondência. Bicalho reafirmou que se essa morosidade persistir a Anatel buscará estratégias para solucionar a questão. Henrique Faulhaber reforçou o pedido a Annenberg e Torrecilhas para que as operadoras de cabo e a Telebrasil estejam em conformidade com o documento também.

Se por um lado a entrada da Anatel trouxe "conforto jurídico"[108] às empresas de telecomunicações, a sua anuência ao plano de ação de combate ao *spam* também acabou por lhe conferir maior exequibilidade. Essa ambivalência do papel da Anatel é lembrada por **MB**, à época procurador da agência e depois conselheiro do CGI. br, ao ponderar que o comitê não teria poder de *enforcement* – espada[109] – caso houvesse um refugo das empresas de telecomunicações. Algo que dificilmente aconteceria depois que a agência reguladora se somou e se pronunciou publicamente:

> Por que a Anatel está nesse acordo? Por uma razão muito simples: as empresas de telecomunicações são nossas reguladas, são nossas admi-

---

[106] É o que se depreende dos bastidores da 10.ª reunião na qual se discutiu os caminhos a serem trilhados na estrutura de governança da agência. "José Bicalho relembrou que a Anatel está acompanhando o processo com o propósito de viabilizar maior participação das teles, e que algumas providências foram tomadas como exemplo o referendo a uma recomendação do Comitê Gestor da Internet, aprovada por unanimidade, com o apoio da Anatel e do Ministério das Comunicações. Além dessa documentação, José Bicalho defendeu um posicionamento mais direto da Anatel. José Bicalho questionou a viabilidade de uma reunião formal com a Anatel e os Presidentes das Empresas para definição de um posicionamento jurídico da Procuradoria, que desse suporte às medidas sendo adotadas. Alexandre Annenberg questionou se o endosso adquirido por meio da carta aprovada pelo Ministro Ronaldo Mota Sardenberg não seria o suficiente para esse respaldo jurídico. José Bicalho disse que de certo modo sim, porém a opinião dos presentes na reunião era de que seria necessário algo mais. Ressaltou as sugestões seriam encaminhadas ao Dr. Marcelo Bechara, Procurador da Anatel com o intuito de se chegar a um consenso e à possível publicação de um parecer jurídico ou um despacho do Conselho Anatel" (COMITÊ GESTOR DA INTERNET NO BRASIL. Ata da Reunião de 6 de maio de 2010. **Comissão de Trabalho Anti-*Spam***, p. 2. Disponível em: https://www.cgi.br/media/comissoes/CT_SPAM_060510_OK.pdf; COMITÊ GESTOR DA INTERNET NO BRASIL. Ata da Reunião de 10 de junho de 2010, p. 5).

[107] MONTEIRO, Marília de Aguiar; SOUZA, Carlos Affonso Pereira de. Entrevista com Marcelo Bechara, p. 113.

[108] Esse é o termo utilizado em: "Neste sentido, é importante destacar que tanto a Anatel como o Ministério da Justiça desempenharam papéis extremamente relevantes para oferecer conforto jurídico para que as partes interessadas e submetidas à sua área de atuação pudessem proceder com as atividades demandadas" (NÚCLEO DE INFORMAÇÃO; COORDENAÇÃO DO PONTO BR. **Combate ao spam na Internet no Brasil**: Histórico e reflexões sobre o combate ao spam e a gerência da porta 25 coordenados pelo Comitê Gestor da Internet no Brasil, p. 42).

[109] Lembrando que esse foi o termo utilizado por J.B, vide subcapítulo 4.2 (BICALHO, José Alexandre. **Entrevista concedida a Bruno Bioni**, p. 8).

nistradas e isto está muito claro, inclusive no acordo. **Ou seja, quando a Anatel assina e as empresas de telecomunicação assinam, as coisas acontecem assim no universo destes dois agentes: "Se você não cumprir, eu, regulador, posso tomar medidas administrativas e fazer você cumprir, inclusive com multas por isso".** Então é uma ideia de que, além de dar uma legitimidade maior à proposta, gera um enforcement específico, uma obrigação de cumprimento, um dever de fazer das empresas de telecomunicações. Então eu acho que esse foi o papel[110] (grifos meus).

Ainda hoje a maior parte das conexões é feita pelas grandes teles. Então sem as teles não teria acontecido nada, e não é que as teles não eram colaborativas, elas apresentaram uma resistência natural, sempre fazem isso, parte do jogo... "Ah mas porquê ter essa responsabilidade... isso vai implicar em mim" e as teles não assinam nada que a Anatel não esteja chancelando, porque são empresas reguladas e tem uma agência reguladora, e eles são bastante disciplinados em relação a isso. Então se não houvesse uma intervenção da Anatel, real, aí quase que impondo a participação das teles e essa imposição legítima, que fique bem claro, isso não teria acontecido. [...] Você tinha essa cultura que mudou depois, quando foi criado um regime de sanção, com previsibilidade [...] **então as empresas eram absolutamente... tem um ditado em Minas Gerais que diz "cachorro mordido por cobra tem medo de salsicha" então os caras vão ser resistentes. Então se passar um spam aqui, quanto que eu vou pagar de multa? Quem vai me multar, vai ser o CGI? Então até você pacificar, tranquilizar e negociar com as empresas de telecom, e elas terem a segurança, dizendo "tá bom mas eu só assino aqui se a Anatel tiver embaixo, foi um parto doloroso mas que é natural, talvez o CGI não tivesse acostumado com esse tipo de negociação com as teles mas Anatel faz isso desde o dia zero**[111] (grifos meus).

Depois de ter participado de inúmeros processos regulatórios como superintendente de regulação da Anatel, **JB** considera ter sido esse **o primeiro caso de "autorregulação conjunta" da história da agência,** mesmo sem ter tido tal rótulo à época. Isto porque considera que foi um movimento disparado de baixo para cima, pelos atores regulados em conjunto com o CGI.br, e que ao final contou com a chancela da agência:

Eu tenho algum material que eu posso passar pra vocês também...Até procurei outro dia porque a gente tá usando esse caso como um caso de

---

[110] BICALHO, José Alexandre. **Entrevista concedida a Bruno Bioni**, p. 13.
[111] BICALHO, José Alexandre. **Entrevista concedida a Bruno Bioni**, p. 14.

Capítulo 5 · O CASO DO COMBATE AO *SPAM*: DA FORMAÇÃO DO FÓRUM PÚBLICO | **207**

uma autorregulação [...] Anatel ninguém escreveu uma norma forte, legal contra *spam*, na época tinha um monte de projeto de lei, mas acabou que com essa iniciativa a gente acabou diminuindo. **Acabou que acalmou a história na Anatel e acalmou a história também fora, e acabou sendo reconhecido aí pela própria agência, Anatel tem até falado nisso ultimamente, que esse é um caso de autorregulação conjunta que não é uma autorregulação que a própria iniciativa privada toma iniciativa, e paralelo a isso teve várias iniciativas depois, a implementação do IPv6 que foi muito parecida.** Não tem uma linha escrita em regulamento da agência dizendo que existe um prazo para o cara implantar IPv6, a gente estava ficando para trás também[112] (grifos meus).

Também com olhar retrospectivo, **MB** considera o processo ter sido exitoso por conta do engajamento coletivo e cooperativo de múltiplas partes. De certa forma, os estudos e as evidências geradas fizeram as vezes de uma análise de impacto regulatório/AIR. Ainda que não exigível à época, a relação custo-benefício era extraordinária e já havia sido diagnosticada antes da sua implementação:

Você às vezes pode tomar medidas que tenham impacto na prestação de serviço muito maior do que na questão dos investimentos que deveriam ser feitos para conseguir. Eu, sinceramente, não sei se eles tiveram que fazer esse investimento todo e acho que não, mas eles usam isto sempre como argumento. **A Anatel fez uma coisa muito boa – na época ainda não existia, porque o regimento interno era anterior ao vigente hoje – que foi tornar obrigatória a adoção das medidas de grande porte para as análises de impacto regulatório. Eu não sei se seria o caso, porque não era uma regulação, era um acordo, mas mesmo que pudesse ser feito uma AIR (Análise de Impacto Regulatório), ela demonstraria o quê? O que é uma AIR? É o custo-benefício regulatório. Eu acho que nesse caso você não precisa ser economista pra verificar que o benefício tem sido realmente extraordinário.** Então, mesmo se custos e investimentos tivessem que ter sido feitos, eu acho que faz parte do jogo do negócio delas e do nosso querer que as coisas funcionem. Pra mim já foi tratado com bastante naturalidade e normalidade, nós que já estamos acostumados a lidar com elas[113] (grifos meus).

Mais do que cumprir um papel de ambivalência em fornecer o conforto jurídico e exequibilidade (espada) para o pleno cumprimento do plano de combate

---

[112]   BICALHO, José Alexandre. **Entrevista concedida a Bruno Bioni.**
[113]   MONTEIRO, Marília de Aguiar; SOUZA, Carlos Affonso Pereira de. Entrevista com Marcelo Bechara, p. 116-117.

208 | REGULAÇÃO E PROTEÇÃO DE DADOS PESSOAIS – *Bruno Ricardo Bioni*

ao *spam*, a entrada da Anatel revela que o problema regulatório demandava que a sua solução não viesse apenas de uma instituição com uma espécie de mandato regulatório geral – o CGI.br. Necessário se fazia presença de quem detinha competência regulatória setorial sobre as operadoras de telecomunicações. Ao final essa cooperação e articulação interinstitucional, possibilitou que o Comitê fosse um mediador entre regulador e regulado e, talvez o mais importante, destravasse um processo no qual todas as partes envolvidas prestassem contas umas às outras para deliberação e aprovação final do plano de ação de combate ao *spam*.

5.4.3. A entrada do DPDC como reforço dos interesses do consumidor: o custo-benefício regulatório e um *"habeas corpus* preventivo"

Ainda faltava um último ingrediente para o caldo final do consenso jurídico-regulatório. Era necessário que os órgãos e entidades de defesa do consumidor também fizessem parte do processo de deliberação e aprovação de contas das medidas de combate ao *Spam*. Historicamente, os serviços de telecomunicações detêm os maiores índices de reclamação e, por conseguinte, são alvos constantes da defesa do consumidor. O receio era que a gerência da porta 25 pudesse ser eventualmente considerada como uma falha na prestação dos serviços (uma "quebra de contrato").[114] De forma coordenada, as operadoras de telecomunicações fizeram um coro[115] quanto ao envolvimento dos órgãos reguladores (*e.g.*, Procons e na época o Departamento de Proteção de Defesa do Consumidor) e das entidades de defesa do consumidor (*e.g.*, Idec[116] e Proteste).[117-118]

---

[114] COMITÊ GESTOR DA INTERNET NO BRASIL. Ata da Reunião de 8 de abril de 2010, p. 2: "As prestadoras afirmaram que o serviço é oferecido sem considerar a possibilidade de migração das Portas, portanto conotaria 'quebra de contrato' por parte das prestadoras. Jaime Wagner discordou afirmando que não seria caracterizada 'quebra de contrato' pelo serviço não ficar prejudicado e sim oferecido de outra forma".

[115] COMITÊ GESTOR DA INTERNET NO BRASIL. Ata da Reunião de 15 de outubro de 2009, p. 4: "Marcelo Sarmento, da Net, levantou que ainda há o temor que, no momento em que as operadoras iniciarem os bloqueios, surgirão alguns poucos usuários que reclamarão e que eles só poderão sustentar as ações se houver suporte jurídico/regulatório." E também: "Nelson, da TIM, levantou que a participação do PROCON e do Ministério Público seria importante também. Henrique comentou que o CGI.br tem contato com ambos via outros grupos de trabalho do CGI.br".

[116] O Instituto Brasileiro de Defesa do Consumidor (Idec) é uma associação civil, sem vínculos governamentais, que tem relevância histórica na defesa dos interesses dos consumidores no Brasil. (IDEC. **Quem somos**. Disponível em: https://idec.org.br/quem-somos. Acesso em: 17 maio 2021).

[117] A Proteste é uma associação sem fins lucrativos que atua há 18 anos na defesa do consumidor, tanto por meio da participação em audiências públicas e atuações junto aos órgãos competentes quanto pela elaboração de documentos informativos e realização de testes em produtos (PROTESTE – ASSOCIAÇÃO BRASILEIRA DE DEFESA DO CONSUMIDOR. **Quem somos**. Disponível em: https://www.proteste.org.br/. Acesso em: 17 maio 2021).

[118] Esse foi o encaminhamento da 9.ª reunião do Grupo de Trabalho *Antispam*. "Convidar para a próxima reunião, representantes dos órgãos de defesa do consumidor IDEC, PROCON e Proteste, que já participam das reuniões de *e-mail* marketing e que Jaime Wagner se prontificou a fazer o convite" (COMITÊ GESTOR DA INTERNET NO BRASIL. Ata da Reunião de 8 de abril de 2010, p. 3).

Capítulo 5 · O CASO DO COMBATE AO *SPAM*: DA FORMAÇÃO DO FÓRUM PÚBLICO | 209

A primeira ação foi o envolvimento das entidades de defesa do consumidor nas reuniões do CT-*Spam*. Tão logo a questão foi levantada no 7.º encontro,[119] já foi respondido que o CGI.br detinha pronto canal de comunicação com tal grupo. Finalmente, no 9.º[120] encontro foi tirado o encaminhamento em convidar Idec, Procon e Proteste que passaram a frequentar as reuniões do grupo.[121]

A segunda ação, em vista da capilaridade do sistema nacional de defesa do consumidor composto por mais de centenas de Procons espalhados por todo o território brasileiro,[122] foi o envolvimento do DPDC do Ministério da Justiça. Como já apontado (subcapítulo 4.2.1.2), o DPDC, hoje Senacon, é responsável por coordenar o SNDC de modo que este teria a capacidade de comunicar tal ação perante toda a rede de defesa do consumidor. Algo que Idec, Proteste, Procon-SP e Ministério Público não teriam competência para fazer, ainda que fossem entidades bem reputadas diante dos seus pares.

Nesse sentido, é simbólica a participação de Laura Mendes, na época servidora do DPDC, em reunião do CGI.br.[123] Até então, o tema de combate ao *spam* era desconhecido pela pasta do MJ. A reunião serviu, a um só tempo, para alertá-los sobre o assunto, bem como para esclarecer o impacto positivo para a própria defesa do consumidor. Foi o início de uma relação de confiança entre CGI.br e NIC.br, mais especificamente do CERT.br, com o principal órgão de defesa do consumidor.

Após algumas reuniões de trabalho junto à cúpula do DPDC,[124] finalmente o órgão de defesa do consumidor estava convencido e agiu em duas principais

---

[119] COMITÊ GESTOR DA INTERNET NO BRASIL. Ata da Reunião de 15 de outubro de 2009.

[120] COMITÊ GESTOR DA INTERNET NO BRASIL. Ata da Reunião de 8 de abril de 2010.

[121] COMITÊ GESTOR DA INTERNET NO BRASIL. Ata da Reunião de 6 de maio de 2010, p. 3: "Jaime Wagner evidenciou que o PROCON deveria ser presença constante nas reuniões e estendeu o convite à representante da ProTeste que estava presente".

[122] MONTEIRO, Marília de Aguiar; SOUZA, Carlos Affonso Pereira de. Entrevista com Cristine Hoepers e Klaus Steding-Jessen, p. 92: "A gente só poderia fazer se fossem envolvidos os grandes de conteúdo ou os Procons'. A Telefônica disse que tinha que envolver os 600 Procons do Brasil, mas como ninguém se manifestou, sugerimos que fosse apenas o Procon de São Paulo. Então começou o discurso de que teria que trazer o IDEC – Instituto Brasileiro de Defesa do Consumidor, a Proteste – Associação Brasileira de Defesa do Consumidor e alguém falou em Ministério Público. Para nós nunca ficou muito claro até onde ia a insistência em trazer todo mudo ou se era apenas uma postergação. Chegou um momento em que sempre havia alguém à mesa dizendo ser regulado pela Anatel. Com a Anatel foi assinado um Acordo de cooperação – primeiro só em relação às operadoras de telecomunicações, depois com outros anuentes".

[123] COMITÊ GESTOR DA INTERNET NO BRASIL. Ata da Reunião de 22 de outubro de 2010. **Reunião do CGI. br**. Disponível em: https://www.cgi.br/reunioes/ata/2010/10/22/.

[124] Além da reunião-chave mencionada por Danilo Doneda no subcapítulo 4.3.1, **JP** também mencionou o seguinte: "então primeiro desafio foi pautar o tema como um tema importante, considerando, vamos dizer assim, a natureza do assunto; depois foi fazê-los compreender do que nós estávamos falando tecnicamente né, então para isso me lembro se eu não tiver enganada, eu não lembro se é o Demi mesmo que foi a época que tava à frente, porque eu tive várias coisas com ele na época, mas o próprio Danilo e outros especialistas assim, nós levamos para reunião para transformar um assunto bastante técnico numa questão mais estratégica para um grupo que tava preocupado com cobrança indevida de tarifas bancárias, com intermitência dos serviços de telefonia, de internet, com aumento de preço de plano de saúde né, com questões que tomam a agenda recorrentemente dos consumidores. Mas

210 | REGULAÇÃO E PROTEÇÃO DE DADOS PESSOAIS – *Bruno Ricardo Bioni*

frentes. Não só emitiu uma nota técnica sobre o assunto direcionada ao SNDC e que expressamente faz deferência ao CGI.br,[125] mas, também, pautou e apresentou o assunto em reunião ordinária do sistema nacional com a presença de mais de 150 Procons. Esse é o depoimento de Danilo Doneda, à época coordenador-geral e supervisão de controle do DPDC:

> Aqui, como parênteses, até hoje, em alguns Procons, as pessoas me conhecem como quem fala sobre coisas incompreensíveis, desde que o dia em que, em uma reunião com mais de 150 Procons e o órgão de defesa do consumidor, eu fui explicar o gerenciamento da porta 25. E algumas pessoas talvez tivessem ficado menos surpresas se um marciano tivesse descido à Terra do que comigo falando sobre SMTP e Porta 25, interesse do consumidor etc.[126]

Em resumo, o DPDC exerceu um papel de aglutinação e conscientização sobre o tema do combate ao *spam* no campo de defesa do consumidor. Valeu-se da sua posição de coordenação do SNDC para tanto, de modo que, finalmente, as empresas de telecomunicações tinham um "habeas corpus preventivo"[127] para implementar a gerência da porta 25 sem que isso fosse considerado um serviço defeituoso. Ao envolver o DPDC no circuito decisório, o CGI.br engrossou o fórum público que contou com mais uma parte para a prestação e aprovação de contas sobre como solucionar o envio de mensagens em massa no Brasil.

5.5. CONCLUSÃO: DO CONSENSO TÉCNICO AO POLÍTICO, DO MANDATO REGULATÓRIO GERAL AO SETORIAL, DOS NODOS AOS SUPERNODOS – LIÇÕES EXPORTÁVEIS DE *ACCOUNTABILITY*

Da criação do CT-*Spam* até o início da implementação da gerência da porta 25 passaram-se mais de seis anos. Para além deste aspecto quantitativo, o caso do combate ao *spam* revela também o quão complexo é a formação de um fórum

---

foi bastante estratégico, isso foi difícil, foi desafiador, mas o apoio dos especialistas foi fundamental" (PEREIRA, Juliana. **Entrevista concedida a Bruno Bioni**, p. 23).

[125] "A mencionada nota técnica foi elaborada por solicitação do Comitê Gestor da Internet no Brasil (CGI.br) [...]";"Trata-se de parecer realizado a partir de provocação originada pelo Comitê Gestor da Internet no Brasil – CGI.br que[...]";" Nesse sentido a Resolução CGI.br/RES/2009, do Comitê Gestor da Internet no Brasil, aponta o método de gerenciamento da porta 25 [...]"; e ainda:"Cumpre, ainda, solicitar ao Comitê Gestor da Internet no Brasil a preparação de material informativo [...]" (DEPARTAMENTO DE PROTEÇÃO E DEFESA DO CONSUMIDOR. **Ofício Circular n.º 6.012 DPDC/SDE/MJ**. Disponível em: https://www.antispam.br/porta25/brasil/notatecnica65.pdf).

[126] MONTEIRO, Marília de Aguiar; SOUZA, Carlos Affonso Pereira de. Entrevista com Danilo Doneda, p. 141.

[127] PEREIRA, Juliana. **Entrevista concedida a Bruno Bioni**, p. 24."E obviamente como o serviço de telecomunicações era alvo de muitas queixas e muitas críticas, se desta vez eles não tinham responsabilidade, então eles já queriam um'*habeas corpus* preventivo'né, para que o sistema conhecesse exatamente do que se tratava, para não debitar mais isso da conta deles."

Capítulo 5 · O CASO DO COMBATE AO *SPAM*: DA FORMAÇÃO DO FÓRUM PÚBLICO | 211

público e o seu respectivo processo de deliberação em termos qualitativos. Sob esse enfoque, tal estudo de caso é bastante ilustrativo acerca da dinâmica pela qual o dever e o direito de prestação e julgamento de contas se aperfeiçoam. Um *iter* obrigacional que pode ser sistematizado da seguinte forma.

Um primeiro estágio em que se forma e se elege o fórum público no qual será deliberada a questão. Dado o *spam* ser um tema que atravessava interesses de diferentes agentes econômicos, distribuídos ao longo das três camadas da internet, o CGI.br acabou se apresentando como tal espaço. Uma arena que foi progressivamente esculpida para espelhar a diversidade e a complexidade de interesses em torno do campo da governança da internet, cujo marco é a edição do Decreto 4.829/2003.

A partir de 2003, o Comitê passa a ser formado majoritariamente por membros da sociedade civil que são escolhidos por intermédio de um colégio eleitoral por seus próprios pares e em votação não secreta. Além disso, o número de cadeiras é pensado para capturar os interesses plurais principalmente do setor privado e público. De um lado, há uma subdivisão temática no setor empresarial que garante voz desde quem atua na camada de infraestrutura física (*e.g.*, empresas de telecomunicações) até quem está na camada de aplicação (*e.g.*, indústria de bens de informática). De outro lado, a ala governamental conta não apenas com entidades da administração pública direta (*e.g.*, Ministério das Telecomunicações), mas, também, indireta (*e.g.*, Anatel). Ou seja, uma composição que compreende o **caráter não monolítico de certos grupos**, ainda que tenham entre si uma possível afinidade de interesses.

Ao longo do tempo, o CGI.br conseguiu, até como decorrência de reformas institucionais, firmar a sua legitimidade para tratar de questões envolvendo governança da internet no Brasil. Como se notou pelas evidências documentais e dados colhidos das entrevistas, o Comitê acabou sendo o *locus* para tal questão não apenas porque estava investido em termos formais. Também, e principalmente, porque a teia de atores envolvidos assim o considerava. Até mesmo por parte de quem eventualmente poderia questionar seu mandato e destravar uma competência institucional[128] para regular a matéria (*e.g.*, Anatel).

Um segundo momento que é caracterizado pelo caráter não passivo do fórum público, isto é, ele não apenas recebe a demanda a ser escrutinizada. Cabe à coletividade nele representada também produzir, preferencialmente, de forma colaborativa conhecimento sobre o problema e, por conseguinte, as suas respectivas soluções. A esse respeito, o NIC.br, mais especificamente o CERT. br, exerceu um papel fundamental ao produzir evidências que enquadraram

---

[128] MONTEIRO, Marília de Aguiar; SOUZA, Carlos Affonso Pereira de. Entrevista com Marcelo Fernandes: "Porque isso é política. Política é diálogo. E pressupõe diálogo num ambiente em que você tem algumas indefinições do ponto de vista de competência".

tecnicamente a questão. A partir desse momento, a discussão foi envelopada de outra forma e se abriu espaço para se chegar em um denominador comum.

Mais do que arquitetar uma arena política com as múltiplas partes afetadas e interessadas, é sequencial e crucial **forjar um saber coletivo** para que o processo de negociação flua. Caso contrário, o debate se estagna e não se constrói novos enredos que provoquem discussões rejuvenescidas. Somente após as métricas do projeto *SpamPots*, e com a análise por parte do departamento de computação da UFMG, é que se conseguiu chegar e convencer a camada político-decisória das empresas de telecomunicações de que o problema do *spam* era ruim para todos e, até mesmo, para seus interesses comerciais. Um "xeque-mate"[129] que transformou o consenso até então técnico em também um pacto político.

Em poucas palavras, um fórum público é uma coletividade vazia e paralisante se não produz evidências que tracionem a negociação entre as mais diversas partes com interesses antagônicos. É possível afirmar que o consenso técnico vem, via de regra, antes e é instrumental ao político-regulatório no processo de prestação e julgamento de contas.

Um terceiro momento no qual há um certo tipo de senão de reformulação, ao menos de reformatação do fórum público. Além da Anatel se engajar mais intensamente, atraiu-se outro órgão regulador, o DPDC e demais entidades de defesa do consumidor que deveriam ter voz nesse processo. Com isso, encorpou-se ainda mais o fórum público e, em última análise, a legitimidade da sua respectiva deliberação. Dito de outra forma, o fórum público se rearticula e a sua composição pode ser regenerada ao longo do processo de prestação e julgamento de contas.

Contudo, o envolvimento da Anatel e do DPDC se dá mais pela necessidade em se emoldurar juridicamente a solução regulatória. De um lado, senão não seria eliminada, ao menos se reduziria bastante eventuais questionamentos da gerência da porta 25 na esfera administrativo-judicial. Tanto por parte de quem também detinha competência regulatória sobre o tema, como, também, por parte dos consumidores que poderiam sofrer com alguma falha na prestação do serviço como efeito colateral da mudança de arquitetura da rede.

Ao mesmo tempo o ingresso de tais órgãos reguladores e seus respectivos posicionamentos formais de anuência com a decisão proposta pelo CGI.br, emprega-se uma maior envergadura em termos de *enforcement* à deliberação tomada. O Comitê não está investido de poderes sancionatórios, de modo que,

---

[129] Essa foi a expressão utilizada por Jaime Wagner: "O xeque-mate nessa história foi justamente quando o pessoal da direção das empresas passou a frequentar as reuniões e entender que o aspecto era mais do que técnico" (MONTEIRO, Marília de Aguiar; SOUZA, Carlos Affonso Pereira de. Entrevista com Jaime Wagner).

Capítulo 5 · O CASO DO COMBATE AO *SPAM*: DA FORMAÇÃO DO FÓRUM PÚBLICO | 213

com a entrada da Anatel e DPDC, o acordo travado tornou-se plenamente executável e cobrável mediante remédios jurídico-administrativos. Sob a perspectiva de regulação responsiva, é um passo chave na medida em que passa existir a possibilidade de sanção na exata medida da reprovabilidade de um comportamento.

Nesse momento, vale ressaltar que o fórum público acaba por reunir três entidades que combinam e complementam suas respectivas competências regulatórias. CGI.br e DPDC detêm mandatos de natureza transversal, respectivamente, sobre a pauta de internet e defesa do consumidor. Por sua vez, a Anatel tem um mandato mais recortado que se dá sob o setor de telecomunicações. Uma vez que o tema do *spam* atravessa os interesses do usuário-consumidor de serviços de internet para o qual as operadoras de telecomunicações são uma parcela crucial na sua cadeia de provisão, então todos os órgãos com mandato e *expertise* para governá-lo estão articulados.

Sob a perspectiva de governança nodal, é bastante perceptível que o CGI. br foi o **supernodo** que mobilizou recursos para que se avançasse na solução do *spam*. Em meio a uma multidão de atores, contou, ao seu lado, com **nodos importantes que escalaram o restante da rede** e os recursos a sua disposição para tanto:

a) **nodo 1:** O NIC.br, mais especificamente o CERT.br, produziu um conhecimento técnico necessário para se avançar no processo de negociação. Antes da produção dessas evidências, as tratativas estavam obstaculizadas e não ganharam tração;

b) **nodo 2:** O CT-*Spam* que foi o espaço onde se efetivamente aglutinou as operadoras de telecomunicações, entidades representativas do consumidor e órgãos reguladores para acordarem técnica e politicamente o objeto sob prestação de contas;

c) **nodos 3 e 4:** A Anatel e o DPDC que, enquanto reguladores do campo de telecomunicações e da defesa do consumidor, foram mobilizados para não só dar ainda mais legitimidade a uma decisão que afetava tais grupos de interesse, mas, também, para lhe emprestar coercibilidade. Vale dizer que a entrada desses dois últimos carregou consigo a possibilidade de eventual sanção, algo que não estava na alçada nem fazia parte do mandato regulatório do CGI.br.

A imagem mais abaixo tenta condensar tudo o que foi dito. Além de identificar quem é o supernodo, os nodos e os atores em rede mobilizados e suas respectivas conexões para prestação e julgamento de contas do *spam* no Brasil, também se aponta a capacidade sancionatória do fórum público em questão a partir da referida lógica de complementaridade entre CGI.br, DPDC e Anatel.

Em resumo, formou-se a "tempestade perfeita"[130] para que a questão do *spam* fosse objeto de um processo de negociação genuíno no melhor espírito de "democracia"[131]. Justamente por ter sido objeto de um consenso no qual reuniu e aglutinou as partes afetadas e interessadas, a solução dele extraída foi "estável".[132] Uma parceria "público-privada"[133] que, ao superar as diferenças entre interesses conflitantes, representou o "interesse público". Um processo de prestação e julgamento de contas passa necessariamente pela compreensão de quem são os vetores de uma rede para tracionar um movimento de colaboração e cooperação, inclusive entre aqueles que têm sobreposição de competências institucionais (regulatória).

---

[130] PEREIRA, Juliana. **Entrevista concedida a Bruno Bioni**, p. 28: "Então acho que a tempestade perfeita é você reunir multiáreas, ou multidisciplinas, ou multiórgãos, e sempre olha, por mais que eu tenha sido e atuado muito fortemente como defesa do consumidor e muitas vezes autuei punindo empresa, aplicando sanções de empresas, até o olhar do mercado também é muito importante".

[131] NÚCLEO DE INFORMAÇÃO; COORDENAÇÃO DO PONTO BR. **Combate ao spam na Internet no Brasil**: Histórico e reflexões sobre o combate ao spam e a gerência da porta 25 coordenados pelo Comitê Gestor da Internet no Brasil, p. 64: "A democratização da sociedade passa necessariamente pela democratização de tomadas de decisão de interesse público e uma entidade como o CGI.br pode servir de exemplo para que as potencialidades deste processo sejam testadas"; MONTEIRO, Marília de Aguiar; SOUZA, Carlos Affonso Pereira de. Entrevista com Eduardo Levy. *In*: HOEPERS, Cristine; FAULHABER, Henrique; STEDING-JESSEN, Klaus (org.). **Combate ao spam na Internet no Brasil**: histórico e reflexões sobre o combate ao *spam* e a gerência da porta 25 coordenados pelo Comitê Gestor da Internet no Brasil. São Paulo: Cadernos Cgi.br Estudos, 2015. p. 131: "Então, isto é complexo, é bonito do ponto de vista da democracia e das diversas forças que atuam e é mais bonito ainda pelo resultado final em que a sociedade é quem saiu ganhando. Não houve nada muito forte que tivesse impedido a sociedade de obter um ganho".

[132] BECHARA, Marcelo. **Entrevista concedida a Bruno Bioni**: "Mas em compensação são tomadas de decisões que chegam a serem mais estáveis, porque supera toda essa diferença. Então eu acho que se tivesse começado pela Anatel naquela época, eu não posso responder por hoje, mas naquela época provavelmente não teria andado".

[133] NÚCLEO DE INFORMAÇÃO; COORDENAÇÃO DO PONTO BR. **Combate ao spam na Internet no Brasil**: Histórico e reflexões sobre o combate ao spam e a gerência da porta 25 coordenados pelo Comitê Gestor da Internet no Brasil, p. 66: "Dessa forma, a parceria público-privada derivada da colaboração dos atores demonstra-se como a melhor via de respostas efetivas para segurança e políticas de rede".

Capítulo 5 • O CASO DO COMBATE AO *SPAM*: DA FORMAÇÃO DO FÓRUM PÚBLICO | 215

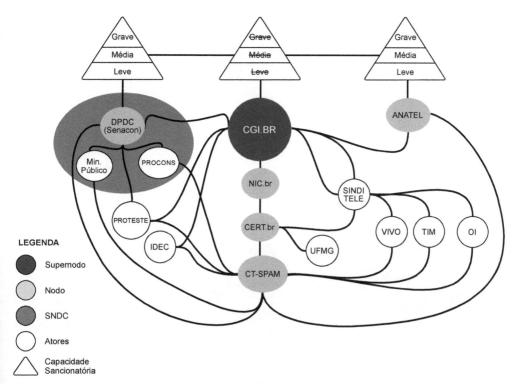

Figura 8 – Governança Nodal no Caso Antispam

Capítulo 6
DA AUTODETERMINAÇÃO À CODELIBERAÇÃO INFORMACIONAL: APORTES TEÓRICOS E PRÁTICOS DA OBRIGAÇÃO DE PRESTAÇÃO DE CONTAS

Neste último capítulo, entrelaçar-se-ão as análises descritivas, avaliativas e explanatórias acerca do princípio da *accountability*. Trata-se, portanto, da conclusão deste trabalho que rearticula seus achados de sorte a talhar encaminhamentos teórico-prescritivos para a aplicação e interpretação da obrigação de prestação de contas. E, com isso, ensaiar um possível roteiro pelo qual sejam extraídas as virtudes e não as vicissitudes deste elemento normativo central no campo da proteção de dados. Afinal, no que **deve** constituir uma responsabilidade demonstrável?

6.1. A COMPLEXIDADE OBRIGACIONAL DA *ACCOUNTABILITY*: "COLIBRANDO", E NÃO CALIBRANDO, O DEVER DE COOPERAÇÃO PARA A MATERIALIZAÇÃO DA CLÁUSULA DO DEVIDO PROCESSO INFORMACIONAL

Além de revelar que *accountability* está incrustada na racionalidade e modelo regulatório das leis de proteção de dados pessoais muito antes de se tornar um princípio nelas enunciado e protagonista, os cinco capítulos anteriores revelaram o quão complexa é a sua dinâmica. O saldo dessa análise nos permite identificar qual é a *função* desse princípio.

Os capítulos iniciais (1 e 2) jogaram luz sobre a anatomia da relação (jurídica) e do objeto e objetivos regulatórios das normas de proteção de dados. Uma visão que permite, entre outras coisas, concluir que os agentes de tratamento de dados – mais especificamente os controladores – também são titulares de direito. Se observarem os deveres que lhes são impostos para um uso responsável dos dados, nascerá para eles a prerrogativa de tratá-los até mesmo sem que haja autorização do cidadão (*e.g.*, legítimo interesse). A partir dessa dualidade de direitos-deveres[1],

---

[1]   O termo, a partir da hifenização, para exprimir essa ideia de dualidade é de: VARELA, João de Matos Antunes. **Das obrigações em geral.**

extraiu-se o diagnóstico de que a obrigação de prestação de contas é direcionada a quem detém o poder de destravar o fluxo de dados.

Com isso, o primeiro capítulo intermediário (3) desvendou que, ao contrário do que sugere a definição do referido princípio nas diretrizes da OCDE e GDPR e suplantando a lacuna deixada pela LGPD, o sujeito passivo dessa obrigação de prestação de contas não são apenas os controladores, mas também todos aqueles que detêm e exercem algum tipo de competência decisória informacional. Das autoridades de proteção de dados até associações de classes e entidades certificadoras que negociam instrumentos contratuais para, por exemplo, desafogar a transferência internacional de dados, estes também devem prestar contas e não apenas os controladores aderentes a tais instrumentos.

O segundo capítulo intermediário (4) também expandiu ainda mais o quadro[2] subjetivo jurídico obrigacional da *accountability*, desta vez por parte de quem são seus credores. Também há uma multiplicidade[3] de sujeitos ativos em potencial, de modo que o fórum público que julgará as contas prestadas vai muito além da tríade histórica tradicional do campo da proteção de dados formada pelo titular, autoridades de proteção de dados e agentes de tratamento de dados. Entidades representativas dos titulares, outros órgãos reguladores, que não apenas de proteção de dados, e quem é competidor – o próprio mercado – podem igualmente levantar a sua voz. Por exemplo, a partir de mecanismos jurídico administrativo-judiciais para a tutela difusa e coletiva da proteção de dados, bem como técnicas de *naming--shaming* para moldar a opinião pública sobre eventual comportamento desviante (*e.g.*, custo-dano reputacional e direito de portabilidade). O fórum público é, portanto, uma *realidade composta*[4] por parte de quem tem seus interesses afetados de forma imediata e mediata, o que, respectivamente, permite considerá-lo de forma mais ou menos dilatada (*e.g.*, micro e macrofórum público).

Os termos acima mencionados – *e.g.*, dualidade de direitos e deveres, quadro subjetivo e realidade composta – fazem parte do vocabulário civilista que abandona uma visão estática e simples do direito obrigacional.[5] Considera-o ser um fenômeno complexo e dinâmico[6] na qual as partes titularizam mutuamente e alternativamente

---

[2]   O termo é de: MENEZES CORDEIRO, António Manuel da Rocha e. **Da boa-fé no direito civil**, p. 290.

[3]   *Ibid.*, p. 587

[4]   *Ibid.*, p. 586: "A complexidade intraobrigacional traduz a ideia de que o vínculo obrigacional abriga, no seu seio, não um simples dever de prestar, simétrico a uma prestação creditícia, mas antes vários elementos jurídicos dotados de autonomia bastante para, de um conteúdo unitário, fazerem de uma realidade composta".

[5]   Já fizemos essa análise antes, mas com um recorte focado no direito e dever de informação: BIONI, Bruno. O dever de informar e a teoria do diálogo das fontes para a aplicação da autodeterminação informacional como sistematização para a proteção dos dados pessoais dos consumidores: convergências e divergências a partir da análise da ação coletiva promovida contra o Facebook e o aplicativo "Lulu". **Revista de Direito do Consumidor**, v. 94, 2014.

[6]   MARTINS-COSTA, Judith. **A boa-fé no direito privado**: sistema e tópica no processo obrigacional. São Paulo: RT, 1999. p. 394.

Capítulo 6 · DA AUTODETERMINAÇÃO À CODELIBERAÇÃO INFORMACIONAL: APORTES TEÓRICOS | 219

direitos e deveres.[7] Daí por que esta obra se valeu do termo obrigação de prestação de contas para enfatizar tal **ambivalência do binômio direito-dever**. Transpondo o ensinamento já enraizado no direito privado brasileiro por Clóvis Couto e Silva[8] para o objeto desta pesquisa, *accountability* é necessariamente um **processo colaborativo**, dialógico entre partes que detêm direitos e deveres concorrentes e sinérgicos entre si, para que dele sobrevenha uma codeliberação.

O prefixo "co" é fundamental para aterrissar *accountability* especialmente no campo da proteção de dados pessoais e, mais especificamente, na LGPD. Primeiro, porque no âmago do direito à proteção de dados está justamente o cruzamento de direitos e deveres para destravar e não bloquear o uso de dados em contraposição ao direito à privacidade. Ou seja, a sua característica marcante é um ideal de colaboração para que haja um fluxo informacional íntegro. Segundo, porque a lei brasileira estabelece, de forma bastante atenta à cultura jurídica nacional, a boa-fé como o princípio dos princípios.[9] Essa norma[10] é o principal vetor da visão dinâmica obrigacional para desengatilhar diversos[11] deveres-direitos que são imputadas a todas as partes de uma relação jurídica e, até mesmo, a terceiros. O mais importante deles para este trabalho é o **dever de cooperação**.

Ao investigar de forma detida o dever de cooperação, Eduardo Tomasevicius[12] considera que o fator principal é identificar e criar as instituições jurídicas que aproximem as partes de sorte a desengatilhar e manter interações mais duráveis e frequentes.[13] Na medida em que o princípio da boa-fé (objetiva) imprime um

---

[7]   SCHREIBER, Anderson; TEPEDINO, Gustavo. **Código Civil comentado**: direito das obrigações – artigos 233 a 420. São Paulo: Atlas, 2008. v. 4, p. 5.

[8]   SILVA, Clóvis do Couto e. **A obrigação como processo**, p. 20: "Os atos praticados pelo devedor, assim como os realizados pelo credor, repercutem no mundo jurídico, nele ingressam e são dispostos e classificados segundo uma ordem, atendendo-se aos conceitos elaborados pela teoria do direito. Esses atos, evidentemente, tendem a um fim. E é precisamente a finalidade que determina a concepção da obrigação como processo".

[9]   Já fizemos essa análise topográfica e de técnica legislativa para além do aspecto valorativo do princípio da boa-fé em dois trabalhos: BIONI, Bruno Ricardo; RIELLI, Mariana; KITAYAMA, Marina. **Legítimo interesse na LGPD**: quadro geral e exemplos de aplicação; BIONI. Boa-fé e tutela da confiança como vetores da privacidade contextual. Nesse sentido, é importante frisar que a boa-fé é o "princípio dos princípios", não por acaso posicionada no *caput* do artigo 6.º, o que revela a sua centralidade diante dos demais princípios listados ao longo dos incisos correspondentes.

[10]   MENEZES CORDEIRO, António Manuel da Rocha e. **Tratado de direito civil**: direito das obrigações: introdução, sistemas e direito europeu, dogmática geral. 2. ed. Coimbra: Almedina, 2012. p. 467: "Em síntese, podemos dizer que, através da *bona fides*, o Direito romano aperfeiçoou o sistema geral das obrigações, de modo a permitir que o juiz, em vez de se ater a formalismos estritos, pudesse, através de certos expedientes, descer à substância das questões".

[11]   SCHREIBER, Anderson; TEPEDINO, Gustavo. **Código Civil comentado**: direito das obrigações – artigos 233 a 420, p. 5.

[12]   O autor traça um forte diálogo com o cientista político Robert Axelrod que tem uma obra monográfica sobre o tema: AXELROD, Robert. **The evolution of cooperation**: revised edition. New York: Basic Books, 2006.

[13]   TOMASEVICIUS, Eduardo. **O princípio da boa-fé no direito civil**. São Paulo: Almedina, 2020. p. 308.

imperativo ético obrigacional,[14] mediante deveres de coerência e informação,[15] esse seria um dos instrumentos legais mais relevantes para tanto. E quando uma lei amarra esse princípio tradicional a outro cujo *nome iuris* é o da prestação de contas?

É o que faz a LGPD. Além de entrelaçar o princípio da boa-fé e o da *accountability* no mesmo dispositivo,[16] ainda aloca o primeiro na cabeça do art. 6.º de sorte a oxigenar os demais listados nos incisos seguintes (como é o segundo). Isso significa hermeneuticamente que o direito-dever de prestação e julgamento de contas é maximizado por toda a carga axiológica da boa-fé. Trata-se de uma equação normativa principiológica que potencializa ao máximo o dever de cooperação e, em última análise, o imaginário obrigacional de colaboração.

A esse respeito, o capítulo 5 ilustrou *como* se forja essa troca. É necessário haver um fórum público no qual haja a junção de diversos atores, titulares de posições jurídicas (antagônicas) e com competências das mais diversas, que prestam contas entre si de forma cruzada. Repita-se, não há uma posição estática entre credor – quem presta contas – e devedor – que julga as contas –, mas de uma necessária alternância. Mutuamente, cada parte detém direitos e deveres de forma entrelaçada, de modo que se destrava um processo de negociação para a aprovação ou rejeição das contas.

Nesse sentido, *accountability* é muito mais do que dar transparência.[17] É uma concatenação de atos (processo) em que se interligam as partes que serão afetadas pela decisão a ser tomada. Conectando com o objeto desta pesquisa, trata-se de arquitetar um *circuito decisório* justo sobre o fluxo informacional. Essa deve ser a essência do princípio da *accountability* no campo da proteção de dados e o que a literatura tem denominado como *devido processo informacional.*[18]

Nesse sentido, accountability é parte do saneamento processual pelo qual se admite e se considera legítima uma atividade de tratamento de dados.[19] Somente

---

14 CORDEIRO, **Tratado de Direito Civil**. p. 467: "Em síntese, podemos dizer que, através da *bona fides*, o Direito romano aperfeiçoou o sistema geral das obrigações, de modo a permitir que o juiz, em vez de se ater a formalismos estritos, pudesse, através de certos expedientes, descer à substância das questões."

15 TOMASEVICIUS, Eduardo. **O princípio da boa-fé no direito civil**, p. 311.

16 "Art. 6.º As atividades de tratamento de dados pessoais deverão observar a boa-fé e os seguintes princípios: [...] X – responsabilização e prestação de contas: demonstração, pelo agente, da adoção de medidas eficazes e capazes de comprovar a observância e o cumprimento das normas de proteção de dados pessoais e, inclusive, da eficácia dessas medidas" (BRASIL, **Lei n.º 13.709, de 14 de agosto de 2018**, p. 70).

17 BOVENS, Mark. Analysing and Assessing Accountability: A Conceptual Framework, p. 438.

18 Veja o mapeamento não exaustivo feito por: BIONI, Bruno Ricardo; MARTINS, Pedro. O que você precisa ler para entender sobre devido processo informacional. **Data Privacy Brasil**. Disponível em: https://conteudo.dataprivacy.com.br/devido-processo-informacional. Acesso em: 9 mar. 2022. E, também, o subcapítulo 1.1. que traz as considerações sobre o pioneirismo de Arthur Miller ao cunhar esse conceito ao longo da discussão e nascimento das FIPPs.

19 "Tanto o direito à privacidade quanto o direito ao devido processo podem ser vistos como ferramentas para salvaguardar um certo nível de simetria nas relações de poder na sociedade, onde nenhum ator pode ser simplesmente sufocado pela força bruta e arbitrária de outro ator. O direito ao devido pro-

Capítulo 6 · DA AUTODETERMINAÇÃO À CODELIBERAÇÃO INFORMACIONAL: APORTES TEÓRICOS | **221**

se há contraditório e ampla defesa é que se admite tal interferência na esfera de um indivíduo, cujos dados instrumentalizam política públicas e, sem sentido mais amplo, atividades econômicas.[20]

Tão importante quanto conectar *accountability* ao referido relato normativo do devido processo informacional em sua feição procedimental, é mobilizá-la para lhe dar substância. Ao navegar pela multiplicidade de atores que compõem a perspectiva de um macrofórum público da proteção de dados, notou-se que o contraditório e a ampla defesa são aperfeiçoados de forma coletiva e não apenas individual.[21] Há um conjunto de atores que forjam uma rede de governança para **contestar o fluxo informacional** e, por conseguinte, esculpi-lo de forma apropriada.

Mais do que ampliar a ideia de devido processo informacional para além de uma perspectiva individual, outro aporte da *accountability*, e talvez o mais importante, diz respeito ao que foi chamado de "**colibração**".[22] O termo, utilizado por Julia Black com base no referencial de Dunsire,[23] ressalta que o que se deve buscar não é qualquer tipo de interação coletiva. E, sim, aquela na qual se explora as tensões entre partes antagônicas na busca de um denominador comum representativo do interesse público.

Voltando e dialogando, mais uma vez com a literatura do direito obrigacional, não se pode perder de perspectiva a finalidade do direito-dever de prestação de contas[24]. A *accountability* é um roteiro não apenas para que o rito de um processo

---

cesso forneceu algumas salvaguardas positivas (presunção de inocência, oportunidade de ser ouvido, tribunal independente e imparcial etc.) para garantir a possibilidade de diminuir as assimetrias de poder durante todos os procedimentos legais, enquanto o direito à privacidade é um escudo contra interferência ilegítima por outros que não estão restritos a uma área específica da vida" (DE VRIES, Katja. Privacy, due process and the computation turn. *In*: HILDEBRANDT, Mireille; DE VRIES, Katja (org.). **Privacy, due process and the computational turn**: the philosophy of law meets the philosophy of technology. [*s.l.*]: Routledge, 2015. p. 18-19).

[20] Esse foi um dos argumentos centrais da participação do *amicus curiae* do Data Privacy Brasil no *leading case* brasileiro sobre o direito à proteção de dados como um direito fundamental autônomo (BIONI, Bruno; RAFAEL, Zanatta; RIELLI, Mariana, Caso: IBGE vs. CFOAB e outros (ADIs 6.387, 6.388, 6.389, 6.390 e 6.393) (Parecer), **Revista de Direito Civil Contemporâneo**, v. 26, 2021).

[21] BIONI, Bruno; MARTINS, Pedro. Devido processo informacional: um salto teórico-dogmático necessário?: A garantia do devido processo lhes dá densidade jurídica, garantindo uma espécie de contraditório e ampla defesa a ser exercido de forma coletiva em contraponto à ação em tempo real e opaca dos algoritmos.

[22] BLACK, Julia. Decentering Regulation: Understanding the Role of Regulation and Self-Regulation in a "Post-Regulatory" World, p. 127.

[23] DUNSIRE, Andrew. Manipulating Social Tensions: Collibration as an Alternative Mode of Government Intervention. **MPIfG Discussion Paper**, p. 12, 1993.

[24] A finalidade é considerada como um dos principais elementos constitutivos modernos do direito obrigacional, pautado pelo direito civil contemporâneo de matriz não individual, não neoliberal, mas repersonalizado, constitucional e ético. Por isso, a todo momento este trabalho volta na reflexão básica do que está por trás no adimplemento da obrigação de prestação: redução da assimetria de poder (e informacional) para um fluxo informacional justo e que serve a um interesse social e não apenas das partes. Por todos, veja-se o capítulo 1.3 da obra de Noronha que conecta esse elemento a perspectiva

de tomada de decisão seja considerado justo, mas, também, para aumentar a probabilidade de que o seu resultado o seja. Há um **intercruzamento da feição procedimental e substantiva da cláusula do devido processo**[25], que é o que tem sido objeto de atenção e crítica de grande parte da literatura revisitada neste trabalho (subcapítulo 2). Nesse sentido, é vital compreender com que intensidade deve acontecer tal encontro reflexivo e, por conseguinte, essa combustão da justiça.

Neste trabalho, explorou-se qual deve ser a calibragem obrigacional da prestação de contas e, por conseguinte, do ritmo dessa interação coletiva conflitante. Quanto maior for a discricionariedade por parte de quem detém uma competência decisória informacional, maior deve ser a carga de prestação de contas. Da escala do maior para o menor, por exemplo, mecanismos privados de transferência internacional, elaboração de relatórios de impacto à proteção de dados e o uso da base legal do legítimo interesse detêm poderes informacionais, respectivamente, de latitude alta, intermediária e baixa que desengatilham níveis de escrutinação e codeliberação distintos (vide subcapítulo 4).

Sem essa visão obrigacional corre-se o risco (vicissitude) de *accountability* ser apenas um artefato retórico na medida em que é turvo a quem, por quem, para o quê e com que intensidade direcionar a obrigação de prestação de contas. Ao contrário de quando se tem clareza que é um mecanismo de *modulação de poder* que aponta como, quando e entre quem promover cooperação e diálogo. No campo da proteção de dados, em vista da plêiade de agentes com competências decisórias informacionais distintas, trata-se de algo de extrema utilidade normativa. Com isso, o exercício de contestação – contraditório e ampla defesa – de uma atividade de tratamento de dados pode ser melhor *colibrado* para a materialização da cláusula do devido processo informacional: a virtude programada pelas leis de proteção de dados e pelo princípio da *accountability*.

6.2. RACIONALIDADE *EX ANTE* E PRECAUCIONÁRIA DO PRINCÍPIO DA *ACCOUNTABILITY*: NA DIREÇÃO DE UM USO ÓTIMO E SECUNDÁRIO DA RESPONSABILIDADE *EX POST*

Historicamente,[26] proteção de dados sempre foi ritmada por uma racionalidade *ex ante*. Isto é, a padronização de comportamentos com contornos preestabelecidos em lei ou partir de regulamentação administrativa, a serem observados

---

da função social dos contratos e da obrigação: NORONHA, Fernando. **Direito das obrigações**. São Paulo: Saraiva, 2013. p. 39-55.

[25] A diferença entre justiça procedimental e distributiva foi analisada no capítulo 3.1.2 com base no referencial teórico de Dariusz Kloza.

[26] No Brasil veja-se por todos: MENDES, Laura Schertel. **Privacidade, proteção de dados e defesa do consumidor**: linhas gerais de um novo direito fundamental. São Paulo: Saraiva, 2017. p. 39. A título de direito comparado: GELLERT, Raphael. **Understanding the risk-based approach to data protection**: An analysis of the link between law, regulation, and risk. Vrije Universiteit Brussel, 2017.

Capítulo 6 · DA AUTODETERMINAÇÃO À CODELIBERAÇÃO INFORMACIONAL: APORTES TEÓRICOS | **223**

antes do lançamento de uma atividade de tratamento de dados no meio ambiente. Em vez de se apostar em uma lógica prioritariamente repressiva por meio da responsabilização civil e/ou penal do agente de tratamento de dados, caso este viesse a causar dano outrem.[27] Isso é explicado pelo conteúdo e o contexto do regime regulatório forjado no campo de proteção de dados.[28]

Do ponto de vista de conteúdo, a feição *ex ante* é predominante ainda que a sua intensidade tenha diminuído nas últimas gerações de leis de proteção de dados. Se, por um lado, é verdade que o esquema de licenciamento de base de dados – a obrigação de registro e notificação às autoridades de proteção de dados – esteja em franco declínio.[29] Por outro lado, o saldo normativo das leis de proteção de dados ainda se lança como um conjunto de condicionantes prévias à manipulação de dados. Por exemplo, a observação dos princípios e dos direitos dos titulares, bem como da exigência de uma base legal que autorize e anteceda qualquer tipo de movimentação com as informações do cidadão[30] (vide: Vide Infográfico 6).

Do ponto de vista de contexto, como já destacado, há uma enorme assimetria informacional caracterizada ao menos por três aspectos centrais. Primeiro, pela natureza do objeto regulado ser um alvo em constante movimento e que pode assumir diversas facetas e usos (vide: subcapítulo 2.2.1.1). Segundo, pelo caráter aberto das normas que conferem alta carga de discricionariedade a quem deve ter seu comportamento governando (vide: subcapítulo 2.2.3). Terceiro, dada a natureza do direito em questão ser precipuamente de índole extrapatrimonial e eventual violação causar catástrofes[31] irreversíveis[32] – sem a possibilidade de voltar ao *status quo ante* (vide: subcapítulo 1.1). Tudo isso faz com que seja extremamente custoso e pouco efetivo intervir somente após a atividade econômica estar em curso[33]. O contexto da regulação em proteção de dados revela que mais marcante

---

[27] Sob a diferença entre regulação *ex ante* e *ex post* nesses termos, veja-se por todos: GALLE, Brian. In Praise of *Ex Ante* Regulation. **Georgetown Law Faculty Publications and Other Works**, 2015. E onde se analisa a guinada da regulação *ex post* por meio da influência da OCDE: BALDWIN, Robert; CAVE, Martin; LODGE, Martin. **Understanding regulation**: theory, strategy, and practice, p. 105-137

[28] O termo regime regulatório e a sua subdivisão em dois componentes para a intelecção das características marcantes em como se organiza processo de governança de comportamentos é de: HOOD; ROTHSTEIN; BALDWIN, **The government of risk**, p. 20-36.

[29] Assim como a GDPR, a LGPD não adotou tal tipo de obrigação legal. O dever notificação de qualquer atividade de tratamento de dados pessoais às autoridades europeias constava da antiga diretiva de proteção de dados pessoais, a qual deixou de existir no novo regulamento europeu (Artigo 18. European Parliament and of the Council. Directive 95/46/EC of the European Parliament and of the Council of 24 October 1995 on the protection of individuals with regard to the processing of personal data and on the free movement of such data.

[30] BIONI, Bruno; MENDES, Laura Schertel. Regulamento Europeu de Proteção de Dados Pessoais e a Lei Geral Brasileira Proteção de Dados: mapeando convergências na direção de um nível de equivalência, p. 810-811.

[31] POSNER, Richard A. **Catastrophe**: Risk and Response. New York: Oxford University Press, 2005.

[32] COSTA, Luiz. Privacy and the precautionary principle. **Computer Law & Security Review**, v. 28, n. 1, p. 16, 2012.

[33] GALLE, Brian. In Praise of *Ex Ante* Regulation, p. 172.

224 | REGULAÇÃO E PROTEÇÃO DE DADOS PESSOAIS – *Bruno Ricardo Bioni*

do que as razões pelas quais se impõe uma lógica *ex ante*, é em si, a incerteza em como operacionalizá-la.

Há, de saída, um estágio de ignorância sobre quais são as medidas eficazes de governança, uma vez que sua variação é tão flutuante e de complexa cognição tal como é o objeto regulado. Por exemplo, técnicas de (pseudo)anonimização variarão de acordo com o setor e a natureza dos dados. Dessa forma, setor de saúde, varejo, seguros e publicidade comportamental desenvolverão e aplicarão medidas distintas de acordo com as particularidades e os riscos das suas respectivas atividades de tratamento de dados. Não é por outra razão que o princípio da *accountability* é definido como a **demonstração** da eficácia dessas medidas[34]. Isso implica, portanto, não apenas a adoção de medidas preventivas (*ex ante*), mas, sobretudo, que sejam potencialmente objeto de experiências participativas.

A partir desse pano de fundo, é que se encaixa o **princípio da precaução**[35] e no que se difere do princípio da prevenção.[36] Trata-se de **gerar conhecimento**[37] sobre quais são os possíveis efeitos adversos de uma atividade e, com isso, debater quais serão as medidas a serem adotadas não apenas antes, mas, também, durante e depois de uma atividade de tratamento de dados. Somente, assim, equaliza-se a assimetria de poder e de informação[38] que é estrutural no campo de proteção de dados e o que é o fim último da obrigação de prestação de contas.

---

[34] "Art. 6.º As atividades de tratamento de dados pessoais deverão observar a boa-fé e os seguintes princípios: [...] X – responsabilização e prestação de contas: demonstração, pelo agente, da adoção de medidas eficazes e capazes de comprovar a observância e o cumprimento das normas de proteção de dados pessoais e, inclusive, da eficácia dessas medidas" (BRASIL. **Lei n.º 13.709, de 14 de agosto de 2018**).

[35] Fizemos uma análise detida, do ponto de vista histórico-crítico interdisciplinar, acerca do princípio da precaução em: BIONI, Bruno Ricardo; LUCIANO, Maria. O Princípio da Precaução na Regulação de Inteligência Artificial: seriam as leis de proteção de dados o seu portal de entrada? Para uma análise jurídica veja: HARTMANN, Ivan Alberto Martins. O princípio da precaução e a sua aplicação no direito do consumidor. *In*: MIRAGEM, Bruno; MARQUES, Claudia Lima (org.). **Direito do consumidor**: proteção da confiança e práticas comerciais. São Paulo: RT, 2011. p. 527-584. Para uma análise com a lente de políticas públicas, veja: SCIENCE COMMUNICATION UNIT. **The Precautionary Principle**: decision making under uncertainty. Bristol: UWE, 2017.

[36] Há uma diferença estabelecida entre o princípio da prevenção e precaução, a qual corresponde à diferença estabelecida entre risco e incerteza. Enquanto a aplicação do primeiro se daria na zona eventos mensuráveis e quantificáveis, o segundo teria incidência em zonas de incertezas científicas que, por essa razão, não seriam suscetíveis de mensuração (HARTMANN, Ivan Alberto Martins. O princípio da precaução e a sua aplicação no direito do consumidor, p. 573).

[37] GELLERT, Raphaël. Data protection: a risk regulation? Between the risk management of everything and the precautionary alternative – ProQuest. **International Data Privacy Law**, v. 5, n. 1, p. 17, 2015: "Isso implica considerar outros tipos de valores no processo de ponderação (por exemplo, a distribuição social de um risco), mas também para inquirir sobre a 'qualidade do conhecimento' produzida para determinar o que é um risco" – Tradução livre.

[38] BIONI, Bruno Ricardo; LUCIANO, Maria. O Princípio da Precaução na Regulação de Inteligência Artificial: seriam as leis de proteção de dados o seu portal de entrada?, p. 213: "Nesse sentido, o princípio da precaução reconheceria as assimetrias de poder e de informação dos processos de avaliação regulatória e ajudaria a remodelar os diferentes conhecimentos dos diversos atores envolvidos e afetados por esses processos (Stirling, 2016, p. 649). Trata-se, assim, de assumir compromissos com a deliberação e a accountability, assegurando justificações explícitas e cuidadosas sobre as escolhas regulatórias feitas

Capítulo 6 · DA AUTODETERMINAÇÃO À CODELIBERAÇÃO INFORMACIONAL: APORTES TEÓRICOS | **225**

A esse respeito, o estudo de caso do combate ao *antispam* mostrou que um fórum público não assume uma posição meramente passiva (capítulo 5). Em vez de apenas receber um caso, cabe a coletividade nele representada também o instruir. Mais especificamente, forjar um saber que não só melhor delimita a causa, como, também, o leque de opções para seu encaminhamento. Caso contrário, o fórum público é uma **coletividade vazia e de imobilização para a negociação** entre as mais diversas partes com interesses antagônicos.

Essa heurística complexa foi explicada pela teoria da governança nodal em que um curso de eventos é produto da mobilização de uma teia de entidades e não uma ordenação espontânea *hayekiana* (subcapítulo 4.3). Múltiplas partes formam uma rede e, por conseguinte, uma arena na qual se disputa qual o risco, a metodologia e os instrumentos pela qual se mensura, avalia e gerencia a irreversibilidade de eventuais externalidades negativas de uma operação de dados. Daí por que a significação de *accountability* deve ser feita necessariamente pelos substratos normativos, **não paralisantes**, do princípio da precaução. Suas implicações normativas são significativas.

Demandam-se *camadas de ações* para fins de prevenção de danos e violação de direitos. Por exemplo, não basta apenas: **a)** apontar o legítimo interesse como base legal, mas, sobretudo, colocá-lo e ponderá-lo aos interesses da contraparte e, por fim, a ela franquear poder de voz e oposição (*e.g.*, LIA e direito de *opt-out* – vide: subcapítulo 3.1.1); **b)** elaborar um relatório de impacto à proteção de dados, mas, também, publicá-lo e, até mesmo, possibilitar o envolvimento das partes interessadas para que haja uma visão plural e não apenas do controlador (vide: subcapítulo 3.1.2); **c)** elaborar e aprovar códigos de boas condutas e selos, mas, antes colocá-los sob escrutínio público para a contestação de eventual conflito de interesses (vide: subcapítulo 3.1.3); **d)** elaborar avaliações de impacto regulatório, desde que sejam colocadas sob consultas públicas e que se justifique a decisão final, de absorção ou rejeição das considerações do atores privados, pelas autoridades administrativas (vide: subcapítulo 3.3.3). O fim último é se lançar ao diálogo de forma a oportunizar o contraditório e a ampla defesa difusamente por uma multiplicidade de atores. É exatamente a anatomia descrita de um (macro)fórum público que delibera pela aprovação ou rejeição das contas prestadas (vide: subcapítulo 4).

Trata-se de uma construção hermenêutica necessária e que se contrapõe às que enfatizam o princípio da *accountability* mais sobre a perspectiva *ex post*.[39]

---

diante de um 'conhecimento incompleto' – algo que fomentaria e criaria obrigações para com a pesquisa e o conhecimento científico, com vistas a obtenção de informações sobre os riscos desconhecido".

[39] É o posicionamento de Thiago Sombra: "Como em geral a atuação das autoridades de proteção de dados é mais focada num papel 'ex post' em vez de 'ex ante', a accountability pode ser um meio de também propiciar uma atuação prévia e educativa voltada à preservação da privacidade" (SOMBRA, Thiago Luís Santos. **Direito à privacidade e proteção de dados no ciberespaço**: a *accountability* como fundamento da *Lex Privacy*, p. 192).

Adianta-se, desde logo, que o que se defende é um **ponto ótimo**[40] do referido princípio sob **a perspectiva *ex ante* e *ex post***. Mais especificamente, o que se busca responder é: o que deve ser considerada como uma responsabilidade demonstrável a ponto de aliviar eventual penalização no caso de um comportamento desviante?

Essa pergunta geral poderia ser desdobra nas seguintes reflexões:

i) "Se o causador do dano houver investido em *compliance*, com efetividade, pode-se mesmo cogitar da redução da indenização, como espécie de sanção premial"[41]?

ii) Se for notada uma "responsabilidade proativa"[42] por meio de "medidas de segurança implementadas [...], política de privacidade interna com obrigações claras,[43] [...] nomeação de encarregado", isto é, demonstradas medidas de "gerenciamento de riscos"[44] isso deve ser automaticamente contabilizado em favor do lesante?

iii) Se este "provar que cumpriu todos os deveres impostos pela LGPD, tomando medidas de segurança recomendadas (cumprindo programas, políticas internas, procedimentos mecanismos de supervisão, internos e externos, padrões técnicos etc.)", não será responsabilizado?

As perguntas são, na verdade, afirmações de parte da doutrina brasileira sobre *accountability* que rivalizam com as formuladas neste trabalho. Em nossa posição de nada adianta a adoção de medidas preventivas se não **são objetos de negociação coletiva**.[45-46] Isto é, fruto de um olhar plural de **codeliberação** e não um monólogo ou mesmo triálogo fechado entre agentes de tratamento de dados, autoridades de proteção de dados e o titular individualmente. É essencial que tais ações estejam sujeitas ao escrutínio do que chamamos de macrofórum público,

---

[40] A expressão é de: HIRIART, Yolande; MARTIMORT, David; POUYET, Jerome. On the optimal use of *ex ante* regulation and *ex post* liability. **Economics Letters**, v. 84, n. 2, p. 231-235, 2004.

[41] ROSENVALD, Nelson. A polissemia da responsabilidade civil na LGPD. **Migalhas**. Disponível em: https://www.migalhas.com.br/coluna/migalhas-de-protecao-de-dados/336002/a-polissemia-da-responsabilidade-civil-na-lgpd. Acesso em: 21 maio 2021.

[42] O termo "responsabilidade proativa" é de: MORAES, Maria Celina Bodin de. LGPD: um novo regime de responsabilização civil dito proativo. **civilistica.com**, v. 8, n. 3, p. 1-6, 2019.

[43] QUEIROZ, João Quinelato de; MORAES, Maria Celina Bodin. Autodeterminação informativa e responsabilização proativa: novos instrumentos de tutela da pessoa humana na LGDP. *In*: QUEIROZ, João Quinelato de; MORAES, Maria Celina Bodin. **Proteção de dados pessoais**: privacidade *versus* avanço tecnológico. Rio de Janeiro: Fundação Konrad Adenauer, 2019. v. 3, p. 129.

[44] *Ibid.*, p.133.

[45] É o que alerta Zanatta sobre os riscos da risquificação na proteção de dados com base em Claudia Quelle, Raphaël Gellert e Alessandro Spina: "um processo de 'negociação coletiva' (TUBARO e CASILLI, 2018) que supera a tradicional concepção bilateral entre sujeito de direito e aquele que processa dados pessoais" (ZANATTA, Rafael A. F. Proteção de dados pessoais como regulação de risco: uma nova moldura teórica?, p. 184).

[46] MANTELERO, Alessandro. AI and Big Data: A blueprint for a human rights, social and ethical impact assessment. **Computer Law & Security Review**, v. 34, n. 4, p. 754-772, 2018.

Capítulo 6 · DA AUTODETERMINAÇÃO À CODELIBERAÇÃO INFORMACIONAL: APORTES TEÓRICOS | 227

sob pena de um olhar tecnocrático e pouco democrático.[47] A título de exemplo, imagine situações exatamente idênticas de aplicação de legítimo interesse por dois agentes de tratamento de dados do mesmo setor.

O primeiro deles se valeu do LIA, elaborou relatório de impacto à proteção de dados pessoais, aderiu ao código de boa conduta do setor e, por fim, foi certificado e inspecionado por auditoria externa. Contudo, todos esses processos e documentações não têm versões públicas (apenas guardadas na "gaveta") e são compartilhados eventualmente apenas: i) com a autoridade de proteção de dados, se solicitadas; ii) com o titular dos dados, caso este exerça seus direitos de acesso a um banco de dados.

O segundo deles também se valeu do LIA, mas dele extraiu uma versão pública de sorte que oportunizou aos titulares e entidades representativas questioná-lo. Em especial, a não adoção de *opt-out* para quem quisesse se opor, sob o argumento de quebra de legítimas expectativas, ao tratamento de seus dados para determinadas finalidades. Após tais questionamentos, a organização decide, então, implementar tal mecanismo de oposição.

Posteriormente, a autoridade de proteção de dados inicia uma investigação sobre as práticas de tratamento de dados no setor das duas referidas organizações. Ao final, conclui-se que o legítimo interesse não seria cabível e, portanto, ambas organizações violaram a lei em razão de suas atividades de tratamento de dados não estarem lastreadas em uma base legal válida. Muito embora tratar-se da mesmíssima situação de ilicitude, as duas organizações tiveram comportamentos e adoções de processos e procedimentos distintos. No caso de imposição de eventual penalidade, quem deveria amargar uma sanção mais severa, e, por outro lado, mais relaxada?

Se *accountability* é compreendida apenas a partir do princípio da prevenção, a primeira organização terá um histórico mais favorável. Isso porque, sob o aspecto quantitativo, várias ações foram empregadas antes do lançamento da operação de dados. Por outro lado, se a intelecção de *accountability* se dá pelo princípio da precaução, então a segunda terá a balança mais a seu favor. Ainda que o número de ações por ela adotado seja menor, desencadeou qualitativamente um processo de contestação e codeliberação concernente ao desenho final da sua atividade de tratamento de dados.

É o segundo tipo comportamento que torna o agente de tratamento de dados **permeável a interesses antagônicos** e, ao final, o multicitado *compliance* não seja uma papelada artificial. Essas são, respectivamente, as já citadas provocações de

---

[47] BIONI, Bruno Ricardo; LUCIANO, Maria. O Princípio da Precaução na Regulação de Inteligência Artificial: seriam as leis de proteção de dados o seu portal de entrada?, p. 217: "Tal olhar plural seria o gatilho inclusive para considerações de ordem ética, social e de direitos humanos, muitas vezes negligenciados por análises tecnocráticas, com o objetivo de conter riscos sistêmicos e de ordem coletiva (Mantelero, 2018)".

Christine Parker[48] e Bert-Jaap Koops[49] (subcapítulo 2.3). O sentido e a normatividade do princípio de *accountability* deve desencadear uma reflexão organizacional, de fora para dentro e de dentro para fora. A partir desse diálogo com a(s) contraparte(s), desdobram-se potencialmente comportamentos menos lesivos e, por conseguinte, mais precaucionários e *accountable*.

Isso significa que a boa-fé do infrator, como critério de calibração do poder sancionatório, deve corresponder à capacidade do agente de tratamento de dados de cooperação e de escuta para com quem possa contestar suas ações. Daí a importância, mais uma vez, em conjugar o princípio da boa-fé com o princípio da *accountability* para o escalonamento de sanções por parte dos órgãos reguladores (capítulo 4).

---

[48] PARKER, Christine. Meta-regulation: The regulation of self-regulation, p. 266: "A promoção da autogestão permeável requer instituições legais e regulatórias que não estejam satisfeitas com o cumprimento das regras, mas que fomentem a integridade e a responsabilidade 'para além da lei' dentro de uma democracia mais ampla" – Tradução livre.

[49] KOOPS, The trouble with European data protection law, p. 255.

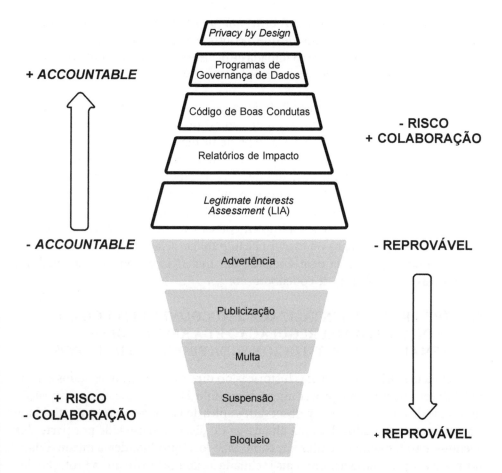

Figura 9 – Quadro esquemático de prestação de contas e dosimetria de sanções[50]

Em resumo, *accountability* apenas como vetor de uma regulação *ex post* é uma armadilha teórica e contraproducente. É o que pontua Colin Scott:

> À luz dessa análise, a distinção por vezes estabelecida entre *accountability* e controle – controle que implica um envolvimento *ex ante* numa decisão, enquanto a *accountability* se restringe a uma supervisão *ex post* – não é particularmente útil. Essa distinção, frequentemente encontrada nas contas de direito público, parece negligenciar a observação de que existe na capacidade de chamar à *accountability* algum elemento implícito da capacidade de controle. Parece melhor ver o controle e a *accountability* como conceitos

---

[50] Ilustração que já foi utilizada em outro trabalho: BIONI, Bruno Ricardo. Abrindo a "caixa de ferramentas" da LGPD para dar vida ao conceito ainda elusivo de *privacy by design*.

interligados, funcionando num *continuum*. Se redesenhássemos a distinção, poderia ser em termos de que o controle de gestão se refere ao direito de envolvimento ex ante na tomada de decisões, enquanto o controle baseado na prestação de contas se refere à supervisão *ex post*[51] (tradução livre).

A sua função é dar voz aos indivíduos afetados pelo tratamento de dados, bem como a entidades representativas dos seus direitos. Sua inclusão nos circuitos decisórios é o principal gargalo para se prevenir danos e violações à proteção de seus dados (regulação *ex ante*). Somente se este fórum for, de fato, constituído é que os agentes de tratamento de dados devem ser considerados *accountable* e, com isso, beneficiarem-se, eventualmente, de sanções mais brandas no caso de comportamentos ilícitos (regulação *ex post*). Em outros termos, o saldo da obrigação de prestação de contas deve ser a implementação de processos decisórios que, a partir de um engajamento ou escrutinação pública, sejam capazes de modificar comportamentos antes da ocorrência de um malefício e, com isso, as medidas preventivas sejam objetos de codeliberação.

6.3. (RE)PROCEDIMENTALIZAÇÃO: *ACCOUNTABILITY* COMO PONTO ÓTIMO DA REGULAÇÃO E DA REVIRAVOLTA SEMÂNTICA E INSTITUCIONAL DA PROTEÇÃO DE DADOS

Uma das principais críticas históricas do direito à proteção de dados é a sua natureza eminentemente procedimental (capítulo 2). Ainda que haja a disposição uma série de requisitos a serem observados antes do lançamento de uma atividade de tratamento de dados, há uma alta carga de discricionariedade por parte dos agentes de tratamento de dados em como fazê-lo. O produto dessa racionalidade normativa seria uma estrutura mais inclinada à exploração do que a proteção dos dados e, por conseguinte, uma tutela artificial e meramente simbólica (subcapítulo 2.2.1). Ao longo das últimas décadas, a literatura tem investido esforços em sua reconstrução (legal) para que o direito à proteção de dados não seja um instrumento de dominação do capitalismo informacional.[52] De forma bastante esquemática, a partir do que Julie Cohen chamou de reviravolta da privacidade de dentro para fora,[53] essa literatura pode ser dividida em dois eixos.

---

[51] "In light of this analysis the distinction sometimes drawn between accountability and control – control implying ex ante involvement in a decision, while accountability is restricted to ex post oversight – is not particularly helpful. This distinction, often found in public law accounts, appears to neglect the observation that there is implicit in the capacity to call to account some element of control capacity. It seems better to see control and accountability as linked concepts, operating on a continuum. If we were to redraw the distinction it might be in terms that managerial control refers to the right to ex ante involvement in decision making, while accountability based control refers to ex post oversight." SCOTT, Colin. Accountability in the Regulatory State. **Journal of Law and Society**, v. 27, n. 1, p. 2, 2000.

[52] COHEN, Julia E. **Between truth and power**: the legal constructions of informational capitalism; POLANYI, Karl. **The great transformation**: the political and economic origins of our time. 2. ed. Massachusetts: Beacon Press, 2001. p. 89.

[53] COHEN, Julie E. **Turning privacy inside out**. Rochester, NY: Social Science Research Network, 2018.

Capítulo 6 · DA AUTODETERMINAÇÃO À CODELIBERAÇÃO INFORMACIONAL: APORTES TEÓRICOS | **231**

Um primeiro eixo que aloca esforços na formulação de novos conceitos e na ressignificação normativa do direito e dos instrumentos de proteção de dados. Seria necessário tensioná-lo semanticamente[54] para desvendar toda a sua complexidade. Não se trata apenas de tutelar interesses individuais, o que decorre, de certa forma, do protagonismo histórico do consentimento no campo. Mas, também, de um conjunto de normas que nutre, mas, também restringe a autonomia privada do titular dos dados em razão dos interesses sociais e coletivos em jogo.[55] Assim, seria necessário articular um vocabulário mais adequado[56] do direito à proteção de dados até para diferenciá-lo do direito à privacidade. Respectivamente, como um conjunto de normas que tem como objetivo promover a circulação de dados – liberdade positiva– e não a restringir – liberdade negativa – e que é necessariamente operado por uma multiplicidade de atores que não apenas o titular dos dados.

Um segundo eixo que, em certa medida é decorrência do primeiro, se concentra numa visão ecológica.[57] Isto é, das condições de materialização[58] desse direito que extrapola o plano conceitual. É uma literatura com foco nos arranjos e dinâmicas

---

[54] Cohen argumenta que a noção da privacidade é essencial para que os sujeitos tenham um espaço para respirar dentro do engajamento social, pois é justamente a interação social que os definem como sujeitos. Apesar dos processos de autodesenvolvimento serem constantes durante a formação social há também os interstícios. Cohen chama essas ligações incompletas de *descontinuidade semântica* e argumenta que certa quantidade de descontinuidade semântica é essencial para o bem-estar humano. *Ibid.*, p. 14.

[55] De certa forma, foi a jornada percorrida e a conclusão extraída em outra pesquisa: BIONI, Bruno. **Proteção de dados pessoais**: a função e os limites do consentimento, p. 308: "Há, assim, um discurso de *ambivalência*. Ora se aposta na capacidade do cidadão em controlar seus dados pessoais. Ora dela se desconfia, mas com o intuito de que, com a criação de uma zona de interferência, seja assegurada uma zona de autonomia genuína e coerente com o valor social da proteção dos dados pessoais. Essa dualidade tem, no entanto, um traço marcante comum, que é a percepção de que o titular dos dados pessoais amarga uma (hiper)vulnerabilidade, o que demanda, respectivamente, o seu empoderamento para emancipá-lo e a sua intervenção para assisti-lo".

[56] A título exemplificativo, vejam-se os trabalhos abaixo que fazem parte dessa virada etimológica do campo: a) Privacidade e consentimento contextual, respectivamente: NISSENBAUM, Helen. **Privacy in Context**: Technology, Policy, and the Integrity of Social Life; b) proteção de dados como um conceito relacional e de confiança; RICHARDS, Neil M.; HARTZOG, Woodrow. **A Relational Turn for Data Protection?**. Rochester, NY: Social Science Research Network, 2020; WALDMAN, Ari Ezra. **Privacy as trust**: information privacy for an information age. Cambridge: Cambridge University Press, 2018; c) fiduciários da informação; BALKIN, Jack M. Information Fiduciaries and the First Amendment. **UC Davis Law Review**, v. 49, n. 4, 2016; d) dimensão coletiva da proteção de dados; TAYLOR, Linnet; FLORIDI, Luciano; SLOOT, Bart van der (org.). **Group Privacy**: New Challenges of Data Technologies. [s.l.]: Springer International Publishing, 2017; MANTELERO, Alessandro. **From Group Privacy to Collective Privacy**: Towards a New Dimension of Privacy and Data Protection in the Big Data Era. [s.l.: s.n.], 2016. p. 139-158; SOUZA, Michel R. O.; ZANATTA, Rafael A. F. A tutela coletiva em proteção de dados pessoais: tendências e desafios; e) Proteção de dados como regulação baseada em risco e em direitos; QUELLE, Claudia. **The 'Risk Revolution' in EU Data Protection Law**: We Can't Have Our Cake and Eat It, Too; GELLERT, Raphael. **The Risk-Based Approach to Data Protection**. Oxford: Oxford University Press, 2020; ZANATTA, Rafael A. F. Proteção de dados pessoais como regulação de risco: uma nova moldura teórica?; MACENAITE, Milda. The "Riskification" of European Data Protection Law through a two-fold Shift. **European Journal of Risk Regulation**, v. 8, n. 3, p. 506-540, 2017.

[57] BIONI, Bruno Ricardo. Ecologia: uma narrativa inteligente para a proteção de dados pessoais nas cidades inteligentes. **Pesquisa TIC Governo Eletrônico**, p. 8, 2017.

[58] MENDES, Laura Schertel; FONSECA, Gabriel C. Soares da. Proteção de dados para além do consentimento: tendências contemporâneas de materialização.

institucionais[59] para se forjar uma arquitetura de empoderamento[60] na direção de um controle mais coletivo[61] do que individual sobre o fluxo informacional. Em especial como se configura um ambiente que estimule diálogos institucionais para escrutinizar e influenciar a concepção de tecnologias mais *privacy-friendly*.[62]

A esse respeito Deidre Mulligam e Kenneth Bamberger alertam para o que chamam de **"regras de engajamento"**.[63] Isto é, como extrair das normas existentes ou criar novas pelas quais se dê visibilidade e, por conseguinte, **seja disputável e mais democrático o processo de concepção de tecnologias** e da própria decisão acerca da sua conformidade legal. É, de certa forma, o que também busca alertar Julie Cohen ao cunhar o termo *accountability* **operacional**. O foco deveria ser em trazer normatividade para discussões públicas sobre como e porque há uma atividade de tratamento de dados e, com isso, funcionalizar um controle pelo próprio indivíduo e pela sociedade de forma mais ampla.[64]

Ao ter dialogado com tais referenciais teóricos acima citados, um dos objetivos principais deste trabalho foi de somar e complementar o relato normativo acerca da *accountability* como um recurso de extrema potência para operar[65] tal reviravolta dupla do campo de proteção de dados. Primeiro, ao compreender a complexidade obrigacional do referido princípio que permite constatar a existência de uma pluralidade de atores envolvidos para fins de codeliberação do que é um fluxo informacional apropriado. Em segundo lugar, como ponto de chegada do adimplemento da referida obrigação de prestação de contas, que é forjar um ambiente que promova diálogos (institucionais) para superar a visão tradicional de um controle individual por parte do titular e apenas por autoridades de proteção de dados na direção de algo mais partilhado e de uma responsabilidade distribuída.

A esse respeito, o que o estudo de caso do combate ao *spam* (capítulo 5) também revelou é a necessidade de combinar atores públicos e privados com *expertise* geral e setorial. A solução da porta 25 foi uma orquestração de vários saberes que vão de uma visão macro de governança da internet (CGI.br), da defesa

---

[59]   COHEN, Julia E. **Between truth and power**: the legal constructions of informational capitalism, p. 8.

[60]   BIONI, Bruno. **Proteção de dados pessoais**: a função e os limites do consentimento, p. 184.

[61]   MANTELERO, Alessandro. **From Group Privacy to Collective Privacy**: Towards a New Dimension of Privacy and Data Protection in the Big Data Era; também, SOUZA, Michel R. O.; ZANATTA, Rafael A. F. A tutela coletiva em proteção de dados pessoais: tendências e desafios.

[62]   MULLIGAN, Deirdre; KING, Jennifer. **Bridging the Gap between Privacy and Design**, 2012.

[63]   *Ibid.*, p. 699.

[64]   COHEN, Julie E. **Turning privacy inside out**, p. 17:"Um princípio de accountability na aceptção operacional direcionaria a atenção regulatória para questões como a natureza e qualidade das explicações sobre a coleta e o processamento de dados e as possibilidades de dar tanto aos usuários, quanto à sociedade em geral uma palavra a dizer no tipo de legibilidade que estamos dispostos a garantir" – Tradução livre.

[65]   Cohen utiliza o termo *operational accountability* como uma forma de fugir da ideia individualizada de consentimento e caminhar no sentido de uma autodeterminação informacional coletiva. Assim, operational *accountability* deve se basear em uma responsabilização para com a coletividade e fornecer níveis adequados de transparência operacional. *Ibid.*, p. 16.

do consumidor (Senacon) a algo mais nichado como de telecomunicações (Anatel) e segurança de redes (CERT.br). Em razão da proteção de dados ser um tema transversal, fatalmente será necessário organizar fóruns públicos que a verticalizem no campo da saúde, segurança pública, crédito e assim por diante. Somente, assim, experimentar-se-á um devido processo informacional em sua dimensão substantiva, uma vez que a atividade de tratamento de dados tende a estar cercada de salvaguardas proporcionais ao contexto que lhe é subjacente.

Em resumo, o ato de **prestação de contas deve possibilitar conversas regulatórias** para operacionalizar[66] o que chamamos de macrofórum em complemento ao microfórum público da proteção de dados (capítulo 4). Trata-se de um ideal de colaboração que será o fiel da balança para que se experimente um processo regulatório colaborativo, descentralizado e em rede. De forma esquemática e recuperando as conclusões dos capítulos anteriores, *accountability* é o ponto de equilíbrio para se experimentar um arranjo de corregulação (autorregulação regulada) em vez de autorregulação e de comando e controle:

	+PRESTAÇÃO DE CONTAS E RESPONSIVIDADE	-PRESTAÇÃO DE CONTAS E RESPONSIVIDADE
	Corregulação	Autorregulação & Tradicional (C&x)
	Rede de governança	Silos de governança
	+ Calibração de penalidade e normas premiais	- Calibração de penalidades e normas premiais
	Precaucionária de danos	Compensatório de danos
	DIMENSÃO SOCIAL	DIMENSÃO INDIVIDUAL

Figura 10 – Tabela comparativa ponto ótimo da regulação e accountability

Quanto maior o nível de prestação de contas por parte do aparato estatal e dos atores privados com competências decisórias informacionais, menos polarizadas serão as ações regulatórias. Uma **(re)procedimentalização**[67] pela qual se reduz a assimetria de poder na medida em que há um arranjo de governança mais descentralizado e colaborativo. Em poucas palavras, *accountability* é o ponto ótimo da regulação.

---

[66] BALDWIN, Robert; BLACK, Julia. Really Responsive Regulation, p. 69: "Trabalhos recentes sobre *compliance* mostram a importância das posturas motivacionais, os sinais sociais que os indivíduos enviam ao regulador e a si próprios para comunicar o grau de aceitação da agenda regulatória e a forma como o regulador funciona e desempenha as suas funções no dia a dia" – Tradução livre.

[67] QUELLE, Claudia. Privacy, Proceduralism and Self-Regulation in Data Protection Law. **Teoria Crítica della Regolazione Sociale,** 2018.

6.4. NORMAS PREMIAIS: FUNCIONALIZANDO UMA REDE DE GOVERNANÇA E UM SISTEMA NACIONAL DE PROTEÇÃO DE DADOS

Accountability é um conceito relacional no qual quem detém um poder deve prestar contas ao fórum público (subcapítulo 2). No campo de proteção de dados é necessariamente um fenômeno obrigacional complexo em vista do envolvimento de múltiplas partes que são simultaneamente devedores e credores, bem como titularizam uma plêiade de competências decisórias informacionais (subcapítulos 3 e 4). A partir dessa perspectiva, o principal referencial teórico adotado nesse trabalho em teoria da regulação foi o policentrismo da jurista Julia Black (subcapítulo 3.4). A governança de comportamentos se dá em rede com a mobilização de uma teia de atores, que vai muito além do Estado e de quem exerce a atividade econômica, como organizações não governamentais, associações de indivíduos e de classe que também colaboram para o processo regulatório. É função[68] do direito articular essa rede de governança descentralizada.

A esse respeito, é necessário compreender o direito não apenas como uma estrutura de repressão, mas, também e principalmente, como um meio de promoção de comportamentos desejáveis. É o que o jurista Noberto Bobbio chamou de perspectiva funcional do direito, isto é, quando se cria e articula instrumentos jurídicos que encorajam comportamentos virtuosos em sociedade. O principal desdobramento dessa teoria geral do direito são as denominadas sanções premiais. Isto é, um conjunto de normas que vai além da perspectiva de penalizar ações transgressoras da ordem jurídica, na medida em que se busca recompensar[69] quem com ela está em conformidade e quem desempenha um papel para que os demais atores do sistema também assim estejam:

> A introdução da técnica do encorajamento reflete uma verdadeira transformação na função do sistema normativo em seu todo e no modo de realizar o controle social. Além disso, assinala a passagem de um controle passivo – mais preocupado em desfavorecer ações nocivas do que em favorecer as vantajosas – para um controle ativo – preocupado em favorecer ações vantajosas mais do que em desfavorecer as ações nocivas. Em poucas palavras, é possível distinguir, de modo útil, um ordenamento protetivo-repressivo de um promocional com a afirmação de que, ao primeiro, interessam, sobretudo, os comportamentos socialmente não desejados, sendo seu fim precípuo impedir o máximo possível em sua prática; ao segundo, interessam precipuamente, os comporta-

---

[68] Já vínhamos trabalhando com a perspectiva funcional do direito como fizemos nesse artigo com relação à transferência internacional: BIONI, Bruno Ricardo. A produção normativa a respeito da privacidade na economia da informação e do livre fluxo informacional transfronteiriço, p. 24.

[69] *Ibid.*, p. 68.

Capítulo 6 · DA AUTODETERMINAÇÃO À CODELIBERAÇÃO INFORMACIONAL: APORTES TEÓRICOS   235

mentos socialmente desejáveis, sendo seu fim levar a realização destes até mesmo os recalcitrantes.[70] [...] Contudo, a partir do momento que, devido às exigências do Estado assistencial contemporâneo, o direito não mais se limita a tutelar atos conformes às próprias normas, mas tende a estimular atos inovadores – e, portanto, a sua função não é mais protetora, mas também promocional –, surge, paralelamente ao emprego quase exclusivo das sanções negativas, as quais constituem a técnica específica de repressão, um emprego, não importa ainda ilimitado, de sanções positivas, que dão vida a uma técnica legislativa de estímulo e propulsão a atos considerados socialmente úteis, em lugar da repressão de atos considerados socialmente nocivos. [...] A noção de sanção positiva deduz-se, *a contrario sensu*, daquela mais bem elaborada de sanção negativa. Enquanto o castigo a uma reação a uma ação má, o prêmio é uma reação a uma ação boa.[71]

Nesse sentido, Bovens alerta que da obrigação prestação de contas deve derivar necessariamente um julgamento com consequências. O cientista político holandês utiliza justamente tal termo mais neutro em detrimento de sanção, porque o julgamento pode ser de aprovação e não necessariamente de rejeição. Tratando-se do primeiro caso, os desdobramentos são positivos e, não rara as vezes, direcionam-se os esforços e se monta um fórum público para não apenas encontrar falhas, mas sim para premiar bons comportamentos.[72]

De forma convergente, Fillipo Lancieri[73] traça três diretrizes para a constituição de arranjo institucional que não apenas desencoraje maus comportamentos, mas, também, estimule ações socialmente úteis no campo da proteção de dados. Ao se valer de uma revisão de literatura comparativa dos gargalos de *enforcement* do direito concorrencial e anticorrupção, propõem-se as seguintes normas premiais:[74]

---

[70]   BOBBIO, Norberto. **Da estrutura à função**: novos estudos de teoria do direito. Barueri: Manole, 2006. p. 15:

[71]   *Ibid.*, p. 24.

[72]   "Contudo, a 'sanção' tem uma conotação bastante formal e legal. Excluiria fóruns de accountability, tais como ouvidorias, que em muitos países não têm autoridade para sancionar formalmente, mas que podem no entanto ser muito eficazes na obtenção de compensação ou reparação. Além disso, o termo sanção seria tendencioso para formas negativas de escrutínio. Muitos acordos de prestação de contas não estão centrados em encontrar falhas com os atores – os fóruns julgarão frequentemente de forma positiva sobre a conduta dos atores e até os recompensarão. Por conseguinte, uso uma expressão um pouco mais neutra: o ator pode enfrentar consequências" – Tradução livre. BOVENS, Mark. Analysing and Assesing Accountability: A Conceptual Framework, p. 452.

[73]   LANCIERI, Filippo. **Narrowing Data Protection's Enforcement Gap**. Rochester, NY: Social Science Research Network, 2021.

[74]   Ressalta-se que o referido autor não estabelece um diálogo com Noberto Bobbio, nem se vale do termo função promocional ou sanção premial. Essa é uma construção desta pesquisa.

i) multiplicação dos recursos de fiscalização e monitoramento por meio do que chama de "intermediação privada sofisticada"[75]. Isto é, centros de pesquisa e entidades representativas dos direitos dos titulares que se somariam ao aparato público para a detecção de violações à proteção de dados. Sua principal sugestão é que parte das multas aplicadas componham um fundo para financiar as atividades destes intermediários. Cita-se, a propósito, a criação do Fundo Brasileiro de Direitos Difusos e Coletivos/FDD[76] que tem como objetivo funcionalizar tal rede de governança;[77]

ii) estruturação de um programa de delação premiada amplo que considere não apenas ex-colaboradores, mas, também, prestadores de serviços, consultores e, enfim, parceiros das entidades transgressoras. Menciona-se, a propósito, a experiência estadunidense em que parte do valor recuperado se converte em uma recompensa financeira ao delator(a);[78]

iii) transparência das investigações e processos administrativos. Além de ser um procedimento de contenção à captura do órgão regulador por estar em constante escrutínio público, também se possibilita que os intermediários privados possam colaborar com a fiscalização em curso. Cita-se, a título de exemplo, o Sistema de Defesa da Concorrência brasileiro que obriga que os atos de concentração sejam, por padrão, públicos. E, havendo informações cobertos por sigilo comercial, deve, ao menos, haver uma versão pública da notificação sem tais informações

---

[75] LANCIERI, Filippo. **Narrowing Data Protection's Enforcement Gap**, p. 45-46: "As leis de proteção de dados devem ser igualmente concebidas para expandir o número de intermediários [reguladores] privados – tais como ONGs de proteção da privacidade, grupos de *think-tanks* independentes e ações de classe demandantes – que têm a *expertise* e os recursos necessários para compreender a complexidade do processamento de dados e agir ao lado dos reguladores públicos na detecção de violações. Estes intermediários [reguladores] sofisticados da sociedade civil estão também mais bem equipados para monitorar constantemente a ação regulatória, aumentando os custos de captura dos reguladores" – Tradução livre.

[76] BIONI, Bruno. Responsabilidade, direitos e deveres na proteção de dados – *Accountability*. **YouTube**. Disponível em: https://www.youtube.com/watch?v=WSEWAEPIL4U. Acesso em: 9 jun. 2021.

[77] LANCIERI, **Narrowing Data Protection's Enforcement Gap**, p. 47: "Mais uma vez, as políticas antitruste podem fornecer um exemplo de como o método indireto funcionaria. As leis antitruste brasileiras estabelecem que as multas impostas pela autoridade de concorrência brasileira são atribuídas a um fundo público destinado a proteger os interesses difusos dos cidadãos – em 2019, o fundo angariou aproximadamente 120 milhões de dólares. Esse fundo é gerido por um conselho composto por sete funcionários públicos de carreira e três representantes da sociedade civil, nomeados para um mandato renovável de dois anos. O fundo publica anualmente convites públicos à apresentação de candidaturas pelos quais universidades, ONGs e até mesmo outras entidades podem solicitar recursos para apoiar as suas atividades em defesa do interesse público. Só em 2019, o fundo concedeu 46 subsídios a longo prazo" – Tradução livre.

[78] LANCIERI, Filippo. **Narrowing Data Protection's Enforcement Gap**, p. 51: "Proporciona recompensas financeiras para relatórios bem-sucedidos. As recompensas financeiras são fundamentais para encorajar a denúncia de irregularidades, uma vez que os empregados correm o risco de terminar as suas carreiras por revelarem as irregularidades. Essas recompensas devem ser suficientemente grandes para encorajar a denúncia de irregularidades e também devem ter limites mínimos, para ajudar a evitar reclamações frívolas. Por exemplo, nos EUA, os prêmios da SEC variam entre 10-30% do dinheiro recolhido em resultado da denúncia de irregularidades, desde que as sanções sejam superiores a 1 milhão de dólares [...]" – Tradução livre.

Capítulo 6 · DA AUTODETERMINAÇÃO À CODELIBERAÇÃO INFORMACIONAL: APORTES TEÓRICOS | **237**

confidenciais. Com isso, a prestação de contas encontra, via de regra, um fórum público por excelência que não é composto apenas pelo aparato estatal.

Em resumo, mais do que apenas enunciar o princípio da *accountability* e a possível aplicação de sanções caso as contas sejam rejeitadas, é imprescindível que seja funcionalizada uma rede de governança. Em especial com a articulação ou extração de normas premiais que estimulem bons comportamento[79] e que recompense quem colabora com o processo de fiscalização das regras do jogo. O jogo da regulação não se limita ao aparato estatal e, no contexto regulatório de países em desenvolvimento como antes alertado (capítulo 4), essa divisão de trabalho com entidades de interesse público é ainda mais essencial. É a programada virtude da *accountability* na direção da constituição e consolidação de um sistema nacional de proteção de dados.

6.5. DA AUTODETERMINAÇÃO À CODELIBERAÇÃO INFORMACIONAL: O ADIMPLEMENTO DA OBRIGAÇÃO DE PRESTAÇÃO DE CONTAS

Seguindo o alerta de Marion Albers[80] ainda persiste uma simplificação do direito à proteção de dados como a liberdade do indivíduo em controlar seus dados. É essencial compreendê-lo a partir de uma perspectiva supraindividual[81] e multidimensional,[82] o que percorreu toda a jornada analítica deste trabalho.

A começar pela análise quantitativa e qualitativa das discussões travadas no comitê multissetorial do departamento de bem-estar social do Estados Unidos sobre FIPPs (capítulo 1), identificou-se que a noção de concorrência de direitos e deveres, encravada na noção de um tratamento de dados justo, foi influência de dois intelectuais e membros do grupo. O advogado Arthur Miller e o cientista da computação Joseph Weizenbaum já falavam, pioneira e respectivamente, sobre os conceitos de devido processo informacional e de *privacy by design* que hoje são mobilizados para assinalar justamente essa noção de mutualidade.

---

[79] BIONI, Bruno. Como o Brasil pode inovar na proteção de dados pessoais. **Valor Econômico**. Disponível em: https://lavits.org/artigo-como-o-brasil-pode-inovar-na-protecao-de-dados-pessoais/?lang=pt. Acesso em: 8 jun. 2021.

[80] ALBERS, Marion. Realizing the Complexity of Data Protection. *In*: GUTWIRTH, Serge; LEENES, Ronald; DE HERT, Paul (org.). **Reloading Data Protection**: Multidisciplinary Insights and Contemporary Challenges. Dordrecht: Springer Netherlands, 2014. p. 213-235.

[81] *Ibid.*, p. 225.

[82] *Ibid.*, p. 213: "Em contraste com este pensamento, a presente contribuição avança a tese de que a proteção de dados é, pela sua natureza, um campo extraordinariamente complexo e, por conseguinte, requer uma regulamentação complexa e multinível. No entanto, no seu cerne, o quadro jurídico ainda se caracteriza por conceitos desatualizados que remontam ao momento em que surgiu a proteção de dados" – Tradução livre.

238 | REGULAÇÃO E PROTEÇÃO DE DADOS PESSOAIS – *Bruno Ricardo Bioni*

Também ao longo da elaboração e aprovação das diretrizes sobre privacidade e proteção de dados na OCDE, perceberam-se vozes bastante acentuadas e contrárias a essa visão simplista da proteção de dados. Spiros Simitis, Stefano Rodotà e Alan Westin, hoje considerados como a literatura clássica do campo, já teciam diversas críticas sobre o que se chamou de componente invidualístico e solitário do fluxo informacional. Não por outra razão, o princípio da *accountability* dá ênfase à contraparte mais forte para fins de materialização do direito à proteção de dados (capítulo 2).

E, também, não é diferente a histórica decisão da Corte Constitucional Alemã de 1983[83] quando o termo autodeterminação informacional foi cunhado. O cerne da discussão do multicitado precedente não era a prerrogativa do cidadão em consentir com o uso de seus dados. Até porque se tratava de uma lei de recenseamento, de modo que não havia opção de recusa. O principal argumento levantado era que "precauções organizacionais e processuais que combatam(essem) o perigo de uma violação aos direitos da personalidade".[84] Mais especificamente um processo de anonimização robusto, o que modelaria a operação de dados apenas para fins estatísticos.[85]

Ao fazer uma leitura minuciosa do célebre caso e situá-lo ao longo da evolução jurisprudencial, Laura Mendes alerta que a autodeterminação informacional não deve ser significada como sinônimo de autoproteção.[86] Tanto que os julgados posteriores da corte alemã têm limitado a autonomia privada do titular dos dados, principalmente quando este está inserto em uma relação assimétrica.[87] Trata-se, assim, de articular um conjunto de salvaguardas que independe do consentimento do titular dos dados. Foi o que previamente chamamos de ambivalência da proteção de dados, na medida em que se aposta e se duvida, concomitantemente, da capacidade do titular de autodeterminação sobre seus dados.[88]

---

[83] Já havíamos alertado sobre uma releitura da decisão da Corte alemã nestes termos: "A conclusão que se extrai da releitura do julgado é de que o consentimento poderia servir às avessas para a desproteção dos dados pessoais, na medida em que tornaria ilimitada a coleta e o seu processamento [...] tornando a pessoa, intermediada por seus dados, um objeto a ser ilimitadamente explorada" (BIONI, Bruno. **Proteção de dados pessoais**: a função e os limites do consentimento, p. 92-99).

[84] MARTINS Leonardo (org.). **Cinquenta anos de jurisprudência do Tribunal Constitucional alemão**, p. 239.

[85] *Ibid.*, p. 240: "A obrigação de fornecer dados pessoais pressupõe que o legislador defina a finalidade de uso por área e de forma precisa, e que os dados sejam adequados e necessários para essa finalidade. Com isso não seria compatível a armazenagem de dados reunidos, não anônimos, para fins indeterminados ou ainda indetermináveis. Todas as autoridades que reúnem dados pessoais para cumprir suas tarefas devem se restringir ao mínimo indispensável para alcançar seu objetivo definido".

[86] MENDES, Laura Schertel Ferreira. Autodeterminação informativa: a história de um conceito. **Pensar – Revista de Ciências Jurídicas**, v. 25, n. 4, p. 14, 2020.

[87] *Ibid.*, p. 15.

[88] BIONI, Bruno. **Proteção de dados pessoais**: a função e os limites do consentimento, p. 276: "Ora *procedimental* à autonomia do cidadão, para capacitá-lo com o controle de seus dados pessoais, uma vez que está inserto em uma relação assimétrica que amordaça a sua liberdade, ora *substantiva*, para garantir um fluxo informacional íntegro ao valor social da privacidade informacional, sublinhando-se a importância de que o trânsito dos dados pessoais promova o livre desenvolvimento da personalidade de seus titulares".

Capítulo 6 · DA AUTODETERMINAÇÃO À CODELIBERAÇÃO INFORMACIONAL: APORTES TEÓRICOS | 239

Daí a importância de compreender o direito à proteção de dados pessoais na qualidade de um direito fundamental que gera deveres de proteção por parte do Estado e pelos particulares[89]. Respectivamente, por exemplo, na criação de um arranjo institucional – *e.g.*, autoridades de proteção de dados – e na aderência aos princípios que são as fundações de uma arquitetura de empoderamento do cidadão.

A esse respeito, Lee Bygrave chama atenção como os princípios sendo o núcleo duro da proteção de dados. Uma camada fundante que independe da base legal e quando a hipótese autorizativa é o consentimento.[90] Após recuperar a aplicação do princípio da proporcionalidade[91] no sistema de justiça de direitos humanos europeu, o jurista norueguês considera ser este o fiel da balança da referida ambivalência da proteção. Isso porque é o que vai concorrentemente amparar ou restringir a autonomia privada do titular dos dados.

Projeta-se, a propósito, a noção de minimização como o principal recurso normativo para que entidades representativas dos interesses dos titulares contestem atividades de tratamento de dados. Na medida em que se trata de um dever de proteção que independe da concordância e da manifestação do titular, haveria um interesse público em jogo. Dessa forma, tais organizações seriam parte substancial de um sistema de freio e contrapesos. Uma orquestração mais social e cada vez menos individual. É o que ele acaba por chamar de **consentimento coletivo**[92] e, o

---

[89] Sobre a dimensão objetiva e deveres de prestação do Estado sobre direitos fundamentais, em especial sobre proteção de dados e a sua eficácia horizontal. Veja-se por todos: SARLET, Ingo Wolfgang. Fundamentos constitucionais: o direito fundamental à proteção de dados.

[90] BYGRAVE, Lee; SCHARTUM, Dag. Consent, Proportionality and Collective Power. BYGRAVE, Lee A.; SCHARTUM, Dag Wiease. Consent, Proportionality and Collective Power, In: Gutwirth, S., Poullet, Y., De Hert, P., de Terwangne, C., Nouwt, S. (eds). **Reinventing Data Protection?**, Springer, Dordrecht, 2009, p. 187: "Ao avaliar a força do consentimento no que tange ao princípio da proporcionalidade em termos de assegurar um nível robusto de proteção de dados, é importante lembrar desde já que, pelo menos nos termos da Diretiva, o consentimento não é um mecanismo de controle autônomo; o princípio da proporcionalidade, tal como manifestado no artigo 6(1), desempenhará também um papel regulatório. Em outras palavras, o nível de proteção de dados que é efetivamente concedido em qualquer caso particular por meio da aplicação de um requisito de consentimento, será o resultado da combinação deste último requisito com o princípio da proporcionalidade" – Tradução livre.

[91] Os autores transpõem o princípio da proporcionalidade – amplamente utilizado na legislação europeia – que se subdivide em necessidade, adequação e proporcionalidade em sentido estrito para o contexto da proteção de dados pessoais. Desse modo, o princípio da proporcionalidade delimitaria a quantidade e o tipo de informação que poderia ser coletada e utilizada em um determinado contexto para uma determinada finalidade. *Ibid.*, p. 5.

[92] *Ibid.*, p. 169-170: "Utilizamos o termo 'consentimento coletivo' para designar o consentimento exercido em nome de um grupo de titulares de dados, mas sem que essas pessoas aprovem individualmente cada exercício específico dessa competência decisória. Em outras palavras, denota um mecanismo que envolve a atribuição ou retirada coletiva do consentimento, que é vinculativo para todos os membros do grupo, mesmo quando alguns deles discordam da decisão específica. A seguir, consideramos como tal mecanismo poderia ser organizado de forma a parecer mais favorável à privacidade e interesses conexos dos titulares de dados" – Tradução livre.

que de forma similar, a filósofa Mireille Hildebrant chama de **codeterminação**[93] (informacional).

Apesar de toda a reconstrução legal crítica bem articulada, os termos, consentimento coletivo e codeterminação ainda, ainda remetem a um papel de protagonismo da autonomia privada ou do indivíduo no arranjo de governança de proteção de dados. Em linha com o que propõe Julie Cohen,[94] *accountability* é o recurso semântico que melhor operacionaliza a necessária virada de (re)significação do direito à proteção de dados.

Um dos traços mais marcantes do princípio da *accountability* é a sua complexidade obrigacional. Prestação de contas não é um ato singular e isolado pelo qual o agente de tratamento de dados tem o dever de relatar suas atividades somente ao titular dos dados enquanto seu único credor. Pelo contrário, é um processo que reúne múltiplos atores que se alternam no polo ativo e passivo, inclusive eventualmente mobilizando a opinião pública e as esferas administrativas e não apenas judicial se não estão de acordo. Relembrando as palavras de Danielle Rached (subcapítulo 2.2), é desta **divisão de trabalho** que brotam comportamentos virtuosos (*acccountable*).

Mais especificamente, é por intermédio de consensos e, paradoxalmente, de dissensos supraindividuais que se molda um fluxo de dados íntegro e justo. Daí por que, como parte da jornada reflexiva semântica para a (re)construção legal do direito à proteção de dados, seja **mais acertado falar em codeliberação informacional em vez de autodeterminação informacional**. O que está em jogo é como uma plêiade de atores irá mobilizar suas respectivas prerrogativas jurídicas para reduzir a assimetria de poder em jogo e, com isso, experimentar um processo de codeliberação, e **não de dominação informacional**.

---

[93] HILDEBRANDT, Mireille. **Smart Technologies and the Ends of Law**: Novel Entanglements of Law and Technology. Cheltenham, UK: Edward Elgar Pub, 2015. p. 157.

[94] COHEN, Julie E. **Turning privacy inside out**, p. 15: "A terminologia dos direitos de codeterminação, contudo, ameaça desviar a nossa atenção para o consentimento individualizado e desviá-la de questões mais amplas sobre a autodeterminação coletiva das condições, pelo que prefiro pensar na ideia dos direitos de codeterminação em termos de responsabilidade operacional" – Tradução livre.

CONCLUSÃO

A quem serve o direito à proteção de dados? A resposta mais óbvia, mas nem por isso mais lógica, seria: serve às pessoas naturais que são nomeadas legalmente como titulares dos dados. No entanto, a natureza desse direito esconde uma lógica na qual outros agentes também movimentam os dados e, por conseguinte, de certa forma os titularizam. Nesse sentido, historicamente, leis de proteção de dados sempre procedimentalizaram padrões de conduta com o objetivo preestabelecido para destravar, e não bloquear, o fluxo informacional.

É o que Claudia Quelle chamou de competências decisórias informacionais. O melhor exemplo disso são as chamadas bases legais, cuja arquitetura vai muito além do consentimento do cidadão, sendo desnecessário um acordo bilateral para manufaturar seus dados. Se os agentes econômicos observarem os deveres que lhes são impostos, eles detêm o direito de tratá-los. Uma prerrogativa com cada vez mais margem de discricionariedade por parte deles, como se nota do(a): **i)** largo conjunto de hipóteses de tratamento de dados em substituição ao consentimento, que é talhado por conceitos jurídicos indeterminados (e.g., legítimo interesse); **ii)** confiança de que se fará um juízo de valor adequado sobre quando, o que e como se comunicar com os órgãos reguladores (e.g., relatórios de impacto e notificação de incidentes de segurança); e **iii)** aposta na sua capacidade intraorganizacional, que seria capaz de suplantar a inexistência de um aparato estatal-legal do país destinatário dos dados para fins de transferência internacional (e.g., normas corporativas globais).

As últimas gerações de leis reforçaram ainda mais a postura procedimental do direito da proteção de dados. Cada vez mais, articula-se arranjos de parceria pública-privada para a governança do fluxo informacional. Terceiros auditores, associações de classe, respectivamente, para certificar (selos) e padronizar setorialmente (códigos de boas condutas) uma atividade de tratamento de dados são evidências do que Julie Cohen chamou de privatização da regulação.

O alerta da jurista estadunidense de que o direito não é neutro na correlação de forças entre quem vigia e é vigiado é também explicitado pela canadense Lisa Austin. Essa última alerta que já passou da hora de voltar a uma reflexão básica: quem é mais empoderado (*power to*) para destravar o fluxo informacional (*power--over*)? Este trabalho conclui que a moldura normativa das leis dá agência sobre os dados não apenas ao cidadão, mas, também, a outros atores.

É aí que entra na equação normativa: a *accountability*, que é um conceito relacional pelo qual quem é detentor de um poder (*power-holder*) deve prestar contas a quem pode ser por ele impactado, e/ou ser uma barreira de contenção de abusos (*account-holder*). Um encontro reflexivo que não se dirige apenas ao titular, mas a um fórum público que reúne entidades de interesse público e outros atores, ainda que não diretamente impactados por um comportamento desviante da parte mais forte.

A amarração teórica deste trabalho é feita com base na junção de regulação policêntrica – de Julia Black – e governança nodal – de Scot Burris et. al. Ambas consideram que qualquer curso de eventos não é uma ordenação espontânea *hayekiana*. E sim resultado de dinâmicas de poder que se dá em rede e de forma fragmentada. Chega-se, então, numa das principais conclusões deste trabalho pela qual **a agência sobre os dados é operada por uma complexa teia de atores e com diferentes recursos (legais) de poder**. É o que chamamos de macro fórum público e que é complementar à micro arena da proteção de dados. Não se trata apenas da tríade tradicional do campo de proteção de dados – autoridades de proteção de dados, agentes de tratamento e titular dos dados – e de uma dimensão obrigacional atomizada-simplista – consentimento e demais bases legais, bem como dos direitos ARCO, revisão e explicação de tratamento de dados. Diz respeito, também, à atuação de entidades de interesse público, dos pares dos agentes econômicos escrutinados (o mercado) e de outros órgãos reguladores com mandato geral (e.g. Senacon) e, principalmente, setorial de proteção de dados (e.g., Anatel), bem como técnicas de *naming-and-shaming*, de contestação administrativa-judicial e outros instrumentos para disputar e, por conseguinte, esculpir e influenciar o que é um fluxo informacional íntegro.

Em outros termos, a autonomia decisória da parte mais forte deve ser contingenciada pelo escrutínio público, a ponto de haver, como é chamado por Danielle Rached, uma divisão de trabalho entre quem é o detentor do poder (*power-holder*) e quem pode sofrer as consequências de um comportamento desviante de sua parte (*account-holder*). Somente com essa repartição de tarefas é que se brotam comportamentos virtuosos (*accountable*).

Para tanto, é essencial que o fórum público não assuma uma posição de mero espectador. A coletividade nele representada deve produzir evidências para melhor instruir a causa. O estudo de caso do CGI.br de combate ao *spam* mostra como a rede de atores produziu um saber coletivo, um consenso que é paradoxalmente resultado de dissensos técnicos, políticos e regulatórios ao longo de um verdadeiro processo de negociação. Se não for assim, o fórum público é uma coletividade vazia e de imobilização para o diálogo entre as mais diversas partes com interesses antagônicos. Além disso, a solução da porta 25 foi uma orquestração de vários saberes que vão de uma visão macro de governança da internet (CGI.br), da defesa do consumidor (Senacon) a algo mais nichado como de telecomunicações

CONCLUSÃO | **243**

(ANATEL) e segurança de redes (CERT.br). Em razão da proteção de dados ser um tema transversal, fatalmente será necessário organizar fóruns públicos que a verticalizem no campo da saúde, segurança pública, crédito e assim por diante. Somente, assim, experimentar-se-á um devido processo informacional em sua dimensão substantiva, uma vez que a atividade de tratamento de dados tende a estar cercada de salvaguardas proporcionais e cirúrgicas ao contexto que lhe é subjacente. Todo esse ideal de conciliação deve encontrar um terreno fértil para que se escale **diálogos não violentos e, principalmente, de não dominação**. A esse respeito, cabe alertar algumas virtudes e vicissitudes com especial ênfase no contexto brasileiro.

A LGPD foi bastante aplaudida pela criação de um Conselho Nacional de Proteção de Dados/CNPD, que é um espaço formal no qual uma coletividade se reúne para dialogar entre si e com o aparato estatal (ANPD). No entanto, o processo de eleição dos seus membros é bastante diferente de outro investigado neste trabalho, o do CGI.br que se dá por meio de um colégio eleitoral que é formado pelos pares de cada setor a ser representado e em votação não secreta. Ou seja, o Poder Executivo não tem poder decisório sobre quem ocupará as cadeiras da sociedade civil que não é a mesma situação do CNPD. Ao recuperar as diversas molduras institucionais do Comitê, percebeu-se que esse circuito decisório com menor influência governamental foi essencial para o legitimar como um dos (super)nodos da governança da Internet no Brasil.

Ainda, apesar de finalmente a Autoridade Nacional de Proteção de Dados/ANPD ter sido convertida em autarquia, tal modelo institucional é apenas um avanço na longa jornada para que esta seja um (super)nodo na teia governança. O estudo de caso do combate ao *spam* revela que, tão ou mais importante do que a natureza jurídica de um órgão regulador, é a destreza com que se mobiliza seus poderes – neste trabalho esquematicamente classificados "de fala", "de escuta" e de intervenção com sanções leves, médias e graves – para angariar legitimidade frente aos atores regulados e outros reguladores. A esse respeito, é essencial não perder de vista que o que está programado na LGPD é um sistema nacional de proteção de dados – nas palavras de Miriam Wimmer. A sua moldura normativa posiciona a ANPD como coordenadora das ações regulatórias, mas não como a sua única e principal feitora. Há um compartilhamento de tarefas com outros órgãos públicos e, inclusive, agentes privados. Algo que lembra, em certa medida, o Sistema Nacional de Defesa do Consumidor/SNDC.

Nesse sentido, a LGPD encontrará um sistema de proteção de direitos difusos já consolidado com mais de três décadas de atuação. Entidades de interesse público – de ONGs às Defensorias Públicas – são também **nodos de governança para práticas informacionais justas**. Em especial, na mobilização da tutela coletiva judicial quando a esfera administrativa falhar. Isso, no entanto, nos conduz à ponderação de que tais vias são complementares e não são os únicos espaços para a prestação de contas. E, ainda, ponderar os riscos de uma excessiva judicialização.

A materialização de direitos não é apenas um dever do Estado e nem será efetivada somente por meio do "assistencialismo estatal" – fazendo uso das palavras de Marcelo Sodré ao relembrar da formação do SNDC, que antecede o CDC. Deve-se extrair da LGPD a noção de um sistema nacional de proteção de dados que é uma **rede de proteção**, formada por entidades públicas e privadas, ao titular de dados. Ela mobilizará, por exemplo, opinião pública – mediante técnicas de danos reputacionais dos atores não *accountable* – e, também, espaços de governança no sentido mais amplo do termo – como é o que demonstra o estudo de caso do CGI.br.

Assim, se conversas regulatórias forem: i) procedimentalizadas tendo por base o imaginário de um macro fórum público; ii) para a adequada modulação do grau de discricionariedade de quem tem a prerrogativa de destravar o fluxo informacional; e iii) sem perder de vista o contexto regulatório, especialmente dos países em desenvolvimento nos quais se faz necessário nutrir e premiar uma rede de governança que vai muito além do aparato estatal regulatório, inclusive para evitar a sua captura. Então, extrair-se-á não só a programada virtude da *accountability*, mas, também e principalmente, a substância do direito à proteção de dados.

A significação de *accountability* deve ser feita necessariamente pelos substratos normativos, não paralisantes, do princípio da precaução. A sua função é dar voz aos indivíduos afetados pelo tratamento de dados, bem como a entidades representativas dos seus direitos. Sua inclusão nos circuitos decisórios é o principal gargalo para se prevenir danos e violações à proteção de seus dados (regulação *ex ante*). Somente se este fórum for, de fato, constituído é que os agentes de tratamento de dados devem ser considerados *accountable* e, com isso, beneficiarem-se, eventualmente, de sanções mais brandas no caso de comportamentos ilícitos (regulação *ex post*).

Demanda-se, assim, camadas de ações na direção de uma negociação coletiva. Por exemplo, em termos práticos, não basta apenas: **a)** apontar o legítimo interesse como base legal, mas, sobretudo, colocá-lo e ponderá-lo aos interesses da contraparte e, por fim, a ela franquear poder de voz e oposição (*e.g.*, LIA e direito de *opt-out*); **b)** elaborar um relatório de impacto à proteção de dados, mas, também, publicá-lo e, até mesmo, possibilitar o envolvimento das partes interessadas para que haja uma visão plural e não apenas do controlador; **c)** elaborar e aprovar códigos de boas condutas e selos, mas antes colocá-los sob escrutínio público para a contestação de eventual conflito de interesses; **d)** elaborar avaliações de impacto regulatório, desde que sejam colocadas sob consultas públicas e que se justifique a decisão final, de absorção ou rejeição das considerações do atores privados, pelas autoridades administrativas. O fim último é se lançar ao diálogo

CONCLUSÃO | **245**

de forma a oportunizar o contraditório e a ampla defesa difusamente por uma multiplicidade de atores. É exatamente a anatomia descrita de um (macro) fórum público que delibera pela aprovação ou rejeição das contas prestadas.

Accountability é uma norma de conteúdo obrigacional e, portanto, necessariamente relacional entre quem é detentor de um poder (*power-holder*) e quem pode ser por ele impactado e/ou ser uma barreira de contenção de abusos (*account-holder*). Invertendo o *nomem iuris* do art. 6º, inciso X, da LGPD, o objetivo deste trabalho é demonstrar que é da prestação de contas se extrai um fluxo de dados responsável (*accountable*). Mais especificamente, é através de consensos e, paradoxalmente, de dissensos supraindividuais que se molda um fluxo de dados justo em clara alusão à uma tradução literal das *FIPPs*. Daí por que, como parte da jornada reflexiva semântica para a (re)construção legal do direito à proteção de dados, seja mais acertado falar também em codeliberação informacional ao lado de autodeterminação informacional. O que está em jogo não é apenas a capacidade de autoproteção do titular, mas, também e principalmente, como uma plêiade de atores irá mobilizar suas respectivas prerrogativas jurídicas para reduzir a assimetria de poder em jogo. E, com isso, experimentar um processo de codeliberaração e **não de dominação informacional.**

BIBLIOGRAFIA

ABBOUD, Georges. **Direito constitucional pós-moderno**. Nova edição. São Paulo: RT, 2021.

ABBOUD, Georges; NERY JR., Nelson; CAMPOS, Ricardo. *Fake news* **e regulação**. 2. ed. São Paulo: Thomson Reuters/RT, 2020. ebook Kindle.

ACCA, Thiago dos Santos. Como sei se o meu trabalho precisa de uma parte histórica? Quando posso usá-la para auxiliar na construção do meu trabalho? *In*: QUEIROZ, Rafael Mafei Rabelo; FEFERBAUM, Mariana (org.). **Metodologia jurídica**: um roteiro prático para trabalhos de conclusão de curso. São Paulo: Saraiva, 2013.

ADACHI, Tomi. **Comitê gestor da internet no Brasil (CGI.br)**: uma evolução do sistema de informação nacional moldada socialmente. 2011. Tese (Doutorado) – Universidade de São Paulo, São Paulo, 2011. Disponível em: http://www.teses.usp.br/teses/disponiveis/12/12139/tde- 10102011-165732/. Acesso em: 12 maio 2021.

AFONSO, Carlos A. **Governança na internet**. Rio de Janeiro: Peirópolis, 2005.

AGRE, Philip; ROTENBERG, Marc (org.). **Technolocy and privacy: the new landscape**. Cambridge, Mass.: MIT Press, 1998.

ALBERS, Marion. Realizing the Complexity of Data Protection. *In*: GUTWIRTH, Serge; LEENES, Ronald; DE HERT, Paul (org.). **Reloading Data Protection**: Multidisciplinary Insights and Contemporary Challenges. Dordrecht: Springer Netherlands, 2014. p. 213-235. Disponível em: https://doi.org/10.1007/978-94-007-7540-4_11. Acesso em: 8 jun. 2021.

ALHADEFF, Joseph; VAN ALSENOY, Brendan; DUMORTIER, Jos. The accountability principle in data protection regulation: origin, development and future directions. *In*: ALHADEFF, Joseph; VAN ALSENOY, Brendan; DUMORTIER, Jos. **Managing Privacy through Accountability**. London: Palgrave Macmillan, 2012. p. 49-82.

ALVES, Aluísio. **CADE aprova bureau de crédito dos bancos, com condições**. Reuters. Disponível em: https://www.reuters.com/article/bancos-cade-centraldecredito- id-BRKBN134314. Acesso em: 30 mar. 2021.

AMARAL, Francisco. **Direito civil**: introdução. Rio de Janeiro: Renovar, 2008.

ANASTÁCIO, Kimberly de Aguiar. **Participação na governança da Internet**: o multissetorialismo do Comitê Gestor da Internet no Brasil (CGI.br). 2015. TCC (Monografia) – Universidade de Brasília, Brasília, 2015. Disponível em: https://bdm.unb.br/handle/10483/12753. Acesso em: 12 maio 2021.

ARAGÃO, Eugênio José Guilherme; GAETANI, Francisco. **Projeto de Lei nº 5.276/2016**. Câmara dos Deputados. Disponível em: https://www.camara.leg.br/proposicoesWeb/prop_mostrarintegra?codteor=1457459.

ARTICLE 29. DATA PROTECTION WORKING PARTY. **Opinion 3/2010 on the principle of accountability**. European Commission. Disponível em: https://ec.europa.eu/justice/article-29/documentation/opinion-recommendation/files/2010/wp173_en.pdf.

ARTICLE 29. DATA PROTECTION WORKING PARTY. **Opinion 3/2013 on Purpose Limitation**. European Commission. Disponível em: https://ec.europa.eu/newsroom/article29/news-overview.cfm.

ASSOCIAÇÃO DATA PRIVACY BRASIL DE PESQUISA. **Memória da LGPD**. Observatório – Por Data Privacy. Disponível em: https://www.observatorioprivacidade.com.br/memorias/. Acesso em: 23 mar. 2021.

ASSOCIAÇÃO DATA PRIVACY BRASIL DE PESQUISA. **Petição de Amicus Curiae ao Supremo Tribunal Federal**. Data Privacy Brasil Research. Disponível em: https://www.dataprivacybr.org/wp- content/uploads/2020/05/dpbrr_amicuscuria_stf_ibge.pdf.

AUSTIN, Lisa. **Enough About Me**: Why Privacy is About Power, Not Consent (or Harm). Cambridge: Cambridge University Press, 2014.

ÁVILA, Humberto. **Teoria dos princípios**: da definição à aplicação dos princípios jurídicos. 18. ed. São Paulo: Malheiros, 2018.

AXELROD, Robert. **The evolution of cooperation**: revised edition. New York: Basic Books, 2006.

AYRES, Ian; BRAITHWAITE, John. **Responsive regulation**: transcending the deregulation debate. New York: Oxford University Press, 1992. (Oxford socio-legal studies.)

BALDWIN, Robert *et al*. **The Oxford Handbook of Regulation**. Oxford, New York: Oxford University Press, 2012. (Oxford Handbooks.)

BALDWIN, Robert; BLACK, Julia. Really Responsive Regulation. **The Modern Law Review**, v. 71, n. 1, p. 59-94, 2008.

BALDWIN, Robert; CAVE, Martin; LODGE, Martin. Regulatory Strategies. *In*: BALDWIN, Robert; CAVE, Martin; LODGE, Martin. **Understanding Regulation**: Theory, Strategy, and Practice. New York: Oxford University Press, 2012.

BALDWIN, Robert; CAVE, Martin; LODGE, Martin. **Understanding regulation**: theory, strategy, and practice. 2. ed. New York: Oxford University Press, 2012.

BALKIN, Jack M. Information Fiduciaries and the First Amendment. **UC Davis Law Review**, v. 49, n. 4, 2016. Disponível em: https://lawreview.law.ucdavis.edu/issues/49/4/Lecture/49- 4_Balkin.pdf.

BAMBERGER, Kenneth. Regulation as delegation: private firms, decision making, and accountability in the administrative state. **Duke Law Journal**, v. 56, n. 2, p. 384, 2006.

BAMBERGER, Kenneth. Technologies of Compliance: Risk and Regulation in a Digital Age. **Texas Law Review**, v. 88, n. 4, 2010.

BAMBERGER, Kenneth; MULLIGAN, Deirdre K. PIA Requirements and Privacy Decision--Making in US Government Agencies. *In*: WRIGHT, David; HERT, Paul de. **Privacy Impact Assessment**. Países Baixos: Springer Netherlands, 2012. v. 6. (Law, Governance and Technology Series.)

BAYLEY, Robin; BENNETT, Colin. Privacy Impact Assessments in Canada. *In*: WRIGHT, David; HERT, Paul de. **Privacy Impact Assessment**. Países Baixos: Springer Netherlands, 2012. v. 6. (Law, Governance and Technology Series.)

BECHARA, Marcelo. **Entrevista concedida a Bruno Bioni**. 2021.

BEKKERS, Victor *et al*. Governance and the Democratic Deficit: Introduction. *In*: BEKKERS, Victor *et al*. (ed.). **Governance and the Democratic Deficit**: Assessing the Democratic Legitimacy of Governance Practices. London: Ashgate Publishing, 2007.

BENJAMIN, Antônio Herman de Vasconcellos *et al*. **Código Brasileiro de Defesa do Consumidor**: comentado pelos autores do anteprojeto. Direito material (arts. 1.º a 80 e 105 a 108). Rio de Janeiro: Forense, 2011.

BENNETT, Colin. Different Processes, One Result: The Convergence of Data Protection Policy in Europe and the United States. **Governance: An International Journal of Policy and Administration**, v. 1, n. 4, 1998. Disponível em: https://onlinelibrary. wiley.com/doi/pdf/10.1111/j.1468-0491.1988.tb00073.x. Acesso em: 27 dez. 2019.

BENNETT, Colin J. International privacy standards: can accountability be adequate? **Privacy Laws and Business International**. Disponível em: https://www.colinbennett. ca/Recent%20publications/PrivacyLawsand%20BusinessAugust2010.pdf.

BENNETT, Colin. **Regulating Privacy**: Data Protection and Public Policy in Europe and the United States. Ithaca, NY: Cornell University Press, 1992.

BENNETT, Collin J. The Accountability Approach to Privacy and Data Protection: Assumptions and Caveats. *In*: BENNETT, Collin J. **Managing privacy through accountability**. London: Palgrave Macmillan, 2012. p. 42.

BENNETT, Colin J. **The privacy advocates**: resisting the spread of surveillance. Cambridge, MA: MIT Press, 2008.

BENNETT, Colin; MULLIGAN, Deirdre K. **The Governance of Privacy Through Codes of Conduct**: International Lessons for U.S. Privacy **Policy**. Rochester, NY: Social Science Research Network, 2012. Disponível em: https://papers.ssrn.com/abstract=2230369. Acesso em: 29 abr. 2019.

BICALHO, José Alexandre. **Entrevista concedida a Bruno Bioni**, 2021.

BINENBOJM, Gustavo. Agências reguladoras independentes e democracia no Brasil. **Revista de Direito Administrativo**, v. 240, p. 147, 2015.

BINENBOJM, Gustavo. **Uma teoria do direito administrativo**: direitos fundamentais, democracia e constitucionalização. 3. ed. Rio de Janeiro: Renovar, 2014.

BINNS, Reuben. Data protection impact assessments: a meta-regulatory approach. **International Data Privacy Law**, v. 7, n. 1, p. 22-35, 2017.

BIONI, Bruno. Boa-fé e tutela da confiança como vetores da privacidade contextual. *In*: BIONI, Bruno Ricardo. **Proteção de dados pessoais**: a função e os limites do consentimento. Rio de Janeiro: Forense, 2019..

BIONI, Bruno. Como o Brasil pode inovar na proteção de dados pessoais. **Valor Econômico**. Disponível em: https://lavits.org/artigo-como-o-brasil-pode-inovar-na-protecao- de- -dados-pessoais/?lang=pt. Acesso em: 8 jun. 2021.

BIONI, Bruno. O Brasil não pode perder a chance de se tornar competitivo em uma economia de dados. **Data Privacy Brasil**. Disponível em: https://dataprivacybrasil.medium. com/o-brasil-n%C3%A3o-pode-perder-a- chance-de-se-tornar-competitivo-em- -uma-economia-de-dados-5c9845a0c130. Acesso em: 21 abr. 2021.

BIONI, Bruno. O dever de informar e a teoria do diálogo das fontes para a aplicação da autodeterminação informacional como sistematização para a proteção dos dados pessoais dos consumidores: convergências e divergências a partir da análise da ação coletiva promovida contra o Facebook e o aplicativo "Lulu". **Revista de Direito do Consumidor**, v. 94, 2014.

BIONI, Bruno. Responsabilidade, direitos e deveres na proteção de dados – *Accountability*. **YouTube**. Disponível em: https://www.youtube.com/watch?v=WSEWAEPIL4U. Acesso em: 9 jun. 2021.

BIONI, Bruno *et al*. ANPD na regulamentação do Relatório de Impacto à Proteção de Dados Pessoais. **Jota Info**. Disponível em: https://www.jota.info/opiniao-e-analise/ colunas/agenda-da-privacidade-e-da- protecao-de-dados/anpd-relatorio-impacto- -protecao-dados-pessoais-13072021. Acesso em: 12 ago. 2021.

BIONI, Bruno; MARTINS, Pedro. Devido processo informacional: um salto teórico- -dogmático necessário? Disponível em: https://www.observatorioprivacidade.com. br/2020/07/22/devido-processo-informacional-um-salto-teorico-dogmatico-neces- sario/. Acesso em: 21 maio 2021.

BIONI, Bruno Ricardo; MARTINS, Pedro. O que você precisa ler para entender sobre de- vido processo informacional. **Data Privacy Brasil**. Disponível em: https://conteudo. dataprivacy.com.br/devido-processo-informacional. Acesso em: 9 mar. 2022.

BIONI, Bruno; MENDES, Laura Schertel. Regulamento Europeu de Proteção de Dados Pessoais e a Lei Geral brasileira Proteção de Dados: mapeando convergências na di- reção de um nível de equivalência. *In*: TEPEDINO, Gustavo; FRAZÃO, Ana; OLIVA, Milena Donato (org.). **Lei Geral de Proteção de Dados Pessoais e suas repercussões no direito brasileiro**. São Paulo: Thomson Reuters, 2019.

BIONI, Bruno; MONTEIRO, Renato. Proteção de dados pessoais como elemento de ino- vação e fomento à economia: o impacto econômico de uma Lei Geral de Dados. *In*: REIA, Jhessica *et al*. (org.). **Horizonte presente**: tecnologia e sociedade em debate. Belo Horizonte: Casa do Direito; FGV – Fundação Getulio Vargas, 2019. Disponível em: http://bibliotecadigital.fgv.br/dspace/handle/10438/27448. Acesso em: 24 abr. 2021.

BIONI, Bruno; MONTEIRO, Renato; MARTINS, Pedro. **Tomada de Subsídios n.º 2/2021 da Autoridade Nacional de Proteção de Dados Contribuição do Data Privacy Brasil sobre Incidentes de Segurança**. São Paulo: Data Privacy Brasil, 2021.

BIONI, Bruno; RAFAEL, Zanatta; RIELLI, Mariana. Caso: IBGE vs. CFOAB e outros (ADIs 6.387, 6.388, 6.389, 6.390 e 6.393) (Parecer). **Revista de Direito Civil Con- temporâneo**, v. 26, 2021.

BIONI, Bruno Ricardo. A Produção Normativa a Respeito da Privacidade na Economia da Informação e do Livre Fluxo Informacional Transfronteiriço. p. 24.

BIONI, Bruno Ricardo. Abrindo a "caixa de ferramentas" da LGPD para dar vida ao conceito ainda elusivo de *privacy by design*. *In*: BIONI, Bruno Ricardo. **Direito e internet IV**: sistema de proteção de dados pessoais. São Paulo: Quartier Latin, 2019.

BIONI, Bruno Ricardo. Capítulo 2.5 – Autodeterminação informativa e a dupla função das leis de proteção de dados pessoais. *In*: BIONI, Bruno Ricardo. **Proteção de dados pes- soais**: a função e os limites do consentimento. Rio de Janeiro: Forense, 2019. p. 102-105.

BIONI, Bruno Ricardo. Ecologia: uma narrativa inteligente para a proteção de dados pessoais nas cidades inteligentes. **Pesquisa TIC Governo Eletrônico**, p. 8, 2017.

BIONI, Bruno Ricardo. Privacidade e proteção de dados pessoais em 2018. **Jota**. Disponível em: https://www.jota.info/paywall?redirect_to=//www.jota.info/opiniao-e-analise/colunas/agenda-da-privacidade-e-da-protecao-de-dados/privacidade-e-protecao--de- dados-pessoais-em-2018-15012018.

BIONI, Bruno Ricardo. Privacidade e proteção de dados pessoais em 2019. **Jota**. Disponível em: https://www.jota.info/opiniao-e-analise/colunas/agenda-da-privacidade-e-da--protecao-de-dados/privacidade-e- protecao-de-dados-pessoais-em-2019-28012019.

BIONI, Bruno Ricardo. **Proteção de dados pessoais**: a função e os limites do consentimento. Rio de Janeiro: Forense, 2019.

BIONI, Bruno Ricardo. **Xeque-Mate**: o tripé da proteção de dados pessoais no jogo de xadrez das iniciativas legislativas no Brasil. São Paulo: GPoPAI-USP, 2015.

BIONI, Bruno Ricardo; LUCIANO, Maria. O Princípio da Precaução na Regulação de Inteligência Artificial: seriam as leis de proteção de dados o seu portal de entrada? *In*: FRAZÃO, Ana; MULHOLLAND (org.). **Inteligência Artificial e direito**: ética, regulação e responsabilidade. São Paulo: Thomson Reuters, 2019. p. 207-231.

BIONI, Bruno Ricardo; MENDES, Laura Schertel. Regulamento Europeu de Proteção de Dados Pessoais e a Lei Geral brasileira de Proteção de Dados: mapeando convergências na direção de um nível de equivalência.

BIONI, Bruno Ricardo; MENDES, Laura Schertel. Regulamento Europeu de Proteção de Dados Pessoais e a Lei Geral brasileira de Proteção de Dados: mapeando convergências na direção de um nível de equivalência. *In*: TEPEDINO, Gustavo; FRAZÃO, Ana; OLIVA, Milena Donato (org.). **Lei Geral de Proteção de Dados Pessoais e suas repercussões no direito brasileiro**. São Paulo: Thomson Reuters, 2019.

BIONI, Bruno Ricardo; RIELLI, Mariana; KITAYAMA, Marina. **Legítimo interesse na LGPD**: quadro geral e exemplos de aplicação. São Paulo: Associação Data Privacy Brasil de Pesquisa, 2021.

BIONI, Bruno; RIELLI, Mariana. A construção multissetorial da LGPD: história e aprendizados. *In*: FRANCOSKI, Denise de Souza Luiz; TASSO, Fernando Antonio (org.). **A Lei Geral de Proteção de Dados Pessoais LGPD**. São Paulo: RT, 2021.

BIONI, Bruno; RIELLI, Mariana; ZANATTA, Rafael A. F. **Proteção de dados no Campo Penal e de Segurança Pública**: nota técnica sobre o Anteprojeto de Lei de Proteção de Dados para segurança pública e invetigação criminal. São Paulo: Data Privacy Brasil, 2020. Disponível em: https://www.dataprivacybr.org/wp-content/uploads/2020/12/NOTA- T%C3%89CNICA-PROTE%C3%87%C3%83O-DE-DADOS-NO-CAMPO--PENAL-E-DE- SEGURAN%C3%87A-P%C3%9ABLICA-VF-31.11.2020.pdf.

BLACK, Julia. Constitutionalising Self-Regulation. **The Modern Law Review**, v. 59, n. 1, 1996. Disponível em: https://onlinelibrary.wiley.com/doi/10.1111/j.1468- 2230.1996.tb02064.x.

BLACK, Julia. Constructing and contesting legitimacy and accountability in polycentric regulatory regimes. **Regulation & Governance**, v. 2, n. 2, p. 137-164, 2008.

BLACK, Julia. Decentering Regulation: Understanding the Role of Regulation and Self- Regulation in a "Post-Regulatory" World. **Current Legal Problems**, v. 54, n. 1, 2001. Disponível em: researchgate.net/publication/30527050_Decentring_Regulation_Understanding_the_Role_of_Regulation_and_Self-Regulation_in_a_'Post--Regulatory'_World.

BLACK, Julia. Proceduralisation and Polycentric Regulation. **Revista Direito GV**, n. especial 1, 2005. Disponível em: http://bibliotecadigital.fgv.br/ojs/index.php/revdireitogv/article/download/35248/34046.

BLACK, Julia. Proceduralizing Regulation: Part I. **Oxford Journal of Legal Studies**, v. 20, n. 4, 2000.

BLACK, Julia. Regulatory conversations. **Journal of Law and Society**, v. 29, n. 1, p. 163-196, 2002.

BLANCHET, Luiz Alberto; TON BUBNIAK, Priscila Lais. Análise de impacto regulatório: uma ferramenta e um procedimento para a melhoria da regulação. **Pensar – Revista de Ciências Jurídicas**, v. 22, n. 3, p. 1-15, 2017.

BOBBIO, Norberto. **Da estrutura à função**: novos estudos de teoria do direito. Barueri: Manole, 2006.

BOHN, Dieter. Google to 'phase out' third-party cookies in Chrome, but not for two years. **The Verge**. Disponível em: https://www.theverge.com/2020/1/14/21064698/google-third- party-cookies-chrome-two-years-privacy-safari-firefox. Acesso em: 22 abr. 2021.

BOVENS, Mark. Analysing and Assesing Accountability: A Conceptual Framework. **European Law Journal**, v. 13, n. 4, p. 447-468, 2007.

BOVENS, Mark. Two Concepts of Accountability: Accountability as a Virtue and as a Mechanism. **West European Politics**, v. 33, n. 5, p. 946-967, 2010. Disponível em: http://www.tandfonline.com/doi/full/10.1080/01402382.2010.486119. Acesso em: 11 fev. 2019.

BRAITHWAITE, John. Responsive regulation and developing economies. **World Development**, v. 34, n. 5, p. 884-898, 2006. (Part Special Issue (p. 868-932). Making Global Corporate Self-Regulation Effective in Developing Countries.)

BRAITHWAITE, John. The essence of responsive regulation. **UBC Law Review**, v. 44:3, 2011.

BRAITHWAITE, John; WOOD, Jennifer. **Restorative justice & responsive regulation**. Oxford: Oxford University Press, 2002. (Studies in crime and public policy.)

BRASIL. **Constituição da República Federativa do Brasil de 1988**. Disponível em: http://www.planalto.gov.br/ccivil_03/constituicao/constituicao.htm. Acesso em: 10 jun. 2021.

BRASIL. Consulta Pública – Anteprojeto de Lei para a Proteção de Dados Pessoais. **Pensando o Direito**. Disponível em: http://pensando.mj.gov.br/dadospessoais/texto-em-debate/anteprojeto-de-lei-para-a-protecao-de-dados-pessoais/.

BRASIL. **CPI Defesa do Consumidor**. Disponível em: https://www.camara.leg.br/proposicoesWeb/prop_mostrarintegra;jsessionid=node017it6yrqy3fc210gl7ks3v9iil1834813.

BIBLIOGRAFIA | 253

node0?codteor=1243901&filename=Dossie+- PRC+120/1977+CPIDC. Acesso em: 30 mar. 2021.

BRASIL. **Debate Público Proteção de Dados Pessoais**. Disponível em: https://web.archive.org/web/20190902200032/http://culturadigital.br/dadospessoais/. Acesso em: 31 mar. 2021.

BRASIL. **Decreto n.º 8.771, de 11 de maio de 2016**. Disponível em: http://www.planalto.gov.br/ccivil_03/_ato2015-2018/2016/decreto/D8771.htm. Acesso em: 25 abr. 2021.

BRASIL. **Decreto n.º 8.771, de 11 de maio de 2016**. Disponível em: http://www.planalto.gov.br/ccivil_03/_ato2015-2018/2016/decreto/d8771.htm

BRASIL. Resolução n.º 1 ANPD. Aprova o Regulamento do Processo de Fiscalização e do Processo Administrativo Sancionador no âmbito da Autoridade Nacional de Proteção de Dados, de 28 de outubro de 2021. **Diário Oficial da União**. Disponível em: https://www.in.gov.br/en/web/dou/-/resolucao-cd/anpd-n-1-de-28-de-outubro--de-2021-355817513.

BRASIL. **Lei n.º 8.078, de 11 de setembro de 1990**. Disponível em: http://www.planalto.gov.br/ccivil_03/leis/L8078compilado.htm. Acesso em: 23 mar. 2021.

BRASIL. **Lei n.º 9.427, de 26 de dezembro de 1996**. Disponível em: http://www.planalto.gov.br/ccivil_03/leis/l9427cons.htm. Acesso em: 12 ago. 2021.

BRASIL. **Lei n.º 9.472, de 16 de julho de 1997**. Disponível em: http://www.planalto.gov.br/ccivil_03/leis/l9472.htm.

BRASIL. **Lei n.º 9.961 de 28 de janeiro de 2000**. Disponível em: http://www.planalto.gov.br/ccivil_03/leis/l9961.htm. Acesso em: 12 ago. 2021.

BRASIL. **Lei n.º 10.406, de 10 de janeiro de 2002**. Institui o Código Civil. Disponível em: http://www.planalto.gov.br/ccivil_03/leis/2002/l10406.htm.

BRASIL. **Lei n.º 12.965, de 23 de abril de 2014**. Disponível em: http://www.planalto.gov.br/ccivil_03/_ato2011-2014/2014/lei/l12965.htm. Acesso em: 12 maio 2021.

BRASIL. **Lei n.º 13.655, de 25 de abril de 2018**. Disponível em: **Lei n.º** http://www.planalto.gov.br/ccivil_03/_ato2015-2018/2018/lei/L13655.htm. Acesso em: 11 ago. 2020.

BRASIL. **Lei no 13.709, de 14 de agosto de 2018**. Lei Geral de Proteção de Dados (LGPD). Disponível em: http://www.planalto.gov.br/ccivil_03/_ato2015-2018/2018/lei/L13709.htm. Acesso em: 18 fev. 2019.

BRASIL. **Lei n.º 13.848, de 25 de junho de 2019**. Disponível em: http://www.planalto.gov.br/ccivil_03/_Ato2019-2022/2019/Lei/L13848.htm. Acesso em: 11 ago. 2020.

BRASIL. **Lei n.º 13.848, de 25 de junho de 2019**. Disponível em: http://www.planalto.gov.br/ccivil_03/_ato2019-2022/2019/lei/L13848.htm. Acesso em: 6 fev. 2021.

BRASIL. **Lei n.º 13.853, de 8 de julho de 2019**. Altera a Lei no 13.709, de 14 de agosto de 2018, para dispor sobre a proteção de dados pessoais e para criar a Autoridade Nacional de Proteção de Dados; e dá outras providências. Disponível em: http://www.planalto.gov.br/ccivil_03/_ato2019-2022/2019/lei/L13853.htm.

BRASIL. **Lei n.º 13.874, de 20 de setembro de 2019**. Disponível em: http://www.planalto.gov.br/ccivil_03/_ato2019-2022/2019/lei/L13874.htm. Acesso em: 11 ago. 2020.

BRASIL. **Mensagem n.º 288, de 8 de julho de 2019**. Disponível em: http://www.planalto. gov.br/ccivil_03/_Ato2019-2022/2019/Msg/VEP/VEP-288.htm.

BRASIL. **Mensagem n.º 451, de 14 de agosto de 2018**. Disponível em: http://www.planalto. gov.br/ccivil_03/_ato2015-2018/2018/Msg/VEP/VEP-451.htm.

BRASIL. Ministério da Justiça. **Anteprojeto de Lei de Proteção de Dados**. Disponível em: http://culturadigital.br/dadospessoais/files/2010/11/PL-Protecao-de-Dados.pdf.

BURKERT, Herbert. Data-protection legislation and the modernization of public administration. **International Review of Administrative Sciences**, v. 62, n. 4, p. 557-567, 1996.

BURRIS, Scott; DRAHOS, Peter; SHEARING, Clifford. Nodal Governance. **Australian Journal of Legal Philosophy**, v. 30, p. 44, 2005.

BYGRAVE, Lee. Data Protection by Design and by Default: Deciphering the EU's Legislative Requirements. **Oslo Law Reviw**, v. v. 4, n. 2, p. 105–120, 2017. (Scandinavian University Press).

BYGRAVE, Lee. **Data Protection Law, Approaching Its Rationale, Logic and Limits**. London: Kluwer Law International, 2002. (Information Law Series Set, Book 10). Disponível em: amazon.com/Protection-Approaching-Rationale-Limits- Information/ dp/9041198709#reader_9041198709.

BYGRAVE, Lee; SCHARTUM, Dag. Consent, Proportionality and Collective Power. *In*: [s.l.: s.n.], 2009, p. 157-173.

CAFAGGI, Fabrizio. New foundations of transnational private regulation. **New foundations of transnational private regulation**, p. 77-143, 2013.

CÂMARA DOS DEPUTADOS. **PLC n.º 53/2018**. Disponível em: https://legis.senado.leg. br/sdleg- getter/documento?dm=7738646&ts=1571776630206&disposition=inline.

CÂMARA DOS DEPUTADOS. **Projeto de Lei de Conversão n.º 7, de 2019**. Senado Federal. Disponível em: https://legis.senado.leg.br/sdleg- getter/documento?dm=7 960345&ts=1580902883972&disposition=inline.

CÂMARA DOS DEPUTADOS. **Seminário Internacional sobre Privacidade e Proteção de Dados Pessoais – Comissão Especial – PL 4.060/2012**. Disponível em: https://www2. camara.leg.br/atividade-legislativa/comissoes/comissoes-temporarias/especiais/55a- -legislatura/pl-4060-12-tratamento-e-protecao-de-dados-pessoais/documentos/ outros-documentos/programacao-seminario-internacional-sobre-privacidade-e- -protecao-de-dados-pessoais.

CASTELLS, Manuel. Informationalism, Networks, and the Network Society: A Theoretical Blueprint. *In*: CASTELLS, Manuel. **The Network Society**: A Cross-cultural Perspective. Cheltenham, UK: Edward Elgar, 2004.

CASTELLS, Manuel; MAJER, Roneide Venancio. **A sociedade em rede**. 21. ed. São Paulo: Paz & Terra, 2013. (A era da infomação: economia, sociedade e cultura.)

CATH, Corinne; FLORIDI, Luciano. The Design of the Internet's Architecture by the Internet Engineering Task Force (IETF) and Human Rights. **Science and Engineering Ethics**, v. 23, n. 2, p. 449-468, 2017. (Philosophical Studies Series.) Disponível em: https://www.springer.com/gp/book/9783319466064. Acesso em: 8 jun. 2021.

BIBLIOGRAFIA | **255**

CERT.BR. **Projeto Honeypots Distribuídos**. Disponível em: https://honeytarg.cert.br/honeypots/index-po.html. Acesso em: 12 maio 2021.

CGI.BR. **Atribuições**. CGI.br – Comitê Gestor da Internet no Brasil. Disponível em: https://cgi.br. Acesso em: 13 maio 2021.

CGI.BR. **Processo de Acordo de Cooperação**. Disponível em: https://drive.google.com/file/d/1uK4kU0EpJnTqyp0MKzC4_A0TNOtaGg1s/view?usp=sharing&usp=embed_facebook. Acesso em: 17 maio 2021.

CITRON, Danielle Keats; PASQUALE, Frank A. **The Scored Society**: Due Process for Automated Predictions. Rochester, NY: Social Science Research Network, 2014. Disponível em: https://papers.ssrn.com/abstract=2376209. Acesso em: 19 maio 2019.

CLARKE, Roger. Meta-Brands. **Roger Clarke's Web-Site**. Disponível em: http://www.rogerclarke.com/DV/MetaBrands.html. Acesso em: 15 jul. 2020.

CLARKE, Roger. Privacy Impact Assessment: Its Origins and Development. **Computer Law & Security Review**, v. 25, n. 2, p. 123-135, 2009.

COÊLHO, Sacha Calmon Navarro. **Curso de direito tributário brasileiro**. 15. ed. Rio de Janeiro: Forense, 2016. Disponível em: https://core.ac.uk/download/pdf/79126254.pdf.

COGLIANESE, Cary; LAZER, David. Management-Based Regulation: Prescribing Private Management to Achieve Public Goals. **Law and Society Review**, v. 27, p. 691-730, 2003.

COGLIANESE, Cary; MENDELSON, Evan. Meta-Regulation and Self-Regulation. **The Oxford Handbook of Regulation**, 2010.

COHEN, Julia E. **Between truth and power**: the legal constructions of informational capitalism. New York: Oxford University Press, 2019.

COHEN, Julie E. **Turning privacy inside out**. Rochester, NY: Social Science Research Network, 2018. Disponível em: https://papers.ssrn.com/abstract=3162178. Acesso em: 8 jun. 2021.

COMISSÃO DE CIÊNCIA E TECNOLOGIA, COMUNICAÇÃO E INFORMÁTICA. **Seminário – Proteção de Dados Pessoais**. Câmara dos Deputados. Disponível em: https://www2.camara.leg.br/atividade-legislativa/comissoes/comissoes- permanentes/cctci/Eventos/2018/2018-05-22-seminario-dados-pessoais/22-05-2018- seminario--protecao-de-dados-pessoais.

COMITÊ GESTOR DA INTERNET NO BRASIL. Ata da Reunião de 2 de julho de 2009. **Comissão de Trabalho Anti-Spam**. Disponível em: https://www.cgi.br/media/comissoes/CT_SPAM_020709_ok.pdf.

COMITÊ GESTOR DA INTERNET NO BRASIL. Ata da Reunião de 3 de julho de 2009. Ata da Reunião do Comitê Gestor da Internet no Brasil. Disponível em: https://www.cgi.br/media/comissoes/CT_SPAM_020709_ok.pdf.

COMITÊ GESTOR DA INTERNET NO BRASIL. Ata da Reunião de 4 de junho de 2009. Comissão de Trabalho Anti-Spam. Disponível em: https://www.cgi.br/media/comissoes/CT_SPAM_040609_OK.pdf.

COMITÊ GESTOR DA INTERNET NO BRASIL. Ata da Reunião de 6 de maio de 2010. **Comissão de Trabalho Anti-Spam.** Disponível em: https://www.cgi.br/media/comissoes/CT_SPAM_060510_OK.pdf.

COMITÊ GESTOR DA INTERNET NO BRASIL. Ata da Reunião de 7 de outubro de 2005. **Ata da Reunião do Comitê Gestor da Internet no Brasil.** Disponível em: https://cgi.br/reunioes/ata/2005/10/07/.

COMITÊ GESTOR DA INTERNET NO BRASIL. Ata da Reunião de 8 de abril de 2010. **Comissão de Trabalho Anti-Spam.** Disponível em: https://www.cgi.br/media/comissoes/CT_SPAM_080410_OK.pdf.

COMITÊ GESTOR DA INTERNET NO BRASIL. Ata da Reunião de 10 de junho de 2010. **Comissão de Trabalho Anti-Spam.** Disponível em: https://www.cgi.br/media/comissoes/CT_Anti_Spam_100610.pdf.

COMITÊ GESTOR DA INTERNET NO BRASIL. Ata da Reunião de 13 de agosto de 2009. **Comissão de Trabalho Anti-Spam.** Disponível em: https://www.cgi.br/media/comissoes/CT_SPAM_130809_OK.pdf.

COMITÊ GESTOR DA INTERNET NO BRASIL. Ata da Reunião de 13 de março de 2008. **Comissão de Trabalho Anti-Spam.** Disponível em: https://www.cgi.br/media/comissoes/CT_SPAM_130308_OK.pdf.

COMITÊ GESTOR DA INTERNET NO BRASIL. Ata da Reunião de 15 de outubro de 2009. **Comissão de Trabalho Anti-Spam.** Disponível em: https://www.cgi.br/media/comissoes/CT_SPAM_151009_ok.pdf.

COMITÊ GESTOR DA INTERNET NO BRASIL. Ata da Reunião de 16 de dezembro de 2016. **Comissão de Trabalho Anti-Spam.** Disponível em: https://www.cg.org.br/reunioes/pdf/2016/12/16/CGI.br_Ata_Reuniao_16_12_2016.pdf.

COMITÊ GESTOR DA INTERNET NO BRASIL. Ata da Reunião de 19 de janeiro de 2018. **Comissão de Trabalho Anti-Spam.** Disponível em: https://www.cgi.br/reunioes/pdf/2018/01/19/CGI.br_Ata_Reuniao_19_01_2018.pdf. Acesso em: 11 maio 2021.

COMITÊ GESTOR DA INTERNET NO BRASIL. Ata da Reunião de 22 de outubro de 2010. **Reunião do CGI.br.** Disponível em: https://www.cgi.br/reunioes/ata/2010/10/22/.

COMITÊ GESTOR DA INTERNET NO BRASIL. Ata da Reunião de 23 de março de 2018. **Comissão de Trabalho Anti-Spam.** Disponível em: https://www.cgi.br/reunioes/pdf/2018/03/23/CGI.br_Ata_Reuniao_23_03_2018.pdf.

COMITÊ GESTOR DA INTERNET NO BRASIL. Ata da Reunião de 26 de novembro de 2009. **Comissão de Trabalho Anti-Spam.** Disponível em: https://www.cgi.br/media/comissoes/CT_SPAM_261109_OK.pdf.

COMITÊ GESTOR DA INTERNET NO BRASIL. Comissões de Trabalho – Antispam. **CGI. br.** Disponível em: https://www.cgi.br/pagina/comissoes-de-trabalho-antispam/121. Acesso em: 11 maio 2021.

COMITÊ GESTOR DA INTERNET NO BRASIL. **Portaria Interministerial n.º 147, de 31 de maio de 1995.**

COMPARATO, Fábio Konder. A proteção ao consumidor na Constituição brasileira de 1988. **Revista de Direito Mercantil, Industrial, Econômico e Financeiro**, Instituto Brasileiro de Direito Comercial Comparado, v. 29, n. 80, p. 66-75, out./dez. 1990.

CGI.br – Comitê Gestor da Internet no Brasil. Disponível em: https://www.cgi.br/portarias/numero/147/. Acesso em: 11 maio 2021.

CONNOLLY, Chris; GREENLEAF, Graham; WATERS, Nigel. **Privacy Self-Regulation in Crisis? – TRUSTe's 'Deceptive' Practices**. Rochester, NY: Social Science Research Network, 2014. Disponível em: https://papers.ssrn.com/abstract=2567090. Acesso em: 16 jul. 2020.

COSTA, Luiz. Privacy and the precautionary principle. **Computer Law & Security Review**, v. 28, n. 1, p. 14-24, 2012.

COSTA-CABRAL, Francisco; LYNSKEY, Orla. Family ties: the intersection between data protection and competition in Eu Law. **Common Market Law Review**, n. 51, p. 11-50, 2017.

COUNCIL OF EUROPE. **Treaty n.º 181**. Additional Protocol to the Convention for the Protection of Individuals with regard to Automatic Processing of Personal Data, regarding supervisory authorities and transborder data flows. Disponível em: https://www.coe.int/en/web/conventions/full-list. Acesso em: 6 fev. 2021.

CRAVO, Daniela. O direito à portabilidade na Lei Geral de Proteção de Dados. *In*: OLIVA, Milena Donato; TEPEDINO, Gustavo; FRAZÃO, Ana (org.). **Lei Geral de Proteção de Dados Pessoais e suas repercussões no direito brasileiro**. São Paulo: RT, 2019.

DATA PRIVACY BRASIL. 2019: A saga da Autoridade. **Observatório da Privacidade e Proteção de Dados**. Disponível em: https://observatorioprivacidade.com.br/memoria/2019-a- saga-da-autoridade/.

DATA PRIVACY BRASIL. **CIPL/CEDIS-IDP Webinar** – Applying the new Brazilian LGPD's Risk Based Approach. [s.l.: s.n.], 2020. Disponível em: https://www.youtube.com/watch?v=XFT5jp413JE. Acesso em: 28 abr. 2021.

DATA PRIVACY BRASIL. **Contribuição à Consulta Pública sobre a Norma de Fiscalização da ANPD**, 2021. Disponível em: https://www.dataprivacybr.org/wp-content/uploads/2021/07/dpbr_contribuicao_consulta_publica_anpd.pdf.

DATA PRIVACY BRASIL. **Memória da LGPD**. Observatório da Privacidade e Proteção de Dados. Disponível em: https://observatorioprivacidade.com.br/memorias/. Acesso em: 16 abr. 2020.

DATA PRIVACY BRASIL. **Memória da LGPD – Observatório PPD – Bia Barbosa** – Vídeo **150**. Observatório da Privacidade e Proteção de Dados – YouTube. Disponível em:https://youtu.be/VOjjZzAYjC4.

DATA PRIVACY BRASIL. **Memória da LGPD – Observatório PPD – Bruno Bioni** – Vídeo **148**. Observatório da Privacidade e Proteção de Dados – YouTube. Disponível em: https://youtu.be/PQwQawvxU7M.

DATA PRIVACY BRASIL. **Memória da LGPD – Observatório PPD – Bruno Bioni** – Vídeo **153**. Observatório da Privacidade e Proteção de Dados – YouTube. Disponível em: https://youtu.be/kaRL5awL-w4.

DATA PRIVACY BRASIL. **Memória da LGPD – Observatório PPD – Guilherme Pinheiro – Vídeo 112**. Observatório da Privacidade e Proteção de Dados – YouTube. Disponível em: https://youtu.be/xY33iMCXl7Y.

DATA PRIVACY BRASIL. **Memória da LGPD – Observatório PPD – Marcel Leonardi – Vídeo 149**. Observatório da Privacidade e Proteção de Dados – YouTube. Disponível em: https://youtu.be/ZNJndU92rgw.

DATA PRIVACY BRASIL. **Memória da LGPD – Observatório PPD – Orlando Silva – Vídeo 153**. Observatório da Privacidade e Proteção de Dados – YouTube. Disponível em: https://youtu.be/AdA0mwsLWRY.

DATA PRIVACY BRASIL. **Memória da LGPD – Observatório PPD – Rafael Zanatta – Vídeo 154**. Observatório da Privacidade e Proteção de Dados – YouTube. Disponível em: https://youtu.be/CnRrfuywI08.

DE LUCCA, Newton. **Da ética geral à ética empresarial**. São Paulo: Quartier Martin, 2009.

DE LUCCA, Newton; SIMÃO FILHO, Adalberto; LIMA, Cintia Rosa Pereira de; MACIEL, Renata Mota. **Direito e Internet**: Sistema de Proteção de Dados Pessoais. São Paulo: Quartier Latin, 2019. v. IV.

DE VRIES, Katja. Privacy, Due Process and the Computation Turn. *In*: HILDEBRANDT, Mireille; DE VRIES, Katja (org.). **Privacy, Due Process and the Computational Turn**: The Philosophy of Law Meets the Philosophy of Technology. [*s.l.*]: Routledge, 2015.

DEPARTAMENTO DE PROTEÇÃO E DEFESA DO CONSUMIDOR. **Ofíco Circular n.º 6.012 DPDC/SDE/MJ**. Disponível em: https://www.antispam.br/porta25/brasil/notatecnica65.pdf.

DIREITO PÚBLICO COM CARLOS ARI SUNDFELD. Art. 29 da LINDB e a Regulação. **YouTube**. Disponível em: https://www.youtube.com/watch?v=YX2dZ84p1So. Acesso em: 11 ago. 2020.

DONEDA, Danilo. A Autoridade Nacional de Proteção de Dados e o Conselho Nacional de Proteção de Dados. *In*: SARLET, Ingo Wolfgang; MENDES, Laura Schertel; RODRIGUES JÚNIOR, Otávio Luiz (org.). **Tratado da Proteção de Dados Pessoais**. Rio de Janeiro: GEN-Forense, 2021. p. 465.

DONEDA, Danilo. Princípios e proteção de dados pessoais. *In*: DONEDA, Danilo. **Direito & Internet III**: Marco Civil da Internet. São Paulo: Quartier Latin, 2015.

DONEDA, Danilo; SARLET, Ingo Wolfgang; MENDES, Laura Schertel; *et al* (org.). **Tratado da Proteção de Dados no Brasil, no Direito Estrangeiro e Internacional**. [s.l.: s.n., s.d.].

DRAHOS, Peter. Intellectual property and pharmaceutical markets: a nodal governance approach. **Temple Law Review**, v. 77, 2004.

DUBALL, Joe. **APEC announces new US Accountability Agent for CBPR certifications**. Disponível em: https://iap.org/news/a/apec-announces-schellman-company-as--newest-us-accountability-agent-for-cbpr-certifications/. Acesso em: 17 jul. 2020.

DUNSIRE, Andrew. Manipulating Social Tensions: Collibration as an Alternative Mode of Government Intervention. **MPIfG Discussion Paper**, 1993.

EDWARDS, Lilian. **Data Protection and e-Privacy**: From Spam and Cookies to Big Data, Machine Learning and Profiling. Rochester, NY: Social Science Research Network, 2018. Disponível em: https://papers.ssrn.com/abstract=3183819. Acesso em: 11 maio 2021.

ELETRONIC PRIVACY INFORMATION CENTER. The Fair Credit Reporting Act (FCRA) and the Privacy of Your Credit Report. **Eletronic Privacy Information Center**. Disponível em: https://epic.org/privacy/fcra/. Acesso em: 19 maio 2020.

ENGISCH, Karl. **Introdução ao pensamento jurídico**. Trad. J. Baptista Machado. Lisboa: Fundação Calouste Gulbenkian, 2008.

EUROPEAN DATA PROTECTION BOARD. **Guidelines 1/2019 on Codes of Conduct and Monitoring Bodies under Regulation 2016/679**. Disponível em: https://edpb.europa.eu/sites/edpb/files/files/file1/edpb_guidelines_201901_v2.0_codesofconduct_en.pdf. Acesso em: 7 ago. 2020.

EUROPEAN DATA PROTECTION BOARD. Opinion of the Board (Art. 64): Opinion 5/2019 on the interplay between the ePrivacy Directive and the GDPR, in particular regarding the competence, tasks and powers of data protection authorities. **European Data Protection Board**. Disponível em: https://edpb.europa.eu/sites/edpb/files/files/file1/201905_edpb_opinion_eprivacydir_gdpr_interplay_en_0.pdf.

EUROPEAN DATA PROTECTION SUPERVISOR. **EDPS Guidelines on the concepts of controller, processor and joint controllership under Regulation (EU) 2018/1725**. Bruxelas: EDPS, 2019.

EUROPEAN PARLIAMENT AND OF THE COUNCIL. Directive 95/46/EC of the European Parliament and of the Council of 24 October 1995 on the protection of individuals with regard to the processing of personal data and on the free movement of such data. Disponível em: http://data.europa.eu/eli/dir/1995/46/oj/eng. Acesso em: 12 ago. 2020.

EUROPEAN PARLIAMENT AND OF THE COUNCIL. **Directive 95/46/EC of the European Parliament and of the Council of 24 October 1995 on the protection of individuals with regard to the processing of personal data and on the free movement of such data**. Disponível em: http://data.europa.eu/eli/dir/1995/46/oj/eng. Acesso em: 20 abr. 2021.

EUROPEAN PARLIAMENT AND OF THE COUNCIL. **Directive 95/46/EC of the European Parliament and of the Council of 24 October 1995 on the protection of individuals with regard to the processing of personal data and on the free movement of such data**. Disponível em: http://data.europa.eu/eli/dir/1995/46/oj/eng. Acesso em: 12 ago. 2020.

EUROPEAN PARLIAMENT AND OF THE COUNCIL. General Data Protection Regulation – Regulation (EU) 2016/679 of the European Parliament and of the Council REGULATION (EU) 2016/679. **EUR-Lex**. Disponível em: https://eur-lex.europa.eu/legal- content/EN/ALL/?uri=celex%3A32016R0679.

FERREIRA FILHO, Manoel Gonçalves. **Curso de direito constitucional**. 38. ed. São Paulo: Saraiva, 2012.

FERRETTI, Federico. A European Perspective on Data Processing Consent through the Re- conceptualization of European Data Protection's Looking Glass after the Lisbon Treaty: Taking Rights Seriously. **Kluwer Law International**, p. 38, 2012.

FILOMENO, José Geraldo Brito. Capítulo III. Dos Direitos Básicos do Consumidor. *In*: GRINOVER, Ada Pellegrini *et al*. (ed.). **Código Brasileiro de Defesa do** Consumidor: comentado pelos autores do anteprojeto. Direito material (arts. 1.º a 80.º e 105 a 108). 10. ed. Rio de Janeiro: Forense, 2011. v. 1.

FINK, Daniel. Título IV. Do Sistema Nacional de Defesa do Consumidor. *In*: GRINOVER, Ada Pellegrini *et al*. (ed.). **Código Brasileiro de Defesa do Consumidor**: comentado pelos autores do anteprojeto. 11. ed. Rio de Janeiro: Forense, 2011.

FINOCCHIARO, Giusella. **Privacy e protezione dei dati personali**. Torino: Zanichelli Editore, 2012.

FORGIONI, Paula A. **Os fundamentos do antitruste**. 9. ed. São Paulo: RT, 2017.

FUSTER, Gloria González. **The Emergence of Personal Data Protection as a Fundamental Right of the EU**. Cham/Heidelberg/New York/Dordrecht/London: Springer, 2014. v. 16. (Law, Governance and Technology Series.) Disponível em: https://www.springer. com/gp/book/9783319050225. Acesso em: 29 abr. 2019.

GALLE, Brian. In Praise of Ex Ante Regulation. **Georgetown Law Faculty Publications and Other Works**, 2015. Disponível em: https://scholarship.law.georgetown.edu/ facpub/1848.

GASSMAN, Hans Peter. **30 Years After**: the Impact of the OECD Privacy Guidelines. Disponível em: http://www.oecd.org/internet/ieconomy/30yearsaftertheimpactofth eoecdprivacyguidelines.ht m. Acesso em: 18 maio 2019.

GASSMAN, Hans Peter; PIPE, G. Russel. Synhtesis Report. *In*: ORGANISATION FOR ECONOMIC CO-OPERATION AND DEVELOPMENT (OECD) (ed.). **Policy Issues in Data Protection and Privacy**. Paris: OECD, 1974.

GATTO, Raquel Fortes. **A perspectiva contratualista na construção do consenso da sociedade na Internet**. 2016. Tese (Doutorado em Direito) – Pontifícia Universidade Católica de São Paulo, São Paulo, 2016. Disponível em: http://tede2.pucsp.br/tede/ handle/handle/18852. Acesso em: 11 maio 2021.

GELLERT, Raphaël. Data protection: a risk regulation? Between the risk management of everything and the precautionary alternative – ProQuest. **International Data Privacy Law**, v. 5, n. 1, 2015. Disponível em: https://www.proquest.com/openview/ db0002f803b495bbf43ec0353f0f08b1/1?pq-origsite=gscholar&cbl=2032114. Acesso em: 24 maio 2021.

GELLERT, Raphael. **The Risk-Based Approach to Data Protection**. Oxford: Oxford University Press, 2020. (Oxford Data Protection & Privacy Law.)

GELLERT, Raphael. **Understanding the risk-based approach to data protection**: An analysis of the link between law, regulation, and risk. Vrije Universiteit Brussel, 2017.

GELLERT, Raphael. We Have Always Managed Risks in Data Protection Law: Understanding the Similarities and Differences between the Rights-Based and the Risk-Based

BIBLIOGRAFIA | **261**

Approaches to Data Protection. **European Data Protection Law Review**, v. 2, p. 481-492, 2016.

GELLMAN, Robert. **Fair Information Practices:** A Basic History. 2014.

GHIRARDI, José Garcez; PALMA, Juliana Bonacorsi; VIANA, Manuela Trindade. Posso fazer um trabalho inteiro sobre um caso específico?. *In*: QUEIROZ, Rafael Mafei Rabelo; FERFEBAUM, Marina (org.). **Metodologia jurídica**: um roteiro prático para trabalhos de conclusão de curso. São Paulo: Saraiva, 2012.

GOMES, Maria Cecília. Para além de uma "obrigação legal": o que a metodologia de benefícios e riscos nos ensina sobre o papel dos relatórios de impacto à proteção de dados. *In*: GOMES, Maria Cecília. **Direito digital**: desafios contemporâneos. São Paulo: RT, 2019.

GOMES, Maria Cecilia Oliveira. Entre o método e a complexidade: compreendendo a noção de risco na LGPD. *In*: PALHARES, Felipe (org.). **Temas atuais de proteção de dados**. São Paulo: Thomson Reuters Brasil, 2020. p. 245-271. Disponível em: https://www.academia. edu/44022945/Entre_o_m%C3%A9todo_e_a_complexidade_compreendendo_a_ no%C3%A7%C3%A3o_de_risco_na_LGPD. Acesso em: 10 maio 2021.

GOMES, Maria Cecília Oliveira; COSTA, Marina de Oliveira. Portabilidade de dados reputacionais: a problemática da sua aplicabilidade na economia compartilhada. Disponível em: https://www.academia.edu/37027420/Portabilidade_de_dados_reputacionais_a_ problem%C3%A1tica_da_sua_aplicabilidade_na_economia_compartilhada. Acesso em: 4 maio 2021.

GRALLA, Preston. **How the Internet Works**. Indianapolis: Que Publishing, 1998.

GRAU, Eros Roberto. **Ensaio e discurso sobre a interpretação/aplicação do direito**. 5. ed. São Paulo: Malheiros, 2009.

GRAY, Colin M. *et al*. The Dark (Patterns) Side of UX Design. *In*: GRAY, Colin M. **Proceedings of the 2018 CHI Conference on Human Factors in Computing Systems**. Montreal QC Canada: ACM, 2018. p. 1-14. Disponível em: https://dl.acm.org/ doi/10.1145/3173574.3174108. Acesso em: 8 fev. 2021.

GUERRA, Sérgio. **Discricionariedade regulação e reflexividade**: uma nova teoria sobre as escolhas administrativas. 5. ed. Belo Horizonte: Fórum, 2018. Disponível em: http://loja.editoraforum.com.br/discricionariedade-regulacao-e-reflexividade-uma- -nova-teoria-sobre-as-escolhas-administrativas-5a-edicao. Acesso em: 10 ago. 2020.

GUERRA, Sérgio (org.). **Regulação no Brasil**: uma visão multidisciplinar. Rio de Janeiro: Fundação Getulio Vargas, 2014.

GUERRA, Sérgio; PALMA, Juliana Bonacorsi de. Art. 26 da LINDB – Novo regime jurídico de negociação com a Administração Pública. **Rev. Direito Adm.**, Edição Especial: Direito Público na Lei de Introdução às Normas de Direito Brasileiro – LINDB (Lei n. 13.655/2018), p. 135-169, 2018.

HAGGERTY, Kevin D. **What's Wrong with Privacy Protections?** Provocations from a Fifth Columnist. Cap. 4. Cambridge: Cambridge University Press, 2014.

HART, H. L. A. **O conceito de direito**. 3. ed. Lisboa: Fundação Calouste Gulbenkian, 2001.

HART, H. L. A.; BULLOCH, Penelope A.; RAZ, Joseph. **The concept of law**. Oxford: Oxford University Press, 2012.

HARTMANN, Ivan Alberto Martins. O princípio da precaução e a sua aplicação no direito do consumidor. *In*: MIRAGEM, Bruno; MARQUES, Claudia Lima (org.). **Direito do consumidor**: proteção da confiança e práticas comerciais. São Paulo: RT, 2011. p. 527-584.

HAYEK, Friedrich A. **Law, legislation and liberty**: a new statement of the liberal principles of justice and political economy. London: Routledge & Kegan Paul, 1982.

HAYEK, Friedrich A. **The constitution of liberty**. Chicago: The University of Chicago, 1960. Disponível em: https://br1lib.org/book/1190426/e0e332. Acesso em: 7 maio 2021.

HERT, Paul De. Accountability and system responsibility: new concepts in data protection law and human rights law. *In*: GUAGNIN, Daniel; HEMPEL, Leon; ILTEN, Carla; *et al* (org.). **Managing Privacy through Accountability**. London: Palgrave Macmillan UK, 2012, p. 200. Disponível em: http://link.springer.com/10.1057/9781137032225. Acesso em: 10 fev. 2021.

HERT, Paul De; PAPAKONSTANTINOU, Vagelis; RODRIGUES, Rowena *et al*. **EU privacy seals project**: challenges and possible scope of an EU privacy seal scheme: final report study deliverable 3.4. Luxemburgo: Publications Office of the European Union, 2014. Disponível em: http://op.europa.eu/en/publication-detail/-/publication/dfb047b9--cf63-4dd2- 88c5-c289f596b3fb. Acesso em: 16 jul. 2020.

HILDEBRANDT, Mireille. **Smart Technologies and the Ends of Law**: Novel Entanglements of Law and Technology. Cheltenham, UK: Edward Elgar Pub, 2015.

HIRIART, Yolande; MARTIMORT, David; POUYET, Jerome. On the optimal use of ex ante regulation and ex post liability. **Economics Letters**, v. 84, n. 2, p. 231-235, 2004.

HIRSCH, Dennis D. Going Dutch? Collaborative Dutch Privacy Regulation and the Lessons it Holds for U.S. Privacy Law. **Michigan State Law Review**, v. 83, n. 1, p. 84, 2013.

HIRSCH, Dennis D. **Going Dutch?** Collaborative Dutch Privacy Regulation and the Lessons It Holds for U.S. Privacy Law. Rochester, NY: Social Science Research Network, 2013. Disponível em: https://papers.ssrn.com/abstract=2393707. Acesso em: 9 jun. 2021.

HON, W. Kuan; MILLARD, Christopher; WALDEN, Ian. Who is responsible for 'personal data' in cloud computing? – The cloud of unknowing, Part 2. **International Data Privacy Law**, v. 2, n. 1, p. 3-18, 2012.

HOOD, Christopher; ROTHSTEIN, Henry; BALDWIN, Robert. **The government of risk**: understanding risk regulation regimes. Oxford, UK: Oxford University Press, 2001. Disponível em: http://www.oup.co.uk. Acesso em: 29 abr. 2019.

HOOFNAGLE, Chris Jay. The Origin of Fair Information Practices: Archive of the Meetings of the Secretary's Advisory Committee on Automated Personal Data Systems (SACAPDS). 2014. Disponível em: https://papers.ssrn.com/sol3/papers.cfm?abstract_id=2466418. Acesso em: 17 dez. 2019.

HOOFNAGLE, C.J. **Federal trade commission privacy law and policy**. Cambridge, UK: Cambridge University Press, 2016. Disponível em: https://books.google.com/books?id=sSR0CwAAQBAJ.

HOPT, Klaus J.; TEUBNER, Gunther (org.). **Corporate governance and directors' liabilities**. Berlin: Walter de Gruyter, 1984.

HUSTINX, Peter. **"30 years after**: the impact of the OECD Privacy Guidelines" Joint ICCP--WPISP Roundtable. Disponível em: https://www.oecd.org/sti/ieconomy/30yearsaft ertheimpactoftheoecdprivacyguidelines.htm. Acesso em: 20 fev. 2020.

IACOBUCCI, Edward M. On the interaction between legal and reputational sanctions. **The Journal of Legal Studies**, v. 43, n. 1, p. 189-207, 2014.

IANDOLI, Rafael. Brasil quer ser membro da OCDE. Qual o significado de uma adesão ao grupo. **Nexo Jornal**. Disponível em: nexojornal.com.br/expresso/2017/05/30/ Brasil-quer-ser-membro-da-OCDE.-Qual-o-significado-de-uma- adesão-ao-grupo. Acesso em: 27 dez. 2019.

IDEC. **Quem somos**. Disponível em: https://idec.org.br/quem-somos. Acesso em: 17 maio 2021.

IGO, Sarah E. **The Known Citizen**: A History of Privacy in Modern America. Cambridge: Harvard University Press, 2018. Disponível em: https://www.hup.harvard.edu/catalog. php?isbn=9780674737501.

IMACELI, Paola. Licetà, correttezza, finalità nel tratamento dei dati personali. *In*: IMACELI, Paola. **Diritto alla riservatezza e circolazione dei dati personali**. Milano: Giuffré, 2003.

INFORMATION COMMISSIONER'S OFFICE. Openness by design – The Information Commissioner's strategic plan 2019/20 – 2021/22. **Information Commissioner's Office**. Disponível em: https://ico.org.uk/media/about-the-ico/documents/2615190/ openness_by_- design_strategy_201906.pdf. Acesso em: 18 maio 2020.

IMPRENSA NACIONAL. Portaria n.º 16, de 8 de julho de 2021. **DOU**. Disponível em: https://www.in.gov.br/web/dou. Acesso em: 12 ago. 2021.

INTERNETLAB. O que está em jogo no Debate sobre Dados Pessoais no Brasil – Relatório final sobre o debate público promovido pelo Ministério da Justiça sobre o Anteprojeto de Lei de Proteção de Dados Pessoais. **InternetLab**. Disponível em: https://www.in-ternetlab.org.br/wp- content/uploads/2016/05/reporta_apl_dados_pessoais_final.pdf.

JAMISON, Shaun G. Creating a National Data Privacy Law for the United States. 2019.

JANČIŪTĖ, Laima. Data protection and the construction of collective redress in Europe: exploring challenges and opportunities. **International Data Privacy Law**, v. 9, n. 1, p. 2-14, 2019.

JORDÃO, Eduardo. Art. 22 da LINDB – Acabou o romance: reforço do pragmatismo no direito público brasileiro. **Revista de Direito Administrativo**, p. 63-92, 2018.

JUBÉ, Andrea; ARAÚJO, Carla. Temer vai criar agência sobre proteção de dados por projeto de lei. **Valor Econômico**. Disponível em: https://valor.globo.com/politica/ noticia/2018/08/14/temer-vai-criar-agencia-sobre- protecao-de-dados-por-projeto--de-lei.ghtml.

KAMARA, Irene; LEENES, Ronald; LACHAUD, Eric *et al*. Data protection certification mechanisms – Study on Articles 42 and 43 of the Regulation (EU) 2016/679: final report. **European Commission**. Disponível em: https://www.researchgate.net/pu-blication/333903501.

KELLER, Clara Iglesias. **Regulação nacional de serviços na internet**: exceção, legitimidade e o papel do estado. Rio de Janeiro: Lumen Juris, 2019.

KELLER, Elaine; CAPEZ, Fernando. Procon notificou TikTok sobre privacidade infantil. **Migalhas**. Disponível em: https://www.migalhas.com.br/depeso/327170/procon--notificou- tiktok-sobre-privacidade-infantil. Acesso em: 27 abr. 2021.

KERLEY, Bill; STARR, Graeme. Public Consultation: Adding Value or Impeding Policy? **Agenda: A Journal of Policy Analysis and Reform**, v. 7, n. 2, p. 185–192, 2000.

KERRY, John F. **Kerry McCain Bill S.799 – 112th Congress (2011-2012)**: Commercial Privacy Bill of Rights Act of 2011. Disponível em: https://www.congress.gov/bill/112th-congress/senate-bill/799/text. Acesso em: 29 ago. 2020.

KIGHTLINGER, Mark F. Twilight of the Idols? EU Internet Privacy and the Post Enlightenment Paradigm. **The Columbia Journal of European Law**, v. 14, n. 1, p. 1-62, 2007.

KIRBY, Michael. The history, achievement and future of the 1980 OECD guidelines on privacy. **International Data Privacy Law**, v. 1, n. 1, 2011. Disponível em: https://academic.oup.com/idpl/article/1/1/6/759637. Acesso em: 20 maio 2019.

KLOZA, Dariusz. Privacy Impact Assessment as a Means to Achieve the Objectives of Procedural Justice. **Jusletter IT. Die Zeitschrift für IT und Recht**, 2014.

KOOPS, Bert-Jaap. The (in)flexibility of techno-regulation and the case of purpose-binding. **Legisprudence**, v. 5, n. 2, p. 171-194, 2015.

KOOPS, Bert-Jaap. The trouble with European data protection law. **International Data Privacy Law**, v. 4, n. 4, 2014.

KOOPS, Bert-Jaap; HILDEBRANDT, Mireille; JAQUET-CHIFFELLE, D. O. Bridging the accountability gap: Rights for new entities in the information society? **Minn. J. L. Sci. & Tech.**, v. 497, 2010.

KOOPS, Bert-Jaap; LEENES, Ronald. Privacy Regulation Cannot Be Hardcoded. A critical comment on the "privacy by design" provision in data-protection law. **International Review of Law, Computers & Technology**, v. 28, n. 2, p. 159-171, 2014.

KOOPS, Bert-Jaap *et al.* Chapter 5 – Should Self-Regulation Be the Starting Point?. *In*: KOOPS, Bert-Jaap. **Starting Points for ICT Regulation**: Deconstructing Prevalent Policy One-liners. Holanda: T.M.C. Asser Press, 2006. Disponível em: https://www.researchgate.net/publication/254806605_Should_Self- Regulation_Be_the_Starting_Point. Acesso em: 10 ago. 2020.

KUNER, Christopher. Regulation of Transborder Data Flows under Data Protection and Privacy Law: Past, Present and Future. **OECD Digital Economy Papers**, n. 187, 2011. Disponível em: https://www.oecd-ilibrary.org/science-and-technology/regulation-of--transborder-data-flows-under-data-protection-and-privacy-law_5kg0s2fk315f-en. Acesso em: 18 maio 2019.

KUNER, Christopher. The European Commission's Proposed Data Protection Regulation: A Copernican Revolution in European Data Protection Law. **Bloomberg BNA Privacy and Security Law Report**, v. 6, n. 11, p. 1-15, 2012. Disponível em: http://robertgrzeszczak.bio.wpia.uw.edu.pl/files/2012/12/Kuner_A-Copernican-Revolution--in-European-Data-Protection-Law.pdf. Acesso em: 28 nov. 2018.

LACHAUD, Eric. Why the certification process defined in the General Data Protection Regulation cannot be successful. **Computer Law & Security Review**, v. 32, n. 6, p. 814-826, 2016.

LANCIERI, Filippo. **Narrowing Data Protection's Enforcement Gap**. Rochester, NY: Social Science Research Network, 2021. Disponível em: https://papers.ssrn.com/abstract=3806880. Acesso em: 8 jun. 2021.

LAZARO, Christophe; LE MÉTAYER, Daniel. **Control over Personal Data**: True Remedy or Fairy Tale?. Rochester, NY: Social Science Research Network, 2015. Disponível em: https://papers.ssrn.com/abstract=2689223. Acesso em: 27 abr. 2021.

LEHMANN, A.; et al. (org.). **Privacy and Identity Management – Facing up to Next Steps**. Karlstad: Springer, 2017.

LEMOS, Ronaldo. **Direito, tecnologia e cultura**. Rio de Janeiro: FGV, 2005. Disponível em: https://bibliotecadigital.fgv.br/dspace/handle/10438/2190. Acesso em: 11 maio 2021.

LEMOS, Ronaldo; DONEDA, Danilo Maganhoto; SOUZA, Carlos Affonso Pereira de; *et al.* Estudo sobre a regulamentação jurídica do *Spam* no Brasil. 2017. Disponível em: http://bibliotecadigital.fgv.br/dspace/bitstream/handle/10438/2684/Estudo_SPAM_CTS. pdf? sequence=1&isAllowed=y.

LEVI-FAUR, David. The Odyssey of the Regulatory State: From a "Thin" Monomorphic Concept to a "Thich" and Polymorphic Concept. **Law & Policy**, v. 35, n. 1-2, p. 30-50, 2013.

LIMA, Cíntia Rosa Pereira de. **A imprescindibilidade de uma entidade de garantia para a efetiva proteção dos dados pessoais no cenário futuro do Brasil**. 2015. Tese (Doutorado) – Universidade de São Paulo, Ribeirão Preto, 2015.

LIMA, Cíntia Rosa Pereira de; DE LUCCA, Newton. Suboperador: possíveis soluções diante da omissão da LGPD. **Migalhas**, 11 fev. 2022. Disponível em: https://www.migalhas. com.br/coluna/migalhas-de-protecao-de-dados/359575/suboperador-possiveis-solucoes-diante-da-omissao-da-lgpd. Acesso em: 9 mar. 2022.

LINDQVIST, Jenna. New challenges to personal data processing agreements: is the GDPR fit to deal with contract, accountability and liability in a world of the Internet of Things?. **International Journal of Law and Information Technology**, v. 26, p. 45-63, 2018.

LOBEL, Orly. The Renew Deal: The Fall of Regulation and the Rise of Governance in Contemporary Legal Tought. **Minnesota Law Review**, v. 89, p. 262, 2014. (San Diego Legal Studies Paper n. 07-27).

LOMBARTE, Artemi Rallo. **Synergy between the OECD Privacy Guidelines and the Madrid Resolution**. Paris: [s.n.], 2010. Disponível em: https://www.oecd.org/sti/ieconomy/44946781.ppt. Acesso em: 20 fev. 2020.

LOPEZ, Teresa Ancona. **Princípio da precaução e evolução da responsabilidade civil**. São Paulo: Quartier Latin, 2010.

LYNSKEY, Orla. **Regulating "Platform Power"**. Disponível em: https://papers.ssrn.com/abstract=2921021. Acesso em: 30 abr. 2021.

MACENAITE, Milda. The "Riskification" of European Data Protection Law through a two- fold Shift. **European Journal of Risk Regulation**, v. 8, n. 3, p. 506-540, 2017.

MACHADO, Maíra Rocha. O estudo de caso na pesquisa em direito. *In*: MACHADO, Maíra Rocha (org.). **Pesquisar empiricamente o direito**. São Paulo: Rede de Estudos Empíricos em Direito, 2017. p. 357-389. Disponível em: https://reedpesquisa.org/publicacoes/volume-2-no- 1-2014/. Acesso em: 11 maio 2021.

MACINTYRE, Alasdair C. **After virtue**: a study in moral theory. 3rd ed. Notre Dame, Ind: University of Notre Dame Press, 2007.

MAHIEU, René L. P.; ASGHARI, Hadi; VAN EETEN, Michel. Collectively exercising the right of access: individual effort, societal effect. **Internet Policy Review**, v. 7, n. 3, 2018. Disponível em: https://policyreview.info/node/927. Acesso em: 8 fev. 2021.

MAJONE, Giandomenico. **Regulating Europe**. London: Routledge, 1996.

MANTELERO, Alessandro. AI and Big Data: A blueprint for a human rights, social and ethical impact assessment. **Computer Law & Security Review**, v. 34, n. 4, p. 754-772, 2018.

MANTELERO, Alessandro. **From Group Privacy to Collective Privacy**: Towards a New Dimension of Privacy and Data Protection in the Big Data Era. [*s.l.*: *s.n.*], 2016.

MANTELERO, Alessandro. Personal data for decisional purposes in the age of analytics: From an individual to a collective dimension of data protection. **Computer Law & Security Review**, v. 32, p. 238-255, 2016.

MARQUES, Claudia Lima; MIRAGEM, Bruno (org.). **Direito do consumidor**: proteção da confiança e práticas comerciais. São Paulo: RT, 2011.

MARQUES, Claudia Lima; MIRAGEM, Bruno. **O novo direito privado e a proteção dos vulneráveis**. 2. ed. rev., atual. e ampl. São Paulo: Thomson Reuters/RT, 2014.

MARQUES, Fernanda Mascarenhas. Cláusulas-Padrão Contratuais como Autorizadoras para a Transferência Internacional de Dados: alternativas em casos de ausência de decisão e adequação. **Revista do Advogado**, v. 39, n. 144, 2019. Disponível em: http://www.mprj.mp.br/documents/20184/378251/revistadoadvogadon144.pdf.

MARTINS-COSTA, Judith. **A boa-fé no direito privado**: sistema e tópica no processo obrigacional. São Paulo: RT, 1999.

MARTINS, Leonardo (org.). **Cinquenta anos de jurisprudência do Tribunal Constitu-cional Alemão**. Montevidéu: Fundação Konrad Adenauer, 2005.

MARX, Gary T. Foreword by Gary T. Marx: Privacy Is Not Quite Like the Weather. *In*: WRIGHT, David; HERT, Paul de. **Privacy Impact Assessment**. Países Baixos: Springer Netherlands, 2012. v. 6. (Law, Governance and Technology Series.)

MASHAW, Jerry Louis. **Accountability and Institutional Design**: Some Thoughts on the Grammar of Governance. Rochester, NY: Social Science Research Network, 2006. Disponível em: https://papers.ssrn.com/abstract=924879. Acesso em: 1.º maio 2019.

MASHAW, Lerry Louis. Accountability and Institutional Design: Some Thoughts on Grammar of Governance. Yele Law School, Public Law Working Paper N. 116; **Public Accountability: Designs, Dilemmas and Experiences**, n. cap. 5, P. 115-156, 2006.

MATTOS, Carmem L. G. A abordagem etnográfica na investigação científica. *In*: CASTRO, Paula Almeida de; MATTOS, Carmem L. G. (org.). **Etnografia e educação**: conceitos e usos. Campina Grande: EDUEPB, 2011. Disponível em: http://books.scielo.org/id/8fcfr. Acesso em: 27 abr. 2021.

MAY, Peter J. Regulatory regimes and accountability. **Regulation & Governance**, v. 1, n. 1, p. 8-26, 2007.

MAYER-SCHONEBERGER, Viktor. Generational Development of Data Protection in Europe. *In*: MAYER-SCHONEBERGER, Viktor. **Technology and Privacy**: The New Landscape. 3. ed. Cambridge, MA: MIT Press, 2001.

MEIDINGER, Errol. Multi-Interest Self-Governance Through Global Product Certification Programs. **Buffalo Legal Studies**, v. Research Paper n. 2006-016, 2006. Disponível em: https://papers.ssrn.com/abstract=917956. Acesso em: 25 ago. 2020.

MENDES, Laura Schertel. Modelos e fundamentos da proteção de dados. *In*: DONEDA, Danilo *et al.* (org.). **Tratado da Proteção de Dados no Brasil, no direito estrangeiro e internacional**. No prelo.

MENDES, Laura Schertel. Palestra: "Seminário Internacional – Lei Geral de Proteção de Dados: a caminho da efetividade. **Superior Tribunal de Justiça**. Disponível em: https://www.youtube.com/watch?v=0E0USaGQ6h8.

MENDES, Laura Schertel. **Privacidade, proteção de dados e defesa do consumidor**: linhas gerais de um novo direito fundamental. São Paulo: Saraiva, 2017.

MENDES, Laura Schertel Ferreira. Autodeterminação informativa: a história de um conceito. **Pensar – Revista de Ciências Jurídicas**, v. 25, n. 4, 2020. Disponível em: https://periodicos.unifor.br/rpen/article/view/10828. Acesso em: 8 jun. 2021.

MENDES, Laura Schertel; FONSECA, Gabriel C. Soares da. Proteção de dados para além do consentimento: tendências contemporâneas de materialização. **REI – Revista Estudos Institucionais**, v. 6, n. 2, p. 507-533, 2020.

MENEZES CORDEIRO, António Manuel da Rocha e. **Da boa-fé no direito civil**. Coimbra: Almedina, 2011.

MENEZES CORDEIRO, António Manuel da Rocha e. **Tratado de direito civil**: direito das obrigações: introdução, sistemas e direito europeu, dogmática geral. 2. ed. Coimbra: Almedina, 2012.

MENEZES CORDEIRO, António Manuel da Rocha e. **Tratado de direito civil**: parte geral, pessoas. Coimbra: Almedina, 2011.

MILLER, Arthur. **Transcription of the 1st Meeting Part I of the Secretary's Advisory Committee on Automated Personal Data Systems of the U.S. Department of Health, Education and Welfare**. Disponível em: https://www.law.berkeley.edu/files/HEW/HEW_transcript_04171972_Redacted.pdf.

MILLER, Arthur R. **The Assault on Privacy**: computers, data banks, and dossiers. Ann Arbor: Univ. of Michigan Press, 1971. (Berichte der Universitaet von Michigan.)

MONTEIRO, Marília de Aguiar; SOUZA, Carlos Affonso Pereira de. Entrevista com Henrique Faulhaber. *In*: HOEPERS, Cristine; FAULHABER, Henrique; STEDING-JESSEN, Klaus (org.). **Combate ao *spam* na Internet no Brasil**: histórico e reflexões sobre o combate ao *spam* e a gerência da porta 25 coordenados pelo Comitê Gestor da Internet no Brasil. São Paulo: Cadernos Cgi.br Estudos, 2015. Disponível em: https://cgi.br/publicacao/combate-ao- spam-na-internet-no-brasil-historico-e-reflexoes--sobre-o-combate-ao-spam-e-a-gerencia-da- porta-25-coordenados-pelo-comite--gestor-da-internet-no-brasil/. Acesso em: 11 maio 2021.

MONTEIRO, Marília de Aguiar; SOUZA, Carlos Affonso Pereira de. Entrevista com Cristine Hoepers e Klaus Steding-Jessen. *In*: HOEPERS, Cristine; FAULHABER, Henrique; STEDING-JESSEN, Klaus (org.). **Combate ao *spam* na Internet no Brasil**: histórico e reflexões sobre o combate ao *spam* e a gerência da porta 25 coordenados pelo Comitê Gestor da Internet no Brasil. São Paulo: Cadernos Cgi.br Estudos, 2015. Disponível em: https://cgi.br/publicacao/combate-ao-spam-na-internet-no--brasil-historico-e-reflexoes-sobre- o-combate-ao-spam-e-a-gerencia-da-porta-25--coordenados-pelo-comite-gestor-da-internet- no-brasil/. Acesso em: 11 maio 2021.

MONTEIRO, Marília de Aguiar; SOUZA, Carlos Affonso Pereira de. Entrevista com Danilo Doneda. *In*: HOEPERS, Cristine; FAULHABER, Henrique; STEDING-JESSEN, Klaus (org.). **Combate ao *spam* na Internet no Brasil**: histórico e reflexões sobre o combate ao *spam* e a gerência da porta 25 coordenados pelo Comitê Gestor da Internet no Brasil. São Paulo: Cadernos Cgi.br Estudos, 2015. Disponível em: https://cgi.br/publicacao/combate-ao- spam-na-internet-no-brasil-historico-e-reflexoes-sobre-o--combate-ao-spam-e-a-gerencia-da- porta-25-coordenados-pelo-comite-gestor-da--internet-no-brasil/. Acesso em: 11 maio 2021.

MONTEIRO, Marília de Aguiar; SOUZA, Carlos Affonso Pereira de. Entrevista com Demi Getschko. *In*: HOEPERS, Cristine; FAULHABER, Henrique; STEDING-JESSEN, Klaus (org.). **Combate ao *spam* na Internet no Brasil**: histórico e reflexões sobre o combate ao *spam* e a gerência da porta 25 coordenados pelo Comitê Gestor da Internet no Brasil. São Paulo: Cadernos Cgi.br Estudos, 2015. Disponível em: https://cgi.br/publicacao/combate-ao- spam-na-internet-no-brasil-historico-e-reflexoes-sobre-o--combate-ao-spam-e-a-gerencia-da- porta-25-coordenados-pelo-comite-gestor-da--internet-no-brasil/. Acesso em: 11 maio 2021.

MONTEIRO, Marília de Aguiar; SOUZA, Carlos Affonso Pereira de. Entrevista com Eduardo Levy. *In*: HOEPERS, Cristine; FAULHABER, Henrique; STEDING-JESSEN, Klaus (org.). **Combate ao *spam* na Internet no Brasil**: histórico e reflexões sobre o combate ao *spam* e a gerência da porta 25 coordenados pelo Comitê Gestor da Internet no Brasil. São Paulo: Cadernos Cgi.br Estudos, 2015. Disponível em: https://cgi.br/publicacao/combate-ao-spam- na-internet-no-brasil-historico-e-reflexoes-sobre-o--combate-ao-spam-e-a-gerencia-da-porta- 25-coordenados-pelo-comite-gestor-da--internet-no-brasil/. Acesso em: 11 maio 2021.

MONTEIRO, Marília de Aguiar; SOUZA, Carlos Affonso Pereira de. Entrevista com Henrique Faulhaber. *In*: HOEPERS, Cristine; FAULHABER, Henrique; STEDING-JESSEN, Klaus (org.). **Combate ao *spam* na Internet no Brasil**: histórico e reflexões sobre o combate ao *spam* e a gerência da porta 25 coordenados pelo Comitê Gestor da Internet no Brasil. São Paulo: Cadernos Cgi.br Estudos, 2015. Disponível em: https://cgi.br/publicacao/combate-ao- spam-na-internet-no-brasil-historico-e-reflexoes-sobre-o--combate-ao-spam-e-a-gerencia-da-porta-25-coordenados-pelo-comite-gestor-da--internet-no-brasil/. Acesso em: 11 maio 2021.

MONTEIRO, Marília de Aguiar; SOUZA, Carlos Affonso Pereira de. Entrevista com Jaime Wagner. *In*: HOEPERS, Cristine; FAULHABER, Henrique; STEDING-JESSEN, Klaus (org.). **Combate ao *spam* na Internet no Brasil**: histórico e reflexões sobre o combate ao *spam* e a gerência da porta 25 coordenados pelo Comitê Gestor da Internet

BIBLIOGRAFIA | **269**

no Brasil. São Paulo: Cadernos Cgi.br Estudos, 2015. Disponível em: https://cgi.br/publicacao/combate-ao- spam-na-internet-no-brasil-historico-e-reflexoes-sobre-o--combate-ao-spam-e-a-gerencia-da- porta-25-coordenados-pelo-comite-gestor-da--internet-no-brasil/. Acesso em: 11 maio 2021.

MONTEIRO, Marília de Aguiar; SOUZA, Carlos Affonso Pereira de. Entrevista com Marcelo Bechara. *In*: HOEPERS, Cristine; FAULHABER, Henrique; STEDING-JESSEN, Klaus (org.). **Combate ao *spam* na Internet no Brasil**: histórico e reflexões sobre o combate ao *spam* e a gerência da porta 25 coordenados pelo Comitê Gestor da Internet no Brasil. São Paulo: Cadernos Cgi.br Estudos, 2015. Disponível em: https://cgi.br/publicacao/combate-ao- spam-na-internet-no-brasil-historico-e-reflexoes-sobre-o--combate-ao-spam-e-a-gerencia-da- porta-25-coordenados-pelo-comite-gestor-da--internet-no-brasil/. Acesso em: 11 maio 2021.

MONTEIRO, Marília de Aguiar; SOUZA, Carlos Affonso Pereira de. Entrevista com Marcelo Fernandes. *In*: HOEPERS, Cristine; FAULHABER, Henrique; STEDING-JESSEN, Klaus (org.). **Combate ao *spam* na Internet no Brasil**: histórico e reflexões sobre o combate ao *spam* e a gerência da porta 25 coordenados pelo Comitê Gestor da Internet no Brasil. São Paulo: Cadernos Cgi.br Estudos, 2015. Disponível em: https://cgi.br/publicacao/combate-ao- spam-na-internet-no-brasil-historico-e-reflexoes-sobre-o--combate-ao-spam-e-a-gerencia-da- porta-25-coordenados-pelo-comite-gestor-da--internet-no-brasil/. Acesso em: 11 maio 2021.

MONTEIRO, Renato. Existe um direito a explicação na Lei Geral de Proteção de Dados no Brasil? 2018. Disponível em: https://igarape.org.br/wp-content/uploads/2018/12/Existe-um- direito-a-explicacao-na-Lei-Geral-de-Protecao-de-Dados-no-Brasil.pdf.

MONTEIRO, Renato; BIONI, Bruno. Você trocaria de serviço online caso não pudesse levar consigo todo a sua "vida digital"? **Jusbrasil**. Disponível em: https://renatoleitemonteiro.jusbrasil.com.br/artigos/188791673/voce-trocaria-de-servico- online--caso-nao-pudesse-levar-consigo-todo-a-sua-vida-digital. Acesso em: 27 abr. 2021.

MONTEIRO, Vera. Art. 29 da LINDB – Regime jurídico da consulta pública. **Revista de Direito Administrativo**, p. 225-242, 2018.

MORAES, Maria Celina Bodin de. LGPD: um novo regime de responsabilização civil dito proativo. **civilistica.com**, v. 8, n. 3, p. 1–6, 2019.

MOREIRA, André Mendes. **Capacidade contributiva**. Enciclopédia jurídica da PUC-SP. Disponível em: https://enciclopediajuridica.pucsp.br/verbete/264/edicao-1/capaci-dade- contributiva. Acesso em: 26 abr. 2021.

MOURÃO, Carlos; SILVA, Leandro Novais e. A proteção de dados pessoais à luz do direito concorrencial: portabilidade de dados, infraestruturas essenciais e *open banking*. **Revista de Defesa da Concorrência**, v. 8, n. 2, p. 31-53, 2020.

MPRJ. **Ofício n.º 006/2009**. Disponível em: https://www.migalhas.com.br/arquivos/2018/2/art20180207-05.pdf. Acesso em: 30 mar. 2021.

MULGAN, Richard. "Accountability": An Ever-Expanding Concept? **Public Administration**, v. 78, n. 3, p. 555–573, 2000.

MULLIGAN, Deirdre K.; BAMBERGER, Kenneth A. **Saving Governance-by-Design**. Rochester, NY: Social Science Research Network, 2018. Disponível em: https://papers.ssrn.com/abstract=3175017. Acesso em: 18 maio 2021.

MULLIGAN, Deirdre; KING, Jennifer. Bridging the Gap between Privacy and Design. 2012.

NAVARRO, José Gabriel. Governo Federal cria a Senacon. **Estadão**. Disponível em: https://politica.estadao.com.br/blogs/advogado-de-defesa/governo-federal-cria-a- senacon/. Acesso em: 17 maio 2021.

NERY, Rosa Maria de Andrade. **Introdução ao pensamento jurídico e à teoria geral do direito privado**. São Paulo: RT, 2008.

NIBLETT, G.B.F. Digital Information and the Privacy Problem. **OECD Informatics Studies**, 1971.

NIC.BR. Nota Conjunta (maio de 1995). **CGI.br – Comitê Gestor da Internet no Brasil**. Disponível em: https://www.cg.org.br/legislacao/notas/nota-conjunta-mct-mc- -maio-1995. Acesso em: 13 maio 2021.

NIC.BR. Sobre o NIC.br. **NIC.br – Núcleo de Informação e Coordenação do Ponto BR**. Disponível em: https://nic.br. Acesso em: 11 maio 2021.

NISSENBAUM, Helen. **Privacy in Context**: Technology, Policy, and the Integrity of Social Life. Stanford: Stanford Law Books, 2009.

NORONHA, Fernando. **Direito das obrigações**. São Paulo: Saraiva, 2013.

NÚCLEO DE INFORMAÇÃO; COORDENAÇÃO DO PONTO BR. **Combate ao spam na Internet no Brasil**: Histórico e reflexões sobre o combate ao spam e a gerência da porta 25 coordenados pelo Comitê Gestor da Internet no Brasil. São Paulo: Cadernos Cgi.br Estudos, 2015. Disponível em: https://cgi.br/publicacao/combate-ao-spam-na- -internet-no-brasil-historico-e-reflexoes-sobre-o-combate-ao-spam-e-a-gerencia- -da-porta-25-coordenados- pelo-comite-gestor-da-internet-no-brasil/. Acesso em: 11 maio 2021.

NÚCLEO DE INFORMAÇÃO; COORDENAÇÃO DO PONTO BR – NIC.BR. **Petição de Amicus Curiae na ADPF n.º 403/SE**. Disponível em: https://redir.stf.jus.br/paginadorpub/paginador.jsp?docTP=TP&docID=651655700&prcID=4 975500#.

OBSERVATÓRIO PPD. **Memória da LGPD – Observatório PPD – Marcel Leonardi – Vídeo 28**. [s.l.: s.n.], 2020. Disponível em: https://www.youtube.com/watch?v=wFl0VcBjhX4. Acesso em: 27 abr. 2021.

OBSERVATÓRIO PPD. **Memória da LGPD – Observatório PPD – Marcel Leonardi – Vídeo 83**. [s.l.: s.n.], 2020. Disponível em: https://www.youtube.com/watch?v=168okZJLHhA. Acesso em: 27 abr. 2021.

OBSERVATÓRIO PPD. **The Draft arrives at the Chamber 06 – Memória da LGPD – Observatório PPD – Laura Schertel – Video EN**. [s.l.: s.n.], 2020. Disponível em: https://www.youtube.com/watch?v=nO0D7fo62UU&t=5s. Acesso em: 27 abr. 2021.

OBSERVATÓRIO PPD. **The Draft arrives at the Chamber 08 – Memória da LGPD – Observatório PPD – Guilherme – Video 04 EN**. [s.l.: s.n.], 2020. Disponível em: https://www.youtube.com/watch?v=_t77z2DyDCo&t=19s. Acesso em: 26 abr. 2021.

OECD. **Recommendations of the Council on Improving the Quality of Government Regulation**. OECD Legal Instruments. Disponível em: https://legalinstruments.oecd.org/public/doc/128/128.en.pdf.

OFFICE OF THE AUSTRALIAN INFORMATION COMMISSIONER. **Guide to undertaking privacy impact assessments**. Austrália: Governo Australiano, 2020.

ORGANISATION FOR ECONOMIC CO-OPERATION AND DEVELOPMENT (OECD). **30 Years After**: the Impact of the OECD Privacy Guidelines. Disponível em: https://www.oecd.org/sti/ieconomy/30yearsaftertheimpactoftheoecdprivacyguidelines.htm. Acesso em: 21 fev. 2020.

ORGANISATION FOR ECONOMIC CO-OPERATION AND DEVELOPMENT (OECD). **30 Years After**: The Impact of the OECD Privacy Guidelines (Address by Hans Peter Gassmann – Joint Roundtable of the Committee for Information, Computer and Communications Policy (ICCP), and its Working Party on Information Security and Privacy (WPISP). Paris: OECD, 2010.

ORGANISATION FOR ECONOMIC CO-OPERATION AND DEVELOPMENT (OECD). **Committee for Information, Computer and Communications Policy** – "1984" and After: the Societal Challenge of Information Technologies – Progress Report – Conference Organized by the German Federal Government in Co-operation with the OECD – Berlin, 5-7 December 1984. Paris: OECD, 1984.

ORGANISATION FOR ECONOMIC CO-OPERATION AND DEVELOPMENT (OECD). **Committee for Information, Computer and Communications Policy** – Ad-hoc Meeting on Protection of Privacy – Present Situation and Trends in Privacy Protection in the OECD Area (Note by the Secretariat). Paris: OECD, 1988.

ORGANISATION FOR ECONOMIC CO-OPERATION AND DEVELOPMENT (OECD). **Computer Utilisation and the Privacy Problem**: Summary of Replies to OECD Questionnarie. Paris: OECD, 1970.

ORGANISATION FOR ECONOMIC CO-OPERATION AND DEVELOPMENT (OECD). **Current Developments in Privacy Framework**: Towards Global Interoperability. OECD. Disponível em: http://www.oecd.org/internet/ieconomy/currentdevelopmentsinprivacyframeworkstowardsglobalinteroperability.htm. Acesso em: 20 fev. 2020.

ORGANISATION FOR ECONOMIC CO-OPERATION AND DEVELOPMENT (OECD). **Data Protection Accountability**: The essentials elements – Discussion Document – Working Party on Information Security and Privacy. Paris: OECD, 2009.

ORGANISATION FOR ECONOMIC CO-OPERATION AND DEVELOPMENT (OECD). **Developments in Data Protection and Privacy in OECD Countries**. Paris: OECD, 1975. ORGANIZATION FOR ECONOMIC COOPERATION AND DEVELOPMENT (OECD). **Dialogue on Privacy, Technology and Globalisation – Proposed Work Plan**. Paris: OECD, 2008.

ORGANISATION FOR ECONOMIC CO-OPERATION AND DEVELOPMENT (OECD). **Draft Recommendation of the Council Concerning Guidelines Governing the Protection of Privacy and Transborder Data Flows of Personal Data** (2nd revision). Paris: OECD, 1979.

ORGANISATION FOR ECONOMIC CO-OPERATION AND DEVELOPMENT (OECD). **Expert Group on Transborder Data Barriers and the Protection of Privacy** – Comparative Table 2. Paris: OECD, 1978.

ORGANISATION FOR ECONOMIC CO-OPERATION AND DEVELOPMENT (OECD). **Expert Group on Transborder Data Barriers and the Protection of Privacy** – Drafting Group – Draft Record of the Third Meeting held on 14th – 16th March, 1979. Paris: OECD, 1979.

ORGANISATION FOR ECONOMIC CO-OPERATION AND DEVELOPMENT (OECD). **Expert Group on Transborder Data Barriers and the Protection of Privacy** – First Draft Guidelines on Basic Rules Governing the Transborder Flow and the Protection of Personal Data and Privacy. Paris: OECD, 1978.

ORGANISATION FOR ECONOMIC CO-OPERATION AND DEVELOPMENT (OECD). **OECD Guidelines on the Protection of Privacy and Transborder Flows of Personal Data**. OECD. Disponível em: https://www.oecd.org/internet/ieconomy/oecdguidelinesontheprotectionofprivacyandtransborderflowsofpersonaldata.htm. Acesso em: 18 maio 2019.

ORGANISATION FOR ECONOMIC CO-OPERATION AND DEVELOPMENT (OECD). **Opportunities and Challenges in Developing a Risk Management Approach to Privacy** – Working Party on Security and Privacy in the Digital Economy. Paris: OECD, 2016.

ORGANISATION FOR ECONOMIC CO-OPERATION AND DEVELOPMENT (OECD). **Planning for the SPDE's 2015-16 Program of Work and Budget**: Privacy-Related Items – Working Party on Security and Privacy in the Digital Economy. Paris: OECD, 2014.

ORGANISATION FOR ECONOMIC CO-OPERATION AND DEVELOPMENT (OECD). **Privacy Expert Group Report on the Review of the 1980 OECD Privacy Guidelines** – OECD Digital Economy Papers, No. 229. Paris: OECD, 2011.

ORGANISATION FOR ECONOMIC CO-OPERATION AND DEVELOPMENT (OECD). **Proceedings of the Roundtable for Privacy Enforcement Authorities and Privacy Professionals** – Working Party on Information Security and Privacy. Paris: OECD, 2008.

ORGANISATION FOR ECONOMIC CO-OPERATION AND DEVELOPMENT (OECD). **Roundtable for Privacy Enforcement Authorities and Privacy Professionals** – Summary of the Discussions. Paris: OECD, 2008.

ORGANISATION FOR ECONOMIC CO-OPERATION AND DEVELOPMENT (OECD). **Terms of Reference for the Review of the OECD Guidelines Governing the Protection of Privacy and Data Transborder Data Flows of Personal Data** – Working Party on Information Security and Privacy. Paris: OECD, 2011.

ORGANISATION FOR ECONOMIC CO-OPERATION AND DEVELOPMENT (OECD). **The Evolving Privacy Landscape**: 30 years after the OECD Privacy Guidelines – Draft Outline and Work Plan. Paris: OECD, 2009.

ORGANISATION FOR ECONOMIC CO-OPERATION AND DEVELOPMENT (OECD). The Evolving Privacy Landscape: 30 Years After the OECD Privacy Guidelines. **OECD Digital Economy Papers**, n. 176. Paris: OECD, 2011.

ORGANISATION FOR ECONOMIC CO-OPERATION AND DEVELOPMENT (OECD). **The OECD Privacy Framework**. Paris: OECD, 2013.

ORGANISATION FOR ECONOMIC CO-OPERATION AND DEVELOPMENT (OECD). **The OECD Privacy Framework**. Disponível em: https://www.oecd.org/sti/ieconomy/oecd_privacy_framework.pdf.

ORGANISATION FOR ECONOMIC CO-OPERATION AND DEVELOPMENT (OECD). **Transborder Data Flows**: Proceedings of an OECD Conference. Paris: OECD, 1985.

PACHECO, Regina Silva. Regulação no Brasil: desenho das agências e formas de controle. **Rev. Adm. Pública**, v. 40, n. 4, 2006.

OTHON, J. M. Sidou. **Proteção ao consumidor**. São Paulo: Forense, 1977.

PARENTONI, Leonardo; SOUZA LIMA, Henrique Cunha. Protection of Personal Data in Brazil: Internal Antinomies and International Aspects. **International Conference on Industry 4.0 and aArtificial Inteligence Technologies – INAIT**, 2019. Disponível em: https://papers.ssrn.com/sol3/papers.cfm?abstract_id=3362897.

PARKER, Christine. Meta-regulation: legal accountability for corporate social responsibility? *In*: PARKER, Christine. **The New Corporate Accountability**. Cambridge: Cambridge University Press, 2007, p. 207–237. Disponível em: https://minerva-access.unimelb.edu.au/bitstream/handle/11343/25422/Meta-regulation.pdf?sequence=3. Acesso em: 23 abr. 2019.

PARKER, Christine. Meta-regulation: The regulation of self-regulation. *In*: PARKER, Christine. **The Open Corporation**: Effective Self-Regulation and Democracy. Cambridge: Cambridge University Press, 2002. p. 245–291.

PARKER, Christine. **The Open Corporation**: Effective Self-Regulation and Democracy. Cambridge: Cambridge University Press, 2002.

PAULA, Felipe de; NAEFELE, Vitor Rabelo. Há vício de iniciativa na criação da Autoridade Nacional de Proteção de Dados? **Jota**. Disponível em: https://www.jota.info/paywall?redirect_to=//www.jota.info/tributos-e-empresas/regulacao/ha-vicio-de--iniciativa-na-criacao-da-autoridade-nacional-de-protecao-de-dados-26072018.

PAULINO, Fernando Oliveira; SILVA, Nelson Simões; COSTA, Ísis Valle Rodrigues. Neutralidade Custodiada: políticas para o ecossistema internet no Brasil. *In*: ANDIÓN, Margarita Ledo; GARCÍA, Xosé López; POUSA, Xosé Ramón (org.). **Libro de Actas.** XIII Congreso Internacional Ibercom. Santiago de Compostela: AssIBERCOM / AGACOM, 2013.

PEREIRA, Carlos; MUELLER, Bernardo. Uma teoria da preponderância do Poder Executivo: o sistema de comissões no Legislativo brasileiro. **Revista Brasileira de Ciências Sociais**, v. 15, p. 45-67, 2000.

PEREIRA, Juliana. **Entrevista concedida a Bruno Bioni**. 2021.

PFEIFFER, Roberto Augusto Castellanos. **Defesa da concorrência e bem-estar do consumidor**. 2010. Tese (Doutorado em Direito Econômico e Financeiro) – Universidade de São Paulo, São Paulo, 2010. Disponível em: http://www.teses.usp.br/teses/disponiveis/2/2133/tde-26092011- 104134/. Acesso em: 4 maio 2021.

POLANYI, Karl. **The great transformation**: the political and economic origins of our time. 2. ed. Massachusetts: Beacon Press, 2001.

PONCE, Paula Pedigoni. Direito à portabilidade de dados: entre a proteção de dados e a concorrência. **Revista de Defesa da Concorrência**, v. 8, n. 1, p. 134-176, 2020.

POSNER, Richard A. **Catastrophe**: Risk and Response. New York: Oxford University Press, 2005.

POWER, Andrew; TOBIN, Oisin. Soft Law for the Internet, Lessons from International Law. **SCRIPTed: A Journal of Law, Technology and Society**, v. 8, n. 1, p. 31-45, 2011.

PROTESTE – ASSOCIAÇÃO BRASILEIRA DE DEFESA DO CONSUMIDOR. **Quem somos**. www.proteste.org.br. Disponível em: https://www.proteste.org.br/. Acesso em: 17 maio 2021.

PURTOVA, Nadezhda. The law of everything: broad concept of personal data and future of EU data protection law. **Law, Innovation and Technology**, v. 10, p. 40-81, 2018.

QUEIROZ, João Quinelato de; MORAES, Maria Celina Bodin. Autodeterminação informativa e responsabilização proativa: novos instrumentos de tutela da pessoa humana na LGDP. *In*: QUEIROZ, João Quinelato de; MORAES, Maria Celina Bodin. **Proteção de dados pessoais**: privacidade *versus* avanço tecnológico. Rio de Janeiro: Fundação Konrad Adenauer, 2019. v. 3. (Cadernos Adenauer xx.)

QUEIROZ, Rafael Mafei Rabelo; FEFERBAUM, Mariana (org.). **Metodologia jurídica**: um roteiro prático para trabalhos de conclusão de curso. São Paulo: Saraiva, 2013.

QUELLE, Claudia. Enhancing Compliance under the General Data Protection Regulation: The Risky Upshot of the Accountability- and Risk-based Approach. **European Journal of Risk Regulation**, v. 9, p. 502-526, 2018.

QUELLE, Claudia. **Not just user control in the General Data Protection Regulation. On the problems with choice and paternalism, and on the point of data protection**. Karlstad: Springer, 2017.

QUELLE, Claudia. Privacy, Proceduralism and Self-Regulation in Data Protection Law. **Teoria Crítica della Regolazione Sociale**, 2018.

QUELLE, Claudia. **The 'Risk Revolution' in EU Data Protection Law**: We Can't Have Our Cake and Eat It, Too. Rochester, NY: Social Science Research Network, 2017.

RAAB, Charles. The meaning of 'accountability' in the information privacy context. *In*: GUAGNIN, Daniel *et al.* (org.). **Managing privacy through accountability**. London: Palgrave Macmillan UK, 2012. p. 15-32. Disponível em: http://link.springer.com/10.1057/9781137032225_2. Acesso em: 4 fev. 2021.

RACHED, Danielle Hanna. The Concept(s) of Accountability: Form in Search of Substance. **Leiden Journal of International Law**, v. 29, n. 2, p. 317-342, 2016.

RACHED, Danielle Hanna. **The International Law of Climate Change and Accountability**. The University of Edinburgh, 2013.

REDAÇÃO. Ex-ministro diz que não há vício de inconstitucionalidade na criação da ANPD. **Jota**. Disponível em: https://www.jota.info/paywall?redirect_to=//www.jota.info/docs/ex-ministro-diz-que-nao- ha-vicio-de-inconstitucionalidade-na-criacao--da-anpd-31072018.

RICHARDS, Neil M.; HARTZOG, Woodrow. **A Relational Turn for Data Protection?**. Rochester, NY: Social Science Research Network, 2020. Disponível em: https://papers.ssrn.com/abstract=3745973. Acesso em: 8 jun. 2021.

RIPERT, Georges. **A regra moral nas obrigações civis**. Campinas: Bookseller, 2009.

ROB, Peter. **Sistemas de bancos de dados**: projeto e implementação. São Paulo: Cengage Learning, 2011.

ROCCO, Arthur Betti. Processo decisório da União Europeia: um estudo sobre o Pacote Clima-Energia 2020. Disponível em: https://repositorio.unb.br/handle/10482/24230. Acesso em: 30 abr. 2021.

RODOTÀ, Stefano. **A vida na sociedade da vigilância**. A privacidade hoje. Rio de Janeiro: Renovar, 2008.

RODOTÀ, Stefano. **Elaboratori elettronici e controllo sociale**. Bologna: II Mulino, 1973.

RODOTÀ, Stefano. Privacy and Data Surveillance: growing public concern. *In*: ORGANISATION FOR ECONOMIC CO-OPERATION AND DEVELOPMENT (OECD) (ed.). **Policy Issues in Data Protection and Privacy**. Paris: OECD, 1976.

RODRIGUES, Rowena *et al*. The future of privacy certification in Europe: an exploration of options under article 42 of the GDPR. **International Review of Law, Computers & Technology**, v. 30, n. 3, p. 248-270, 2016.

ROSENVALD, Nelson. A polissemia da responsabilidade civil na LGPD. **Migalhas**. Disponível em: https://www.migalhas.com.br/coluna/migalhas-de-protecao-de--dados/336002/a-polissemia-da-responsabilidade-civil-na-lgpd. Acesso em: 21 maio 2021.

ROTENBERG, Marc. Fair information practices and the architecture of privacy (What Larry doesn't get). **Stanford Technology Law Review**, v. 44, 2001.

RUBINSTEIN, Ira. **Privacy and Regulatory Innovation: Moving Beyond Voluntary Codes**. Rochester, NY: Social Science Research Network, 2010. Disponível em: https://papers.ssrn.com/abstract=1510275. Acesso em: 7 ago. 2020.

RUSH, Bobby L. Rush Bill H.R.611 – 112th Congress (2011-2012): **Best Practices Act**. Disponível em: https://www.congress.gov/bill/112th-congress/house-bill/611. Acesso em: 29 ago. 2020.

SARAT, Austin. **A world without privacy**: what can/should law do? Cambridge: Cambridge University Press, 2014.

SARLET, Ingo Wolfgang. Fundamentos constitucionais: o direito fundamental à proteção de dados. *In*: DONEDA, Danilo; SARLET, Ingo Wolfgang; MENDES, Laura Schertel *et al*. (org.). **Tratado de proteção de dados pessoais**. Rio de Janeiro: Forense, 2021.

SCHREIBER, Anderson; TEPEDINO, Gustavo. **Código Civil comentado**: direito das obrigações – artigos 233 a 420. São Paulo: Atlas, 2008. v. 4.

SCIENCE COMMUNICATION UNIT. **The Precautionary Principle: decision making under uncertainty**. Bristol: UWE, 2017. (Science for Environment Policy, Future Brief 18).

SCOTT, Colin. Accountability in the Regulatory State. **Journal of Law and Society**, v. 27, n. 1, p. 38-60, 2000.

SCOTT, Colin. Reflexive Governance, Meta-Regulation and Corporate Social Responsibility: The Heineken Effect. *In*: SCOTT, Colin. **Perspectives on Corporate Social Responsibility**: Corporations, Globalisation and the Law series. Cheltenham: Edward Elgar Publishing, 2008. Disponível em: https://researchrepository.ucd.ie/bitstream/10197/6776/2/ReflexiveGovMetaregCSR.pdf. Acesso em: 23 abr. 2019.

SE OH, Isabel; SAHADE FILHO, WIlson Sampaio. Principais pontos da nova lei das agências reguladoras. **Jota Info**. Disponível em: https://www.jota.info/tributos-e- empresas/regulacao/principais-pontos-da-nova-lei-das-agencias-reguladoras-06082019. Acesso em: 8 fev. 2021.

SENADO FEDERAL. Audiência Pública – Declaração de Direitos de Liberdade Econômica. **Programa e-Cidadania**. Disponível em: https://www12.senado.leg.br/ecidadania/visualizacaoaudiencia?id=16102. Acesso em: 11 ago. 2020.

SENADO FEDERAL. MP 869/218 Proteção de dados pessoais. **TV Senado – YouTube**. Disponível em: youtube.com/watch?v=_dJKlxUV_I8.

SENADO FEDERAL. **Relatório da Comissão Mista destinada a emitir parecer sobre a Medida Provisória n.º 869, de 28 de dezembro de 2018**. Disponível em: https://legis.senado.leg.br/sdleg- getter/documento?dm=7945369&ts=1556207205600&disposition=inline.

SHEARING, Clifford; WOOD, Jennifer. **Nodal Governance, Democracy, and the New 'Denizens'**. Rochester, NY: Social Science Research Network, 2003. Disponível em: https://papers.ssrn.com/abstract=2723901. Acesso em: 27 abr. 2021.

SILVA, Clóvis do Couto e. **A obrigação como processo**. Rio de Janeiro: Fundação Getulio Vargas, 2006.

SILVA, Orlando. Comissão Especial destinada a proferir parecer ao Projeto de Lei n.º 4.060, de 2012 – Parecer do Relator. **Câmara dos Deputados**. Disponível em: https://www.camara.leg.br/proposicoesWeb/fichadetramitacao?idProposicao=2176733. Acesso em: 29 ago. 2020.

SILVA, Roberto Luiz. O Acordo Trips e os padrões internacionais de proteção da propriedade intelectual. **Revista de Direito, Inovação, Propriedade Intelectual e Concorrência**, v. 4, n. 1, p. 140-159, 2018.

SIMITIS, Spiros. Establishing institutional structures to monitor and enforce data protection. *In*: ORGANISATION FOR ECONOMIC CO-OPERATION AND DEVELOPMENT (OECD) (ed.). **Policy issues in data protection and privacy**. Paris: OECD, 1976.

SIMITIS, Spiros. II contesto giuridico e político della tutela della privacy. **Rivista Critica Del Diritto Privato**, 1997.

SIMITIS, Spiros. Privacy: An endless debate? **California Law Review**, v. 6, n. 98, 1989.

SODRÉ, Marcelo Gomes. **Formação do Sistema Nacional de Defesa do Consumidor**. São Paulo: RT, 2007. (Biblioteca de direito do consumidor, v. 32.)

SODRÉ, Marcelo Gomes. Sistema Nacional de Defesa do Consumidor: ainda muito a fazer. *In*: MARQUES, Cláudia Lima; BENJAMIN, Antonio Herman V.; MIRAGEM, Bruno (ed.). **Comentários ao Código de Defesa do Consumidor**: 30 anos do CDC. 6. ed. rev., atual. e ampl. São Paulo: Thomson Reuters/RT, 2010.

SOLAGNA, Fabricio. **30 anos de governança da Internet no Brasil**: coalizões e ideias em disputa pela rede. 2020. Tese (Doutorado) – Universidade Federal do Rio Grande do Sul, Porto Alegre, 2020.

SOLOVE, Daniel J.; HARTZOG, Woodrow. The FTC and the New Common Law of Privacy. **Columbia Law Review**, v. 114, n. 583, 2014. Disponível em: https://columbialawreview.org/wp-content/uploads/2016/04/Solove-Hartzog.pdf. Acesso em: 17 dez. 2019.

SOMBRA, Thiago Luís Santos. **Direito à privacidade e proteção de dados no ciberespaço**: a *accountability* como fundamento da *Lex Privacy*. 2019. Tese (Doutorado em Direito) – Universidade de Brasília, Brasília, 2019. Disponível em: https://repositorio.unb.br/handle/10482/35752. Acesso em: 21 maio 2021.

SORACE, Francesco. Collective redress in the general data protection regulation. An opportunity to improve access to justice in the European Union? **Catedra Jean Monnet Working Paper; 7/2018**, 2018.

SOUZA, Michel R. O.; ZANATTA, Rafael A. F. A tutela coletiva em proteção de dados pessoais: tendências e desafios. *In*: DE LUCCA, Newton; ROSA, Cíntia (ed.). **Direito & Internet IV**: sistema de proteção de dados pessoais. São Paulo: Quartier Latin, 2019. p. 381-413. (Direito & Internet, 4.).

STEARNS, Cliff. **Stearns Bill H.R.1528 – 112th Congress (2011-2012)**: Consumer Privacy Protection Act of 2011. Disponível em: https://www.congress.gov/bill/112th- congress/house-bill/1528.

STEVENSON, Hugh G. **30 Years After**: The Impact of the OECD Privacy Guidelines Remarks of Hugh G. Stevenson. Disponível em: https://www.oecd.org/sti/ieconomy/44946205.pdf. Acesso em: 20 fev. 2020.

STIGLER, George J. The Theory of Economic Regulation. **The Bell Journal of Economics and Management Science**, v. 2, n. 1, p. 3-21, 1971.

STODDART, Jennifer. Auditing Privacy Impact Assessments: The Canadian Experience. *In*: WRIGHT, David; HERT, Paul de. **Privacy Impact Assessment**. Países Baixos: Springer Netherlands, 2012. v. 6. (Law, Governance and Technology Series.)

SUNDFELD, Carlos Ari. Nova Lei de Introdução às Normas de Direito Brasileiro deve modificar a aplicação de regras para instituições públicas. **Núcleo de Estudos Fiscais da Fundação Getulio Vargas**. Disponível em: https://portal.fgv.br/noticias/nova-lei--introducao-normas-direito-brasileiro-deve-modificar-aplicacao-regras-instituicoes. Acesso em: 5 mar. 2020.

SUNDFELD, Carlos Ari; JORDÃO, Eduardo; MOREIRA, Egon Bockmann *et al.* **Para uma Reforma Nacional em favor da Liberdade Econômica e das finalidades públicas de regulação**. FGV Direito SP. Disponível em: https://direitosp.fgv.br/sites/direitosp.

fgv.br/files/arquivos/proposta_de_lei_nacional_de_liberdade_economica_-_sbdp fgv_direito_sp.pdf.

SUNDFELD, Carlos Ari; ROSILHO, André. A governança não estatal da internet e o direito brasileiro. **Revista de Direito Administrativo**, v. 270, p. 41-79, 2015.

SUSSER, Daniel. Notice After Notice-and-Consent: Why Privacy Disclosures Are Valuable Even If Consent Frameworks Aren't. **Journal of Information Policy**, v. 9, p. 37-62, 2019.

TAYLOR, Linnet; FLORIDI, Luciano; SLOOT, Bart van der (org.). **Group Privacy**: New Challenges of Data Technologies. [*s.l.*]: Springer International Publishing, 2017.

TEPEDINO, Gustavo; FRAZÃO, Ana; OLIVA, Milena Donato (org.). **Lei Geral de Proteção de Dados Pessoais e suas repercussões no direito brasileiro**. São Paulo: Thomson Reuters, 2019.

TEUBNER, Gunther (org.). **Autopoietic Law**: A New Approach to Law and Society. Berlin: Walter de Gruyter, 1987.

TEUBNER, Gunther. **EUI Working Paper n.º. 100**: After Legal Instrumetalism? Strategy Models af Port-Regulatory Law. Florença: European University Institute, 1984.

THORSTENSEN, Vera; NOGUEIRA, Thiago R. (org.). **Anais da Conferência Anual de Comércio Internacional (CACI)**: Cátedra da OMC no Brasil – IV CACI: Mercosul 28 Anos Depois... São Paulo: VT Assessoria Consultoria e Treinamento LTDA., 2019.

TOMASEVICIUS, Eduardo. **O princípio da boa-fé no direito civil**. São Paulo: Almedina, 2020.

UNIÃO EUROPEIA. **Carta dos Direitos Fundamentais da União Europeia**. Disponível em: https://www.europarl.europa.eu/charter/pdf/text_pt.pdf. Acesso em: 8 fev. 2021.

UNITED STATES. CHILDREN'S ONLINE PRIVACY PROTECTION RULE. 1998. Disponível em: https://www.ecfr.gov/cgi-bin/text-idx?SID=4939e77c77a1a1a08c1cbf90 5fc4b409&node=16%3A1.0.1.3.36&rgn=div5#_top.

UNITED STATES. TITLE 5 – GOVERNMENT ORGANIZATION AND EMPLOYEES – FREEDOM OF INFORMATION ACT (Privacy Act). Disponível em: https://www. govinfo.gov/content/pkg/USCODE-2012-title5/pdf/USCODE-2012-title5-partI-chap5-subchapII-sec552a.pdf.

UNITED STATES DEPARTMENT OF JUSTICE. OVERVIEW OF THE PRIVACY ACT OF 1974, 2015. Disponível em: https://www.justice.gov/archives/opcl/file/793026/ download.

URUPÁ, Marcos. Vivo e TIM avançam em privacidade de dados, diz pesquisa do InternetLab. Disponível em: https://teletime.com.br/16/11/2020/vivo-e-tim-avancam--em-privacidade-de- dados-diz-pesquisa-do-internetlab/. Acesso em: 28 abr. 2021.

VALENTE, Patrícia Rodrigues Pessôa. **Avaliação de impacto regulatório**: uma ferramenta à disposição do Estado. Universidade de São Paulo, 2010. Disponível em: http://www. teses.usp.br/teses/disponiveis/2/2134/tde-26032012-092844/.Acesso em: 11 ago. 2020.

VALERIM, Luís Felipe. Medida pode ajudar a melhorar qualidade da regulação do país. **Folha de S. Paulo**, 2019. Disponível em: https://www1.folha.uol.com.br/mercado/2019/08/medida-pode-ajudar-a-melhora-qualidade- da-regulacao-no-pais.shtml. Acesso em: 5 mar. 2020.

VAN ALSENOY, Brendan. **Regulating Data Protection**: the allocation of responsibility and risk among actors involved in personal data processing. Bruxelas: KU Leuven Faculty of Law, 2016.

VARELA, João de Matos Antunes. **Das obrigações em geral**. Coimbra: Almedina, 2012.

WALDMAN, Ari Ezra. **Privacy as trust**: information privacy for an information age. Cambridge: Cambridge University Press, 2018.

WAXMAN, Olivia B. The GDPR is just the latest example of Europe's caution on Privacy Rights that Outlook has a disturbing history. **Time**. Disponível em: https://time.com/5290043/nazi-history-eu-data- privacy-gdpr/. Acesso em: 18 maio 2020.

WESTIN, Alan F. Entering the Era of Databank Regulation and How We Got There. *In*: ORGANISATION FOR ECONOMIC CO-OPERATION AND DEVELOPMENT – OECD (ed.). **Policy Issues in Data Protection and Privacy**. Paris: OECD, 1976.

WESTIN, Alan F. **Privacy and Freedom**. New York: Atheneum, 1967.

WESTIN, Alan F.; BAKER, Michela A. **Databanks in a Free Society**. New York: Quadrangle Books, 1972.

WIETHÖLTER, Rudolf. Materialization and Proceduralization in Modern Law. *In*: WIETHÖLTER, Rudolf. **Dilemmas of Law in the Welfare State**. Berlin: Walter de Gruyter, 1988.

WIMMER, Miriam. Os desafios do *enforcement* na LGPD: fiscalização, aplicação de sanções administrativas e coordenação intergovernamental. *In*: BIONI, Bruno (org.). **Tratado de Proteção de Dados Pessoais**. Rio de Janeiro: Forense, 2020.

WOOD, Jennifer; SHEARING, Clifford; FROESTAD, Jan. Restorative Justice and Nodal Governance. **International Journal of Comparative and Applied Criminal Justice**, v. 35, p. 1-18, 2011.

WRIGHT, David; HERT, Paul de. Who Should Perform the PIA?. *In*: WRIGHT, David; HERT, Paul de. **Privacy Impact Assessment**. Países Baixos: Springer Netherlands, 2012. v. 6. (Law, Governance and Technology Series.)

WRIGHT, David; HERT, Paul de. Should PIAs Be Published?. *In*: WRIGHT, David; HERT, Paul de. **Privacy Impact Assessment**. Países Baixos: Springer Netherlands, 2012. v. 6.

YIN, Robert K. **Estudo de caso**: planejamento e métodos. 2. ed. Porto Alegre: Bookman, 2010.

ZANATTA, Rafael. Perfilização, discriminação e direitos: do Código de Defesa do Consumidor à Lei Geral de Proteção de Dados Pessoais. *In*: MIRAGEM, Bruno; MARQUES, Claudia Lima; MAGALHÃES, Lucia Ancona Lopes de (org.). **Direito do consumidor**: 30 anos de CDC. São Paulo: Forense, 2021.

ZANATTA, Rafael A. F. Proteção de dados pessoais como regulação de risco: uma nova moldura teórica?. **I Encontro da Rede de Pesquisa em Governança de Internet**, 2017. Disponível em: http://www.redegovernanca.net.br/public/conferences/1/anais/ZANATTA,%20Rafael_2017. pdf.

ZANFIR-FORTUNA, Gabriela. Forgetting about consent: Why the Focus Should Be on "Suitable Safeguards" in Data Protection Law. p. 11, 2013.

ZUBOFF, Shoshana. Big Other: Surveillance Capitalism and the Prospects of an Information Civilization. **Journal of Information Technology**, n. 30, p. 76-89, 2015.

ZUBOFF, Shoshana. **The Age of Surveillance Capitalism**: The Fight for a Human Future at the New Frontier of Power. 3. ed. New York: Public Affairs, 2020.

SITES RECOMENDADOS

About CBPRs. **Cross Border Privacy Rules System**. Disponível em: http://cbprs.org/about- cbprs/. Acesso em: 12 ago. 2021.

About IAF. **The information Accountability Foundation – Collaborative Policy Innovation**. Disponível em: http://informationaccountability.org/. Acesso em: 21 fev. 2020.

ANPD e Senacon assinam acordo de cooperação técnica. **Autoridade Nacional de Proteção de Dados**. Disponível em: https://www.gov.br/anpd/pt-br/assuntos/noticias/anpd-e-senacon-assinam-acordo-de-cooperacao-tecnica. Acesso em: 30 mar. 2021.

Birôs de crédito dificultam saída do cadastro positivo. **Folha de S.Paulo**. Disponível em: https://www1.folha.uol.com.br/mercado/2020/01/biros-de-credito-dificultam-saida--do- cadastro-positivo.shtml. Acesso em: 8 fev. 2021.

Capítulo 5 – Como a lei mudou desde 2010. Item 6. **Observatório da Privacidade e Proteção de Dados**. Disponível em: https://observatorioprivacidade.com.br/memoria/como-a-lei- mudou-desde-2010/. Acesso em: 4 ago. 2020.

Convention for the Protection of Individuals with regard to Automatic Processing of Personal Data (ETS n.º 108). **Council of Europe Portal**. Disponível em: https://www.coe.int/en/web/conventions/full-list/-/conventions/treaty/108.

Dilemmas of Law in the Welfare State. Berlin: Walter de Gruyter, 1988.

Empresas de telecomunicação lideram reclamações de consumidores em 2019. **G1**. Disponível em: https://g1.globo.com/economia/noticia/2020/03/10/empresas-de--telecomunicacao-lideram-reclamacoes-de-consumidores-em-2019.ghtml. Acesso em: 14 maio 2021.

Facebook é notificado pelo Procon-SP por vazamento de dados de pelo menos 8 milhões de brasileiros. **Olhar Digital**. Disponível em: https://olhardigital.com.br/2021/04/06/videos/facebook-e-notificado-pelo-procon-sp-por- vazamento-de-dados-de-pelo--menos-8-milhoes-de-brasileiros/. Acesso em: 27 abr. 2021.

Facebook v Apple: the looming showdown over data tracking and privacy. **The Guardian**. Disponível em: http://www.theguardian.com/technology/2021/feb/14/facebook--v-apple-the-looming-showdown-over-data-tracking-and-privacy. Acesso em: 22 abr. 2021.

Governo cria Secretaria Nacional do Consumidor. **O Globo**. Disponível em: https://oglobo.globo.com/economia/governo-cria-secretaria-nacional-do-consumidor- 5062325. Acesso em: 23 mar. 2021.

HEALTH INSURANCE PORTABILITY AND ACCOUNTABILITY ACT OF 1996. Disponível em: https://www.govinfo.gov/content/pkg/CRPT-104hrpt736/pdf/CRPT-104hrpt736.pdf.

Lista de reclamações no Procon de todo país. **Procon On-line.** Disponível em: https://www.procononline.com.br/reclamacoes-no-procon/. Acesso em: 14 maio 2021.

Memo to the Members of the Secretary's Advisory Committee in Automated Personal Data Systems and Draft of Thematic Outline. Disponível em: https://www.law.berkeley.edu/img/faculty/draft_outline_memo_06071972.pdf. Acesso em: 17 dez. 2019.

Mensagem n.º 664-L8078-90. Disponível em: http://www.planalto.gov.br/ccivil_03/leis/Mensagem_Veto/anterior_98/vep664-L8078- 90.htm. Acesso em: 30 abr. 2021.

OECD Guidelines on the Protection of Privacy and Transborder Flows of Personal Data – OECD. Disponível em:https://www.oecd.org/internet/ieconomy/oecdguidelinesontheprotectionofprivacyandtransborderflowsofpersonaldata.htm#recommendation. Acesso em: 18 maio 2019.

Pec 017/19 – Dados Pessoais; Direitos Fundamentais: Reunião Deliberativa Ordinária – 29/10/2019. Portal da Câmara dos Deputados. Disponível em: https://www.camara.leg.br/evento-legislativo/58296. Acesso em: 30 abr. 2021.

Perfil – Conexis – Sindicato Nacional das Empresas de Telefonia e de Serviço Móvel, Celular e Pessoal. Disponível em: https://conexis.org.br/quem-somos/perfil/. Acesso em: 12 maio 2021.

Privatização das Telecomunicações completa 20 anos. **Abranet.** Disponível em: https://www.abranet.org.br/Noticias/Privatizacao-das-Telecomunicacoes-completa-20-anos-1999.html?UserActiveTemplate=site#.YJ0qWqhKiM8. Acesso em: 13 maio 2021.

Pronunciamento de Ricardo Ferraço em 17/04/2018. **Senado Federal**. Disponível em: https://www25.senado.leg.br/en_US/web/atividade/pronunciamentos/-/p/texto/443948.

Quem defende seus dados? Disponível em: https://quemdefendeseusdados.org.br/pt/. Acesso em: 28 abr. 2021.

Records, Computers, and Rights of Citizens: Report of the Secretary's Advisory Committee on Automated Personal Data Systems. Disponível em: https://www.justice.gov/opcl/docs/rec-com-rights.pdf.

REGULAMENTO (UE) 2016/679 DO PARLAMENTO EUROPEU E DO CONSELHO. Disponível em: https://eur-lex.europa.eu/legal- content/PT/TXT/PDF/?uri=CELEX :32016R0679&from=EN.

REGULATION (EU) 2016/679 OF THE EUROPEAN PARLIAMENT AND OF THE COUNCIL. **Official Journal of the European Union.** Disponível em: https://eur--lex.europa.eu/legal-content/EN/TXT/PDF/?uri=CELEX:32016R0679&from=EN. Acesso em: 6 maio 2021.

Tabela Caso Antispam. 2021. Disponível em: https://docs.google.com/spreadsheets/d/1U3fCI9sTThH-p1rLqet-dqsHV2JhzsPjxbfV8XT6ReQ/edit#gid=1070592540.

The Economics of Personal Data and Privacy: 30 Years after OECD Privacy Guidelines – Summary of the Procedings. Disponível em: https://www.oecd.org/internet/ieconomy/47690650.pdf.

The Evolving Role of the Individual in Privacy Protection: 30 Years after the OECD Privacy Guidelines. Disponível em: https://www.oecd.org/internet/ieconomy/theevolvingroleoftheindividualinprivacyprotection3 0yearsaftertheoecdprivacyguidelines. htm#agenda. Acesso em: 21 fev. 2020.

Transcription of the 2nd Meeting Part II of the Secretary's Advisory Committee on Automated Personal Data Systems of the U.S. Department of Health, Education and Welfare. Disponível em: https://www.law.berkeley.edu/files/HEW/HEW_transcript_05191972.pdf. Acesso em: 20 maio 2019.

Transcription of the 3rd Meeting Part II of the Secretary's Advisory Committee on Automated Personal Data Systems of the U.S. Department of Health, Education and Welfare. Disponível em: https://www.law.berkeley.edu/files/HEW/HEW_transcript_06161972.pdf.

Transcription of the 4th Meeting Part III of the Secretary's Advisory Committee on Automated Personal Data Systems of the U.S. Department of Health, Education and Welfare. Disponível em: https://www.law.berkeley.edu/files/HEW/HEW_transcript_07261972.pdf. Acesso em: 20 maio 2019.

Transcription of the 5th Meeting Part II of the Secretary's Advisory Committee on Automated Personal Data Systems of the U.S. Department of Health, Education and Welfare. Disponível em: https://www.law.berkeley.edu/files/HEW/HEW_transcript_08181972.pdf. Acesso em: 20 maio 2019.

Transcription of the 5th Meeting Part II of the Secretary's Advisory Committee on Automated Personal Data Systems of the U.S. Department of Health, Education and Welfare. Disponível em: https://www.law.berkeley.edu/files/HEW/HEW_transcript_08181972.pdf. Acesso em: 20 maio 2019.

Transcription of the 6th Meeting Part II of the Secretary's Advisory Committee on Automated Personal Data Systems of the U.S. Department of Health, Education and Welfare. Disponível em: https://www.law.berkeley.edu/files/HEW/HEW_transcript_09291972.pdf. Acesso em: 20 maio 2019.

Transcription of the 7th Meeting of the Secretary's Advisory Committee on Automated Personal Data Systems of the U.S. Department of Health, Education and Welfare. Disponível em: https://www.law.berkeley.edu/files/HEW/HEW_transcript_110972. pdf. Acesso em: 20 maio 2019.

Tratado sobre o Funcionamento da União Europeia (versão consolidada). Disponível em: https://eur-lex.europa.eu/resource.html?uri=cellar:9e8d52e1-2c70-11e6-b497-01aa75ed71a1.0019.01/DOC_3&format=PDF.

TrustArc Inc. **Privacy Shield Framework.** Disponível em: https://www.privacyshield. gov/participant?id=a2zt0000000TNccAAG&status=Active. Acesso em: 17 jul. 2020.

TRUSTe fined $200,000 for misleading web security seal. **The Guardian**. Disponível em: http://www.theguardian.com/technology/2014/nov/18/truste-fine-web-security-seals. Acesso em: 7 ago. 2020.

TRUSTe Settles FTC Charges it Deceived Consumers Through Its Privacy Seal Program. **Federal Trade Commission**. Disponível em: https://www.ftc.gov/news-events/press- releases/2014/11/truste-settles-ftc-charges-it-deceived-consumers-through--its. Acesso em: 17 jul. 2020.

What is Asia-Pacific Economic Cooperation? **Asia-Pacific Economic Cooperation**. Disponível em: https://www.apec.org/About-Us/About-APEC. Acesso em: 21 fev. 2020.

What is the Cross-Border Privacy Rules System? **APEC**. Disponível em: https://www.apec.org/About-Us/About-APEC/Fact-Sheets/What-is-the-Cross-Border-Privacy-Rules--System. Acesso em: 12 ago. 2021.